■普通高等院校素质教育与能力培养规划教材
■上海市级特色专业建设项目成果之一

总主编　李占国

大学人文教育导读

吕翠凤　编著

南京大学出版社

内容简介

《大学人文教育导读》分上篇和下篇，上篇涵盖了文学、历史、哲学、伦理、政治、艺术等内容，下篇是在研究了理工科学生人文素养的现状和如何提升理工科学生人文素养的基础上，详细介绍了全人教育的策略和推广通识教育的模式，旨在让大学生特别是理工科学生能够有的放矢地学习人文知识并内化为素质，实现人文精神和科学精神的融通。本书既可以作为高等院校的公共课教材，也可以作为不可多得的自学教材。学生通过学习本书中的知识，可以提高自己的综合素养，达到人生的新境界，体验到人类的高贵并获得做人的标准。

图书在版编目（CIP）数据

大学人文教育导读/吕翠凤编著. —南京：南京大学出版社，2012.7
普通高等院校素质教育与能力培养规划教材
ISBN 978-7-305-10233-2

Ⅰ. ①大… Ⅱ. ①吕… Ⅲ. ①大学生—人文科学—素质教育—高等学校—教材 Ⅳ. ①G640

中国版本图书馆 CIP 数据核字（2012）第 152084 号

出版发行	南京大学出版社
社　　址	南京市汉口路 22 号　　邮编 210093
网　　址	http://press.nju.edu.cn
出 版 人	左　健
丛 书 名	普通高等院校素质教育与能力培养规划教材
书　　名	大学人文教育导读
总 主 编	李占国
编　　著	吕翠凤
责任编辑	王抗战　尤　佳　　编辑热线　025-83592123
照　　排	江苏南大印刷厂
印　　刷	丹阳市兴华印刷厂
开　　本	787×1092　1/16　印张 15.25　字数 362 千
版　　次	2012 年 7 月第 1 版　2012 年 7 月第 1 次印刷
ISBN	978-7-305-10233-2
定　　价	29.00 元

发行热线　025-83594756
电子邮箱　Press@NjupCo.com
　　　　　Sales@NjupCo.com（市场部）

* 版权所有，侵权必究
* 凡购买南大版图书，如有印装质量问题，请与所购图书销售部门联系调换

总　序

　　教育,关系着每一个人的生存与发展,是民族振兴的基石,是创新进步的源泉。教育,为了收获未来,学习是目的,教育是手段。

　　在以知识竞争和创新驱动发展为主要特征的后工业社会的国际经济社会环境下,在我国全面建设小康社会和创新型国家并从人力资源大国向人力资源强国迈进之际,人民群众对精神文化需求更加迫切,对教育质量的要求更高,教育诉求更趋多元和多样。对个人的期望以"专业融合与复合交叉、团队工作与人际关系、自我管理与个人承担、创新设计与甘冒风险、头脑风暴与谈判辩论、沟通说服与人际网络、道德诱惑与操守难关、在职按需与终身学习"为主要特征。面对我国本科高等教育的"大众化"甚至"普及化",为了每一个学生的终身发展,让学生更具创新精神和实践能力,扩大通用化,延迟专门化,成为本科高等教育的主流意识和社会共识。培养具有学习能力、研发能力、创新思维、团队精神、交流沟通、道德素养为基本素质的并需要动脑、设计、自主、决策的"知识性工人",成为本科高等教育的目标。强化基础课程教学、优化通识教育、增强学生人文精神和科学素养、加强实践教学环节、促进教学科研结合、增加创新实践活动,成为新的人才培养模式。

　　基于以上背景我们对人才培养方案进行了修订,制定了体现"科学精神、人文素养、复合型、应用型、国际化、兼顾就业、行业特点、专门人才"等关键词的财务管理专业人才培养方案。在培养目标(以培养学生的学习能力并强化其综合素质为目的)、优化课程体系(以调动全校资源为手段并注重跨学科专业课程整合)、课程建设(以重点实务并强化案例教学为主要内容)、革新授课方式(以理论与实践的有机结合并最大限度地接近实际运用为要求)等方面,进行了探索与实践并取得了丰硕的研究成果。由此,我们在2009年成功申报了上海市级特色专业——财务管理(集团公司金融服务)和上海市级教学团队——集团公司财务管理。

　　为固化研究成果,我们组织有关院系的教授、专家和工程技术人员编写了这套"应用型本科管理类专业系列特色教材"。主要包括有:为加强人文素养教育和交流沟通能力培养的《大学人文教育导读》《人际交往与成功》,为加强专业学习对企业管理的针对性和有效性,结合生产工艺流程进行技术经济活动分析能力培养的《机械基础知识与实验》《电工电子基础知识与实验》《制造工程与管理》,针对专业课程学习和实际应用的《线性代数与经济应用》等十多本理论与实务结合的教材。为加强专业实践能力培养和跨文化交流还将编写配合理论课程教学的系列中文实验教材和英文实验教材。

本系列特色教材分别适用于高等院校管理类专业、经济类专业、外语类专业本科生为加强通识教育和复合应用能力培养的需要,部分教材亦可满足工科类专业学生为加强人文素养教育之需。

作为上海市级特色专业和教学团队负责人及本系列教材的总主编,首先,要感谢我的团队成员及他们的部门领导和家人,是他们孜孜不倦的潜心研究、淡泊名利的无私奉献及大力支持和帮助,才有如此成果;其次,要感谢每本书的作者,他们在教学科研工作繁忙的情况下,对编写大纲和体例反复讨论和修改,并吸收了国内外相关学科专业同行专家的最新研究成果,力争反映本学科专业的前沿知识,以达到满意的效果;最后,要特别感谢南京大学出版社的领导和编辑,提供了一个展示我校特色专业建设成果的机会和平台。

尽管我们做出了很大的努力,但由于水平所限,对教学内容如何以实务为重点并实现理论与实践的有机结合有待深入探讨,仍感到书中存在疏漏及不尽如人意之处,恳请广大读者提出批评意见和建议,以促进我们不断改进和提高质量。

李占国
2011 年 10 月

前 言

我翻阅了自1998年以来的几乎所有谈人文教育的读本,各位贤人皆从不同侧面叙述了大学人文教育的内容,关于人文教育的"谈文论道"可谓详其所能。但涉及理工科学生人文素养教育的却稀少,而理工科大学的教育、教学特点恰好又是人文教育相对缺失的角落。

一、回顾科技与人文教育的结合历程

当代科技的特征及其价值取向表明,我们已走向了一个过度依赖科技、唯科学主义和工具理性至上的、忽视了科技与人文协调发展的阶段。回顾起中国的教育改革历程,我们的确走了一段不平坦的路。自1952年院系调整后,我国高等学校基本上是按科类设置院校,文、理、工分别设立学校,实行行业办学,科类结构单一,行业性过强,单科性高校较多。由于一些单科性院校的学科单一性,所培养出来的学生,知识面狭窄,科类单一的意识很强,谈不上实行人文教育与科学教育的结合。

在"文化大革命"中,我们的教育曾一度废除招生考试制度且不说,到1968年7月21日,《文汇报》发表本报记者和新华社记者的调查报告"从上海机床厂看培养工程技术人员的道路"并同时在本报编者按中转载了毛泽东7月21日的重要指示:"大学还是要办的,我这里主要谈的是理工科大学还要办,但学制要缩短,教育要革命,要从有实践经验的工人中间选拔学生,到学校几年后,又回到生产实践中去。"(上海7·21工人大学的旧址至今仍在军工路1100号,上海电机学院的分校内。)从此以后上海机床厂的经验竟然成了把学校交给工厂、街道办的代名词,有的学校在改革方案中提出:学校克服理工科脱离无产阶级政治的倾向,还须参加工农业生产劳动。在学校的改革方案中,仅有的几所文科大学教学改革的内容是:以社会为工厂,组织师生参加三大革命实践,到阶级斗争、生产斗争、科学实验中认真改造世界观,校外实践要占学制的一半以上。但文科的改革新方案中,有一条:必须把"毛主席著作"作为必修的教材,造就一专多能的革命通材。这一条似乎符合我们今天所撰述的人文素养提高的一项,用毛泽东思想统领了当时的年轻人的世界观。在这一时期中大学人文教育的缺失由此可见。

20世纪80年代末至90年代初,人们认识到这一局限性后,我国教育行政部门在国务院的直接领导下,按照"共建、调整、合作、合并"的方针,对高等管理体制进行了大规模的改革,减少了单科性院校的数量,组建了一部分学科更加综合的大学。与此同时,又把原来行业办的、结构效益不高的、学科单一的院校进行了调整,实行中央和地方共建,以地方管理为主,并且与地方院校进行了学科调整,突破了原来行业办学的桎梏,适应了地方需要,扩大了这些高校的学科范围。管理体制的改革和学校结构的调整,加强了高等学校的学科综合性,为我国推行文理渗透,人文与科学结合的人才培养模式奠定了基础,创造了良好的运行机制。

然而,真正有效的人文教育与科学教育结合的教育体系还远未形成,需要我们做长期的努力。在建设和谐社会的今天,我们教育界的专家、学者都在探讨造就全面发展的接班人的课题,即所谓的全人教育:教育不但是造就掌握精确理、工、科技知识的"机械"人,而且是要培养出有着较高的人文素养的"协调"的人,具有较高境界的社会主义的合格的建设者和接班人。

近年来,关于大学人文教育的讨论不断出现,许多讨论者从不同的视阈对人文教育的探讨都有其道理,对大学人文状况的判断也都有其依据。从总体上说,这些讨论看到了现实中人文教育存在的诸多问题,希望加强大学人文教育,并结合高校的实际,研究和探索改善大学生人文素质教育的途径和方法,这些都是令人高兴和值得肯定的。正如人们对现实生活的反思及对理想生活的追求不会停止一样,人们对现实教育的反思和对理想教育的追求也不会停止。就当代人文教育而言,既含有"理想生活"的意义,又含有"理想教育"的内容,因而在社会不断发展,教育被委以重任的当下,人文教育问题将会引起人们包括大学生越来越多的关注。

二、大学人文教育关涉大学精神和教育理念

大学人文教育关涉大学精神和教育理念,更关涉大学校园生活质量,对大学生成长有难以替代的影响。大学自建立以来,其永恒的主题就是育人。从大学育人和大学生接受教育的角度看,都有一个"培养什么样的人和怎样培养人"的问题。

由于我国当前的升学制度的导向,中学的文理分科、应试教育、片面追求升学率,使得选择理工科大学的学生人文知识积淀甚少,而在大学阶段,专业的细化和知识的专业化也导致理工科学生的人文素养很难得到提高。甚至有人说:"理工科大学毕业生有知识,没文化。"由于人文素养的缺失造成的弊端也日趋严重,多数大学生虽然胸有大志,但这种志向迫于生存竞争等的压力,多为近期实现的目标,而非远大理想。轻视远大理想的树立,埋头现实利益的摄取,便暴露出了部分大学生违背人文精神的"重科学发明轻人伦道德"、"重个人志向轻人生社会价值"、"重现实观望轻参与思考"等不良状况。随着时代与经济的发展,理工科大学生面临的就业和发展环境发生了深刻变化,国家与社会对理工科大学生的素养和层次都有了更高的要求,理工科院校如果固守一味传授文化知识的教学模式,而淡化了塑造灵魂、陶冶心灵、规范行为、完善品格的工程,显然不能适应时代要求,我们也将无法实现建设和谐社会的重任。因此,提高理工科大学生的人文素质已成为理工科专业的培养任务和我们人文科学工作者必须面对的课题之一。

三、中外科技与人文教育理念

人文与科学是相辅相生的。这一点,在中国传统文化中即有所体现。在人文是与天文(即科学)共生的相别相系的关系方面,两千多年前《易经》就提出了人文的概念:"文明以止,人文也。观乎天文,以察时变;观乎人文,以化成天下。"中国古代就很注重弘扬人文精神,强调人文素养。而在西方,人文拉丁文词源 Humanitas,意即人性、教养,中西旨意相类。人文素养是指在人文科学、人文精神、人文氛围滋养熏陶下而形成的思想观念、价值取向、人格模式、审美情趣、思维方式、学识才华等精神收获的总和,是将人类优秀的文化成果,通过知识传授、环境熏陶等教育过程,使其内化为人的学识、气质、修养,成为人的相对稳定的内在品质。蔡元培所言极是:"教育者,养成人格之事业也。使仅仅为灌注知识、练习技能之作用而不贯之以理想,则是机械之教育,非所以施于人类也。"21世纪教育委员会在1996年向联合国教科文组织提交的题为《学习的财富蕴藏其中》的报告中提出:教育应当促进每个人的全面发展,即分析、智力、敏感性;审美意识、个人责任感、精神价值等方面的发展。现代教育应该闪耀着人文精神。

鉴于以上探讨,本书编写过程中充分考虑了大学人文教育所涵盖的内容,以及当下人文教育与理工科大学教育、教学的关系。全书共分为上、下两篇,在上篇中,阐释了人文素养教育的意义,以及当代大学生所应了解的人文教育的基本知识,为学生提供了一些滋润其人文素养的阅读材料;下篇内容,以理工科学生为例,针对理工科院校人文素养教育现状,提出理工科院校人文教育的策略及具体实施途径、方法,为理工科大学的广大师生提供了良好的人文教育读本。

在富于青春和理想的大学时代,尤其是理工科大学生要立足于大学的实际,与学校和教师同心协力构筑精神的家园,以人文教育谱写美好的诗篇:读史使人明智,文学使人聪慧,演算使人精密,哲理使人深刻,伦理学使人有修养,逻辑修辞使人善辩。诗意地栖居在大学校园,汲取多种知识营养——人生多么好的一段时光。

本书在编写过程中,先后得到过交通大学、复旦大学社会科学学院和哲学学院的老师的热情帮助,另外感谢上海电机学院和航空工业公司的同志,他们帮助提供了在校和工作后的理工科大学生的人文素养情况的调研材料,同时得到了上海市级财务管理特色专业负责人李占国教授在全书策划、编写大纲审阅、修改定稿和联系出版等方面的指导和帮助,在此一并致谢。

本书在编写过程中参考了相关文献及来自互联网的资料,在此深表感谢!教材编写是一项严肃而认真和细致的工作,尽管我们付出了艰辛的努力并数易其稿,但书中难免还有不妥之处,恳请读者批评指正。

吕翠凤

2012年3月

目　录

上篇　人文教育在大学

第1章　人文荟萃　共铸精神家园 ... 3
1.1 人文、文化和素养的概念 ... 5
1.1.1 什么是"人文" ... 5
1.1.2 文化的特征 ... 6
1.1.3 什么是素养 ... 7
1.2 人文素养科学诠释 ... 8
1.2.1 人文素养 ... 8
1.2.2 人文精神 ... 9
1.2.3 人文主义 ... 12
1.3 科学与人文 ... 13
1.3.1 科学与人文 ... 13
1.3.2 人文素养与科学素养 ... 14

第2章　大学之魂——大学人文精神的重塑 ... 19
2.1 大学精神 ... 19
2.1.1 何谓"大学精神" ... 19
2.1.2 大学精神对大学存在与发展之作用 ... 20
2.2 大学精神与人文素养 ... 23
2.2.1 大学精神-人文素养教育的核心 ... 23
2.2.2 建造良好的校园文化 ... 23
2.3 大学人文教育 ... 24
2.3.1 大学人文教育的必要性 ... 24
2.3.2 大学的文化品位与大学生的文化素质 ... 25
2.3.3 对我国大学人文教育的思考 ... 27

- I -

第3章 开花的树——文学篇 ... 34
3.1 文学的概念及作用 ... 35
3.1.1 什么是文学 ... 35
3.1.2 文学的社会作用 ... 36
3.2 文学的体裁分类及基本特征 ... 39
3.2.1 文学的体裁分类 ... 39
3.2.2 文学体裁的基本类型 ... 41
3.3 中国文学简介 ... 43
3.3.1 中国诗歌 ... 43
3.3.2 中国散文 ... 47
3.3.3 中国古典小说 ... 48
3.3.4 20世纪的中国文学 ... 48

第4章 观古而知今——历史篇 ... 53
4.1 历史的内涵 ... 53
4.1.1 什么是历史 ... 53
4.1.2 历史实际运用中的含义 ... 54
4.2 历史与现实的关系 ... 54
4.2.1 历史与现实 ... 54
4.2.2 以史为鉴 ... 55
4.2.3 学史明智 ... 57
4.3 中国传统文化的特征 ... 58
4.3.1 中国传统文化的优点 ... 58
4.3.2 中国传统文化的缺点 ... 59
4.3.3 儒家历史地位的变迁 ... 60
4.4 传统文化的现实意义 ... 62
4.4.1 由儒,道,佛学着眼,更好地理解中国传统文化 ... 62
4.4.2 传统文化的现实意义 ... 63
4.4.3 由传统文化走向现代化,是推动社会主义不断发展的精神动力 ... 64

第5章 思考的芦苇——哲学篇 ... 68
5.1 哲学的内涵及基本派别 ... 68
5.1.1 哲学的一般意义 ... 68
5.1.2 哲学的基本流派 ... 69

5.1.3　哲学和具体科学的关系 ··· 72
　5.2　哲学的发源与发展 ··· 73
　　　5.2.1　西方哲学的兴起和发展 ··· 73
　　　5.2.2　中国哲学的兴起和发展 ··· 74
　　　5.2.3　改革开放以来中国哲学的繁荣 ··· 76
　5.3　哲学的价值 ··· 79
　　　5.3.1　价值的定义及内涵 ··· 80
　　　5.3.2　价值的种类 ·· 80
　　　5.3.3　哲学与人的价值 ··· 81

第6章　人伦睦则天道顺——伦理篇 ·· 89
　6.1　伦理学的概念 ··· 89
　　　6.1.1　伦理与道德 ·· 89
　　　6.1.2　伦理学的研究任务 ··· 90
　　　6.1.3　伦理学的社会价值 ··· 93
　6.2　伦理学的应用 ··· 94
　　　6.2.1　生命伦理 ··· 94
　　　6.2.2　生态伦理 ··· 95
　　　6.2.3　社会伦理 ··· 97
　　　6.2.4　经济伦理 ··· 97
　6.3　当代大学生如何加强伦理道德修养 ·· 99
　　　6.3.1　当代大学生的伦理道德状况 ··· 100
　　　6.3.2　大学生如何加强伦理道德修养 ··· 100

第7章　胸怀九州——政治篇 ·· 106
　7.1　政治的内涵 ··· 106
　　　7.1.1　政治的含义 ··· 106
　　　7.1.2　政治学的研究对象 ·· 108
　7.2　政治学的历史 ·· 110
　　　7.2.1　古代社会的政治学说 ·· 110
　　　7.2.2　近代政治学的兴起 ·· 111
　7.3　政治学的伟大变革——马克思主义政治学的产生和发展 ·········· 113
　　　7.3.1　政治学发展史上，马克思主义的诞生导致了一场深刻的变革
　　　　　　·· 113

  7.3.2 马克思主义政治学是无产阶级认识世界和改造世界的革命理论的一个组成部分 ··· 114

第8章 天地之美——艺术篇 ··· 121
 8.1 艺术与美 ·· 121
  8.1.1 什么是艺术 ·· 121
  8.1.2 艺术的本质 ·· 124
 8.2 美的本质 ·· 125
  8.2.1 美是什么 ·· 125
  8.2.2 美的事物，作为客观的存在，既是审美的对象，又是美感的源泉 ·· 127
 8.3 艺术的价值 ··· 128
  8.3.1 艺术的认识价值 ··· 128
  8.3.2 艺术的审美价值 ··· 130
  8.3.3 艺术的教育价值 ··· 135
  8.3.4 艺术的三种价值之间的关系 ··· 136

下篇　理工科学生人文素养教育研究

第9章 当代理工科学生人文素养现状探讨 ··· 147
 9.1 当代大学生人文素养现状分析 ··· 147
  9.1.1 现状分析 ·· 147
  9.1.2 当代大学生人文素养的缺失原因分析 ······································· 149
  9.1.3 当代大学生人文精神的内涵 ··· 151
 9.2 上海电机学院大学生思想品德、心理状况调查报告 ····························· 153
  9.2.1 思想品德素养方面 ··· 153
  9.2.2 法制纪律素养教育方面 ··· 154
  9.2.3 自我行为能力方面的问题的回答（涉及心理素养方面） ············ 155
 9.3 加强理工科学生人文素质教育的必要性 ··· 156
  9.3.1 加强人文素质教育，是我国社会主义社会发展进步的客观需要 ······ 156
  9.3.2 加强人文素质教育，是我国高等教育发展的必然趋势 ············· 156
  9.3.3 加强人文素质教育，是高等院校理工科学生实现全面发展的重要途径 ·· 157

第10章 人文教育与科学教育关系演变——从西方大学谈起 158
10.1 古典自由教育：人文教育与科学教育的结合 158
10.1.1 古典自由教育 158
10.1.2 中世纪：人文教育继续发展，科学教育流于障蔽 164
10.1.3 文艺复兴时期：复兴古典自由教育理念 168
10.1.4 近代：科学教育走进中心，人文教育走向边缘 169
10.1.5 20世纪：人文教育与科学教育从排斥到结合 174
10.2 西方大学人文教育与科学教育关系演变的特点 175
10.2.1 钩沉西方大学教育发展史的规律 175

第11章 理工科学生人文素养的提升策略 179
11.1 坚持科学与人文融合的理念 179
11.1.1 从理工科的角度看待科学精神与人文精神 179
11.1.2 科学与人文融合理念及其指向性要求 181
11.2 管理就是设计并保持一种良好的环境 183
11.2.1 柔性管理的内涵及其特点 183
11.2.2 实施柔性管理的基本策略 184
11.3 提升理工科学生人文素养的原则 185
11.3.1 理工科高校提升学生人文素养的原则 185
11.3.2 科学教育与人文教育融合是高等教育发展的必然趋势 186

第12章 全人教育策略 188
12.1 全人教育 188
12.1.1 全人教育的提出 188
12.1.2 全人教育的含义与特点 188
12.2 全人教育理念指引下的理工科大学课程开发 190
12.2.1 理工科大学全人教育课程开发的原则 190
12.2.2 理工科大学课程开发中需要关注的方面 191
12.2.3 理工科院校专业课中的人文教育探讨 192
12.3 理工科课堂与人文精神培养 194
12.3.1 理工学科中的人文精神 195
12.3.2 理工学科课堂中的人文精神培养 197
12.4 推广大学通识教育 引发育人模式之变 198

  12.4.1 复旦大学以成立复旦学院为契机,在本科教育中全面实施通识教育 199
  12.4.2 复旦大学通识教育核心课程 200
  12.4.3 复旦大学通识教育核心课程的制度 201
  12.4.4 通识教育的教学理念 202

第13章 以经济学科为例,体现科学与人文的融合 204

13.1 经济学科中的"科学与人文"融合的基础 204
  13.1.1 现代教育理念为经济学科中"科学与人文"融合指引方向 204
  13.1.2 科学文化与人文文化的一致性是科学与人文融合的内在基础 204

13.2 经济学科的特点为科学与人文融合提供了条件 205
  13.2.1 经济学与自然科学 206
  13.2.2 经济学是社会科学 207
  13.2.3 经济学与政策 207
  13.2.4 经济科学新学科 208

13.3 经济学科学生人文素养的提升策略——经济伦理的提升 209
  13.3.1 什么是经济伦理 209
  13.3.2 经济伦理学与经济学的关系 211

13.4 经济伦理学的道德理论基础 211
  13.4.1 功利论与经济伦理学 212
  13.4.2 道义论与经济伦理学 214
  13.4.3 美德论与经济伦理学 216

13.5 经济活动伦理——公关、契约、谈判伦理 217
  13.5.1 公关伦理 217
  13.5.2 我国的公关伦理 217
  13.5.3 契约伦理 219
  13.5.4 正确对待理性违约与非理性违约道德上的重大区别 221
  13.5.5 商务谈判伦理 222
  13.5.6 国际商务谈判伦理 226

参考文献 229

上篇

人文教育在大学

第1章

人文荟萃　共铸精神家园

引　言

　　人既是理性的动物又是感情的动物。每个人都会思考和探讨与生活有关的"人的问题",也只有人这种具备意识能力和自我超越能力的动物,才会提出并思考诸如价值、意义、真理、人生这样的根本问题。一个人的人生与人类的发展都具有这样的特点,既要思考过去,又要追求未来。在这种思考与追求的过程中,既体现了人的自由自觉本性,同时又体现了对历史局限"困境的超越"。因为人的一切活动包括思维活动都是在一定的历史时空中进行的,作为个体的人和人类社会都是历史发展的产物,在这个发展过程中,进行历史实践的人总是在面对问题时思考问题发生的原因并找到解决问题的办法。

　　人所面对的问题总是一定历史发展阶段的问题。一定历史阶段的问题总是包含两个层面:一是人与客观物质世界的关系问题,二是与自身存在的关系问题。这两个层面的关系问题都是复杂的关系系统。但考察其发展过程,不难发现,人们认识这两个关系问题的广度和深度在大幅度提高的同时,也产生了新的问题:除了这两个层面之间关系发展失衡外,两个层面自身的内部关系也存在着失衡。即出现了这样的经验事实:在现代科学技术高速发展带给人们诸多福音的同时,也带来了人所赖以生存的自然环境的破坏,产生了生态危机,技术发展的强势使人产生了工具崇拜,使得人本身的目的性有所遮蔽,表现为人们的精神萎缩与痛苦,教育的功利性增强,物质主义、享乐主义和个人主义的发展等一系列问题。总之,人们摆脱外部束缚取得自由的过程,也是思想解放、人性发展的过程,而当两者发展不平衡时,就出现了人文危机。

　　这里的"人文",指的是人与自身存在的复杂关系系统,在这个系统或世界中,包含着人的内在的精神世界和外在的文化世界。也就是说,所谓"人文是指反映人与自身存在的关系问题的、包含人的内在的精神世界和外在的文化世界相统一的意义和价值系统。"

　　以"人文"为词源形成的诸如"人文素质"、"人文精神"等已经进入大众文化话语系统之中。但关于这方面的学术研究和探讨,在我国的历史并不长。从上个世纪90年代初迄今,以"人文精神"的讨论为肇始,围绕"人文"问题的探讨甚至争论一直在持续着。特别是在大学中,经常会听到"大学生人文素质低"、"大学人文精神失落"等评判,甚至有论者将大学生中发生的问题,特别是引起社会强烈反响的事件,诸如"大学生硫酸泼熊"、"马加爵杀害同学"以及不断传来的大学生自杀的极端事件等,都归咎于人文素质及人文教育问题,并以此为根据,强调要加强大学生人文素质教育特别是思想政治教育。

作为一定历史阶段的教育存在着这方面问题是毋庸置疑的,大学毫无疑问应该始终加强人文素质教育,高扬以人为本的旗帜。但是,必须清醒地看到,大学中出现的问题,是社会问题的表现和反映。为什么在我们所处的历史阶段会出现"人文素质"方面的问题,并引起越来越多的人的关注?换句话说,目前关于"人文"言说的社会历史条件和意义是什么?我们言说的历史背景和前提是什么?为了搞清楚这些问题,必须对"人文"的概念进行历史的梳理,从而确定"人文"的科学含义,理清人文精神建构、人文素质发展的规律和人文素质教育的科学思路及正确途径。

人总是在意义中生活的。人类生活是由经济、政治和精神文化三大活动领域构成的,因而,生活的意义或价值也可以划分为经济、政治和精神文化三种。经济和政治价值是现实生活层面上的意义,而精神文化价值则是理想生活层面上的意义。前者是一种有限的、相对的生活意义,后者则是一种无限的、超越的生活意义。一种理想性意义或作为其表现的精神文化,是人们为自己所建立的作为安身立命之本的精神家园,并为现实生活提供终极意义。

人类所有的知识与思想,从涉及的问题、关注的对象到探究的目标,不外乎自然、社会和人自身,人自身并不是作为物质对象,而是把作为物质高度发展产物的意识——人类的情感、精神、价值和意义世界作为认识对象的。

由此,我们认识到,就人类社会发展的一定阶段,精神文化生活与一定的经济、政治生活共同构成人类生活的基础,并以生活在其中和以此为基础的每个人的文明或文化的形式为外在表现。如果从动物性和社会性双重属性来考察人,我们也可以说,人是动物性生存和社会性生活的统一体。人的社会性将人与生物进行了"质"的区分,而人的生活的精神性将一般动物性生存和人的生活的基本内容进行了"素"的根本性区分,同时也将人类生活进行了结构性的区分。换句话说,精神生活既是人的生活的基础,又是人生活的重要元素和内容,同时也是分别生活层次的要素标准。

人类社会发展以文化的方式延续,以文明的状态呈现。在这种发展中,我们既能看到"人的本质"的不断实现,也能看到"人的本质"的异化的出现。在一个日新月异的时代,对人本身的关注、思考和探索,不仅无法被遮蔽,而且会日益凸显:在精神和物质割裂的峡谷中,"什么是人?""人生的意义是什么?""人应该怎样生活?"等等问题始终萦绕在人们心头,并在不同时期发生共鸣,形成历史的回声,发出激荡人心的呼唤。

在现代汉语体系中,"人文"的含义是对中国传统文化中"人文"和西方思想观念中"人文主义"的融合而生成的复杂的词汇;而以此衍生的人文科学、人文精神、人文素质和人文教育既因同源而联系紧密,又因具有特定对象而有所区别。一般认为,人文精神与人文主义、人道主义和人本主义作为同一层次的含义,属于思想史范畴;人文素质和人文教育及人文学科属于教育学范畴;而人文科学则是从哲学高度对人文活动规律及其原理的系统研究和把握的理论体系。

1.1 人文、文化和素养的概念

1.1.1 什么是"人文"

人文,是一个动态的概念。从一般的意义上讲,比如我国《辞海》中就这样写道:"人文指人类社会的各种文化现象"。

文化是一个很广泛的概念,一般来说,有别于自然形成的一切人类活动以及人类活动所创造的一切成果,都是文化。我们知道,文化是人类,或者一个民族、一个人群共同具有的符号、价值观及其规范。符号是文化的基础,价值观是文化的核心,而规范,包括习惯规范、道德规范和法律规范则是文化主要内容。"各种"文化现象,显然就包括了先进的和落后的,科学的和愚昧的,优秀的和次劣的,健康的和病态的。

从一般历史发展的过程而言,人类社会的各种文化现象都可称为"人文",但不同的文化体系对"人文"的理解是不同的。汉语中的"人文"一词出自《周易》:"刚柔交错,天文也。文明以止,人文也。观乎天文,以察时变。观乎人文,以化成天下。"其本意是指同"天文"相对应的人类生活或人类世界的法则或秩序。古代中国"人文"本义乃是以天道信仰为背景的礼仪教化,其重心所在并非"人",而是礼仪之"文"。随着中国封建制度的成熟,"礼"的天道信仰意味已渐消退,封建纲常的伦理秩序成为"礼"的基本内涵,"礼"教化"人"的意义一直维持下来。"人文"也可引申为"人道"或"为人之道",包含着我国古代文化思想中关于人的本质或人类世界与自然世界本质区别的深刻理解:人所以"人",不仅在于有理性、语言,而且在于以某种非自然的法则来规范自己的行为。这种自然的法则就是"礼",是一套无所不包的社会生活规范和秩序的总和。

中国古代"人文"更多地具有规范、教化的含义,与西方文化的"人文"初始意义是有所不同的。西方文化中的"人文"更多地指的是古典人文学科。古罗马政治家、演说家西塞罗(M. T. Cicero,前106—前43)在论述理想的辩论家时最早使用"人文"(humanitas)一词,拉丁语"人文"(humanitas)含有"人性"或"人情"的意思,但西塞罗用以指一种教育大纲。这个词后来成为西方文化语言中基本思想观念之一的"人文主义"(huamanism)及其相关词汇的词源。

正像中国传统文化中没有现代"科学"的概念一样,西方古典文化中也同样没有现代"人文"的概念。无论是"科学"还是"人文",都是与现代性相联系的概念。从"人文"(humanitas)发展为思想观念之一的"人文主义"(humanism)更多是含有人的解放和全面发展的思想意义。西方文化传统中,当上帝"创世说"与"君权神授"携手相伴登上思想王国的宝座时,尊贵的哲学及科学便沦落为可怜的婢女。这种对人性的压抑和对智慧的蔑视因科学的发展而终结,文艺复兴运动中对人性与自由的渴望和呐喊,砸碎了科学、艺术、哲学身上的宗教神学枷锁,以强烈的创造冲动,促进科学日新月异地发展。科学主义的出现,使"人文"的重要意义凸显出来。进入现代,中国文化中才有了真正意义上的"科学"这一概念。"科学"一词来自西方,最早曾被译为"格致",取自古人的"格物致知"之说。后来改用日本人的译法,取名为"科学",意为分科之学问,即对事物进行分门别类的研究。直到近代,科学的内涵才逐步固定为关于事物本质与规律性认识的知识体系。这个现代意义上的"科学"概念,实际上包含两个层次的内容。一个层次是把科学理解为通过分门别类的系统研究所获得的知识体系,另一个层次是科学的本质在于获得对事物的本质与规律性的认识。也可以把前者作为对科学的广义概念,后者作为狭义的概念,前者与后者是包含关系。如是则"人文"归属于广义"科学"之中,"人文"不但是学科,而且是科学。事实上,现代意义的"科学"和"人文"的含义从开始便是相伴而生的,更是相伴发展的。脱离"科学"的人文和脱离"人文"的科学同样都是有"问题"的。

那么,我们现在所说的人文,或人文精神,或人文思想,重视人文教育,这里的人文,显然是指人类文化中的先进的、科学的、优秀的、健康的部分。而且,其核心是指先进的价值观,其主要内容则是指先进的规范,对于社会而言,尤其是先进的法律和制度规范;对于社会成员而言,尤其是先进的道德和习惯规范;对于青少年来说,首先体现在养成良好的习惯规范。从文艺复兴的历史看,人文应该是重视人的文化。

1.1.2 文化的特征

那么,什么是文化?文化又有哪些特征呢?

笼统地说,文化是一种社会现象,是人们长期创造形成的产物。同时又是一种历史现象,是社会历史的积淀物。确切地说,文化是指一个国家或民族的历史、地理、风土人情、传统习俗、生活方式、文学艺术、行为规范、思维方式、价值观念等。还有人将文化定义为:自觉的意识和行动。梁启超在《什么是文化》中称,"文化者,人类心能所开释出来之有价值的共业也"。

文化的特征,是指文化区别于非文化的独有特征。

1. 文化是源于劳动的

文化是精神、思想的载体,是不能脱离人独自存在的。世界文化遗产分为文化遗产和自然遗产两大类。自然界的山川河流,鸟兽虫鱼不是文化,它们是在自然状态下形成的,没有人类的痕迹,因此属于自然遗产。只有经过人类的加工、创造才能成为文化。也就是说,文化是源于人类的劳动与智慧的。

2. 文化是有认知性的

这里所说的认知与一般意义理解的"认知"不同,认知特征是一个认知文化的人对他们所在的自然环境、历史传统,以及人事周遭所作的认知了解之总和,这一特征的典型成就当然是经验科学。换句话说,文化是有地域性和民族性的,不同的地域,不同的民族有不同的文化,这是由于古代人们分居不同的地域,互相隔离所形成的。正因为如此人类文化才呈现出异彩纷呈,极其丰富的姿态。文化的认知性要求我们要珍惜并保护民族的文化遗产。

3. 文化是可以继承和发扬的

对于一个民族,文化承载着其民族精神。在人类的代代传承的同时不断发展、创新。比如诗歌,就是源于早先人们在劳动中的创作的说唱,在有了文字之后,得以记载保存,并一代代的传承下来,逐渐发展,演变成为后来的诗歌。所以,文化是一个国家、民族创造力的体现。

1.1.3 什么是素养

北京大学教授、北京大学附中校长康健在谈到习惯形成过程的不同层次时,对什么是素养做了形象的阐释:

"我一般用这样一个层次:信息、理解、行动、素养。所谓信息,就是人家告诉你的,像电灯摁了开关就会亮,这是信息。这是人家告诉你的,但是你理解了吗？比如,人家说红灯绿灯,你知道吗？知道,就是红灯停绿灯行。但你是不是真正理解为什么设置红灯绿灯呢？很多人并不知道,所以他们毫不在乎去闯红灯。到了美国,人家告诉你,这红灯是鲜血染成的。就是说很多人的生命换取了红灯的设立,遇到红灯必须要停。然后,你才知道红灯是这样来理解的。理解不等于行动。很多人可能是理解了,但还是照样闯红灯。比如说,中关村闯红灯的,一半农民一半博士。所谓都是背着笔记本的,一半是用笔记本的,一半是卖笔记本的。这些人都闯红灯,在中关村这种现象非常普遍。农民不理解就算了,但是博士能不理解吗？就是说,理解了不等于行动。但大多数人还是有行动的,一般见了红灯会停下来。可是到了晚上十二点以后、没有人的时候、当你特别急的时候,你会闯吗？你如果闯了,你充其量只是这次行动而已,但是你没有素养。素养不是一种简单的习惯,而是变成了你对社会公德、社会规则的一种理解,变成了你的一种生活的价值观,变成了你对待社会、对待别人的一种尊重。"

如是说:素养是在一个长期的过程中已经成为一种价值观、成为一种生活方式,对人的态度、对人的行为等起稳定作用的素质才能叫做素养。这种素质融会成你生命的一部分,是和人的态度、人的价值观、人的生活方式紧密相连的,是近乎于本能的,是不需要什么条件、不需要外部压力、不需要别人的提醒,就会自觉自愿、心甘情愿地去做,这才能称之为素养。

总的来说对素养我们可以从下面四个方面来看:

第一,素养是后天养成的,它不是天生的。从心理学意义上来说,天生的,我们通常可以把它称为素质,比如说,身体素质、心理素质,而素养是后天形成的。

第二,素养是可以培养的。人的素养是有高低的,比如说文学素养、艺术素养,比如说科学素养、我们的技术素养、信息素养。它是可以有高低的,有的人低一点,有的人高一点。那么在教育过程中,我们可以通过教育活动,促进学生的各种素养由低向高逐步地向前发展,因此说,素养是可以培养的。

第三,素养是多层面、多层次的。素养不仅包括一种意识,而且它包括一种实践,比如我们通常所说的知、情、意、行等方面。因此,当每个学科都在谈素养的时候,其中,都包含有知识与技能、过程与方法,情感态度与价值观这样的多层面的理解。

第四,素养是综合的,孤立的单一素养是不存在的。比如我们讲文学素养或者信息素养,孤立地来说实际是不存在的,我们很难从一个人身上简单地分割出哪一块是文学素养,哪一块是科学素养,哪一块是信息素养。

1.2 人文素养科学诠释

1.2.1 人文素养

顾名思义，人文素养就是人的内在素质和文化底蕴。大致可以分为以下几个方面：

(1) 对于古典文化有相当的积累，理解传统，并具有历史意识，能够"审经答变，返本开新"；

(2) 对于人的命运，人存在的意义、价值和尊严，人的自由与解放，人的发展与幸福有着深切的关注；

(3) 珍视人的完整性，反对对人的生命和心灵的肢解与割裂；承认并自觉守护人的精神神秘性和不可言说性，拒斥对人的物化与兽化，否弃将人简单化、机械化；

(4) 尊重个人的价值，追求自我实现，重视人的超越性向度；崇尚"自由意志和独立人格"，并对个体与人类之间的关联有相当的体认，从而形成人类意识；

(5) 对于人的心灵、需要、渴望与梦想、直觉与灵性给予深切的关注；内心感受明敏、丰富、细腻与独特，并能以个性化的方式表达出来；

(6) 重视德性修养，具有叩问心灵、反身而诚的自我反思的意识和能力；

(7) 具有超功利的价值取向，乐于用审美的眼光看待事物；

(8) 具有理想主义的倾向，追求完美；

(9) 具有终极关切和宗教情怀，能对于"我是谁？我们从哪里来？又要到哪里去？"一类问题作严肃追问；

(10) 承认并尊重文化的多样性，对于差异、另类能够抱以宽容的态度；

(11) 能够自觉地践履社会的核心价值，诸如公平与正义。

现实中，我们可以大致上把"人文精神"与"人文素养"等同使用。因为，如同具有"达标"的自然科学能力却不见得具备"达标"的"科学精神"一样，具有"达标"的人文科学的知识及处理人文活动的能力，也不见得同时具备"达标"的人文精神。人文精神才是人文素养的根本特征。举个例子：在历次政治运动中，许多受到主流社会迫害的中上层人士，都不同程度地受到过来自下层社会群众的同情和关照，这让"走资派"、"反动学术权威"等被专政人士曾大发感激、感慨之情。而那些对落魄者不歧视不加害的"草民"，虽然缺乏人文科学素养，甚至不具备接受革命教育的起码的文化素养，但他们在那个把人文当垃圾的社会环境中，却是真正具有人文精神的精英分子。

个人的人文素养的质量是个人健康发展的结果；社会的人文素养质量是一个社会汲取历史经验教训、积累文明成果的结果——"文明成果"的最重要部分，衡量"社会文明"的尺度，也是"社会文明"的标志。

文明、进步的"发展"，不可以和人文精神相违背、相脱离。否则，科学技术的发展，经济总量的发展，军事力量的发展，社团组织的发展……都会成为压制、残害甚至毁灭人类的野蛮力量，并且，这些东西发展越快、成就越大，它所制造出的痛苦和灾难就越大。

社会在"持续"，生活在"继续"，在这个过程中，"如果人文素养含量"被批量式"剔除"，或持续降低，那就和真正的发展毫无关联。如果将此持续和继续状态称之为"发展"，就需要为此定性：退步的"发展"，反动的"发展"，危险而耻辱的"发展"，朝着地狱方向的"进步"。

记得有这样的一句话："缺乏人文素养，失落人文精神，必然会制约个人乃至社会、国家、民族的可持续发展。"这话也是人文素养欠缺的表现，应提出批评。这话错在哪里呢？这里不存在什么"制约发展"的问题，它和"发展"根本无关。"缺乏人文素养，失落人文精神"，本身即巨大退步、巨大灾难。

1.2.2 人文精神

1. 人文精神的内涵

首先，人文精神是指人类共同信奉的那些真理性的精神。

人文精神是在长期历史中形成的。但它不是一种自然的积淀，而是人类对自己的所作所为不断地认识与自我总结之后，理性地升华出来的。当文艺复兴提出的人文主义彻底地终结了中世纪的野蛮与黑暗，而使西方的文明史突飞猛进，人类便将那时候提出的自由、平等、博爱和人道主义一并纳入自己的人文精神的宝库。人类总是在生活的方方面面不断地建立起自己的精神原则与准则，并使之高尚。比如我们常说的科学精神、体育精神、民主精神、爱国精神、社会公平与平等的精神、人道主义精神等等，这些精神确保着人活得幸福、尊严、自由，有利于人的幸福与社会的进步和文明。

其次，人文精神就是人类文明，是人类文明的精神和真谛。

人文精神是人类文明最重要、最宝贵的财富。这样的例子不胜枚举。世界各民族和数不清的智者与仁人都为此做过贡献。人文精神是人类创造的另一个太阳——为了照亮自己和照亮未来。人类就凭着这种文明的精神，共同穿过两次世界大战时深渊般的苦难。今天我们面对着许多巨大的困扰而不绝望，就是因为人类有着共同信奉的人文精神。

人文素养或说人文精神作为一种以人为主体、以人为对象的思想，是人对自身命运的理解和把握。人文精神关怀个体的自我价值的实现，追求人与人的平等、社会和谐与进步、人与自然的统一。这种精神体现在追求人生意义的各种文化创造过程中，这种过程涉及人类生活的一切方面。从这一意义上说，我们可以把人文精神理解为在层次上为整个社会的文化整合提供的意义系统和沟通规则。人文精神既是一种行为状态，又是一种理想目标，这个理想目标必须在现实状态中才能真正展现自己。人文精神本身并非道德，而是道德的根据。人文精神围绕人生价值提出一系列选择依据，诸如精神、主体、个性、人性、自由、信念、气魄、襟怀、思想、激情等价值尺度。人文精神使人类在实践活动中不断地认识自己的价值，发展自己的能力，完善自己的品性，提升自己的境界。

再次，人文精神的核心是自由。

自然状态是自在状态，人文状态意味着人有一种超越性。人文精神是脱离了自然状态的人所具有的一种生存状态或理想目标。有了人文精神的这种超越性，人才能够去进行文化创造，而这种超越性的核心就是自由。无论从物质方面或精神方面而言，自由都是文化创新的根源。思想文化启蒙在于运用自己的内在理智去摆脱蒙昧，进入自由境界。在此意义上,康德说启蒙只需要自由。恩格斯也说过,人类文化上的每一个进步都是迈向自由的一步。自由作为人类孜孜以求的终极价值,在每个历史阶段上都有其崭新的含义。

2. 人文精神的特征

(1) 人文精神是一种生命承诺并有迹可寻

从人文精神的实践性来说,人文精神不仅是一种人生态度,一种处世心境,更是一种生命承诺。虽然与道德相比,人文精神更为抽象,但并非无迹可寻。人文精神必然要通过人的道德行为和价值选择表现出来。杀身成仁、舍生取义,就已超出道德范围,而完全是人文精神的体现了。苏格拉底对待死亡是一个很好的例子。他当时并不是非死不可,然而他宁肯去死。在他看来,不公正地处死他,足以证明他做出了在永恒意义上更有益、更高尚的事。只有人才会自愿舍弃物质生命,去成就那无形的精神理想。在此意义上,人文精神要求具有康德讲的那种"绝对命令"[①]的性质。它不仅有高度的道德操守,更有一种殉道精神。

(2) 人文精神以人为一切价值的出发点

人文精神以人为一切价值的出发点,以人为尺度去衡量宇宙万物;人文精神作为对人之生存意义的思考,着眼于对人类命运与归宿、痛苦与解脱、幸福与完善的思索;人文精神作为一种入世态度,是人文知识分子对世界与社会一种独特的理解方式与介入方式,是人文知识分子日常生活的一种规范与生命态度。在中国近现代历史上,人文精神甚至体现在像王国维、蔡元培、陈寅恪这样的知识分子的人格生命中。人文精神作为人文知识分子的一种情怀,是这个知识阶层的精神特征。赋予生活与生活经验以价值意义,这是人文知识分子还存在着并将继续存在下去的根本理由。如何使个人生活经验获得历史感与普遍意义,如何使个人存在与历史存在相联系,这是一个需要不断解决的问题。真实的经验从来都是生存性经验,生与死、有与无、善与恶、灵与肉、理想与现实、禁止与诱惑,人生处境从未能脱出日常生活中的这些两难"尴尬"。人文知识分子的崇高职责,就是要追问和回答生存意义问题,而生存意义只能在对生存经验的探索中获得。人们可以通过不同的途径看到文学、艺术、历史、哲学、道德、伦理、宗教在人类经验世界中产生的意义。这也就是说,生存经验本身并没有"自足的"意义,其意义要通过人文表达才能实现。对于普通大众来说,人生是有过经验而难以体验其意义的,而没有意义就意味着经验的丧失。个体经验、民族经验以及人类往事,一再被文学、艺术、历史、哲学等方式讲述,被赋予历史性甚至宗教性,这是日常生活获得意义的方式,也是人文精神的价值之所在。真、善、美的东西,是现实感、价值感、历史感在生存经验中的结晶。任何一种具有启示性和感召力的精神产品,都体现着真、善、美。人文精神作为关于人和人的价值的思想,是一种人生价值与意义的生成过程;人文精神作为信仰追寻,不应囿于抽象理念的追寻,而应进一步转化为个体的现实的操作方式。个体的操作方式受内在自律性制约,这种内在自律性表现为一种"人格意识"。对人文精神的追寻,最终落实在个体价值人格的确立上。在大众文化中,人文精神主要表现为对日常生活的审美趣味的追求上;在精英文化中,人文精神主要体现在独立的自我意识与社会批判意识上。

[①] 德国哲学家康德用以表达普遍道德规律和最高行为原则的术语。康德把绝对命令表述为:"不论做什么,总应该做到使你的意志所遵循的准则永远同时能够成为一条普遍的立法原理"(《实践理性批判》,第30页)。

一般说来,注重个体的价值追求,尊重他人的价值选择,倡导不同个性之间的平等共处,体现着现代人文精神的内涵。

同时,人文精神又是教育的灵魂。因为,人文精神是人共有的灵魂,也是社会的灵魂。社会和人都不能没有灵魂。而教育是以人为本、服务于社会的,所以说,人文精神是教育的灵魂,或者说是灵魂的教育。

(3) 人文精神有一定的历史的特定性

人文精神有一定的历史的特定性。那么在当今这样的全球化、特别是商品化时代,它必然受到挑战。人文精神的固有准则、特别是传统的价值观遭遇到颠覆性的冲击,精神的代沟普遍存在,当人文精神出现失落,社会与人都会发生困惑。这是摆在我们面前的、无法回避或绕行的现实。

因此人文精神的重建是知识界、教育界关心的问题。

当然,重建不是推倒重建,而是面对当代社会现实的重新构建。必须强调,人类传统的人文精神仍是当代文明的核心。如果我们抛弃传统的人文精神,然后手无寸铁地去抵御物化时代的生活带来的负面问题,其结果必然是无止境的物欲与享乐主义主宰世界。为此说,当代知识界、教育界首要的工作是对原有的人文精神进行系统的梳理与再认识。恪守与弘扬人文精神是教育领域必须承担的。这就是我们常说的人文教育。

3. 正确认识人文教育

人文教育不是文科教育,是人文精神的教育;不是知识教育,是精神文化教育;不只是人文学科的事,而是整个教育的事。应该说人文精神的教育应该从摇篮就开始了,各个阶段有适龄的教育内容,最重要的则是在大学。因为只有知识和思维到达一定程度与深度,才能深刻地感知和理解人文精神。

人在从小学、中学直到大学受教育的全过程中,所要完成的不只是知识性的系统的学业,更重要的是拥有健全而有益于社会的必备的素质。素质的核心是精神,也就是人文精神。人文精神在具体的人的身上,则表现在追求、信念、道德、人和、气质和修养等各个方面。每个方面都有特定的人文内涵和文明理念。那么,人文精神教育的方式就不能等同于一般的知识教育的方式——听课与读书。感染、熏陶与潜移默化的影响恐怕更适用于心灵的滋育与精神的培植。当今中国的大学正在尝试性地采用多样的方式进行人文教育,如开设人文讲堂、建立各种艺术组织与文化中心、建造校史及其他各种人文博物馆、开展校内外济困扶危的公益活动、以志愿者身份参与社会实践以及避免教育商品化等等,旨在扩大学生的精神视野,关切社会难点,加强人格修养与审美素养,浓化和深化校园内崇尚精神的人文氛围。尤其是理工科大学已经渐渐看到人文精神教育的至关重要作用。

没有人文精神的教育,是残缺的、无灵魂的教育。任何知识如果只有专业目标,没有人类高尚的追求目标和文明准则,就可能用于有害于社会的目的,甚至助纣为虐,化为灾难。校园中人文精神缺失带来的种种问题最终还是要转嫁给社会。反过来,自觉而良好的人文精神的教育,则可以促使一个人心清目远、富于责任、心灵充实、情感丰富而健康。这也是以人为本的教育的目的。

1.2.3 人文主义

人文主义(humanism)是指社会价值取向倾向于对人的个性的关怀,注重强调维护人性尊严,提倡宽容,反对暴力,主张自由平等和自我价值体现的一种哲学思潮与世界观。

人文主义在西方文化中的不同发展阶段,其特点和内容差异,然其所以成立的机缘却是惊人的一致,这便是"由于欲对治或反抗某种文化上的偏蔽而兴起"①,而决不是从人自身的觉悟而进入。这两种进路,前者取外在的反显观解进入人文主义,后者取内在的主体证悟进入人文主义。前者不能开"道德主体"之门;后者可以开"道德主体"之门。但真正的人文主义,唯有开"道德主体"之门,才能臻于综摄的笼罩形态,而成为领导文化生命的最高原则。因此,始终未能叩开"道德主体"之门,为西方人文主义各阶段的最大特点,也是形成其限制的根本原因。

西方的人文主义之所以不能打开道德的主体之门,这与西方文化中的思考方式有密切的关系。前面说过,西方文化是以"神本"或"物本"占统治地位。就"神本"来说,这是要拉空甚至撤销人的主体性,把一切都交付于至高无上的神。所以,在宗教上越虔诚,便越是要消解掉自己的主体性,"将自己投掷于神的面前而彻底皈归于神"。在这里,当然不存在打开主体的问题;再就"物本"来说,西方文化的心思全在把握外物之理上,这样,以客体为主而欲把握其理,则主体方面最当行的机能便是"理智",理智扑着外物转而活动。主体若只限于扑着外物而转的理智上,至多只能尽观察、分析、推理之能事。并不能打开主体之门,超越地分析、批判主体的各种能力。故主体之门在"物本"这里依然是闭锁的。可就西方的人文主义而言,虽然西方的人文主义者叫嚣要回到"人本",然而就他们所开出的人文主义而言,如前所述,并没有真正地回归到"人本",或者说,并没有真正打开"人"这个"本"。就他们所开出的人文主义的形态来看,实际上依然是停留在"物本"上,至多只是一种特殊的"物本"。也就是说,他们只是把"人本"作为一种特殊的"物本",这当然也不能开"人"这个主体之门了。这样看来,无论"神本"、"物本",还是所谓的"人本",都是站在"客体"方面而有所成,并不能收缩回来站在"主体"方面,叩开主体之门以见其所成。在西方文化中,真正能触及主体之门的是作为启蒙思想的完成者和克服者的康德。康德从客体方面收缩回来,以三大批判②分别透显主体在成就知识、道德和审美三个方面的能力。他在这三个方面的哥白尼式的回转,使得他不但在启蒙思想所提出的"抽象知性"的基础之上,进一步透显了知性主体。从这个意义上说,他是启蒙思想的完成者。而且进一步检定了知性主体的限度,从而更进一步地透显出道德主体和审美主体。从这个意义上说,他是启蒙思想的克服者。但是,康德毕竟是一个纯粹的哲学家,他之透显各种主体,乃是通过先验的批判,他要拉掉内在于生命的存在感受,这是一种纯粹的、抽象的哲学思考。此适合于讲批判哲学,但并不适合于讲人文主义,因为人文主义,如前所言,必须内在于生命而开启一个质实的居间领域。而康德由先验批判而透显的主体,无法避免其抽象性,他所透显的各种主体,只是知识的逻辑圆满。也就是说,他只是把各种主体作为知识放在他的义理系统中予以解

---

① 唐君毅著:《中国人文精神之发展》,台湾学习书局,2002年6月,第37—85页。
② 康德哲学的"三大批判"问题,即认识论问题、道德和宗教问题、审美和目的论问题。

析,检定限度、厘清分际。这样,各种主体在康德那里,只是有概念性、形式性,故我们说康德只是触及了主体之门。

但人文主义要成为领导文化生命的最高原则,就不能从康德的那种概念性的主体之门进入。因为概念都有一定的内涵和外延,这表示任何概念都有一定的限制性。但作为文化生命领导原则的人文主义,不能有这种限制,它应该是"一切建构,一切成就之本",这是现代新儒家对人文主义的基本看法。故唐君毅说:"人文主义不仅不会与一切含真理的主义相敌对,而且他(它)正当肯定在各种人类文化领域中,之各种主义相对的价值。"这就是说,真正的人文主义是以人为"本"来建构人自身的文化,而不是一种哲学学说之一,故应该综摄、消融一切有价值的思想与文化。现在的问题是:人文主义的开启点在哪里呢?要找到这个开启点,这既不能取西方各阶段的人文主义所走的外在的反显观解之路,因为如前所述,它们并没有真正地回归到人这个主体之上;亦不能取康德的先验批判而透显各种主体之路,因为同样如前所述,这各种主体因其形式性与概念性的限制,并不能完成人文主义所本有的综摄、消融一切有价值的思想与文化于其内的理想形态。这样,要找到人文主义的开启点,便只能走中国文化内在于生命、生活的逆觉、证悟之路。

1.3 科学与人文

1.3.1 科学与人文

科学在严格意义上讲就是自然科学,讲得更宽泛一些就包括社会科学在内了。科学的诞生和人类的历史基本上一样久远。我们人类在地球上生活了 700 万年,据考古发现,大约距今 30 万年前,原始人就在制造石器的过程中,开始了认识自然、改造自然的实践活动。在距今一两万年前,原始人发明了新的劳动工具——弓箭。弓箭的发明对人类社会的发展和科技的进步有着十分重要的作用。它使人类由狩猎进入畜牧的时代;另一方面利用弓弦绕钻杆打孔的方法钻木取火,不仅极大的提高了人类的生活质量,而且增加了生产的手段;用火炼制粘土,发明了制陶技术;用火熔化铜和铁,制造出金属农具,使人类结束了一万多年的迁徙不定的生活,进入自给自足的农业社会,从而开始了人类五千年的文明史。

学者对于科学和人文的内涵界定是有争议而无定论的概念。关于科学,在《辞海》中的定义:科学是运用范畴、定理、定律等思维形式反映现实世界的本质和规律的知识体系。

学者吴国盛认为,当代汉语中的"科学"一词译自英文或法文的 science,英文的 science 一词基本上指 natural science(自然科学),但 science 来自拉丁文的 scientia[①],而后者含义更广泛,是一般意义上的"知识"。

学者杨国荣认为,就宽泛的意义而言,科学既指自然科学,也包括社会科学,但从严格的科学知识形态来看,自然科学无疑具有更为典型的意义。

---

① 科学一词,英文为 science,源于拉丁文的 scio,后来又演变为 scientia,最后成了今天的写法,其本意是"知识"、"学问"。

1.3.2 人文素养与科学素养

科学素养(Scientific Literacy)：具备并使用科学、数学和技术学的知识做出有关个人和社会的重要决策。

一般情况下，科学素养教育至少应该包括以下内容：

第一，为广大公众所设计的科学技术教育课程应该尽可能地包括科学技术的一般原理。这些原理应该对从形式到现象的方法进行解释。

第二，从普通公众的日常需要入手进行科学技术知识的传播。比如，在美国这样的发达国家，修理汽车恐怕就不一定是科学素养的组成部分。《向科学素养迈进》就是将农业知识作为农业国家的重点教育内容设计的。保健知识是所有的人都需要的。因此，仅从生物学角度进行教育就不可能有很好的效果，但是如果从普通人经常发生的各种疾病症状进行解释效果就要好得多。美国的公众从中小学、社区学院开始就有这种选修课教育，但是似乎也应该有面对公众的有关科学素养教育。

第三，在科学素养教育中，应该注重对本民族文化的研究，比如社会习俗、信仰、礼仪习惯、文化内涵等的研究，并以这些研究成果作为科学素养教育方法的依据。

第四，科学具有局限性，技术具有副作用。理性地看待科学和技术正是科学技术素养的重要组成部分，也是使公众了解可持续发展的重要方法和手段。

第五，科学方法和科学精神包括科学的事业、科学的本质、科学家的工作、科学在人类社会中的地位和作用、科学的研究过程和方法、怀疑精神、论证精神、公开性、接纳不同意见和看法的价值观、社会的正义感等。

对人文素养的阐述，学者一致的做法是从人文学科知识培养与内化的角度进行分析。人文精神是人文素养的核心，理解"人文素养"，遵循字面内涵表述组合意义就是最实际、最便利的途径。"人文"，在这里当为确定的"人文科学"(如政治学、经济学、历史、哲学、文学、法学等)；而"素养"肯定是由"能力要素"和"精神要素"组合而成的。所谓的"人文素养"，即"人文科学的研究能力、知识水平和人文科学体现出来的以人为对象、以人为中心的精神——人的内在品质"。

人文素养的灵魂，不是"能力"，而是"以人为对象、以人为中心的精神"，其核心内容是对人类生存意义和价值的关怀，这就是"人文精神"。这其实是一种为人处世的基本的"德性"、"价值观"和"人生哲学"，科学精神、艺术精神和道德精神均包含其中。它追求人生和社会的美好境界，推崇人的感性和情感，看重人的想象性和生活的多样化。主张思想自由和个性解放是它的鲜明标志，它以人的价值、人的感受、人的尊严为万物的尺度，以人来对抗神，对抗任何试图凌驾于人的教义、理论、观念、进行中的事业及预期中的目标，对抗所有屈人心身的任何神圣。

尼采认为，人们容易忘记，科学其实是一种社会的、历史的和文化的人类活动，它是在发明而不是在发现不变的自然规律。某些后现代主义哲学家，像费耶阿本德(Feyerabend)和罗蒂，可能会同意他的这种看法。他也认为，落入科学主义窠臼是愚蠢的——科学主义相信科学能最终解决所有人类问题，或者发现隐藏在我们感觉经验到的日常世界背后的某些真实世界的隐藏真理。

因此,科学素养的形成是离不开人文素养的积淀的,而人文素养又因良好的科学内涵而更有深度。要成为一个全面发展的综合性人才,必须同时具备扎实的科学素养和深厚的人文底蕴。

课后延伸:人文主义的东方观

欧阳江河:中产阶级的"二次革命":从文化到结构

一、文化缺席:一半意义的中产阶级

美国的中产阶级是二战后的产物,能作为一个结构性的社会阶层出现,其基础是婴儿潮(baby boom)。大量的婴儿在那个时候出生,他们成长后,有大致相同的教育结构、价值观念,有相似的文化趣味、审美理想;另外,冷战时代的成长环境,也参与塑造了中产阶级共同的意识形态。因此,美国中产阶级的显著特点就是同质化。

同质化的中产阶级建构了一种真正的社会结构,而非仅仅代表一个阶层。从婴儿潮中成长起来的美国中产阶级,一开始就不仅仅是一个经济判断的产物,它不像中国,大概多少收入、有房有车,有稳定的白领工作,就算中产阶级了。后者这样的经济生活指标当然是界定中产阶级指标的一部分,但绝非全部,更非绝对。因此在界定中产阶级时,中国的指标放到美国也是适用的,但美国至少有一半的东西,比如说文化教育程度、价值观的同质化趋向等,放到中国来就不一定适用。从这个意义上可以说,中国的中产阶级只是一个一半意义上的中产阶级。

我们欠缺的另一半是什么?是中产阶级的文化价值观念。在美国,它根本不需要界定,就天然地解决了。相同时代的人,同时诞生,同时成长,然后又经历冷战,大致相同的教育水平,听差不多的歌、读差不多的书、看差不多的电影、穿差不多的衣服、开一样的车。现代性给人的规定就是工作差不多、工资也差不多,相应的文化形态也差不多,所以造就了占美国人口75%的中产阶级。而中国的中产阶级,主要是一个经济数据和行为转型后的产物,文化趣味、教育程度等诸多方面都存在巨大的差异,至今还没有形成相同的价值观。互联网的一代,听"walkman"的一代,"超女"的一代,"粉丝"的一代等等,都不是由中国的中产阶级独享的,而是包括了中国的富二代和中产阶级的这一代人,以及下层、底层那些人,他们享有相同的时尚。所以中国的中产阶级没有完全专属于自己的文化定位和社会认同,甚至包括价值观、审美趣味。

中国形成的共同文化是用"代"区分的,一代又一代。"代"这个概念,在中国是超越底层、中层和上层,其实是超越社会结构的,这与传播方式有关。媒体依靠流行文化和意识形态引导着中国人的价值观、注意力,包括审美消费的趣味、文化认同,还包括想象力的塑造。流行文化,它们指向的特定受众是全社会,而不是按照阶层来划分。媒体是针对所有阶层的人,因为媒体的成本很低,一份报纸能卖几个钱,电视同样如此,底层、中层、上层都看得起,只是说你家的电视大一点,我的电视小一点,你的新一点,我的旧一点。手机大家都可以买,只是说你买一部上万的、几千的,我买不起,我买部几百的,一两百也可以买一部手机。那么剩下的差异是什么呢?就是汽车。

汽车是中产阶级的一个象征。底层社会的人一定买不起汽车,他们只能坐公共交通。

美国的汽车文化是专属中产阶级的,汽车里面的音响设备、导航系统,驾驶过程中从换挡、无级变速,到自动变速、自动挡,这是汽车文化的一个发明。为什么要自动挡呢?中产阶级的青年男女谈恋爱,没有地方去,可以哪儿都不去,就坐在汽车里。和情人开车谈恋爱,第一你得把座位弄得很舒服,里面要有CD,播放我们都喜欢的音乐。然后你还得腾出一只手去搂情人的腰,搂着搂着,突然要抽出来换挡,于是,就很不方便了。为了腾出一只手,汽车的换挡就变成了全自动,这是汽车文化的一个产物,这是中产阶级的文化——有审美、又有享受,最后才是物质——汽车。那么中国呢?汽车就是汽车。

中国的汽车主要用于炫耀,讲究个牌子什么的,虽然也有一点点中产阶级文化,但这是表面的,譬如对牌照、款式的追求,顶多属于消费文化,更不要说是为了腾出一只手来进行有交流、有爱情、有什么故事的汽车文化。当然,汽车作为理性运输工具的特点正慢慢出现。至于文化,远未形成。在中国还很奇怪,汽车作为身份象征,它不是中产阶级的玩意,而是上层阶级的,他要买最好的车,买几百万、上千万的,豪华车在中国卖得特别好,因为它是奢侈品,而不是与人的生活融在一起的文化。汽车和房子,这两样有可能把阶层划分出来的工具,在中国,都不是中产阶级文化的产物。而有可能成为中产阶级划分界限的东西,要么被上层阶级拿走了,要么就变成跟人性没有关系的一个工具,冰冷冷的工具,理性的产物。如何促进中产阶级文化的形成?这在中国是非常困难的一件事。

二、底层当垫背:以非中产为代价的中产生活

美国的中产阶级基本上就是美国社会的低层,75%的中产阶级,从最低层到中层,从年薪3万美金到20万,都叫中产阶级,这构成了美国社会的基础。中国的中产阶级在它下面还有一个广大的底层社会作为垫背和支撑,包括整个农村,中国中产阶级的生活是以大量的非中产生活为代价的。这个基础有多大?七八亿是最起码的。所以中国的中产阶级根本不可能像美国那样占到社会结构的70%,能占20%~30%就不错了。在中国,中产阶级首先是一个城市概念,在我们这个半城市半乡村的国家里,整个乡村都是中产阶级的垫背。不仅如此,即使城市里面大量的人口也不是中产阶级,比如说民工,民工这个阶层就是服务阶层,它不是中产阶级。它不像美国,美国的服务阶层本身就是中产阶级,美国当然也有一些垫背的,就是比中产阶级还低一点的,主要是移民中的一些赤贫的人,但是非常少。

在美国,只要有一份正式的白领工作,一定就是中产阶级,你就可以有车有房,你可以有信用、可以贷款,可以享受所有中产阶级的好处。在中国不一定,譬如说保安这份工作,你能说你是中产阶级吗?不可能。包括很多刚从大学毕业的人,他能立即踏入中产阶级吗?但在美国,只要大学毕业以后找到一份正式工作,一定就是中产阶级了。虽然也是先租房,但也可贷款买房,中产阶级买房95%都是贷款的。相比之下,中国的中产阶级概念比较狭隘,主要是一个经济数据,收入多少,有车有房,车和房到底是全款买的,还是贷款的,这些在现实中都是不太容易统计的,由此谁是中产在中国通常也就很模糊。

无论怎么界定,也无论如何比较,中国的中产阶级跟全世界所有的中产阶级都不一样,它下面存在着一个垫背的基础的底层社会,中国的中产阶级是一个真正意义上的中间阶层。更具体点说,中国的中产阶级是建立在农民以及城市低工资收入者以及民工这个阶层之上的一个阶级,由于其下面的阶级人口巨大,所以中国的中产阶级享受到的各种福利和待遇、生活质量是远高于世界任何一个国家的中产阶级的。举个例子,比如你在英国一年赚10万

英镑,税收去掉以后,你可能只剩6万了。6万你能干什么呢?一个月5 000英镑,拿到中国来算,5 000英镑就是7万块钱人民币,应该是很高的工资了,而且是税后的。但是拿这点钱在英国远不可能过上中国中产阶级那样的生活,而在中国即使是月收入6 000块钱人民币的人,他的日子过得肯定比前者好许多。为什么?就是因为那个庞大底层的存在,他们的收入很低很低,他们的人力资源非常廉价,你可以享受特别廉价的劳动力。比如说一个6 000块钱一个月的人,你每星期看一部电影,很正常,给小孩雇一个全职保姆,完全没问题。但是你在英国,这种收入的人是没有任何可雇的,即使是雇一个保姆。因为中产阶级本身就是最低的社会阶层了,在中产阶级之下的庞大的底层社会在全世界都不存在,所以中国的中产阶级,已经是一个一半意义上的贵族了,因为他享受的生活品质是其他国家的中产阶级根本不能享受的。

中国中产阶级的日子比较好过的另一个重要原因,是中国还不是一个传统意义上的福利社会。在西方,中产阶级是全社会福利化的基础,税收极高,他们赚的钱中有30%甚至到40%被税收拿走。相比之下,中国的中产阶级没有这么高的税收压力,生活成本大大降低,因此中国的中产阶级尽管钱不多,但却比全世界任何一个国家的中产阶级过得都舒服,秘密就在这儿。

尽管中国的中产阶级在经济上已经达到了中产阶层的水平,生活品质很高,但奇怪的是他们当中相当数量的人却仍然不满,总觉得自己活得很累,而且否认自己是中产阶级。根源何在呢?这是由于缺乏中产阶级文化的归属感和认同感。中国的中产阶级心态不够成熟,还很容易被混杂其中的扭曲价值观所扰乱,对秩序和稳定缺乏信心,成功文化的泛滥成灾,就是一个例子。

三、"暴富"成功学:中产阶级文化的畸胎

中产阶级和暴富阶层的形成在中国是同步的。暴富阶层只是由于他占有更多的资源,有权钱交易,再加上很多原罪的东西混在一起,一下子从中产阶级里面暴富起来,成为中产阶级里面最成功的、钱赚得最多、最能投机的一批人。在中产阶级还未形成文化认同时,这些超越中产阶级的成功者,却将成功学炮制出来,弥漫于整个中产阶级。成功学把中产阶级变成了成功阶级和成功文化的基础和垫背,这很难说是健康的中产阶级文化。

数字是衡量成功的重要标准,这也与数码时代有关。怎样界定政治上的成功?从西方民主来讲,两个人选总统,谁得票数多谁就当,选议员也是一样,两个、三个、四个、五个人比,谁得票数多,谁就赢,至于一张选票后面代表的是一个完全不识字的农民还是一个思想家,仅代表一票而已,没有区别。选票把人简化为数字,否定你数字后面思想的深刻,否定一切创造力、想象力,反正一人一票就是民主了。怎样界定经济上的成功呢,比谁赚的钱多,什么福布斯榜、胡润榜等,这就是成功文化。有数字,自然就会有竞技。体育竞技谁跑得快谁就是冠军,永远只有一个胜利者,电视有收视率,电影有上座率,作家有发行量,只要上市场的,永远都有一个统计,统计学作为一种成功者的语言,是一个量化的东西,它衡量成功永远用数字——否定思想,否定心灵,否定想象力,只承认统计的纯粹数字。

中产阶级里少数特别成功的人变成暴富阶层,其过程产生了很多副作用,社会公平的问题,资源的转换、享受和用于生产以及分配的不公平等,有很多灰色的成分在里面,然后这些东西反过来制约人们形成健康的中产阶级的文化品位和价值观。

真正的中产阶级文化远未成熟,不过在网络上已经慢慢存在了,时装设计文化、电影文化、影视文化等等也会逐步加入进来。网络交友习惯,比如像MSN,你不能说它专属中产阶级但是大量在使用的是中产阶级,因为电脑对真正的下层来讲,很可能仍然是一个奢侈品。即使他们有电脑,但也没有太多时间去交友,为什么?因为那是个有闲阶级,上班时间一半都泡在MSN上,所以说MSN这种交友方式,可能是中产阶级文化的一个雏形。网络、短信、MSN这种文化,比如网民所关注的问题,包括由这些关注带出来的讨论,比如说公民社会的一些意识和价值判断,比如说无论对国际大事、对法律、对文学、对民心、对八卦、对社会新闻的关注等等,正在构成所谓的中产阶级文化的主体部分。然后这些东西跟媒体的、官方的,比如说主流媒体,就是现在我们所说的那种传统媒体如:报纸、杂志、电视台、电台等等,还有交叉,但是比它来得更自我、更随意,以及更多一些个人的东西。

　　中产阶级文化与小资情调不完全相同,小资更多的是表现一种品位,一种生活趣味,中产阶级文化外延比它大得多,它包括社会公共意识、价值观、社会正义感,还有责任,以及愤怒,就是那种反小资的东西。因为小资情调是没有愤怒以后的产物,或者把愤怒本身也变成一种优雅的东西。但是中产阶级文化里面,尤其网络那一部分,可以允许愤怒的存在。所以说连愤青的意识,都可以被纳入中产阶级的文化的一部分。

　　面对中国中产阶级生长及其文化形成的混沌状,有人急于对中国中产阶级这个概念进行文化、政治以及价值观、意识形态意义上的界定。但至少在目前,强加或强行发明出一个中产阶级的文化趣味和中产阶级的意识形态,显然是不妥当的,它的遂行还有待于历史的发展。当然,不急于命名并非不进行思考。在思考中产阶级文化心态时,有两个关键的地方:第一要关注底层;第二要关注从中产阶级里面成功跃入到富裕阶层的人及此过程中的文化心理反差,参照比它更成功和比它更底层的两种不同文化。富裕层、底层、中层是连在一起的,而非断层,我们必须做平行思考。

　　最后想要说的是,由于中国中产阶级内部存在着很大的差异,比如说教育、他们的"代"、文化趣味、地区差异等等,可以推测,日后成形的中国中产阶级文化将不同于西方中产文化的同质性,表现出相当差异性。其实这从中国中产阶级文化当下正在进行的宽泛式、混乱式形塑中已经可窥端倪。

第 2 章

大学之魂——大学人文精神的重塑

2.1 大学精神

大学是一种理念,其存在是作为社会一处理想源泉。只有从人文精神的高度,才能更深刻地理解与把握现代大学的功能与精神。

2.1.1 何谓"大学精神"

大学作为一个存在的实体,活生生地展现在人们的眼前,而寄存于这一实体中的精神却不能仅靠视觉就能观察到,必须深入其中才可体会。"精神"一词抽象却富有魅力,大学的魅力正在于它的精神。如何界定"大学精神"?大学精神的内涵是什么?这是本文不可回避而必须首先论及的问题。

大学精神既深藏于"大学"之中,又游离于"大学"之外。它,给大学注入了生命活力,使大学不仅仅是教学楼、图书馆、林荫道等冷冰冰的建筑群落,也不仅仅是人才的集散地,而是人、思想、价值观念、理性思考、创新、智慧与博大胸怀的代表。笔者认为,"大学精神"是在某种大学理念的支配下,经过所在大学人的努力,长时间积淀而成的稳定的、共同的追求、理想和信念,它是大学生命力的源泉,是大学文化的精髓和核心之所在,是对大学的生存起决定性作用的思想导向。大学精神之于大学正如土壤、空气、水、阳光之于植物的生命一样重要。大学精神本身蕴含着丰富的内涵,具体而言,表现在以下三个方面:

第一,自觉的学术精神。大学是研究高深学问的地方,大学应有的品位是"真正培养出一些智慧的才具,培养出一些有骨头、有广博知识,同时又有影响力的知识分子"(李敖语)的地方。自1816年洪堡创建柏林大学开始,学术开始进入大学的殿堂,科研在大学生活中占据着越来越重要的地位,崇高的学术声望已成为知名大学的"通行证"。大学教师不仅仅教书育人,也必须是一个研究者,因为他们面对的是"成熟、独立和精神已有所追求的年轻人",大学生不应单纯地接受知识,更应以探索学问为己任。叶恭绰在做交通大学校长时的一次演讲中曾告诫师生:"诸君皆学问中人,请先言学问之事。……尝以为诸君修学当以三为难衡:第一,研究学术,当以学术本身为前提以达于学术独立境界。……夫学术之事,自有其精神与范围,非以外力逼迫而得善果者……"清华大学校长梅贻琦说:"大学者非谓有大楼之谓也,有大师之谓也。"①大师,素以孜孜不倦地探究学问为特质,故而,大学之高深、大学之涵阔、大学的发展均在于有探究学术的精神。

第二,永恒的道德精神。大学是任何一个社会道德与理性的凝聚之所,具有高雅的文化品位和卓尔不凡的气质,能够出淤泥而不染,并孜孜以追求自己的理想。大学不仅以自身纯洁的德性潜移默化地影响着社会,更以积极的姿态投入到改造社会、重塑德性的潮流中,成为社会德性的捍卫者与提升者,领导着社会德性的发展方向。尤其在时代的变迁中,大学的道德精神就更为彰显。浙江大学校长竺可桢在战时西迁途中对学生说:"乱世道德堕落,历史上均是,但大学犹如海上灯塔,吾人不能于此时降落道德标准。切记:异日逢有作弊机会是否能涅而不淄、度而不磷,此乃现代教育试金石也。"大学的道德精神源于大学人总体的道德精神,毋庸讳言,大学人是社会中应该最有德性和理性的一族。正由于他们的存在,才铸成了大学精神,才使大学成为海上的灯塔,指引着社会向着更美好的地方前进。

第三,敏锐的时代精神。"每个国家,当其变得具有影响力时,都趋向于所处的世界上发展居领导地位的智力机构,希腊、意大利的城市、法国、西班牙、英国、德国,以及现在的美国都是如此。伟大的大学是在历史上伟大政治实体的伟大时期发展起来的。今天,教育与一个国家的质量更加不可分割。"②无论中西,伟大的大学必定是领时代先锋的,否则将不会有克拉克笔下的强国。从中世纪大学的兴起到现代大学的发展这一历史演变轨迹可以看出,大学无疑是时代的产物,并代表着最进步的时代精神,驱动着社会向前发展。弗莱克斯纳的话一针见血:"大学不是某个时代一般社会组织之外的东西,而是在社会组织之内的东西。……它不是与世隔绝的东西、历史的东西、尽可能不屈服于某种新的压力的东西。恰恰相反,它是……时代的表现,并对当时和将来都产生影响。"③大学,作为时代的智者,能够预见并感应到社会潮流的前奏,而成为推动社会潮流的先行者,使社会潮流之声最终成为时代的最强者。大学正是紧紧扣住了时代的脉搏,才赢得了自身的持续发展和地位的逐渐提高。

2.1.2 大学精神对大学存在与发展之作用

我国教育学者杨东平说:"人才辈出,大师云集,主要是一种制度文明的产物,不是急功近利的政策能够催化出来的。"在"五四"和民国时期,北大、清华表现出来的精神和风采至今让人留恋,其气象恢宏、学术自由、欣欣向荣的面貌正是大学精神在追求宽松的文化与制度和谐共生的环境下孕育出的结果。创建世界一流大学是我国高等教育改革的追求,而"大学精神和制度的建设比资金更重要",所以,弄清楚大学精神对大学存在与发展的作用,无疑会加快我国大学向世界一流大学迈进的步伐。具体而言,大学精神对大学的生存与发展的作用有以下方面:

---

① 出自已故清华大学校长梅贻琦1931年在清华的就职演说:一个大学之所以为大学,全在于有没有好教授。孟子说:所谓故国者,非谓有乔木之谓也,有世臣之谓也。我现在可以仿照说:所谓大学者,非谓有大楼之谓也,有大师之谓也。

② Clark Kerr:《大学的作用》,陈学飞译,江西教育出版社,1993年,第63页。

③ Abraham Flexner:《大学:美国、英国、法国》,牛津大学出版社,1930年,第3页。

1. 生命力的体现

大学精神对大学生存与发展的作用犹如人的精神对人的存在的意义一样,没有了精神,大学便失去了生气,失去了发展的动力,最终也将走入穷途末路。"精神"使大学敢于迎难而上,敢于挑战强权,敢于捍卫正义,敢于领时代所先。正因为大学拥有了学术精神,大学才成为知识的源泉,学问的中心;正因为大学拥有了人文精神,大学就多了几分正义与正气,"一个社会的文化底蕴和精神气质,尤其体现在大学的人文理性之中;一个人的胸襟和个性,来源于他所受的人文精神的培养。……"①只要大学拥有精神,她就不会唯唯诺诺,而像参天大树,在适其生存的环境中欣欣向荣、蓬勃发展;在逆其生存的条件下亦能坚韧不拔,站在时代的前沿和顶端。在新旧文化激烈冲突的年代,没有北大追求科学与民主的精神,就不可能有北大在世人心目中的崇高地位。在抗日战争硝烟弥漫的岁月,如果没有西南联大的合作精神、民主精神、自由精神,就没有西南联大的存在,更没有出自西南联大的一大批杰出的科学家。朱利叶斯·A.斯特拉顿(Julius A. Stratton)曾评论道:"真正的大学精神与有助于进行项目组织、项目规划和昂贵设备的利用等这些管理因素之间基本上是不相容的。"大学作为一个社会的文化存在的确与朱氏所言的管理因素不相容,因为大学精神给予大学的是从学理和思想上关注、思考、讨论和批判社会现实问题的权利。"现代社会科学已无可置疑地证实:经济体制和社会体制并不是一切,它们的运作必须有另一种健全的文化精神与之配合。这种精神主要来自大学的高等教育。在现代社会中,大学是精神堡垒,有发挥提高人的境界、丰富人的思想的重大功能。""推倒大学围墙,实际上是大学精神的自我否定,它可能最终取消大学的存在权利。"②失去了精神的大学,意味着这所大学生命力的枯竭。因此,大学不能没有自己的精神。

2. 抵御腐蚀的盾牌

大学同其他社会机构一样,植根于社会,受制于社会的政治、经济和文化等方面。但大学与其他社会机构在受社会影响方面的最大不同之处在于,大学具有独立的人格特质,有骨气,不随波逐流,既能够抵御金钱的诱惑,又能够抵抗来自政治的压力和干扰,大学的这种人格特质既是大学精神的体现,又是大学精神的内在成分之一。因此,大学精神是维护大学纯洁与独立、平等和民主的金色盾牌。据报载,牛津大学曾拒绝了一位沙特富翁1 000多万英镑的捐款。原因在于这位沙特富翁在捐款时提出了附加条件,要求牛津大学办一所以他命名的商学院。牛津大学董事会经过讨论,认为不能够因为钱而放弃大学独立自主的传统,不能开大学受制于个人的先例,毅然拒绝了唾手可得的巨额钱财。牛津大学并不是不需要钱,而是不愿意把自己的命运交给别人,所以,当资金的获得需以自由研究和独立决策的丧失为代价时,牛津大学毅然地"望而却步"了。这一方面是对大学精神的守护,另一方面也是具有悠久历史的大学精神对决策者影响的结果。蔡元培治校时期的北京大学,也充分体现出了强烈的自主精神。蔡元培实行思想自由、兼容并包的方针,聘请了不少新文化的代表人物担

---

① 《岭南文化时报》,1996年8月28日。
② 《岭南文化时报》,1995年3月28日。

任教员,如陈独秀、李大钊、鲁迅、胡适等。当社会反动势力攻击这些进步知识分子,要求解聘他们时,蔡元培总是顶住压力,挺身而出保护他们。在蔡元培等一代社会精英的精心培育下,北京大学形成浓厚的追求民主与科学的氛围。这种精神氛围不仅影响了教师,而且也深深地影响了学生,"五四"运动的爆发正是这种精神氛围长期催化的结果。由此可以看出,大学精神具有潜移默化的影响力,在不知不觉中使深居其中的教师和学生内化为个人品质,表现出与大学精神的内涵相一致的行为。因此,大学精神是大学抵御诱惑与腐蚀的盾牌。恰恰因为大学具有出淤泥而不染、超凡脱俗的品质,才为世人所敬仰,才在世人心目中占据神圣的地位,也为自己的发展赢得了条件。

3. 服务于人类认识和理解这个世界的基本需求

大学的作用还被假定为是满足人类认识和了解世界的一个基本需求,就像经济学家所说的那样,人类都有获得物质享受和财富的需求,这些需求被经济学家称为优先权或者偏爱,但是人类对于了解和认识这个社会的需求也属于其中之一。有人会问:是不是大学里每一个科目都会和人类认识世界、理解世界相关联?这是正确的,因为大学有一些科目是基于学生对这些科目的好奇心。

人们现在的一个问题是:在大学中设置科目,一部分是基于这些科目将来对社会的作用,还有一部分是研究人员和学生们的兴趣,这两方面应实现均衡。大学的一些活动是以对经济的发展以及对个人能力的提高来衡量的,还有一部分是以认识和了解社会提供的知识来衡量的,人们对于任职的需求和对于消费的需求是同等重要的。要强调的一点就是,人文主义的作用不是基于对社会生产力的直接的功能,我们现在要更侧重于它的未来、它的前景。一些伟大的画家有时候也要考虑到他们所画的画的市场需求,虽然满足这些需求不是他们从事绘画艺术的目的,或者说不是绘画艺术本身的意义所在。这些画家的作品在市场上的成功销售,可以为他们创作其他更伟大的艺术作品提供支持,那些艺术作品可能没有市场需求或者不能被大多数人所欣赏。现在我们需要采取什么样的措施来促进人文学科的发展呢?有一点是,我们要增加人文学科的灵活性,使其更加适应需求以及市场。在全球化日益发展的今天,这就更要求人们了解其他国家的文化,了解文化是如何相互作用并传播的。在莱斯大学就有一个很好的例子。因为莱斯大学是一个相对小的大学,所以对我们强调的东西更加谨慎。最近我们在推动亚洲的学习,将亚洲的学习主要侧重于亚洲的文化,还有亚洲文化对世界的影响。对于中国,我们现在有一个工程叫做"跨国中国工程",这个工程的目标不只是学习中国的文化,还有中国文化的传播以及中国文化对世界其他文化的作用。现在我们对人文学科的学习可以更加帮助我们了解其他国家的文化,了解跨文化之间的冲突,可以帮助我们解决当今世界由于大规模移民产生的问题。现在人文学科也面临着一个跨学科的问题,人文学科也要帮助解决其他学科面临的一些问题。

大学不是传播人文学科以及文化的唯一机构,如果想要人文学在 21 世纪得到发展,大学需要与其他的人文机构合作。比如说,博物馆也是教育大众人文观念的一个很好的机构。当大学往外看的时候,他们会找到同样重视人文学科的机构合作。总而言之,人文学科在大学的前景是良好的,只要人文学科能够顺应环境的变化,并且采取有效的方法来满足当今对功能性的需求。同时,人文学科也应保持其精神实质,这一本质反映在人文学科的根本任务之中,即满足人类对自身生存最基本认识的需求以及人与人之间即使是在不同时间、不同空间中的关联性。

总的来说,我们希望我们的学生,不管他将来念什么,他在人文与科技之间能有个比较均衡的发展,有个全面的发展。尽管他是个科学家,我们希望他有人文视野,有人文情怀。我们希望我们的学生,如果你是念科学的,科学求真,那么,通过人文教育也能有求善、求美的意念。艺术是求美的,如果他去念艺术、文学,他有求美的一方面的发展。如果念伦理学等,有求善的发展。我们希望学生,真善美都有比较均衡的发展,有一个比较丰富多彩的人生。

2.2 大学精神与人文素养

2.2.1 大学精神—人文素养教育的核心

大学人文精神的人文价值整合统一性是大学完整同一性的内在保障。大学文理工商诸专业相隔系科之所以聚于一校而不落于外在空间聚合,就是因为有大学精神作为纽带维系。大学精神因而是超专业的。

2.2.2 建造良好的校园文化

正因为大学精神对大学的存在与发展有着至关重要的作用,所以,每所大学都应塑造或发扬符合本身实际的、满足时代及未来需要的精神,从而保持大学的生命之树常青。虽然不同的大学有不同的大学精神,但在大学精神的塑造或发扬方面,却有着许多共性的条件,其中,建设良好的校园文化义不容辞。而一个良好的校园文化,离不开人文素养的积淀与传承。

大学是知识分子思想自由奔放的家园,大学精神就充分体现、弥漫于校园文化中。较之于社会的其他角落,大学校园显得更为纯净。身居其中的大学人也不知不觉地受校园文化的影响和熏陶,而表现出不同的性格特质。正如,人们总体认为北大人好动、灵活、争强好胜,而清华人好静、踏实、谦虚谨慎一样,特定的校园文化熏染出特定的群体个性,特定的群体个性中透露和折射出特定的大学精神。

校园文化是大学精神的载体,大学精神的塑造或发扬应与大学校园文化的建设同步进行。值得注意的是,校园文化不仅包括物质文化,还包括制度文化和观念文化,而且制度文化和观念文化在某种程度上比物质文化(校园环境建设)更为重要。现在很多大学只重视校园环境—硬件方面建设,而相对忽视校园制度文化和观念文化—软件方面的建设。因为校园环境的改善是看得见的,而制度和观念文化的建设却不能很快收到成效。这种短视行为,使大学校园文化中制度文化和观念文化成为"软肋",带来了不少显而易见的不良现象。学生读书于校园,潜心做学问的少,意在出国深造谋好职业、浮于跟随社会潮流的多;校外投影厅、酒吧打折优惠的海报比校园学术讲座的海报更有气势;学年伊始各社团纷纷招兵买马一阵热乎过后,就偃旗息鼓……校园内,除了树林中晨读的身影和图书馆埋头苦读的情景让人心动外,还有多少值得品味的"文化",又怎能使学生对大学产生归宿感,怎能增强学生的使命感和责任感呢?"校园文化是通过对大学生德、智、体诸方面的全面培养,形成健全的人格素质,把体现大学精神的科学态度、文明风范、价值观念等带到社会,影响和感染其他人。"

校园文化的核心内容是精神、价值、作风和理想追求,美丽的校园环境只能给人留下表面印象,而校训、学风、教风、传统、讲座等价值层面的成分才真正给人以深刻的启迪和实实在在的影响。因此,塑造或发扬大学精神也必须不断加强校园文化的建设,尤其是制度文化和观念文化的建设。

如果从宏观来看,科学求真,其实是求自然之道——天道;人文是求美、求善、求人道。我们希望能够天人合一,这样来发展。可能有人认为这是理论化的、很理想化的一些概念,其实不是这样的。人文教育对学生的未来发展是很重要的,对他未来的工作也很重要。现在我们的毕业生最希望去投资银行工作,他们希望去那里工作,跟他们的发展有关系。然而,一些大企业(包括跨国公司和投资银行)均欢迎具有国际视野及人文素养的毕业生。比如,美国华尔街的一些投资银行,他们愿意请有人文视野和人文情怀的学生。优秀的学生就是指这样的学生,是能得到承认,有发展前景的。所以,人文教育除了能丰富同学们的人生以外,还能对他们以后的事业发展起正面和积极的作用。例如,修建三峡工程的专家认为该项工程就是干理工科的工作。干了20年的三峡工程,修坝不是最难的,修堤不是最难的,最难的是三峡移民——112万,是个社会科学的问题,是个人文科学的问题。还有古迹文物的保护,都是人文问题。如果我们没有掌握好这种人文问题,三峡工程是干不下去的。我们需要理工科有人文视野,有人文情怀,这对我们未来的专业发展是有好处的。

2.3 大学人文教育

2.3.1 大学人文教育的必要性

大学人文教育既包括哲学、文学、历史、伦理学、宗教、美学等学科的知识,也包括以人为本的、充满人文关怀的现代教育通过整个教育过程和环节而产生的人文精神。具体而言,人文教育就是唤醒和引导潜藏在学生身上的"某种需要",向他们传递一定的"人文知识",培养他们对于自己、他人以及环境的"人文理想"与"人文关怀"的意识和能力,促使他们树立高尚的"人文理想、人文信念"。

教育的本质是促进人的全面发展,人文教育从根本上说在于提升人的精神,大学人文教育的最高目标在于培育学生的人文精神。有学者认为,"人文"一词本身即含有人性和教养两方面的意思,即"人文"包含"人"和"文"两方面。"人"是指理想的"人"、理想的"人性";"文"是为了培养这种理想的人和人性设置的学科和课程,即用"文"化"人"。也就是说人文内含着人文精神和"人"性,而学科意义上的人文总是服务于理想人性意义上的人文,或相辅相成,语言、文学、艺术、逻辑、历史、哲学只是被看成是人文学科的基本学科,现代人文教育的核心是人文关怀,具体到教育过程中,现代人文教育也为两个层面,一个层面是人文精神教育,另一个层面是人文知识或人文学科教育,这两个层面是紧密联系难以截然区分的,但却是不能相互混淆的,也不能互相替代。

大学人文精神教育,主要是通过大学确立以人为本的教育发展观,建立良好的师生关系、提升大学精神、优化校园环境等对学生进行影响提高大学生的精神境界和人格品质。大学人文精神教育,以大学文化为载体和外在的表现形式,以培育大学生崇高的民族精神、高尚的人格和优良的品德为目的,使大学生成为先进文化的"播种机",科技进步的"孵化器",社会发展的"加速器"。

大学人文教育不能忽视用有效的方式进行人文知识和人文学科的教育,这是进行人文教育的基本途径。正如江泽民同志所指出的:"对干部、群众和学生必须认真进行中国历史、地理、文学知识和政治知识的教育,没有这些知识的武装,人们的爱国主义、集体主义、社会主义思想是难以确立起来的。"但目前大学人文学科教育,尤其是理工科类大学中的人文学科教育还只是在增开选修课的水平上徘徊。从理工科类大学课程设置来看,增加人文学科的比重,增加人文科学通论的内容,同时增加自然科学课程中人文内容的介绍。就是说,在整个教育中增加人文教育的内容,是改变人文教育缺失的现实手段。

人文教育是提高大学生人文素质的必要途径,也是加强大学生思想教育的基础。大学人文教育要以坚持马克思主义、毛泽东思想、邓小平理论和"三个代表科学发展观"重要思想为指导,以理想信念为核心,以爱国主义为重点,以思想道德为基础,以大学生全面发展为目标。人文教育的基本内容包括:以弘扬爱国主义精神为主要目的的我国历史与优秀传统文化教育,让学生充分了解中华文明的博大精深和源远流长,摈弃民族自卑感,批判民族虚无主义、历史虚无主义和文化虚无主义,增强民族认同感、民族自豪感和民族责任感,激发大学生强烈的爱国主义和民族自尊心与民族自信心,弘扬和培育伟大的民族精神;以为人民服务为核心、以集体主义为原则、以诚实守信为重点的价值观和道德观教育,价值观和道德观是思想品德的核心,以优秀传统文化中的德育资源进行人文教育,体现了德育为先的社会主义人文教育特点;以社会主义为核心的现代公民教育,加强社会主义理论教育,加强社会主义民主法制教育,加强公民道德教育;以马克思主义哲学为主要内容的世界观与方法论教育,帮助大学生树立正确的世界观与思维方法;以陶冶高尚情操为主要目的的文学、艺术教育,培养大学生的高尚情操和审美情趣。

2.3.2 大学的文化品位与大学生的文化素质

在进一步深入开展大学生文化素质教育的时候,教育部提出要着眼于"三提高",即:提高大学生的文化素质,提高大学教师的文化修养,提高大学的文化品位和格调。这确实是抓住了加强文化素质教育的关键。当前,我们在贯彻中共中央、国务院《关于深化教育改革,全面推进素质教育的决定》的时候,深入探讨这"三提高"的关系,特别是研究一下如何来落实这"三提高",对全面推进素质教育是十分重要的。

"三提高"的落脚点是提高大学生的文化素质,这是作为教育机构的大学的职责与目标所在;提高教师的文化修养和大学的文化品位是提高大学生文化素质的必要条件和前提。"名师出高徒",只有作为实施教育的主导力量的教师具有很高的文化修养,才能使学生具有较高的文化素质。而提高大学的文化品位和格调则进一步要发挥学校整体环境的育人作用,这里,不仅有教师群体,还有管理和服务人员群体以及学生群体的参与,因为学校的整体环境、文化品位是靠师生群体来共同营造、维护和体现的。在这里学生既是受教育者,也是教育者。

　　文化品位体现一种环境。环境对教育的作用历来是教育学的研究课题,是教育家们所非常重视的。中国古代教育家孔子和孟子都十分注重环境对人的影响。孟子说过:"富岁,子弟多赖;凶岁,子弟多暴。"谚语"一方水土养一方人"、"近朱者赤,近墨者黑"和"孟母三迁"的故事更是家喻户晓。我国著名教育家陶行知先生曾提出过"社会即学校"、"生活即教育",就体现了社会环境的教育作用。美国实用主义哲学家和教育家杜威则认为"学校即社会"、"教育即生活"。他在其名著《民主主义与教育》中强调"社会环境能通过个体的种种活动,塑造个人行为的智力的和感情的倾向。……社会环境无意识地、不设任何目的地发挥着教育和塑造的影响。"[①]马克思主义的认识论实际上承认环境对人的思想认识的决定作用。毛泽东说:"尤以各种形式的阶级斗争,给予人的认识发展以深刻的影响。在阶级社会中,每一个人都在一定的阶级地位中生活,各种思想无不打上阶级的烙印。"我们常常说,大学是一个"大染缸"、"大熔炉",甚至说是个"泡菜坛子",都是指大学的环境对人的潜移默化的教育和熏陶作用。而这种环境主要就是文化氛围、文化品位。

　　和社会一般环境不同,学校作为社会有意识地培育与教养下一代的机构,就要尽可能去创造一个有利于年轻人成长的优化的育人环境。这种环境体现教育者的意志,是教育者通过对社会环境的删繁就简、去粗取精、去伪存真的净化、纯化和精化的提炼提高过程而精心设计与营造的。它反映了教育者对未来社会的理想和追求,体现了他们对下一代社会主人翁形象的要求。所以,学校是一种特殊的环境,它既来自现实社会,与社会保持着密切的联系,使自己培养的人才能适应现实社会,服务于社会;它又高于现实社会,不能完全等同于现实社会,使培养出的人才能成为改造现实社会、实现社会理想、构建新的更好更完善的社会的动力。

　　如何建设学校这种局部的社会环境是我国教育家历来重视的课题。我国许多大学保持着自己一定的特色与优良的文化氛围在某种程度上体现了他们的办学理念。例如,蔡元培做北大校长以后,高举民主与科学的大旗,明确大学的宗旨:"大学者,研究高深学问者也"。他强调:"大学为纯粹研究学问之机关,不可视为养成资格之所,亦不可视为贩卖知识之所。学者当有研究学问之兴趣,尤当养成学问家之人格。"他在学术上主张"兼容并包"、"兼收并蓄",发挥"思想自由"的原则。他的这种学术至上的办学方针不仅成为北京大学的传统和风格,而且对中国高等教育的发展产生过重大影响。南京解放以后,原中央大学改造为南京大学和东南大学,这曾引起南大一部分教职工的不安与颓丧,认为失去了首都大学最高学府的地位,对前途比较悲观。当时校长力排众议,强调南大摆脱了国民党的政治控制,凭借自己学科与教师的优势,只要领导得力,大家齐心努力,奋发有为,就能取得更为辉煌的光明前途。南大的历任领导和教职工本着这种精神,使励精图治、锐意进取成为南京大学的风尚。南开大学本着创始人张伯苓"文以治国、理以强国、商以富国"的教育理念,主动适应社会需求,注重培养实用人才。张伯苓说:"南开大学教育目的,简单地说,是在研究学问和练习做事","而熏陶人格,尤其是根本"。他希望南开大学能造出一班有组织能力之人,以"发达中国之实业,而谋国家的富强"。南开人这种强调塑造健全人格、注重修身的传统,经过像申泮

[①] 《民主主义与教育》,美国实用主义哲学家和教育家约翰·杜威著,第三节:社会环境的教育性。

文这样的名师的传承造就了优良的育人环境。上述三所大学的领导人在不同时期、不同情况下所提出的略有差别的办学理念与教育思想铸造了各校不同的传统与氛围,塑造出不同风格的人才,他们都是国家所需的。

2.3.3 对我国大学人文教育的思考

科学中的精神价值对于显性知识的获取以及整个科学技术的进步十分重要,可以说没有显性知识以外隐性的附带知识,没有这种隐性知识所萌发的精神冲动力,就很难想象,人类会有能力去全面拓展和深化对未知领域的认识,技术的进步还会有什么原动力呢。但是,蕴含在科学中那些隐性知识、人文价值、科学精神,最容易被人们所忽视。波兰尼在其大作《个人知识》中就阐明过科学研究或科学教育中容易被人们所忽视的而对科学教育和科学研究又非常重要的东西,即科学中所蕴含的人文价值——科学精神。他说,当科学中的言传内容在全世界数百所新型大学里成功地授受的时候,科学研究中不可言传的技艺却并未渗透到很多这样的大学中。科学方法于四百多年前首先发源于欧洲地区,虽然这些地区还很贫困,但这些地区如今依然比海外的数个地区结出更多的科学之果,尽管那些地区对科学研究投入了更多的金钱。如果不是给年轻的科学家们提供在欧洲当学徒的机会,如果欧洲的科学家没有移居到那些新兴国家,那些海外的研究中心是很难有多大的作为的。中国科协主席周光召院士在首届中国科学家人文论坛上说,"科学研究离不开物质条件,更需要战略眼光、团队精神和平等探讨的氛围。"可见,在一个国家或地区,就开展科学研究、发展科学技术而言,科学精神比物质条件、甚至比科学知识更为重要。

因此,对学生的人文教育也可以在科学教育中进行,我们要充分挖掘科学本身所内涵的人文精神,运用社会学、心理学、伦理学、历史学的视角和方法阐释科学理论、方法、技术的人文意义,达到事实与价值的统一,使学生既掌握了科学理论知识、技能和方法,又形成人文精神。

挖掘科学中的人文精神,也可以理解为把人文精神渗透到各科课程的教学中去。人文精神是真善美的统一。将美渗透到课堂中去的过程,事实上也就是将人文精神渗透到科学教育中去的过程。那么,怎样将美渗透到科学课程教学中去呢?一是要挖掘科学课程中的美的因素,让学生体验美。"科学无处不飞花",科学课程教学中很多方面都充满了美,如数学的魅力除了它的逻辑性、抽象性外,还在于它所包含的简单美与和谐美。当年开普勒相信哥白尼体系的原因就在于哥白尼体系具有更大的数学的简单性与和谐性,它深信世界存在着这种根本性的数学的简单与和谐并辛勤地去找寻这种最后因:即造物主心中的数学的简单与和谐。他说:"我从灵魂的最深处证明它是真实的,我以难于相信的欢乐心情去欣赏它的美。"二是用人文的力量将其所传授的知识组织在一幅优美和谐的图画中,让学生感受美和欣赏美。华中科技大学胡适耕教授说,"科学因其逻辑力量的内在和谐、理论架构的奇妙想象而具有极大的美学力量。教师应将学生吸引到这一充满情趣的殿堂,令其赏心悦目中与科学结下不解之缘。但科学所固有的美感唯有在教师的主动演示下,才能真正展现在学生的眼前。美存在于课堂的每时每刻,教师可以通过流畅的语言、怡然的情感、抑扬顿挫的语调、自然的体态,给学生以丰富的美感,也可以通过富有个性的电子课件的设计,让学生在领会知识的同时获得美的感受。"

要充分挖掘科学教育中的人文价值和人文精神,对教师素质提出较高的要求。因此,当务之急就是要加强师资队伍的文化素质的培养。要提高教师的文化素养,就必须实现学科对口培养与学科交叉培养相结合。近些年来,我们的大学都非常重视教师的继续教育与学习,大学教师的专业能力与学术水平得到了普遍的提高。然而,有一个问题不容忽视,那就是部分理科教师的文化素质尚待提高。原因在于：一是我们的许多教师本身就是在大学教育科学化的背景下成长起来的,人文底蕴本身就弱；二是我们对教师的继续教育与学习过分强调学科对口培养,人文素养得不到应有补给,更是雪上加霜。因此实行学科对口培养与学科交叉培养相结合,让理科教师接受一定的人文教育,享受一下人文滋补,这本身是一种既理想又易于操作的提高教师文化素养的方法。此外在提高理科教师人文素养时,教师的人文自修方式不可小视。张岂之谈到他是如何提高清华大学教师文化素养的经验时建议,理科教师从自己的专业出发,阅读一些由著名科学家写成的人文与科学结合的著作文章,作为向导,促使思考。在此基础上,根据自身的具体情况,通过阅读这种自修方式,来提高自身的人文素养。这应该是一种投入少又易于操作的提高教师人文素养的理想方式。

教育家与大学领导的办学理念和教育思想一旦被广大教师职工所理解与掌握,就自然会形成学校上下互动的良好氛围与环境,成为塑造人格的强大的物质力量。从这个意义上说,学校的环境是师生群体自然形成的。梅贻琦领导的清华大学,产生了一大批像闻一多、朱自清这样的爱国、清贫、有骨气的教授,这固然与梅校长的办学指导思想有关,也是在这种思想下所形成的,继承了中国知识分子优良传统的教师群体的风尚所造成。20世纪二三十年代,产生了后来为原子弹的发明奠定基础的一系列物理学理论与实验的重大突破,许多来自德国,这和当时哥廷根大学等许多德国研究中心的良好科学气氛分不开。物理学家们在如同田园风光般的校园里从容不迫地进行着自由的探索与争论,不断产生出创造性的思想火花。诺贝尔奖获得者杨振宁教授曾经这样描写自己成长的环境："想起在中国的大学生活,对西南联大的良好学习空气的回忆使我感动不已。联大的生活为我提供了学习和成长的机会。""战时,中国大学的物质条件极差。然而西南联大的师生员工却精神振奋,以极严谨的态度治学,弥补了物质条件的不足。"显然,这是一个激励奋进的环境。而吴大猷、王竹溪、费米和泰勒四位中外导师的指点引导,使他受到深刻的影响,从严谨扎实和明快活跃两个方面受益匪浅。这就是创造性的环境的力量。可见,著名学者在营造这些科学环境中起着十分重要的作用。

课后延伸

《大学》

经

大学之道,在明明德,在亲民,在止于至善。

知止而后有定,定而后能静,静而后能安,安而后能虑,虑而后能得。

物有本末,事有终始。知所先后,则近道矣。

古之欲明明德于天下者,先治其国；欲治其国者,先齐其家；欲齐其家者,先修其身；欲修其身者,先正其心；欲正其心者,先诚其意；欲诚其意者,先致其知。致知在格物。

物格而后知至,知至而后意诚,意诚而后心正,心正而后身修,身修而后家齐,家齐而后国治,国治而后天下平。

自天子以至于庶人,一是皆以修身为本。

其本乱而末治者否矣。其所厚者薄,而其所薄者厚,未之有也。

此谓知本,此谓知之至也。

传

所谓诚其意者,毋自欺也。如恶恶臭,如好好色,此之谓自谦。故君子必慎其独也。小人闲居为不善,无所不至,见君子而后厌然,掩其不善,而著其善。

人之视己,如见其肺肝然,则何益矣。此谓诚于中,形于外,故君子必慎其独也。

曾子曰:"十目所视,十手所指,其严乎!"富润屋,德润身,心广体胖,故君子必诚其意。

《诗》云:"瞻彼淇澳,菉竹猗猗。有斐君子,如切如磋,如琢如磨。瑟兮僩兮,赫兮喧兮。有斐君子,终不可喧兮!""如切如磋"者,道学也。

"如琢如磨"者,自修也。"瑟兮僩兮"者,恂栗也。"赫兮喧兮"者,威仪也。"有斐君子,终不可喧兮"者,道盛德至善,民之不能忘也。

《诗》云:"於戏,前王不忘!"君子贤其贤而亲其亲,小人乐其乐而利其利,此以没世不忘也。

《康诰》曰:"克明德。"《大甲》曰:"顾諟天之明命。"《帝典》曰:"克明峻德。"皆自明也。

汤之《盘铭》曰:"苟日新,日日新,又日新。"《康诰》曰:"作新民。"

《诗》曰:"周虽旧邦,其命维新。"是故君子无所不用其极。

《诗》云:"邦畿千里,维民所止。"《诗》云:"缗蛮黄鸟,止于丘隅。"

子曰:"于止,知其所止,可以人而不如鸟乎?"《诗》云:"穆穆文王,于缉熙敬止!"为人君,止于仁;为人臣,止于敬;为人子,止于孝;为人父,止于慈;与国人交,止于信。

子曰:"听讼,吾犹人也。必也使无讼乎!"无情者不得尽其辞。大畏民志,此谓知本"。

所谓修身在正其心者,身有所忿懥,则不得其正,有所恐惧,则不得其正,有所好乐,则不得其正,有所忧患,则不得其正。心不在焉,视而不见,听而不闻,食而不知其味。此谓修身在正其心。

所谓齐其家在修其身者,人之其所亲爱而辟焉,之其所贱恶而辟焉,之其所畏敬而辟焉,之其所哀矜而辟焉,之其所敖惰而辟焉。故好而知其恶,恶而知其美者,天下鲜矣。故谚有之曰:"人莫知其子之恶,莫知其苗之硕。"此谓身不修不可以齐其家。

所谓治国必先齐其家者,其家不可教而能教人者,无之。故君子不出家而成教于国。孝者,所以事君也;弟者,所以事长也;慈者,所以使众也。《康诰》曰:"如保赤子。"心诚求之,虽不中不远矣。未有学养子而后嫁者也。一家仁,一国兴仁;一家让,一国兴让;一人贪戾,一国作乱:其机如此。此谓一言偾事,一人定国。尧、舜帅天下以仁,而民从之。桀、纣帅天下以暴,而民从之。其所令反其所好,而民不从。是故君子有诸己而后求诸人,无诸己而后非诸人。所藏乎身不恕,而能喻诸人者,未之有也。故治国在齐其家。《诗》云:"桃之夭夭,其叶蓁蓁。之子于归,宜其家人。"宜其家人,而后可以教国人。《诗》云:"宜兄宜弟。"宜兄宜弟,而后可以教国人。《诗》云:"其仪不忒,正是四国。"其为父子兄弟足法,而后民法之也。此谓治国在齐其家。

所谓平天下在治其国者,上老老而民兴孝,上长长而民兴弟,上恤孤而民不倍,是以君子有絜矩之道也。

所恶于上,毋以使下;所恶于下,毋以事上;所恶于前,毋以先后;所恶于后,毋以从前;所恶于右,毋以交于左;所恶于左,毋以交于右;此之谓絜矩之道。

《诗》云:"乐只君子,民之父母。"民之所好好之,民之所恶恶之,此之谓民之父母。《诗》云:"节彼南山,维石岩岩。赫赫师尹,民具尔瞻。"有国者不可以不慎,辟则为天下僇矣。《诗》云:"殷之未丧师,克配上帝。仪鉴于殷,峻命不易。"道得众则得国,失众则失国。

是故君子先慎乎德。有德此有人,有人此有土,有土此有财,有财此有用。

德者本也,财者末也。外本内末,争民施夺。是故财聚则民散,财散则民聚。是故言悖而出者,亦悖而入;货悖而入者,亦悖而出。

《康诰》曰:"惟命不于常。"道善则得之,不善则失之矣。

《楚书》曰:"楚国无以为宝,惟善以为宝。"舅犯曰:"亡人无以为宝,仁亲以为宝。"

《秦誓》曰:"若有一个臣,断断兮无他技,其心休休焉,其如有容焉。人之有技,若己有之;人之彦圣,其心好之,不啻若自其口出。实能容之,以能保我子孙黎民,尚亦有利哉!人之有技,媢嫉以恶之;人之彦圣,而违之,俾不通:实不能容,以不能保我子孙黎民,亦曰殆哉!"唯仁人放流之,迸诸四夷,不与同中国。此谓唯仁人为能爱人,能恶人。见贤而不能举,举而不能先,命也;见不善而不能退,退而不能远,过也。好人之所恶,恶人之所好,是谓拂人之性,菑必逮夫身。是故君子有大道,必忠信以得之,骄泰以失之。

生财有大道,生之者众,食之者寡,为之者疾,用之者舒,则财恒足矣。仁者以财发身,不仁者以身发财。未有上好仁而下不好义者也,未有好义其事不终者也,未有府库财非其财者也。孟献子曰:"畜马乘不察于鸡豚,伐冰之家不畜牛羊,百乘之家不畜聚敛之臣。与其有聚敛之臣,宁有盗臣。"此谓国不以利为利,以义为利也。长国家而务财用者,必自小人矣。彼为善之,小人之使为国家,菑害并至。虽有善者,亦无如之何矣!此谓国不以利为利,以义为利也。

【译文】

大学的宗旨在于弘扬光明正大的品德,在于使人弃旧图新,在于使人达到最完善的境界。知道应达到的境界才能够志向坚定;志向坚定才能够镇静不躁;镇静不躁才能够心安理得;心安理得才能够思虑周祥;思虑周祥才能够有所收获。每样东西都有根本有枝末,每件事情都有开始有终结。明白了这本末始终的道理,就接近事物发展的规律了。古代那些要想在天下弘扬光明正大品德的人,先要治理好自己的国家;要想治理好自己的国家,先要管理好自己的家庭和家族;要想管理好自己的家庭和家族,先要修养自身的品性;要想修养自身的品性,先要端正自己的心思;要想端正自己的心思,先要使自己的意念真诚;要想使自己的意念真诚,先要使自己获得知识;获得知识的途径在于认识、研究万事万物。通过对万事万物的认识、研究后才能获得知识;获得知识后意念才能真诚;意念真诚后心思才能端正;心思端正后才能修养品性;品性修养后才能管理好家庭和家族;管理好家庭和家族后才能治理好国家;治理好国家后天下才能太平。

上自国家元首,下至平民百姓,人人都要以修养品性为根本。若这个根本被扰乱了,家庭、家族、国家、天下要治理好是不可能的。不分轻重缓急,本末倒置却想做好事情,这也同样是不可能的！

这就叫做抓住了根本,这就叫知识达到顶点了。

使意念真诚的意思是说,不要自己欺骗自己。要像厌恶腐臭的气味一样,要像喜爱美丽的女人一样,一切都发自内心。所以,品德高尚的人哪怕是在一个人独处的时候,也一定要谨慎。品德低下的人在私下里无恶不作,一见到品德高尚的人便躲躲闪闪,掩盖自己所做的坏事而自吹自擂。殊不知,别人看你自己,就像能看见你的心肺肝脏一样清楚,掩盖有什么用呢？这就叫做内心的真实一定会表现到外表上来。所以,品德高尚的人哪怕是在一个人独处的时候,也一定要谨慎。

曾子说:"十只眼睛看着,十只手指着,这难道不令人畏惧吗?!"

财富可以装饰房屋,品德却可以修养身心,使心胸宽广而身体舒泰安康。所以,品德高尚的人一定要使自己的意念真诚。

《诗经》说:"看那淇水弯弯的岸边,嫩绿的竹子郁郁葱葱。有一位文质彬彬的君子,研究学问如加工骨器,不断切磋;修炼自己如打磨美玉,反复琢磨。他庄重而开朗,仪表堂堂。这样的一个文质彬彬的君子,真是令人难忘啊!"这里所说的"如加工骨器,不断切磋",是指做学问的态度;这里所说的"如打磨美玉,反复琢磨",是指自我修炼的精神;说他"庄重而开朗",是指他内心谨慎而有所戒惧;说他"仪表堂堂",是指他非常威严;说"这样一个文质彬彬的君子,可真是令人难忘啊!"是指由于他品德非常高尚,达到了最完善的境界,所以使人难以忘怀。《诗经》说:"啊啊,前代的君王真使人难忘啊!"这是因为君主贵族们能够以前代的君王为榜样,尊重贤人,亲近亲族,一般平民百姓也都蒙受恩泽,享受安乐,获得利益。所以,虽然前代君王已经去世,但人们还是永远不会忘记他们。

《康诰》说:"能够弘扬光明的品德。"《太甲》说:"念念不忘这上天赋予的光明禀性。"《尧典》说:"能够弘扬崇高的品德。"这些都是说要自己弘扬光明正大的品德。

商汤王刻在洗澡盆上的箴言说:"如果能够一天新,就应保持天天新,新了还要更新。"《康诰》说:"激励人弃旧图新。"《诗经》说,"周朝虽然是旧的国家,但却禀受了新的天命。"所以,品德高尚的人无处不追求完善。

《诗经》说:"京城及其周围,都是老百姓向往的地方。"《诗经》又说:"'绵蛮'叫着的黄鸟,栖息在山冈上。"孔子说:"连黄鸟都知道它该栖息在什么地方,难道人还可以不如一只鸟儿吗?"《诗经》说:"品德高尚的文王啊,为人光明磊落,做事始终庄重谨慎。"做国君的,要做到仁爱;做臣子的,要做到恭敬;做子女的,要做到孝顺;做父亲的,要做到慈爱;与他人交往,要做到讲信用。

孔子说:"听诉讼审理案子,我也和别人一样,目的在于使诉讼不再发生。"使隐瞒真实情况的人不敢花言巧语,使人心畏服,这就叫做抓住了根本。

之所以说修养自身的品性要先端正自己的心思,是因为心有愤怒就不能够端正;心有恐惧就不能够端正;心有喜好就不能够端正;心有忧虑就不能够端正。

心思不端正就像心不在自己身上一样:虽然在看,但却像没有看见一样;虽然在听,但却像没有听见一样;虽然在吃东西,但却一点也不知道是什么滋味。所以说,要修养自身的品性必须要先端正自己的心思。

之所以说管理好家庭和家族要先修养自身,是因为人们对于自己亲爱的人会有偏爱;对于自己厌恶的人会有偏恨；对于自己敬畏的人会有偏向；对于自己同情的人会有偏心；对于自己轻视的人会有偏见。因此，很少有人能喜爱某人又看到那人的缺点，厌恶某人又看到那人的优点。所以有谚语说："人都不知道自己孩子的坏，人都不满足自己庄稼的好。"这就是不修养自身就不能管理好家庭和家族的道理。

之所以说治理国家必须先管理好自己的家庭和家族，是因为不能管教好家人而能管教好别人的人，是没有的，所以，有修养的人在家里就受到了治理国家方面的教育：对父母的孝顺可用于侍奉君主；对兄长的恭敬可以用于侍奉官长；对子女的慈爱可以用于统治民众。

《康诰》说："如同爱护婴儿一样。"内心真诚地去追求，即使达不到目标，也不会相差太远。要知道，没有先学会了养孩子再去出嫁的人啊！

一家仁爱，一国也会兴起仁爱；一家礼让，一国也会兴起礼让；一人贪婪暴戾，一国就会犯上作乱。其联系就是这样紧密，这就叫做：一句话就会坏事，一个人就能安定国家。

尧舜用仁爱统治天下，老百姓就跟随着仁爱；桀纣用凶暴统治天下，老百姓就跟随着凶暴。统治者的命令与自己的实际做法相反，老百姓是不会服从的。所以，品德高尚的，总是自己先做到。然后才要求别人做到；自己先不这样做，然后才要求别人不这样做。不采取这种推己及人的恕道而想让别人按自己的意思去做，那是不可能的。所以，要治理国家必须先管理好自己的家庭和家族。

《诗经》说："桃花鲜美，树叶茂密，这个姑娘出嫁了，让全家人都和睦。"让全家人都和睦，然后才能够让一国的人都和睦。《诗经》说："兄弟和睦。"兄弟和睦了，然后才能够让一国的人都和睦。《诗经》说："容貌举止庄重严肃，成为四方国家的表率。"只有当一个人无论是作为父亲、儿子，还是兄长、弟弟时都值得人效法时，老百姓才会去效法他。这就是要治理国家必须先管理好家庭和家族的道理。

之所以说平定天下要治理好自己的国家，是因为，在上位的人尊敬老人，老百姓就会孝顺自己的父母，在上位的人尊重长辈，老百姓就会尊重自己的兄长；在上位的人体恤救济孤儿，老百姓也会同样跟着去做。所以，品德高尚的人总是实行以身作则，推己及人的"絜矩之道"。

如果厌恶上司对你的某种行为，就不要用这种行为去对待你的下属；如果厌恶下属对你的某种行为，就不要用这种行为去对待你的上司；如果厌恶在你前面的人对你的某种行为，就不要用这种行为去对待在你后面的人；如果厌恶在你后面的人对你的某种行为，就不要用这种行为去对待在你前面的人；如果厌恶在你右边的人对你的某种行为，就不要用这种行为去对待在你左边的人；如果厌恶在你左边的人对你的某种行为，就不要用这种行为去对待在你右边的人。这就叫做"絜矩之道"。

《诗经》说："使人心悦诚服的国君啊，是老百姓的父母。"老百姓喜欢的他也喜欢，老百姓厌恶的他也厌恶，这样的国君就可以说是老百姓的父母了。《诗经》说："巍峨的南山啊，岩石耸立。显赫的尹太师啊，百姓都仰望你。"统治国家的人不可不谨慎。稍有偏颇，就会被天下人推翻。《诗经》说："殷朝没有丧失民心的时候，还是能够与上天的要求相符的。请用殷朝作个鉴戒吧，守住天命并不是一件容易的事。"这就是说，得到民心就能得到国家，失去民心就会失去国家。

第2章 大学之魂——大学人文精神的重塑

所以，品德高尚的人首先注重修养德行。有德行才会有人拥护，有人拥护才能保有土地，有土地才会有财富，有财富才能供给使用，德是根本，财是枝末，假如把根本当成了外在的东西，却把枝末当成了内在的根本，那就会和老百姓争夺利益。所以，君王聚财敛货，民心就会失散；君王散财于民，民心就会聚在一起。这正如你说话不讲道理，人家也会用不讲道理的话来回答你；财货来路不明不白，总有一天也会不明不白地失去。

《康诰》说："天命是不会始终如一的。"这就是说，行善便会得到天命，不行善便会失去天命。《楚书》说："楚国没有什么是宝，只是把善当作宝。"舅犯说，"流亡在外的人没有什么是宝，只是把仁爱当作宝。"

《秦誓》说："如果有这样一位大臣，忠诚老实，虽然没有什么特别的本领，但他心胸宽广，有容人的肚量，别人有本领，就如同他自己有一样；别人德才兼备，他心悦诚服，不只是在口头上表示，而是打心眼里赞赏。用这种人，是可以保护我的子孙和百姓的，是可以为他们造福的啊！相反，如果别人有本领，他就妒嫉、厌恶；别人德才兼备，他便想方设法压制，排挤，无论如何容忍不得。用这种人，不仅不能保护我的子孙和百姓，而且可以说是危险得很！"因此，有仁德的人会把这种容不得人的人流放，把他们驱逐到边远的四夷之地去，不让他们同住在国中。这说明，有德的人爱憎分明，发现贤才而不能选拔，选拔了而不能重用，这是轻慢；发现恶人而不能，了而不能把他驱逐得远远的，这是过错。喜欢众人所厌恶的，厌恶众人所喜欢的，这是违背人的本性，灾难必定要落到自己身上。所以，做国君的人有正确的途径：忠诚信义，便会获得一切；骄奢放纵，便会失去一切。

生产财富也有正确的途径：生产的人多，消费的人少；生产的人勤奋，消费的人节省。这样，财富便会经常充足。仁爱的人仗义疏财以修养自身的德行，不仁的人不惜以生命为代价去敛钱发财。没有在上位的人喜爱仁德，而在下位的人却不喜爱忠义的；没有喜爱忠义而做事却半途而废的；没有国库里的财物不是属于国君的。孟献子说："养了四匹马拉车的士大夫之家，就不需再去养鸡养猪；祭祀用冰的卿大夫家，就不要再去养牛养羊；拥有一百辆兵车的诸侯之家，就不要去收养搜刮民财的家臣。与其有搜刮民财的家臣，不如有偷盗东西的家臣。"这意思是说，一个国家不应该以财货为利益，而应该以仁义为利益。做了国君却还一心想着聚敛财货，这必然是有小人在诱导，而那国君还以为这些小人是好人，让他们去处理国家大事，结果是天灾人祸一齐降临。这时虽有贤能的人，却也没有办法挽救了。所以，一个国家不应该以财货为利益，而应该以仁义为利益。

第 3 章

开花的树——文学篇

一棵开花的树

席慕容

如何让你遇见我

在我最美丽的时刻

为这

我已在佛前求了五百年

求佛让我们结一段尘缘

佛于是把我化做一棵树

长在你必经的路旁

阳光下

慎重地开满了花

朵朵都是我前世的盼望

当你走近

请你细听

那颤抖的叶

是我等待的热情

而当你终于无视地走过

在你身后落了一地的

朋友啊

那不是花瓣

那是我凋零的心

　　文学是在人类社会的进程中逐渐产生并发展起来的。它的成长就像一棵树,一棵繁花满枝的树。诗歌散文、小说等文学样式在这棵树上有不同的位置,名著名篇则如盛夏的果实,在树端熠熠生辉。那么我们应从何处开始认识这棵树呢?还是先看看这是棵什么树吧。

3.1 文学的概念及作用

3.1.1 什么是文学

　　文学是艺术的基本样式之一,又称语言艺术。它以语言文字为媒介和手段塑造艺术形象,反映现实生活,表现人们的精神世界,通过审美方式发挥其多方面的社会作用。"文学"一词在中国古籍中早已有之。先秦时代文学兼有文章、博学两重意义。至两汉始把文与学、文章与文学区别开来,称有文采的、富于艺术性的作品为文或文章,把学术著作叫做学或文学。至魏晋南北朝,才有人在同一种意义上使用文学和文章。即把这两个词都用来表示现代所说的文学,而将学术著作另外称为经学、史学、玄学等。至唐宋,由于强调文以载道,重道轻文,重又忽视文与学的区别。一直到清代,文学一词通常都是作为一切学术的总称来使用的。在中国,文学作为专指语言艺术的美学术语,是20世纪初、特别是五四新文化运动之后被确定下来、并被广泛使用的。

　　文学即人学,这话生动地反映了文学的本质。

　　第一,文学反映人类的自我认识。2000多年前古希腊阿波罗神庙上有句箴言:"认识你自己。"从此,认识自我就成为人类觉醒以来文学和文化的一个永恒主题。人类认识自我的心情如此迫切,在文学作品中都有微妙而动人的描述与分析。通过对"我是谁"的自我反思及作家的这些思考,大学生可以更深刻地认识自己,认识别人,认识纷繁复杂的人生现象和心灵世界的秘密。

　　第二,文学探讨人性和人生问题。文学家往往同时又被称为心理学家,因为文学家对人的内心世界,尤其是对人性的弱点特别感兴趣,在文学作品中往往对其多有揭露。文学应当更多地关怀人的精神问题,面对人生需要思考的问题,文学比其他所有学科都更敏感。

　　人生的问题既是从文学作品中提炼总结出来的,又是大学生现实生活中随时可能遇到、时时都在思考的。作家往往只是提出问题,而没有给出两全其美的解决办法。这不是因为人们生活经验、人生智慧不够,而是因为它来自生活、生命、生存本身固有的矛盾。矛盾在,人生的问题就会存在。优秀的文学作品,都包含着丰富的人文内涵,对它们的解读绝不应该贴标签,而应该是多元的。这正如钱理群教授指出的那样,一切伟大的作家,一切不朽的文学作品、文学典型,几乎都是一个属于全人类的无限开放的体系,不同时代、不同国家(民族)、不同层次的阅读者和研究者都按照各自所处的时代、国家与个人的历史哲学、思想感情、人生体验、心理气质、审美要求,从不同角度、侧面接近它,有着自己的发现、阐释发挥、再创造。

　　在文学作品中,我们不只是要描述人,也要描写人以外的事、物;不只是要描写社会现象,也要描写自然景观。但是,文学作品中所描述的事、物、自然都是人参与的事、人化了的物、人化了的自然界。它们体现了人对自己生活境遇和生存环境的态度,它们本身就具有了人的思想感情。因此,事、物和自然进入文学领域,并不影响文学的认识人和反映人的这个基本性质。同时,不仅文学描述的对象是人,文学的服务对象也是人。文学活动的任务和作用,就是要教育人、塑造人、感化人。以文学行为和文学形象为榜样,鼓舞和引导人们积极地认识世界、改造世界,在文学的熏陶下,不断地提升自己,使生活变得更美好、更有滋味。文学之魅力,正如戴厚英所言,在于作品中的"人性"刻画。真正的"大"家,能够"把脉"社会,做到先知先觉,并在文学创作中,刺激、震撼读者的感官和心灵,唤醒读者的理性与良知。以求实现文学之大道——扬人性之真、之善、之美;弃人性之假、之恶、之丑。

3.1.2 文学的社会作用

文学的社会作用,指通过真善美相统一的艺术形象,给人以美的享受并从中领悟到社会、人生的真理,并使人的道德情感得到陶冶。文学的社会作用归根到底是指文学对经济基础的作用。但人的精神等对经济基础施加影响,通过影响人的精神而影响人的社会实践,并进而对经济基础产生作用。

在西方,人们对文学的作用也很早就有了认识。柏拉图在《文艺对话录》中谈到优秀文学作品能引起人们的"快感"。亚里士多德在《诗学》中提出了悲剧的"陶冶"说,在《政治学》中提出音乐有"教育"、"净化"(陶冶)、"精神享受"的功用。贺拉斯在《诗艺》中说,诗人写诗"应该给人以快感。同时对生活有帮助",提出了"寓教于乐"的著名观点。后来,有的学者强调文艺的感染力,如郎加纳斯;有的认为"诗"可以使人提高和向上,如培根;有的认为文艺可以移风易俗,如狄德罗;而席勒认为只要通过审美教育,社会就可以得到改造;别林斯基、车尔尼雪夫斯基等人则认为文学是"生活的教科书",强调文学对人民群众的启蒙教育作用。

马克思主义的出现,使人们对文学的社会作用,进一步获得了科学的认识。马克思主义把文学看成是对社会生活的审美反映,是审美的社会意识形态。在阶级社会里,文学受到一定社会的经济基础的制约。同时它反过来又影响经济基础。但这种作用不是直接的,而是间接的,是通过人们的感情、思想的变化,进而对现实发生影响的。同时,由于文学用形象反映生活这一特点,又使得文学的作用不同于其他意识形态的作用。那么,文学究竟有哪些社会作用呢?

文学对社会生活的审美反映既是对生活认识的结果,也是情感感受和评价的结果,更是按照美的规律审美创造的结果。因此,文学的社会作用,一般可概括为认识作用、教育作用和审美作用。但从根本上说,审美作用是文学作用的基石,认识作用和教育作用都是通过审美作用来实现的。对于文学来说,没有审美作用,其他的各种作用即使有,也不再是文学的作用。

首先,文学具有认识作用。

文学的认识作用是通过文学作品真实地再现以人为中心的社会生活,塑造鲜明的艺术形象,正确地反映出社会生活的本质或本质的某些方面,从而帮助读者从中了解和认识社会生活。《红楼梦》是通过贾宝玉、林黛玉、薛宝钗、王熙凤等一系列人物和"大观园"的环境描述而使人们认识封建社会的某些本质的。万千世界,纷繁复杂,丰富多彩。文学作品对社会生活的反映是极为有限的,不可能做到情貌无遗,点滴不漏。但通过选择特征鲜明的人物或事件,抓住富有包孕性的顷刻或场景来表现,就能概括丰富复杂的生活内容、面貌、风气,给读者创造出一个联想生发的广阔天地,从中了解和认识社会生活的面貌,政治、经济、文化、社会风气,人们的思想、情趣等各个方面的情景,开阔人们的视野,帮助人们认识历史的某些规律和本质的东西。

文学的认识作用便是指文学通过生动形象而真实的描绘,帮助人们了解特定时代生活的现象和本质,并把握其内在发展规律。它可以帮助人们了解过失、认识现在、推断未来。如读鲁迅《呐喊》和《彷徨》中的一系列短篇小说,可以对辛亥革命前后,我国社会现状有一个形象的把握:封建统治者对人民的精神和肉体上的双重压迫与愚弄,普通百姓的愚昧、落后,资产阶级民主革命者的严重脱离群众等等。

优秀的文学作品往往被称为"社会的百科全书"、"形象的历史"。马克思在谈到英国现实主义作家狄更斯、夏洛特·勃朗蒂女士和哈克尔夫人时说:"现代英国的一派出色的小说家,以他们明白晓畅和令人感动的描写,向世界揭示了政治的和社会的真理,比起政治家、政论家和道德家合起来所作的还多。"恩格斯也曾经谈过:"亚历山大·大仲马的小说可以用来研究弗伦德党时期,也可以用来作为历史研究的资料。"我国封建社会作为一个漫长的历史阶段已经消失了,但它的真实面貌却保留在李白、杜甫、白居易、关汉卿、吴敬梓、曹雪芹等人的作品中。通过这些作品,便可以具体感受和认识到封建社会的面貌,看到封建社会由盛而衰并必然走向灭亡的历史命运。巴尔扎克作为19世纪法国伟大的批判现实主义作家,一生创作96部长、中、短篇小说和随笔,总名为《人间喜剧》。恩格斯称赞巴尔扎克的《人间喜剧》写出了贵族阶级的没落衰败和资产阶级的上升发展。提供了社会各个领域无比丰富的生动细节和形象化的历史材料,"甚至在经济的细节方面(如革命以后动产和不动产的重新分配),我学到的东西也要比从当时所有职业历史学家、经济学院和统计学家那里学到的全部东西还要多"。如《红楼梦》,就可以作为了解封建社会的一部"百科全书"。恩格斯通过《伊利昂纪》了解到古希腊社会各种制度的有关材料,列宁也曾把托尔斯泰称为"俄国革命的镜子",这都说明文学具有重要的认识作用。这种认识作用不仅可以帮助读者了解过去社会的风尚人情,而且往往可以帮助读者深入地认识事物的内在本质。所以列宁说:"如果我们看到的是一位真正伟大的艺术家,那么他就一定会在自己的作品中至少反映出革命的某些本质的方面。"

一般说来,文学作品反映的社会生活愈广阔丰富,愈生动逼真,愈深刻有力,就愈具有认识价值和思想资料价值,认识作用也就愈大。

其次,文学具有教育作用。

文学的教育作用是文学作品通过对社会生活的描绘及其蕴含其中作家的是非爱憎而显示出一定的思想和感情倾向。进而对读者的社会理想、道德情操、精神世界等产生了影响。进步文学在社会生活中曾经产生了重要的影响。启示人们斗争的方向,唤醒了人们的政治意识,给予人们巨大的道德上和信念上的力量。作家通过自己的文学作品,在向读者提供真实的生活图画的同时,告诉读者在这些繁杂的图画中,哪些是真、善、美,哪些是假、恶、丑,哪些是值得肯定和赞扬的,哪些是应该否定和批判的,从而激励、鼓舞和教育人们正确地对待人,对待生活,树立起真正的人生观,为创造更美好的生活而斗争。《钢铁是怎样炼成的》一书,对形成前苏联青年一代的共产主义道德所起的作用是不可估量的。苏联青年在卫国战争中,在战后国民经济恢复时期和社会主义建设时期所表现的英雄业绩,渗透着这个英勇顽强的布尔什维克的战斗精神。保尔·柯察金成为普通男女的光辉榜样。这对形成人民的政治上的团结、培养共产主义道德品质、揭露旧意识和形成对敌人的憎恨有着巨大作用。

文学的教育作用是一种审美的教育作用,这种作用是在审美认识的基础上形成的。文学描写并不是纯客观的,它灌注着作家主观的理想和愿望,形成主客观相结合的审美趣味和理想。审美的趣味显示着作者对生活中的现象的好恶,对所描写的事物的褒贬态度,从而形成一种审美评价。这种审美评价往往为读者在艺术享受中不知不觉地所接受,从而影响到他们的思想和精神面貌,陶冶着他们的心灵,这就是"寓教于乐"。"寓教于乐"是一种潜移默化的审美情感活动,也可以说是艺术的感情教育。文学的教育作用,是指文学通过所描绘的社会生活图画及作家渗透于其中的感受。理解和评价显示出来的是非爱憎倾向,对人的政治思想、道德情操、精神性格等所产生的影响。优秀的文学作品通过对所描绘的真、善、美与假、恶、丑的对照,通过对前者的肯定,对后者的否定,能使读者在与作品的感应和交流中震撼、感奋、求善向上,得到心灵的净化和思想的升华,变得高尚起来。车尔尼雪夫斯基说:"诗人或艺术家不能不是一般的人。因此,对于他所描写的事物,他不能(即使他希望这样做)不做出判断;这种判断在他的作品中表现出来,就是艺术品的新的作用,凭着这个,艺术成了人的一种道德活动。"人们从优秀的文学作品中获得生活的信心和力量,自觉地形成高尚的思想和良好的品质的事例,古今中外都不胜枚举。屈原在《离骚》中所表现的那种为追求真理而"上下求索"、"九死未悔"的精神,几乎成了人们生活的座右铭;文天祥的名句"人生自古谁无死,留取丹心照汗青",也常常成为人们节操自励的格言。如小说《红岩》中塑造刻画的许云峰、江姐、陈然等可歌可泣的党的先烈形象,完全是一部形象生动的爱国主义和英雄主义的教材。激励和感染了一代又一代青年人为了共产主义理想去不断地奋斗,不断地前进。人们把文学作品称为"精神食粮",是对文学教育作用的一种简明表述。鲁迅认为这种教育的作用是催人向上。高尔基则说:"文学的目的就是帮助人了解他自己;就是提高人的信心;激发他追求真理的要求;并善于在人们中间找到好的东西;就是在人们心灵中唤起羞耻、愤怒和英勇,并想尽办法使人变得高尚有力。使他们能够以神圣的、美的精神鼓舞自己的生活。"好的文学作品可以给一个群体充当灵魂的导师。比如鲁迅先生的作品就是这样。而当初鲁迅先生弃医从文就是因为看到了文学作品的这个作用。

文学的教育作用,一般来说,主要看其倾向的性质。只有进步的倾向性,才能助人向善,引人向上,起到如鲁迅所说的"灯火"作用。一个作家思想愈高尚、情感愈纯粹、境界愈开阔,对生活的说明和评价愈正确、愈深刻,他的作品的教育作用便愈显著、愈有效。

最后,文学具有美感作用。

文学的美感作用,就是审美的作用。是文学作品通过生动的形象、情景交融的意境、健康向上的情趣、优美的形式,给人以精神上的满足和愉悦,使人得到美的享受,使人得到有利于身心健康的休息。在艺术中的美,首先是生活中的美的反映。"美就是生活"。在自然界和人类的社会生活中,存在着大量美和丑的事物,这些事物作用于人们的感官,使人们产生美感,进一步产生审美观念。作家按照一定的审美观念对自然和社会生活进行选择、提炼、概括、加工,创造出比自然和实际生活中存在的美更理想的美。这样当人们欣赏这些作品时,也就必然获得更高、更强烈的美,得到更大的愉快和满足。

作为一种审美的意识形态,文学的最基本作用就是审美作用。文学的审美作用同文学作品的艺术魅力密切相关。那些生动有趣的情景、妙趣横生的画面、聪明机智的语言、独具匠心的安排、引人入胜的情节、耐人寻味的幽默谐谑。特别是其中所浸润和流溢的崇高的精神和真挚的情感，都能使人心驰神往，与之感应，从而感到创造的乐趣、人生的乐趣，感到人的自由和自豪，获得畅神适性之乐。文学的审美作用是人情不自禁地获得的；而在审美中，人也自然得到了积极的休息。审美作用是文学形象性、情感性、生动性、想象性、创造性以及形式美等诸种特性的综合效应。正是这样的综合效应，才使文学具有它独特的审美价值。文学的教育作用、认识作用都是以审美作用为前提的，它们不可能采取独立的方式存在，而只能寓于文学的审美作用之中。这种审美作用主要表现为文学作品的艺术感染力，中国古代的作家对此是有所认识的。白居易在《与元九书》中说："感人心者，莫先于情，莫始乎言，莫切乎声，莫深乎义。"[1]道出了诗的作用首先在于感动人心以及达到这一目的的途径。绿天馆主人在《古今小说序》中指出小说的作用"捷且深"。正是小说的艺术感染力引起的审美活动的结果。这也就是荀子在《乐论》中所说的"夫声乐之入人也深，其化人也速"[2]的道理。梁启超在谈及小说何以能发生种种作用时，说小说有熏、浸、刺、提四种力量，也是指小说的艺术感染力。马克思谈道，"艺术对象创造出懂得艺术和能够欣赏美的大众"；还说："如果你想得到艺术的享受，那你就必须是一个有艺术修养的人"，明确指出文学艺术能够培养人们的审美能力，给予他们以艺术享受。文学的这种作用，是其他意识形态所不具备的。人们阅读文学作品或看戏、看电影，一般并不是有意识地自觉地去接受教育、增加知识、提高认识能力，而是寻求一种精神享受和情感满足，以便在一种暂时"超越"的自由境界里获得精神情感的快乐和栖息。或喜或怒、或悲或啼，人的精神在艺术境界里自由驰骋，只觉得与其中的人物似乎同呼吸共命运，并且人能在艺术描绘的情景中流连忘返，似乎忘掉了自身，直至沉醉。这种在潜移默化中为文学所吸引的效果，便是文学的审美作用所致。这种作用同时可以帮助人们消除疲劳。人们在怡情悦性之中，不仅心灵得到满足、净化和升华，而且生理也得到健康有益的调剂。因此，审美作用是文学的重要社会作用。

3.2 文学的体裁分类及基本特征

3.2.1 文学的体裁分类

文学作品特定的样式，指各种文学作品形式上的类别。它是作品思想内容的外部表现形态，属于作品的形式范畴。各种文学体裁在其形成和发展的过程中，在表情达意、塑造形象、结构安排、语言运用等方面，逐渐形成各自相对稳定的特点和规律，成为文体分类的依据。

中国历史上对于文体的分类，早在周秦时代就已萌芽。如在《论语》中就曾出现过"涛"、"书"和"涛"、"文"等名目，但当时文学作品和一般学术性著作还没有严格地区别开来。到了

---

[1] 白居易《与元九书》：感人心者，莫先乎情，莫始乎言，莫切乎声，莫深乎义。诗者，根情，苗言，华声，实义。意为，能够感化人心的事物，没有比情先的，没有比言早的，没有比声近的，没有比义深的。所谓诗，就是以情为根，以诗为苗，以声为花，以义为实的。现代寓意，只有用真情，才能去感化人心。

[2] 《荀子·乐论》中指出："夫声乐之入人也深，其化人也速。"说明了音乐容易深入人心，感化人的速度也很快。

两汉,随着辞赋等纯文学的发展,出现了"文章"、"文学"等名目。当时所谓的"文学",亦称"博学"。一般指经、史等学术著作;而所谓"文章",亦称"文辞",则指带有辞章意义的作品,包括诗歌、辞赋、史传、奏议等。这类名目的出现,意味着文学作品与一般学术著作开始有所区分。到了魏晋南北朝时期,随着文学创作的发展、文学体裁的日益多样化,文学分类理论逐渐形成。西晋陆机的《文赋》,提出了根据文学作品所描写的事物的形态来进行分类的主张。他把文学作品分为诗、赋、碑、诔、铭、箴、颂、论、奏、说十类,并对每一种体裁的特征作了精要的概括。

晚清以来,随着西方近代文化思潮包括文学思潮的传入,中国传统的文体分类法已不再能说明日益多样化和现代化的文学样式在表情达意、塑造形象方面的不同方式和特点。于是,古代传统的两分法便逐渐被吸收了西方分类法长处的现代分类法所代替。

"五四"以来流行的现代文学分类法主要是三分法和四分法,而尤以后者为人们所习用。

"五四"文学革命,为新的文学分类法特别是四分法奠定了基础。胡适的《文学改良刍议》从提倡白话文学的立场出发,奉施耐庵、曹雪芹、吴研人的白话小说为文学正宗。刘半农《我的文学改良观》提出:"凡可视为文学的有永久存在之资格与价值者,只诗歌戏曲、小说杂文二种也。"他还提出,应当"提高戏曲对于文学上之位置",预言"白话之剧"(现代话剧)必将出现"昌明"的前景;并断言小说是"文学之大主脑"。实际上已把诗歌、戏剧文学、小说、杂文(狭义的散文)看作是四种相对独立的文学体裁。"五四"以后,诗歌、小说、散文、戏曲(包括一切戏剧文学)成为文学创作中的主要体裁,并成为人们所习惯的文学分类。自此以后,四分法便成为中国现代文学刊物和文学理论、文学史著作中普遍采用的文学分类法。

在欧洲历史上,自古希腊的亚里士多德起,到德国的黑格尔、俄国的别林斯基等,在文学分类上都主张一种三分法,即按文学表情达意、塑造形象的不同方式把各种文学体裁分为三大类:叙事类、抒情类和戏剧类。叙事类的作品主要由作者以叙述人的口吻描述客观世界所发生的一切,尤其注重生活事态的描述和人物性格的刻画。这类文学体裁包括叙事诗、小说、寓言、神话、童话等。抒情类的作品主要由作者以主人公的口吻抒写内心的思想感情和主观感受,一般不要求完整的情节和人物形象。这类体裁包括抒情诗、抒情散文等。戏剧类作品主要由作品中人物以自己的语言和行动来完成艺术形象的创造。它不同于叙事类和抒情类文学,又兼有两者的某些特征,如它既有叙事类文学所具有的完整的故事情节和人物形象,又有抒情类文学所具有的抒情特点(特别是诗剧和歌剧)。戏剧类文学一般包括悲剧、喜剧、正剧等。这种三分法着眼于文学创作的主要特征和内部规律,具有较强的概括性和科学性。

在中国传统分类法和外来分类法基础上结合中国现代文学体裁的特点而形成的四分法,兼顾了作品在表情达意、塑造形象等表现手法方面的特点和作品体制、结构、语言特点等外部形态方面的差别;不仅注意了文学分类的科学性,而且尊重了中国传统文体分类的习惯,因此具有较强的生命力。

在文学的分类上,无论是三分法,还是四分法,都是采取综合、归纳的方法,把特点、体制相似的各个文学品种归为一类,而就某一类体裁的作品而言,还可采取分析的方法作更细的分类。如诗歌亦可分为抒情诗、叙事诗或格律诗、自由诗等;小说又可分为长篇、中篇、短篇或现代小说、历史小说、科幻小说等；戏剧又可分为诗剧、歌剧、话剧等，其中歌剧还可分为现代歌剧、传统戏曲等；至于散文，则更是品种繁多。

文学体裁的分类是相对的。有些体裁在形成和发展过程中往往吸取其他体裁的因素，从而出现不同体裁之间的汇合或交叉。例如散文诗，按其内容的性质来说，它具有诗的因素，但就篇章体制和语言特点来说，又接近于散文。再如文学史上的寓言，既可归入小说类，也可归入散文类。现代新出现的报告文学，有时带有小说的某些特点。

3.2.2　文学体裁的基本类型

1. 小说

小说是以塑造人物形象为中心，通过完整的故事情节和具体的环境描写，展示人物的思想情感和性格特征，从而广泛而深刻地反映社会生活的一种文学体裁。根据篇幅的长短，小说分为长篇、短篇和中篇。长篇小说描写错综复杂的事件和众多的人物，借以反映比较广阔的社会历史画面；短篇小说描写人物较少，故事情节比较单纯，集中反映社会生活的一个场面或一件事情，以突出刻画一两个人物的性格；中篇小说介乎以上两者之间，描写若干人物和不太复杂的故事情节，比短篇有深度和广度，而生活容量又不及长篇。还有一种微型小说（或称"小小说"），一般只有一千字左右，可看作是短篇小说的一种。按照内容的不同，小说可分为言情小说、历史小说、科幻小说、武侠小说、谴责小说、心理小说等。按照体例格式，则可分为书信体小说、日记小说、章回体小说、系列小说等。

情节、人物和环境是小说的三个要素。故事情节是小说的第一要素，情节是人物性格发展的历史，是展现人物性格、行为、思想、感情和心理状态的重要手段。小说的情节，首先要完整，从故事开端、发展、高潮到结局，要求有完整的情节。其次要紧凑，即做到简练而不冗繁、集中而不分散，主线鲜明，可有适当的跳跃却并不中断。第三要新颖，即不落俗套，这样可以避免读者"看了开头就知道结尾"的乏味感。为了使小说引人入胜，情节应生动曲折；同时，小说运用细节描写，它是使情节丰富的重要手段。小说在故事情节的展开中，应该通过对人物外貌、行为和心理状态的直接描写，再现活生生的鲜明个性。塑造人物是小说的重要任务。小说的人物是虚构的，是作者把现实生活中不同原型的某些特征加以融合而成的，因此，小说所刻画的人物，被称为"典型形象"或"典型性格"。小说塑造人物大抵有两类：一类是以生活中的某一个人作为原型，在此基础上加工，但创作时并不受真人真事限制；另一类是用生活中大量同类人的特征融合而成。正如鲁迅所说的"人物模特儿也一样，没有专用过一个人，往往嘴在浙江，脸在北京，衣服在山西，是一个拼凑起来的角色"（《我怎样做起小说来》）。环境是小说的第三个要素。环境描写包括历史背景、时代气氛、人物关系、人情风俗以及自然景物等方面。小说人物总是生活于特定环境，环境总是为特定人物服务的。环境和人物相互作用、相互影响。首先，环境创造人物，环境不仅仅是人物生存的场所，还为人物活动提供了活动原因；其次，人物也创造了环境。

小说描写人物的手法主要有肖像描写、语言描写、行动描写、心理描写、细节描写等。

2. 散文

散文的概念：散文泛指那些侧重于直接表达作者对生活的感受，注重主观抒写的不讲究骈偶押韵的文体。除了诗、词、曲、赋以外，一切无韵无律的文章，诸如人物传记、回忆录、游记、寓言、神话及记事抒情一类文章，均可列入散文范畴。这是广义的散文。狭义的散文，专指用凝练、优美、生动的文学语言写成的叙事、记人、状物、写景的短小精悍的文章。

散文的主要特点：取材广泛多样，联想丰富奇巧，不受时间、空间、地域的限制。

篇幅短小精练，立意深远、集中，从作者所见、所闻、所思、所感中来表现现实生活的本质。结构自由洒脱，形式多样纷繁，可根据内容需要，精心剪裁，散得开，收得拢。语言朴素和谐、凝练优美，散文的语言是最有风格的语言，作者可用不同风格的语言来表现自己的思想、经历、爱好、个性。

表现方法灵活，富于变化发展；可以融叙事、描写、抒情、议论于一体。也可以夹叙夹议、状物写景、由景触情；它不要求有完整的故事情节和完整的人物形象，也不要求展示矛盾发展的全过程。

散文的分类：根据内容和表达方法的不同，散文可分为叙事、抒情、议论三类。叙事散文借叙述事件和描写人物来表达思想情感；抒情散文或托物言志、借景抒情，或直抒胸臆，慨叹山川人物，来激起读者的爱憎；议论散文以指点人、事的是非曲直来表明作者的观点、立场和态度。

3. 戏剧

戏剧的概念：戏剧文学是供舞台演出的脚本，又称剧本。其基本特征，首先，人物故事场景要求高度集中，欧洲古典戏剧理论中的"三一律"原则（剧情须围绕一件事展开，在一地一日内完成），充分体现了戏剧情节的高度集中的特点。其次，要有紧张、激烈的戏剧冲突，因为它要在有限的时间内表现丰富的社会生活，就需要抓住生活事件中的主要矛盾斗争，加以典型化，形成紧张、激烈的戏剧冲突，这样才能紧紧吸引观众。所以说，没有冲突就没有戏剧的生命。第三，要求语言口语化、个性化。戏剧文学主要靠人物的语言来塑造形象，说明人物关系，显示故事情节的发展。观众看戏，听与看是并重的。所以，戏剧语言更要求口语化。同时，戏剧人物都是通过自己的语言表现性格特征的，性格化的语言对戏剧更为重要。

戏剧的种类：按结构及容量划分，有多幕剧、独幕剧、连续剧等；按题材分，有现代剧、历史剧、神话剧等；按表演形式分，有戏曲、话剧、歌剧、舞剧、哑剧等；按反映的冲突性质和感染作用分，有悲剧、喜剧、正剧等。

杂剧：杂剧是中国古典戏曲的一种形式，产生于金末元初，元代杂剧已形成了既定的体制，是我国戏曲史上完整而成熟的戏剧艺术。其特点是：首先，它的结构形式一般是四折戏加一楔子，每一折戏相当于现在的一幕，楔子是一个短场戏，放在全剧的开头或在四折之间，起序幕或过场作用，不能放在末尾。其次，乐曲方面，元杂剧都用北曲，每一折戏用一套曲，即同一宫调内的套曲，押同一个韵脚。第三，关于演员：角色有细密分工。男女主角，分别由正末和正旦扮演,配角有副末、外末、小末、副旦、外旦、小旦等。此外还有净、丑、卜儿(扮老妇人)、孛老(扮老头)、保儿(扮小厮)等。同时还规定,每一本戏由一个演员主唱到底,配角只能说白。由正末主唱的戏称"末本戏",由正旦主唱的戏称"旦本戏"。第四,关于科白,科是表演动作和舞台效果。白是道白,有定场白、背白、旁白等。

4. 诗歌

诗歌是通过有节奏、有韵律的语言,以强烈的感情和丰富的想象,高度地集中反映现实生活、抒发思想情感的一种文学体裁。

3.3　中国文学简介

3.3.1　中国诗歌

中国诗歌产生于文字发明之前,它是在人们的劳动、歌舞中渐渐形成和发展起来的。

1. 中国古代诗歌

《诗经》是公元前11世纪—公元前6世纪的诗歌总集,也是中国第一部诗歌总集,共305篇,按音乐的不同,分为"风"、"雅"、"颂"三类。"颂"是统治者祭祀的乐歌,有祭祖先的,有祭天地山川的,也有祭农神的。"雅"分大雅和小雅,都是用于宴会的典礼,内容主要是对从前英雄的歌颂和对现时政治的讽刺。"风"是《诗经》中的精华,内容包括15个地方的民歌。

公元前4世纪,战国时期的楚国以其自身独特的文化基础,加上北方文化的影响,孕育出了伟大的诗人屈原。屈原以及深受他影响的宋玉等人创造了一种新的诗体——楚辞。屈原的《离骚》是楚辞杰出的代表作。楚辞发展了诗歌的形式。它打破了《诗经》的四言形式,从三、四言发展到五、七言。在创作方法上,楚辞吸收了神话的浪漫主义精神,开辟了中国文学浪漫主义的创作道路。

《诗经》、楚辞之后,诗歌在汉代又出现了一种新的形式,即汉乐府民歌。汉乐府民歌流传到现在的共有100多首,其中很多是用五言形式写成,后来经文人的有意模仿,在魏、晋时代成为主要的诗歌形式。

汉乐府中著名的篇章有揭露战争灾难的《十五从军征》,有表现女性不慕富贵的《陌上桑》、《羽林郎》,当然最为著名的还是长篇叙事诗《孔雀东南飞》。这首诗讲述了一个凄婉的爱情故事。焦仲卿与刘兰芝相爱至深,因为焦母与刘家的逼迫而分手,以致酿成生离死别的惨剧。汉乐府民歌最重要的艺术特色是它的叙事性,《孔雀东南飞》是汉乐府叙事诗的最高峰。

五言诗是中国古典诗歌的主要形式,它从民间歌谣到文人写作,经过了很长的时间,到东汉末年,文人五言诗日趋成熟。五言诗达到成熟阶段的标志是《古诗十九首》的出现。《古诗十九首》不是一时一人的作品,诗的内容多叙离别、相思以及对人生短促的感触。长于抒情、善用比、兴手法是《古诗十九首》最大的艺术特色。

汉末建安时期,"三曹"(曹操、曹丕、曹植)、"七子"(孔融、陈琳、王粲、徐干、阮瑀、应场、刘桢)继承汉乐府民歌的现实主义传统,并普遍采用五言形式,第一次掀起了文人诗歌的高潮。他们的诗作表现了时代精神,具有慷慨悲凉的阳刚气派,形成为后世称作"建安风骨"的独特风格。建安时代的诗,是从汉乐府发展到五言诗的关键转变,曹植是当时的代表诗人。他的诗受汉乐府的影响,但却比汉乐府有更多的抒情成分。

两晋时期的诗歌创作逐渐走上形式主义道路,诗歌内容空泛。继承和发扬"建安风骨"传统,作品内容充实的诗人是左思(约250—305)。他的《咏史诗》八首,借古事讽喻时事,思想性很强,但这类诗作毕竟不是主流,而且越来越少,直到东晋末年的陶渊明才给诗坛带来接近现实的作品。

隐居不仕的陶渊明把田园生活作为重要的创作题材,因此历来人们将他称作"田园诗人"。陶渊明继承乐府的现实主义传统,形成了他单纯自然的田园一体,为古典诗歌开创了一个新的境界,而且五言诗在他的手中得到高度的发展。

与陶渊明差不多时代的谢灵运(385—433)是开创山水诗派的第一人。他的山水诗特点是,把自己的感情贯注其中,但有些诗字句过于雕琢,描写冗长,用典、排偶不够自然。

南北朝时期是中国诗歌史上的又一发展时期,这表现在又一批乐府民歌集中地涌现出来。它们不仅反映了新的社会现实,而且创造了新的艺术形式和风格。这一时期民歌总的特点是篇幅短小,抒情多于叙事。南朝乐府保存下来的有480多首,一般为五言四句小诗,几乎都是情歌。北朝乐府数量远不及南朝乐府。但内容之丰富、语言之质朴、风格之刚健则是南朝乐府远不能及的。如果说南朝乐府是谈情说爱的"艳曲",那么,北朝乐府则是名副其实的"军乐"、"战歌"。在体裁上,北朝乐府除以五言四句为主外,还创造了七言四句的七绝体,并发展了七言古诗和杂言体。北朝乐府最有名的是长篇叙事诗《木兰诗》,它与《孔雀东南飞》并称为中国诗歌史上的"双璧"。

南北朝时最杰出的诗人是鲍照(约415—470)。鲍照继承和发扬了汉魏乐府的传统,创作了大量优秀的乐府诗。《拟行路难》18首是他杰出的代表作。他成熟地运用七言句法,表现了个人的不幸和对社会不平的抗议。

诗歌发展到唐代,迎来了高度成熟的黄金时代。在唐代近三百年的时间里,留下了近五万首诗,独具风格的著名诗人有五六十个。

初唐四杰是唐诗开创时期的主要诗人。这四杰分别是王勃、杨炯、卢照邻、骆宾王。他们的诗虽然因袭了齐、梁风气,但诗歌题材在他们手中得以扩大,五言八句的律诗形式也由他们开始初步定型。

"四杰"之后,陈子昂(661—702)明确提出反对齐、梁涛风,提倡"汉魏风骨"。《感遇诗》38首,即是他具有鲜明革新精神的代表之作。

盛唐时期是诗歌繁荣的顶峰。这个时期除出现了李白、杜甫两个伟大诗人外,还有很多成就显著的诗人。他们大致可分为两类:一类是以孟浩然和王维为代表的田园诗人;另一类是边塞诗人,他们中的高适和岑参取得成就最高,王昌龄、李颀、王之涣也是边塞诗人中的佼佼者。

中唐诗歌是盛唐诗歌的延续。这时期的作品以表现社会动荡、人民痛苦为主流。白居易是中唐时期最杰出的现实主义诗人。他继承并发展了《诗经》和汉乐府的现实主义传统,从文学理论和创作上掀起了一个现实主义诗歌的高潮,即新乐府运动。

除新乐府运动之外,这一时期还另有一派诗人,这就是韩愈、孟郊、李贺等人。他们的诗歌艺术比之白居易另有创造,自成一家。韩愈是著名的散文家,他善以文入诗,把新的语言风格、章法技巧带入了诗坛,拓宽了诗的表现领域,但同时也带来以文为诗、讲才学、追求险怪的风气。

孟郊与贾岛都以"苦吟"而著名,追求奇险,苦思锤炼是他们的共同特点。刘禹锡是一位有意创作民歌的诗人,他的《竹枝词》描写真实,很受人们喜爱。此外,他的律诗和绝句也很有名。柳宗元(773—819)的诗如他的散文一样,多抒发个人的悲愤和抑郁。他的山水诗情致婉转,描绘简洁,处处显示出他清峻高洁的个性,如《江雪》就历来为人们所传诵。李贺(790—816)在诗歌的形象、意境、比喻上不走前人之路,拥有中唐独树一帜之风格,开辟了奇崛幽峭、浓丽凄清的浪漫主义新天地。

晚唐时期的诗歌感伤气氛浓厚,代表诗人是杜牧、李商隐。杜牧的诗以七言绝句见长,《江南春》《山行》《泊秦淮》《过华清宫》等是他的代表作。李商隐以爱情诗见长。他的七律学杜甫,用典精巧,对偶工整,如《马嵬》就很有代表性;他的七言绝句也十分有功力,《夜雨寄北》、《嫦娥》等是其中的名作。

诗发展到宋代已不像唐代那般辉煌灿烂,但却自有它独特的风格,即抒情成分减少,叙述、议论的成分增多,重视描摹刻画,大量采用散文句法。

最能体现宋诗特色的是苏轼和黄庭坚(1045—1105)的诗。黄庭坚诗风奇特拗崛,在当时影响广于苏轼,他与陈师道一起开创了宋代影响最大的"江西诗派"。南宋时期,诗作常充满忧郁、激愤之情。陆游是这个时代的代表人物。

源于唐代的词,鼎盛于宋代。唐末的温庭筠第一个专力作词。他的词词藻华丽,多写妇女的离别相思之情,被后人称为"花间派"。南唐后主李煜在词的发展史上占有较高的历史地位。他后期的词艺术成就很高,《虞美人》、《浪淘沙》等用贴切的比喻将感情形象化,语言接近口语,却运用得珠圆玉润。

宋初的词人像晏殊(991—1055)、欧阳修都有出色的作品,但依然没有脱离花间派的影响。到了柳永,开始创作长调的慢词,自此,词的规模发生了显著变化。到了苏轼,词的题材又得以进一步发展,怀古伤今的内容进入了他的词作之中。与苏轼同时代的秦观和周邦彦也是非常出色的词人。秦观善作小令,通过抒情写景传达伤感情绪的《浣溪沙》、《踏莎行》、《鹊桥仙》等是他的代表作。周邦彦不仅写词且善作曲,他创造了不少新调,对词的发展贡献很大。他的词深受柳永影响,声律严整、适于歌唱、字句精巧、刻画细致,代表作有《过秦楼》、《满庭芳》、《兰陵王》、《六丑》等。在两宋词坛上,女词人李清照以其独树一帜的风格,占有相当重要的一席之地。

南宋初年,面临国破家亡的危局,诗词作品多表现作家们的爱国之情,辛弃疾被誉为爱国词人,他是这一时期的代表人物。受辛词影响,陈亮、刘过、刘克庄、刘辰翁等人形成了南宋中叶以后声势最大的爱国词派。

南宋后期的词人姜夔(约1155—1235)最为著名。姜词绝大多数是记游咏物之作。在他的词作中,更多的是慨叹身世的飘零和情场的失意,较有代表性的作品是《长亭怨慢》。他的词沿袭了周邦彦的道路,注意修辞琢句和声律,但内容欠充实。

词在南宋已达高峰,元代散曲流行,诗词乃退居其后。

清代诗词流派众多,但大多数作家均未摆脱拟古主义和形式主义,难有超出前人之处。清末龚自珍(1792—1841)以其先进的思想,打破了清中叶以来诗坛的沉寂,领近代文学史风气之先。他的诗常着眼于社会、历史和政治的观点来揭露现实,使诗成为现实社会的批判工具。后来的黄遵宪、康有为、梁启超等新诗派更是将诗歌直接用作资产阶级改良运动的宣传载体。

2. 中国现代诗歌

"五四"文学革命中,中国的现代诗歌诞生了。1917年胡适首先在《新青年》上发表了白话诗8首,并提出"诗体大解放"的主张,倡导不拘格律、不拘平仄、不拘长短的"胡适之体"诗。在新诗诞生过程中,刘半农、刘大白、康白情、俞平伯是创作主力。经过他们的努力,新诗形成了没有一定格律、不拘泥于音韵、不讲雕琢、不尚典雅、只求质朴、以白话入行的基本共性。最早出版的新诗集有:胡适的《尝试集》、俞平伯的《冬夜》、康白情的《草儿》和郭沫若的《女神》。

郭沫若的《女神》带着狂飙突进的"五四"时代精神,带着不同于其他白话诗的鲜明艺术性,为新诗奠定了浪漫主义的基础。《女神》也是新诗真正取代旧诗的标志。它成功地创造、运用了自由体形式,将新诗推向新的水平。经过开辟阶段,新诗形成了以自由体为主,同时兼有新格律诗、象征派诗的较为完善的形态。

怒吼的诗指的是瞿秋白和蒋光赤等共产党员作家的政治抒情诗,其中蒋光赤的诗最多。他的诗中具有鲜明的社会主义色彩,如《太平洋中的恶象》、《中国劳动歌》、《哭列宁》等诗一扫当时许多新诗中的缠绵悱恻之调,充满了阳刚之音,但他的政治抒情诗存在内容较空泛的弊病。

在新诗创作中,爱情诗这一领域当属湖畔诗社的诗最为引人注目,汪静之、应修人、潘漠华和冯雪峰是其中的主力。他们的诗中所描写的爱情大胆而袒露。其间所显现出的质朴、单纯的美是最打动人的地方。

写自由体诗的冯至也是比较有成就的诗人。他的诗既写爱情,也写亲情和友情,出版有《昨日之歌》、《北游及其他》等诗集。

提倡格律诗的是新月派。闻一多为格律诗理论做出了很大贡献。为建设新格律诗,闻一多提出建设诗歌的音乐美、绘画美、建筑美,并为此进行了艰苦的创作实践。闻一多有两部诗集《红烛》和《死水》。在他的作品中,爱国主义情感贯穿始终。此外,他的诗还表现了"五四"时期积极向上、进取追求的精神风貌。他的诗具有他所提出的音乐美、绘画美、建筑美,这一特点对整个格律派产生过重大影响。徐志摩是新月社的另一重要诗人。他的诗主要表达对光明的追求、对理想的希冀、对现实的不满。表现个性解放、追求爱情的诗在徐志摩的创作中占有重要地位。他的诗风婉约,文字清爽、明净,感情渲染浓烈、真挚,气氛柔婉、轻盈,表现手法讲究而多变。他的诗多收于《志摩的诗》、《翡冷翠的一夜》、《猛虎集》、《云游》等诗集中。

几乎在新月派活跃的同时,象征派的诗也出现在中国的诗坛上。象征派的诗既不真实描写,也不直抒胸臆,而是常采用不同于常态的联想、隐喻、幻觉、暗示等手段制造朦胧、神秘的色彩。李金发是象征派的代表人物,著有《微雨》、《为幸福而歌》等诗集。他的诗反映了

"五四"之后一些知识分子面临茫然的前途时而产生的悲观情绪。李金发被人称为"诗怪",但他的诗也有许多成功之处,如诗中大量形象鲜明的比喻、形象化的语言、表现强烈的感觉等皆为许多人所不及。其他成绩较为突出的象征派诗人还有王独清、穆木天和冯乃超。

20世纪30年代的左翼诗派以高昂的战斗激情领诗坛一派风骚。殷夫是重要的政治抒情诗人,他的诗热情颂扬无产阶级革命,生动描绘工人运动的战斗场面。因为有实际斗争经验,所以他的诗感情充沛而真挚又不流于空泛,艺术风格朴实、粗犷,代表作品有《血字》、《1929年的5月1日》、《我们的诗》等。左翼诗派的重要代表团体是中国诗歌会,他们的艺术主张是诗歌大众化,倡导诗歌面向下层人民,歌唱抗日救亡运动。

新月派之后,描写现代人在现代生活中的现代情绪的现代诗派兴起,戴望舒(1905—1950)是现代诗派的主要诗人,他因1928年发表的《雨巷》一诗而获"雨巷诗人"的美名,曾出版过《我的记忆》、《望舒草》等诗集,这些诗作集中表现了知识分子在大革命失败后的幻灭感和孤独感。他的诗大量采用象征意象,但因贴近主观情绪,诗意虽曲折、朦胧但并不过于晦涩,他常用的譬喻也新鲜而贴切,富于节奏感是他的诗的另一特色。

抗战后诗坛上最重要的诗派是七月派。七月派的重要诗人是胡风、艾青、田间、亦门、鲁藜、邹荻帆等。在他们的创作中,政治抒情诗占有很大比重,内容多充满爱国主义激情,呼唤人们的抗敌斗志。七月派在艺术上注重以炽烈的激情去撞击人们的心灵,而不讲究文学的雕琢、修辞。质朴、粗犷、奔放是七月诗人共有的艺术特色。

20世纪40年代后半期,被后来称为民歌体的新诗在解放区农村成熟起来。民歌体新诗的突出成就表现在李季与阮章竞的叙事诗中。

1949年新中国成立后,诗歌进入新的发展阶段,新题材、新主题伴随着新生活应运而生。诗人们满怀激情抒写了一首首新时代的颂歌。同时,新的社会也造就出一批诗坛新人和崭新的作品。例如:邵燕祥的《歌唱北京城》、《到远方去》,森林诗人傅仇的《伐木者》,严阵的《老张的手》,未央的《祖国,我回来了》,李瑛的《军帽下的眼睛》,公刘的《边城短歌》、《黎明的城》,顾工的《喜马拉雅山下》等。此外,诗歌形式有所创新,吸取民歌营养的信天游、接受外来影响的阶梯式、新格律诗等形式相继出现。

20世纪50年代末至60年代初,诗歌兴起了新民歌运动,发展传统民歌。政治抒情诗以独立的艺术形式在20世纪60年代出现,郭小川、贺敬之是当时两位优秀的政治抒情诗人。这一时期诗歌创作的另一突出成就是长篇叙事诗的丰收。郭小川的《深深的山谷》、《将军三部曲》以新颖的形式和深邃的思想享誉诗坛,李季的《杨高传》、闻捷的《复仇的火焰》、韩起祥的《翻身记》、王致远的《胡桃坡》、臧克家的《李大钊》、田间的《赶车传》等也都别具特色。

但这一时期的诗歌创作也存在着题材、主题、形式、风格不够丰富的缺点。

20世纪70年代末至80年代初一批青年诗人,如舒婷、顾城、江河等快速成长起来。他们的诗通常表现出一种晦涩的、不同于寻常的复杂情绪,人们谓之"朦胧诗"。

20世纪80年代中后期,诗坛又出现了自称为"第三代诗人"的现代派潮流。

3.3.2 中国散文

中国散文在不同的时代有着不同的含义,现代散文是同诗歌、小说、戏剧并列的一种文学体裁,古代散文是指除韵文以外的所有文体。中国现代散文主要包括叙事散文、抒情散文和议论散文。以写人叙事为主,兼有抒情、议论成分的散文,称为叙事散文。它包括报告文学、传记文学、回忆录、游记等,如《闻一多先生的说和做》、《谁是最可爱的人》等;抒情散文是指以表现对生活的感受、抒发思想感情为主的散文,如朱自清的《绿》、《春》等;议论散文是以议论、说明为主要表达方式,具有一定的文学性的散文,杂文、小品文都属于此类,如《文学和出汗》、《为自己减刑》等。

3.3.3 中国古典小说

我国古代小说的发展,大致经历了以下几个阶段:

上古到先秦两汉,是我国古代小说的酝酿和萌生时期。我国古代小说萌生于寓言故事和神话传说,如《精卫填海》、《夸父逐日》、《后羿射日》、《女娲补天》等。

魏晋南北朝时期,出现了"志怪"、"志人"小说,合称为笔记小说。这一时期,我国的小说初具规模,主要作品有张华的《博物志》、干宝的《搜神记》、刘义庆的《世说新语》等。

唐代出现了传奇。唐传奇的出现,标志着我国古典小说的成熟。著名传奇有蒋防的《霍小玉传》、元稹的《莺莺传》、李朝威的《柳毅传》、白行简的《李娃传》等。

宋代出现了白话小说"话本"。至此,才以小说作为故事性文体的专称。话本的出现是小说史上的一大变迁,它对中国古代小说的发展产生了极为深远的影响。

明代出现了"拟话本"。即明代文人模仿话本的体制、形式创作的小说。如《玉堂春落难逢故夫》、《杜十娘怒沉百宝箱》、《沈小霞相会出师表》等。

明、清出现了章回体长篇小说。这一时期,我国的古代小说发展到了顶峰,产生了一批不朽的名著,如《三国演义》、《水浒传》、《西游记》、《红楼梦》、《聊斋志异》、《儒林外史》等。

我国古典小说的特点:注意人物行动、语言和细节描写,在矛盾冲突中展示人物形象,情节曲折,故事完整;语言准确简练,生动流畅,富于个性化;叙述方式明显带有说书人的印记。

3.3.4 20世纪的中国文学

1985年5月,陈平原、钱理群、黄子平在"中国现代文学研究座谈会"上首次提出了"20世纪中国文学"的概念,之后,《文学评论》发表了他们的《论"20世纪中国文学"》一文,《读书》连载了《20世纪中国文学三人谈》,标志着"20世纪中国文学"概念的正式出场。

他们认为20世纪中国文学是"一个由古代中国文学向现代中国文学转变、过渡并最终完成的进程,一个中国文学走向并汇入'世界文学'总体格局的进程,一个在东、西方文化大撞击大交流中,从文学方面(与政治、道德等其他方面一起)形成现代民族意识(包括审美意识)的进程,一个通过语言艺术来折射并表现古老的民族及其灵魂在新旧嬗递的大时代中获得新生并崛起的进程。"在这种总体建构中国文学现代性的思路下,关于"20世纪中国文学"的基本构想涵纳了以下内容:走向"世界"的文学;以"改造民族的灵魂"为总主题的文学;以"悲凉"为基本核心的现代美感特征;由文学语言结构表现出来的现代化进程;以及与此观念相关的文学史研究的方法论问题。

"20世纪中国文学"论对现代文学研究领域造成了不小的冲击,得到不少学者的认同,人们通常把它看成是现代文学研究摆脱政治化、工具化倾向回归文学自身的一次革命,同

第3章 开花的树——文学篇

时,这种观念也越来越多地渗透进文化思想史的丰富内涵。为现代文学史研究拓展了学术生长空间,其意义不可低估。

20世纪中国文学的主要代表有巴金、鲁迅和茅盾等。

巴金,原名李尧棠,字芾甘。1927—1928年在法国留学,开始文学创作,1929年《灭亡》发表并引起轰动,使他正式走上文学创作道路。他的作品经历了几个变化,20世纪30年代发表的长篇小说"爱情三部曲"《雾》、《雨》、《电》,"激流三部曲"《家》、《春》、《秋》以激烈的情感喷发来倾吐对不合理社会的痛恨和对理想社会的执着追求。而后对现实有了更深层的认识,开始关注小人物的生存悲剧,发表了《憩园》、《寒夜》等感情更蕴藉、思想更深刻的作品,为后来的研究界更为推崇。拷问自我和现代中国知识分子灵魂的《随想录》在1989年获"全国优秀散文(集)"、"杂文(集)荣誉奖";1982年获意大利"但丁国际奖";1983年获法国"荣誉军团勋章";1990年获前苏联"人民友谊勋章",日本"福冈亚洲文化特别奖"。

鲁迅,中国文学家、思想家和革命家。原名周树人,字豫才,浙江绍兴人。出身于破落的封建家庭。青年时代受进化论、尼采超人哲学和托尔斯泰博爱思想的影响。1918年5月,首次用"鲁迅"的笔名,发表中国现代文学史上第一篇白话小说《狂人日记》,奠定了新文学运动的基石。"五四"运动前后,参加《新青年》杂志工作,成为"五四"新文化运动的主将。1918—1926年间,陆续创作出版了小说集《呐喊》、《彷徨》,论文集《坟》,散文诗集《野草》,散文集《朝花夕拾》,杂文集《热风》、《华盖集》、《华盖集续编》等专集。其中,1921年12月发表的中篇小说《阿Q正传》,是中国现代文学史上的不朽杰作。1927—1936年,创作了历史小说集《故事新编》中的大部分作品和大量的杂文,收辑在《而已集》、《三闲集》、《二心集》、《南腔北调集》、《伪自由书》、《准风月谈》、《花边文学》、《且介亭杂文》、《且·介亭杂文二编》、《且介亭杂文末编》、《集外集》和《集外集拾遗》等专集中。鲁迅的一生,对中国文化事业做出了巨大的贡献。他领导、支持了"未名社"、"朝花社"等文学团体;主编了《国民新报副刊》(乙种)、《莽原》、《语丝》、《奔流》、《萌芽》、《译文》等文艺期刊;热忱关怀、积极培养青年作者;大力翻译外国进步文学作品和介绍国内外著名的绘画、木刻;搜集、研究、整理大量的古典文学,编著《中国小说史略》、《汉文学史纲要》;整理《嵇康集》;辑录《会稽郡故书杂录》、《古小说钩沉》、《唐宋传奇录》、《小说旧闻钞》等。中华人民共和国成立后,鲁迅著译作品分别编为《鲁迅全集》(十卷)、《鲁迅译文集》(十卷)、《鲁迅日记》(两卷)。鲁迅的小说、散文、诗歌、杂文共数十篇(首)被选入中、小学语文课本。小说《祝福》、《阿Q正传》、《药》等先后被改编成电影。

茅盾,作家,政治活动家。原名沈德鸿,字雁冰。笔名有玄珠、方璧、郎损等。1916年进上海商务印书馆编译所任职,从此开始他的文学生涯。茅盾一生创作了大量的文学作品,具有很高的艺术成就。主要作品有:长篇小说《蚀》、《虹》、《子夜》、《第一阶段的故事》、《腐蚀》、《霜叶红似二月花》;中篇小说《路》、《三人行》;短篇小说《春蚕》、《秋收》、《残冬》、《林家铺子》等。其代表作《子夜》是中国现代现实主义文学发展的里程碑,显示了现代文学在长篇小说创作方面的实绩。此外,还有大量文学评论、神话研究、散文、杂文、历史故事等。文学论文集《鼓吹集》、《鼓吹续集》、《夜读偶记》、《关于历史和历史剧》、《杂谈短篇小说》。还翻译了几十种外国文学著作。回忆录《我走过的道路》,具有珍贵的史料价值。茅盾生前为团结广大作家,培养青年作者,促进文学理论建设,增进国际文化交流,做出了不懈的努力和突出的贡献。其作品歌颂人民、歌颂革命,鞭挞旧中国黑暗势力,表现了中国民主革命的艰苦历程,在中国现代文学史上占有重要的地位。

　　作为大学生不论学什么专业,不论从事什么工作,也不论你将来做什么,在精神领域,或者说在私人的空间里,都应该爱好文学。你可以不从事文学事业,但是必须学会欣赏文学。欣赏文学乃是高雅的人生形态,是灵魂净化和升华的过程,是寻找生命意义的过程。作家雨果有句名言"比大地宽广的是蓝天,比蓝天更宽广的是人的胸怀。"文学靠它精神的力量,靠对人生的反映和表现,在潜移默化当中,在理想的境界上,构筑人们的一种信仰。在充满竞争的现代社会中,文学也许不能直接解决生活中的问题,但它将帮助每个人,在寻找生命意义的过程中,建构真正属于自己的价值世界。从而使人真正懂得生命的内涵,并在有限的生命当中,领会到无限的生命意义。文学是人类的启示录!

课后延伸

孔雀东南飞①

　　序曰:汉末建安中,庐江府小吏焦仲卿妻刘氏,为仲卿母所遣,自誓不嫁。其家逼之,乃投水而死。仲卿闻之,亦自缢于庭树。时人伤之,为诗云尔。

　　孔雀东南飞,五里一徘徊。

　　"十三能织素,十四学裁衣,十五弹箜篌,十六诵诗书。十七为君妇,心中常苦悲。君既为府吏,守节情不移,贱妾留空房,相见常日稀。鸡鸣入机织,夜夜不得息。三日断五匹,大人故嫌迟。非为织作迟,君家妇难为!妾不堪驱使,徒留无所施,便可白公姥,及时相遣归。"

　　府吏得闻之,堂上启阿母:"儿已薄禄相,幸复得此妇,结发同枕席,黄泉共为友。共事二三年,始尔未为久,女行无偏斜,何意致不厚?"

　　阿母谓府吏:"何乃太区区!此妇无礼节,举动自专由。吾意久怀忿,汝岂得自由!东家有贤女,自名秦罗敷,可怜体无比,阿母为汝求。便可速遣之,遣去慎莫留!"府吏长跪告:"伏惟启阿母,今若遣此妇,终老不复取!"

　　阿母得闻之,槌床便大怒:"小子无所畏,何敢助妇语!吾已失恩义,会不相从许!"

　　府吏默无声,再拜还入户,举言谓新妇,哽咽不能语:"我自不驱卿,逼迫有阿母。卿但暂还家,吾今且报府。不久当归还,还必相迎取。以此下心意,慎勿违吾语。"

　　新妇谓府吏:"勿复重纷纭。往昔初阳岁,谢家来贵门。奉事循公姥,进止敢自专?昼夜勤作息,伶俜萦苦辛。谓言无罪过,供养卒大恩;仍更被驱遣,何言复来还!妾有绣腰襦,葳蕤自生光;红罗复斗帐,四角垂香囊;箱帘六七十,绿碧青丝绳,物物各自异,种种在其中。人贱物亦鄙,不足迎后人,留待作遗施,于今无会因。时时为安慰,久久莫相忘!"

　　鸡鸣外欲曙,新妇起严妆。著我绣夹裙,事事四五通。足下蹑丝履,头上玳瑁光。腰若流纨素,耳著明月珰。指如削葱根,口如含朱丹。纤纤作细步,精妙世无双。

---

　　① 《孔雀东南飞》是我国文学史上第一部长篇叙事诗,沈归愚称为"古今第一首长诗",因此它也被称为我国古代史上最长的一部叙事诗,是我国古代民间文学中的光辉诗篇之一,《孔雀东南飞》与南北朝的《木兰辞》并称"乐府双璧"及"叙事诗双璧"。后又把《孔雀东南飞》、《木兰辞》与唐代韦庄的《秦妇吟》并称为"乐府三绝",《秦妇吟》取材于东汉献帝年间发生在庐江郡(治舒县,汉末迁皖县,均在今安徽境内)的一桩婚姻悲剧。

上堂拜阿母,阿母怒不止。"昔作女儿时,生小出野里。本自无教训,兼愧贵家子。受母钱帛多,不堪母驱使。今日还家去,念母劳家里。"却与小姑别,泪落连珠子。"新妇初来时,小姑始扶床;今日被驱遣,小姑如我长。勤心养公姥,好自相扶将。初七及下九,嬉戏莫相忘。"出门登车去,涕落百余行。

府吏马在前,新妇车在后。隐隐何甸甸,俱会大道口。下马入车中,低头共耳语:"誓不相隔卿,且暂还家去;吾今且赴府,不久当还归。誓天不相负!"

新妇谓府吏:"感君区区怀!君既若见录,不久望君来。君当作磐石,妾当作蒲苇,蒲苇纫如丝,磐石无转移。我有亲父兄,性行暴如雷,恐不任我意,逆以煎我怀。"举手长劳劳,二情同依依。

入门上家堂,进退无颜仪。阿母大拊掌,不图子自归:"十三教汝织,十四能裁衣,十五弹箜篌,十六知礼仪,十七遣汝嫁,谓言无誓违。汝今何罪过,不迎而自归?"兰芝惭阿母:"儿实无罪过。"阿母大悲摧。

还家十余日,县令遣媒来。云有第三郎,窈窕世无双。年始十八九,便言多令才。

阿母谓阿女:"汝可去应之。"

阿女含泪答:"兰芝初还时,府吏见丁宁,结誓不别离。今日违情义,恐此事非奇。自可断来信,徐徐更谓之。"

阿母白媒人:"贫贱有此女,始适还家门。不堪吏人妇,岂合令郎君?幸可广问讯,不得便相许。"媒人去数日,寻遣丞请还,说有兰家女,承籍有宦官。云有第五郎,娇逸未有婚。遣丞为媒人,主簿通语言。直说太守家,有此令郎君,既欲结大义,故遣来贵门。

阿母谢媒人:"女子先有誓,老姥岂敢言!"

阿兄得闻之,怅然心中烦。举言谓阿妹:"作计何不量!先嫁得府吏,后嫁得郎君,否泰如天地,足以荣汝身。不嫁义郎体,其往欲何云?"

兰芝仰头答:"理实如兄言。谢家事夫婿,中道还兄门。处分适兄意,那得自任专!虽与府吏要,渠会永无缘。登即相许和,便可作婚姻。"

媒人下床去,诺诺复尔尔。还部白府君:"下官奉使命,言谈大有缘。"府君得闻之,心中大欢喜。视历复开书,便利此月内,六合正相应。良吉三十日,今已二十七,卿可去成婚。交语速装束,络绎如浮云。青雀白鹄舫,四角龙子幡。婀娜随风转,金车玉作轮。踯躅青骢马,流苏金镂鞍。赍钱三百万,皆用青丝穿。杂彩三百匹,交广市鲑珍。从人四五百,郁郁登郡门。

阿母谓阿女:"适得府君书,明日来迎汝。何不作衣裳?莫令事不举!"

阿女默无声,手巾掩口啼,泪落便如泻。移我琉璃榻,出置前窗下。左手持刀尺,右手执绫罗。朝成绣夹裙,晚成单罗衫。晻晻日欲暝,愁思出门啼。

府吏闻此变,因求假暂归。未至二三里,摧藏马悲哀。新妇识马声,蹑履相逢迎。怅然遥相望,知是故人来。举手拍马鞍,嗟叹使心伤:"自君别我后,人事不可量。果不如先愿,又非君所详。我有亲父母,逼迫兼弟兄。以我应他人,君还何所望!"

府吏谓新妇:"贺卿得高迁!磐石方且厚,可以卒千年;蒲苇一时纫,便作旦夕间。卿当日胜贵,吾独向黄泉!"

新妇谓府吏:"何意出此言!同是被逼迫,君尔妾亦然。黄泉下相见,勿违今日言!"执手分道去,各各还家门。生人作死别,恨恨那可论? 念与世间辞,千万不复全!

府吏还家去,上堂拜阿母:"今日大风寒,寒风摧树木,严霜结庭兰。儿今日冥冥,令母在后单。故作不良计,勿复怨鬼神!命如南山石,四体康且直!"

阿母得闻之,零泪应声落:"汝是大家子,仕宦于台阁。慎勿为妇死,贵贱情何薄!东家有贤女,窈窕艳城郭,阿母为汝求,便复在旦夕。"

府吏再拜还,长叹空房中,作计乃尔立。转头向户里,渐见愁煎迫。

其日牛马嘶,新妇入青庐。奄奄黄昏后,寂寂人定初。我命绝今日,魂去尸长留! 揽裙脱丝履,举身赴清池。

府吏闻此事,心知长别离。徘徊庭树下,自挂东南枝。

两家求合葬,合葬华山傍。东西植松柏,左右种梧桐。枝枝相覆盖,叶叶相交通。中有双飞鸟,自名为鸳鸯。仰头相向鸣,夜夜达五更。行人驻足听,寡妇起彷徨。多谢后世人,戒之慎勿忘。

第 4 章

观古而知今——历史篇

4.1 历史的内涵

4.1.1 什么是历史?

谈及历史,尽人皆知,但是要问"历史"、"历史学"等词语的概念,可能会难倒大多数人。我们要想确切地了解"历史"的真实含义,就必须分别从"历"和"史"这两个字的意思谈起。"历"的繁体作"歷",其下部的"止"字,在甲骨文和金文中的字形,就是一只脚,表示人穿过一片树林。汉许慎的《说文解字》中说:"历,过也,传也。""过"是指空间上的移动,"传"则表示时间的移动。"史"字最早出现在甲骨文之中。甲骨文中不但有"史"字,还有"大史"、"卸"、"公史"、"西史"等说法,都表示一种特殊身份的人或一种特殊的职位。从甲骨文的记载可以看出,早在殷商时代"史"就有了明确的分工。《说文解字》中说:"史,记事者也,从又持中。中,正也。""历"和"史"原本应该是两个系统,分别负责不同的职责。但历官(或负责历事的人员)要将推算或观察的结果记录下来。这些记录成为历法、历书或天象表,相当于英语中的 calendar。这些记录必定有确切的时间,形成一个严格的时间序列,否则就会毫无意义。史官的职责虽然是记事,但记录过去已经发生过的事必定也需要有具体的时间,因而自然地形成原始的编年记载。事实上,早在甲骨文中,在其记事文字前就采用了干支记日了。现在我们能看到的大部分早期史书,如《竹书纪年》、《春秋》、《左传》等都是编年体著作。尽管分属两种不同的职责,但开始时,记天象的历官和记事的史官在人员上并没有严格的分工,往往就是同一个人,而且,在通常情况下,只有同一个人才有资格。因为一般人不可能掌握历法。历法的制定和使用往往掌握在少数人手中,而记事者又必须要记载事件发生的确切时间,所以史官除记事之外还兼有观测天象、解释灾异、制定历法的职责。比较著名的如西汉史学家司马迁参与了《太初历》的制定。尽管"历"和"史"关系如此密切,但直到 19 世纪末,在中国的学术分类中,并没有"历史"这一门。今天所说的历史一般只要用一个"史"字就能表示了。

以上通过引用学术界已有的成果,对"历史"一词的来源进行了初步的阐述。那么究竟什么是"历史"呢?李大钊作了这样的解释:"历史不是只记过去事实的记录,亦不是只记过去的政治事实的记录。历史是亘过去、现在、未来的整个的全人类生活。换句话说,历史是社会的变革。再换句话说,历史是在不断变革中的人生及其产物的变化。那些只是过去事实的记录,必欲称之为历史,只能称为记述历史,决不是那生活的历史。"然而现代意义上的历史又包括哪些意义呢? 当你读西方学者写作的历史著作时,你会发现,他们使用 history 一词时,除了用来指"历史著述"和"往事的历史"外,有时也用来指"历史学",同西文中的 historygraphy(编史学)一词的含义十分接近,甚至还接近于"历史哲学"(philosophy of history)的含义。

4.1.2 历史实际运用中的含义

由此可以说,"历史"一词在实际运用中的含义包括以下三个方面:第一,它指以往人类社会的客观历程,或过去发生过的事情的历史,即作为历史研习者认识对象客观存在的历史;第二,它指人们的历史认识或作为历史认识集中成果的历史著作,即作为认识主体对客观历史过程进行重建的主体化历史;第三,它指历史学这门科学,即研究人类社会过去发生过的各种历史现象并探寻其发生发展规律的科学。

一言以蔽之,历史不仅是指过去的事实本身,更是指人们对过去事实的有意识、有选择的记录。而对于历史的专门研究,就是历史学,简称史学,也可以称之为历史科学,它不仅包括历史本身,还包括在历史事实的基础上研究和总结历史发展规律,以及总结研究历史的方法和理论。

4.2 历史与现实的关系

4.2.1 历史与现实

在一个急剧的文化大变动时代,历史的价值也许变得令人怀疑。另一方面,既然今天的现在会变成明天的过去。那么,对于一个国家或民族来说,拒绝与过去所有的联系和延续显然是徒劳的。在历史的镜子里映照出来的丑陋的面孔也许属于我们的祖先,但遗憾的是,他也长得跟我们的面孔很相像。中国人以其重视历史的思想而著称。如此根深蒂固的文化特性,即使用国家强制手段也不可能在一两代人中被完全清除掉。正如唐代诗人李白的诗句所说:"抽刀断水水更流。"

这段话截选自杨联升先生为余英时《汉代贸易与扩张》[①]一书所做的序言。杨先生的这段话旨在告诉我们正视历史与现实的关系,因为"今天的现在会变成明天的过去"。可见历史与现实并不是孤立存在的,而是密不可分、相互关联的。学者肖黎明说:"历史是过去时,但谁也不能否认历史与现实及未来的因果关系。也有的学者自觉不自觉地选择了与现实保持一定的距离。这样一来,客观似乎成为可能,随之而来的却是历史学界面对现实中的许多重大社会问题的缺位和失语。其实,历史与现实哪里能分开呢? 研究历史不着眼于现实,历史学还有什么存在的必要。研究历史书写历史,是不应该切断历史与现实的关联。真正的

[①] 《汉代贸易与扩张》,上海古籍出版社,2005 年版。

关注现实,才有可能以更深广的目光切入历史……"

那么,历史与现实的关系究竟怎样呢?

总体说来,二者就是源与流的关系,是客观存在的,任何人以任何力量都是无法将它们切断的。人们往往正是为了认识现实而追根溯源,到历史那里去寻找答案。历史是过去的现实,它并不等于今天的现实。当事物还在运动变化的时候,就只能说它是现实而不是历史。只有等事物的运动变化发展到了一定程度,出现了阶段性之后,现实才转化为历史。现实生活中常出现一些与历史极为相似的现象,但因为出现的时间和条件不同就有不同的性质和作用。我们不能混淆历史与现实两个不同领域中的存在,否则在历史研究中就会忽视严格的时代性,以历史来比附和影射现实,把古人现代化了。

同时,现实是历史的延续。现实作为历史长河中一定的发展阶段,它是对过去的历史的批判、总结和继承。而且,历史总是以阻力和动力的形式影响着现实。比如爱国主义思想就是长期历史进程中形成的观念,但它至今仍然鼓励着我们为社会主义国家繁荣富强而努力奋斗,代表性的如岳飞"精忠报国",世世代代为人们所称颂,经久不衰。又如小生产者的思想也是历史的产物,但它在今天的社会经济生活中还有相当的市场,阻碍着社会主义现代化的建设和有中国特色社会主义市场经济的发展。

历史与现实是既有联系又有区别的。前面说"历史是过去的现实,现实是将来的历史"这既是联系,也是区别。还可以更进一步说,历史是稳定凝结了的现实,现实是流动变化着的历史。当一历史事件还处在变动不定的过程中时,它应不属于历史的范围,只属于现实的范围。比如抗日战争开始不久,就研究抗战史,"文化大革命"还在动乱着的时候,就写"文化大革命史"。那是写不好,写不成的。一件事的过程还未终结,本质没有暴露清楚,就不要忙于把它作为历史问题来考虑。

历史与现实关系的总和,包含着联系与区别两方面。联系不是实用主义,区别不是机会主义,都是以客观真理为前提的,都不是与现实分离脱节的。因此,在提法上与其说"历史研究不脱离现实",更不如说"历史研究者不脱离现实"更准确些。鲁迅说过:"从喷泉里出来的都是水,从血管里出来的都是血。"革命文学的根本问题是首先作者是一个"革命人",历史学家根本应是一个不脱离现实的革命者。

总之,历史与现实有着密切的联系,历史是凝固了的现实,现实是发展着的历史。在当今社会生活中,或多或少有着历史的影子;现代人们的身上,总是带着历史文化的传统。殷鉴不远,在夏后之世;欲明大道,首先知史;以史为鉴的言论,屡见不鲜。在某种意义上说,中国的正史,是帝王将相的家谱,又是他们的教科书。他们从历史中汲取营养,借鉴经验,大到军国的方针大计,小到坐卧起居的礼仪,都要寻找历史的依据。多少黎民百姓,也津津乐道于野史传说,以此了解历史,增长知识,陶冶情操。可以说,历史犹如空气,弥漫于现实生活之中。

4.2.2 以史为鉴

既然历史与现实密不可分,那么如何正视历史,让它在现实生活中发挥巨大作用呢?人们认识和改造客观世界的过程中,有的获得成功,有的遭遇失败,有的成败参半,但无论成功还是失败,都积累了一定的经验或教训。这些经验和教训对于后来人都是一笔宝贵的财富,他们可以根据自己的需要,借鉴历史,作为自己行动的参考。同时,吸取前人的成功的经验和失败的教训,是今人所以胜过古人的一个重要因素。历史是一面镜子,成功的经验是财富,失败的教训也是财富,这两种财富是后人都需要的。成功的经验告诉我们该怎么做,失败的教训告诉我们不该怎么做。黄巢、洪秀全、拿破仑失败的原因之一是过度扩张,他们为后人立下"凡事皆有度"之鉴;赵括兵败成了"大将不智坑三军"之鉴;烽火戏诸侯的故事留下了不尊重别人害自己之鉴;明朝自武宗起由盛转衰警示了乐极生悲。前车之鉴乃后事之师。

关于历史的借鉴功能,古人早有论述,《管子·形势》云:"疑今者察之古,不知来者视之往。"司马迁曰:"前事不忘,后事之师";唐太宗李世民曰:"以史为镜,可以知兴替。"司马光曰:"鉴前世之兴衰,考当今之得失。"但更应该明确的是,以史为鉴中的"史"是客观真实的历史,而不是主观臆造或猜测的历史。如果人们不认识和知晓真实客观的历史,势必会造成对历史的误解和曲解,到那时虽"失之毫厘",却"谬以千里"了,而且因此而带来的负面影响和损失是不可估量的。

著名学者孟祥才说:"历史是一面镜子,哲人如是说,众人随着说。丢掉镜子,丧失记忆的民族是可悲的,他们前进的路肯定布满凶险,岁月蹉跎。然而,在充斥荧屏的电视剧里,历史这面镜子却被口吐狂言,要让历史学家气得吐血的编导们变成了无数的哈哈镜,让众多的历史人物穿着古里怪气的衣服,说着前卫的话语,演出一幕幕随心所欲胡编乱造的悲喜剧。那违背历史常识的离奇情节,那满口错别字的对话,虽然没能让历史学家气得吐血,倒真让他们笑掉了大牙。……哈哈镜偶尔照照,哈哈一番还可以。天天面对哈哈镜,神经就受不了了。真实的历史抒写着悲壮,昭示着豪迈,荡漾着诗情,充满着智慧。多照照这面镜子,一个人心灵可以得到净化,思想境界可以变得崇高。多照照这面镜子,一个民族会变得更加理性,更加智慧,目光更加高远。更能规避曲折和苦难,前进的脚步更能快捷和踏实。"

历史的借鉴功能从古至今经久不衰,展现了其强大的生命力,反映了社会生活的需要,在很大程度上满足了人们的需要。一直以来,人们不断地思索历史上的点点滴滴,思索历史事件的发生、发展、结束的前因后果,以便从中找到一些规律来指导自己的行动,来取得事半功倍的效果。如历史上的朝代更迭和易主,新王朝的建立者和继任者总是要认真思索前代灭亡的原因,总结前代成功的经验和失败的教训,进一步加强自己的统治。如秦王朝灭亡,刘邦在"逐鹿中原"中战胜了对手,建立了汉王朝,自以为高枕无忧,功德圆满,然而贾谊的"马上得天下,安能马上治天下"的劝谏,使他从高枕无忧的美梦中惊醒。刘邦认真听取了贾谊的意见,进一步吸取秦亡的教训,励精图治。关于贾谊劝谏最著名的文章就是《过秦论》。又如唐太宗李世民不但从隋朝灭亡的教训中看到了百姓的力量,肯定了"水能载舟,亦能覆舟"这一历史箴言,而且提出了著名的"三镜说",其中之一便是"以古为镜,可以知兴替"[①],自觉地把历史当成一面镜子,随时对照自己的言行。在我国封建社会里,所谓的"治世"虽有好几个,但大都出现在王朝的中期,唐初承隋末大乱之后,居然很快出现了"贞观之治",显然与他在这方面的努力是分不开的。更为重要的是,唐朝开了官修史学的先河,设立了史馆,编纂了"初唐八史"[②]。从这方面看来,唐初统治者是非常重视"以史为鉴"的。自此以后,历

---

① 《贞观政要·任贤》。
② 初唐八史,即《晋书》、《梁书》、《陈史》、《北齐书》、《北周书》、《隋书》、《南史》、《北史》。

代统治者在获得政权后都组织人力、物力、财力做好史书的编纂工作。

新中国成立以前,中国是一个灾难深重的社会,各个有志之士为挽救中国的前途命运,做出了巨大努力。他们在学习西方的同时,更加重视本国的历史,重视历史的经验教训,并用它们来进一步指导自己的行动。如孙中山先生在革命斗争中很重视总结历史经验。他总结辛亥革命的失败,以及国民党腐败无能的经验教训,决心改组国民党,并提出了革命的三大政策,重新解释三民主义,他还总结历次武装斗争失败的经验教训,认为军阀靠不住,于是决定创办黄埔军校,建立自己的军队。但是,孙中山总结历史经验也有失误之处:"二次革命"后他愤而组织"中华革命党",使自己陷于孤立就是一例。毛泽东主席也非常重视历史经验的总结,他在延安整风期间说:"如果不把党的历史搞清楚,不把党在历史上所走的路搞清楚,便不能把事办得更好。"延安整风后做出的《关于若干历史问题的决议》,总结了中国共产党诞生后20多年的历史经验,对中国的革命事业做出了重要贡献。在此期间,历史工作者也做出了巨大的贡献。最为著名的就是郭沫若先生的《甲申三百年祭》,郭老这一长文从明朝末年社会巨变角度,描述崇祯皇帝所代表的明朝廷和李自成领导的农民军在巨变中的角色表演:明朝廷的腐败无能,李自成农民军夺取政权后的迅速腐败和转瞬溃败,等等。同时也简单地提及长期在关外窥视中原的满族势力入关问鼎的结局。郭老的本意是借明朝覆亡三百年之机,以明王朝吏治腐败致灭亡的历史,讽刺国民党的腐败统治。从写作动机上,一开始就充满了对现实的关怀。该文章发表于1943年3月,正值抗日战争后期。当时中国的情势与明末极为相似,也存在着三方势力,一是掌握国家权力的国民党集团,二是共产党及其武装力量,三是自19世纪末叶一直窥伺中原,当时正在中华大地上横行肆虐的日本侵略势力。在国、共双方均决意入主中原的特殊时期,如果国民党能以史为鉴,本来是可以从郭老史论中学到改善政略的方法。从史鉴资治的角度,这些文字透出的经略之策,足应引起国民党统治集团的高度重视,他们理应认真研究并采取措施,从中获益。但国民党集团终究没有迈出这一步。另一方面,毛泽东却看到了这篇文章的巨大价值,1944年11月,他写信给郭沫若说:"你的《甲申三百年祭》,我们把它当作整风文件看待。小胜即骄傲,大胜更骄傲,一次又一次吃亏,如何避免此种毛病,实在值得注意。"同时他还建议郭老撰写太平天国方面的文章,以史为鉴。1949年3月23日,毛泽东离开西柏坡向北京进发时,又提及李自成的教训,表示"进驻北京是进京赶考,绝不当李自成,一定要考出好成绩"。

综上,对历史的借鉴是重要的,也是必要的,但是借鉴的深度取决于对历史认识的深度,在很大程度上也取决于人们的现实利益。由于历史认识和阶级利益的局限,以往史学虽然重视历史借鉴,把它当作自己的主要任务之一,但它实际上只能从历史上借鉴一些表面的、不危及封建统治阶级根本利益的成败经验。马克思主义历史科学的根本任务是尽可能如实地再现历史过程及其发展规律,而不是历史借鉴,如果把寻求历史借鉴作为马克思主义历史科学的根本任务之一,甚至把探求历史规律也纳入历史借鉴的范畴,那就把马克思主义历史学降低到传统史学的水平了。

4.2.3 学史明智

英国哲学家培根说:"历史使人聪明,诗歌使人机敏,数学使人周密,自然科学使人深刻,伦理学使人庄重,逻辑学和修辞学使人善辩。"为什么历史能使人聪明呢?因为历史中有谋,晋文公退避三舍的退却之谋,楚庄王一鸣惊人的韬晦之谋,西门豹治邺的诱敌之谋,孙膑、庞涓斗智的侧攻之谋,朱元璋"广积粮,高筑墙,缓称王"的决策之谋等等,都是谋中的经典;历史中有智,巧匠鲁班的联想思维,神医扁鹊的反馈思维,李冰修筑都江堰的系统思维,汉景帝平七国之乱的求异思维,吴道子作画的移植思维……这些思维是力量,是制胜的法宝。

学史可以明智,历史是一门智慧的科学。所谓历史的智慧,也就是我们从历史中获得的教益。我们之所以要了解历史、研究历史,是因为历史不单给我们提供政治、经济、文化等方面的借鉴知识,还能在其他方面为我们提供答案。历史可以提供的智慧是全面的。历史给各种各样的人都提供了无穷的知识,有益的经验和教训,而现实中就没有这么丰富的经验来源。因为在现实中,一个人所能接触到的范围毕竟有限,而从历史上去看,见于记载的人物、事件、经验是如此丰富多彩,应有尽有。尽管现在传媒越来越发达,当代也有非常多值得学习和借鉴的事,但是无疑,历史比现实更加丰富。同时,人除了物质生活,还需要精神生活。随着当今社会越来越发达,体力劳动更多地为机器劳动所取代,相对而言,闲暇的时间越来越多。在这种情况下,精神生活在人的一生中所占的地位就进一步提高。未来满足一个人衣食等生理需求会越来越容易,穷人的标准,也许会和以前大不相同。未来所谓的穷人,有一部分是精神上的贫穷。一个人想在空闲时增加知识,增长见识,历史总是最丰富的知识的来源,而不是现实。历史可以把迄今为止人类最美好的事物集中起来,供人们欣赏、使用。中国文人的情趣,不可能完全在当代文人中找到。

应注意的是,历史的智慧既是具体的,又是抽象的。从具体来讲,人无法从历史中学到什么,但从抽象来讲,历史知识可以潜移默化地起到作用。

4.3 中国传统文化的特征

中国传统文化是一种从"农业—宗法"社会的土壤中生长出来的伦理型文化。正如世界上其他民族的文化一样,中国传统文化确有其不容置疑的优点,同时也有缺陷和不足。

4.3.1 中国传统文化的优点

1. 积极的入世精神

中国文化一直是积极入世的,而不是消极出世的。以中国文化的代表——儒家文化为例,其主流都是经世致用、兴邦治国、教民化俗的。中国儒家文化所讲的"力行近于仁"[①],在一定程度上体现了"行重知轻"的认识论思想,这与实践品格具有某种一致性。实践是认识的源泉。实现现代化,当然要努力学习外国的先进的东西,但更重要的是自己的社会主义实践。

儒家所言"内圣外王"、"修齐治平",都是要求将内在的思想外化为积极的事情。道家看

---

① 《礼记·中庸》:"子曰:好学近乎知,力行近乎仁,知耻近乎勇。知斯三者,则知所以修身;知所以修身,则知所以治人;知所以治人,则知所以治天下国家矣。"懂得一个道理,能够身体力行地去做,几乎就是仁者了。

似虚玄,倡言"无为",然而其真正的目的却是为了"无不为"。法家文化一切以实效为依归,具有更明显的现实精神。

2. 强烈的道德色彩

中国古代的社会组织、经济结构和政治宗教设施,无一不是与宗法血缘关系紧密结合在一起的。其积极作用表现在:具有强大的凝聚力、和谐人际关系的作用。

中国传统文化非常重视人的内在修养与精神世界,鄙视那种贪婪与粗俗的物欲。孟子提出"充实之谓美",并认为"宝贵不能淫,贫贱不能移,威武不能屈",这是对人格的根本要求,这种传统美德,对现代人格的塑造,也是非常可贵的。

3. 顽强的再生能力

中国文化历来关注现实人生,孔子说:"未知生,焉知死",这种人生哲学,培育了中华民族敢于向一切自然与社会的危害和不平进行顽强抗争的品质。中国人自古以来就有不信邪、不怕"鬼"的精神,强调人生幸福靠自己去创造。

中国传统文化最富于魅力并引起世人赞叹的,不仅在于它的古老,更在于它在内忧外患之中,一次又一次表现出来的顽强再生能力。除了环境等因素,中国传统文化本身所具有生生不息的活力,贯穿于中华民族历史活动中的那种"天行健,君子以自强不息"的顽强精神,以及中国古代朴素系统论所具有的涵盖面广、常变相参的思维机制,也是这种情况得以出现的重要原因。

4. 注重"中和"的思想方法——中庸之道

"中和"思想突出强调了两个侧面:一是"中",即把握事物的量的准确性;二是"和",即不同因素、不同方面的合理组合、对立统一。这种思想方法在古代中国社会曾经促使中国人民在很大程度上实现自身协调、天人协调和人我协调,对于民族团结、社会稳定起到了积极作用。

5. 有爱国主义精神

爱国主义,就是千百年来巩固起来的对自己祖国的一种最深厚的感情,爱国主义,是我们中华民族的优良传统。古人云:天下兴亡,匹夫有责。在今天,一个国家只有走上现代化,国家才会繁荣富强。而实现现代化,全靠全国人民团结一致,共同奋斗。

4.3.2 中国传统文化的缺点

1. 重道德而轻事功

在德智关系上,儒家认为,人格远远要比知识重要。在义利关系上,虽然也有"义以生利"的说法,但"何必曰利"的观念却是长期深植于中国古代知识分子的心灵之中。这种文化取向,造成中国古代的知识分子空谈心性而轻视实践,寻觅"良知"而鄙视对客观世界的探索,以致阻塞了探索知识、改造世界的雄心和锐气。

2. 尚"义理"而鄙"艺器"

儒家有所谓"形而上者谓之道,形而下者谓之器"①之说,人们认为"为道之学"可以传诸天下,而"形名度数之学"则不可登大雅之堂。中国的科学研究长期得不到鼓励,知识掌握在一些不受重视的"匠人"之手,因而总是感性的,缺乏理论和逻辑推理,往往不够严密,无法成为科学公理。

3. 尊往圣而抑个性

在文化乃至科学方面,人们往往不是致力于推陈出新、与时俱进,而是对以往的圣贤经传反复钻研。这虽然能在前人否认基础上冲入新鲜血液,但总是难以超越前人的思想高度,使得学术得不到突破和进展。这种陈陈相因的思维定势,必然妨碍思想的自由与进步,也会逐渐泯灭人的个性与创新精神。

4.3.3 儒家历史地位的变迁

春秋时期孔子创立儒家学说。"仁"是孔子思想体系的核心,主张以爱人之心调解与和谐社会人际关系。孔子维护周朝的"礼",主张贵贱有"序",这是他政治思想中的保守部分。战国时期的孟子发展了孔子的学说,政治上主张仁政,并提出"民贵君轻"的思想,主张政在得民,反对苛政。主张给农民一定的土地,不侵犯农民的劳动时间,宽刑薄税。儒家思想开始与政治相结合。荀子:唯物主义思想,认为自然界有自己的规律,可以掌握其规律而利用它。这一时期,儒家是百家争鸣的诸家之一。儒家虽然属于显学,但由于其主张不能适应当时战乱动荡的社会环境,因此未被统治者所采纳。

秦朝发生焚书坑儒事件,儒家学说受到排斥。焚书坑儒发生在中国古代的秦朝。在秦始皇三十四年(公元前213年),一位朝廷的高官淳于越反对当时实行的"郡县制",要求根据古制,分封子弟。丞相李斯加以驳斥,并主张禁止"儒生"(读书人)以古非今,以私学诽谤朝政。秦始皇采纳李斯的建议,下令焚烧《秦记》以外的列国史记,对不属于博士馆的私藏《诗》、《书》等也限期交出烧毁;有敢谈论《诗》、《书》的处死,称赞过去的而议论现在政策的灭族;禁止私学,想学法令的人要以官吏为师。这种措施引起许多读书人的不满。第二年,许多方士(修炼功法炼丹的人)、儒生攻击秦始皇。秦始皇派人调查,将四百六十多名方士和儒生挖大坑活埋。历史上称这些事情为"焚书坑儒"。

西汉时期,汉武帝实行"罢黜百家,独尊儒术",儒学成为正统思想。汉初,在政治上主张无为而治,经济上实行轻徭薄赋。在思想上,主张清净无为和刑名之学的黄老学说受到重视。武帝即位时,从政治上和经济上进一步强化专制主义,中央集权制度已成为封建统治者的迫切需要。主张清净无为的黄老思想已不能满足上述政治需要,更与汉武帝的好大喜功相抵触;而儒家的春秋大一统思想、仁义思想和君臣伦理观念显然与武帝时所面临的形势和任务相适应。于是,在思想领域,儒家终于取代了道家的统治地位。公元前140年,丞相弘

---

① 出自《易经》。"形而上为之物,形而下为之器",上是意识形态法律,法规,下就是实体,高楼大厦。认为"道"是高于"器"的。

绾对汉武帝说,现在推荐的官员,都是喜欢法家的思想,但不利于统一思想,他们的言论经常有扰乱舆论的危险。汉武帝于是让各地官员推荐懂得儒家思想的人,他亲自主持考试。董仲舒在回答汉武帝的问题时,回答得非常好。从此。汉武帝就开始重视儒生了,让他们参与到国家的管理中,有的还做了丞相。"罢黜百家,独尊儒术",是董仲舒提出来的,意思是废除其他很多的思想,只尊重儒家的学说。以后,凡是做官的人都要懂得儒家的学说,而且法官也用儒家的思想来解释法律。独尊儒术之后,中国古代的封建正统思想就开始确立了,但真正的全面确立是到隋唐时期。

宋朝时期,儒学有了新发展——理学的产生发展。理学是以儒家思想为基础,吸收佛教和道教思想形成的新儒学,朱熹是理学的集大成者。其内容有:"理"是宇宙万物的本原,是第一性的;"气"是构成宇宙万物的材料,是第二性的;把"天理"和"人欲"对立起来,提出"存天理,灭人欲",其实质是为封建等级制度辩护。

明清时期,早期启蒙思想产生,儒学受到批判。这一时期,统治者采用八股取士的办法,只在四书五经内命题,文体是八股文。这使得儒家思想成为维护封建专制制度的精神支柱,八股取士也成为一种愚民政策,严重阻碍了科学技术和文化事业的发展。与此同时,早期启蒙思想产生,儒学受到批判。明朝李贽是反封建思想的先驱,他指责儒家思想并非"万世之至论",否定孔子是"天生圣人";一定程度上反映了资本主义萌芽的时代要求,带有一定的民主色彩。此外,清初产生了大民主启蒙思想家(生活在明末清初):黄宗羲,猛烈批判封建君主专制制度,提出君主是"天下之大害";提倡法制,反对人治;反对重农抑商,主张工商皆本。顾炎武,强调经世致用的实际学问,著有《天下郡国利病书》;反对君主号制。王夫之,唯物主义思想家,认为"气"是物质实体,"理"是客观规律,提出"气者,理之依也"①和"天下唯器"的唯物观点。他还提出"静即含动,动不舍静",即运动是绝对的、静止是相对的朴素辩证法思想。他用发展的观点来看待历史,提出在政治上要"趋时更新"。

戊戌变法期间,康有为、梁启超把西方政治学说同传统儒家思想相结合,来宣传维新思想,利用孔子的权威为变法制造理论依据。资产阶级维新派同封建顽固势力的论战,是资本主义思想同封建主义思想的交锋,使一些知识分子开始摆脱封建思想的束缚。1898年的百日维新期间,光绪帝的诏书中有废除八股、改试策论的内容,但很快被慈禧废除。

19世纪晚期,西方资本主义思想传人,资产阶级民主革命思想开始传播。此后,辛亥革命建立起资产阶级共和国。民主共和的观念深入人心,儒家正统地位受到猛烈冲击。

北洋军阀统治时期,袁世凯在文化领域掀起"复古"逆流。为复辟帝制摇旗呐喊。但1915年兴起的新文化运动,猛烈批判旧道德,提出了"打倒孔家店"的口号,动摇了封建思想的正统地位。五四运动后,马克思主义广泛传播。在马克思主义科学真理指导下,新民主主义革命一步步取得胜利。儒学正统地位逐步废除。

因儒家思想特有的大一统意识、民本意识、道德意识、和谐意识等,对维护中华民族统一、建立和谐的人际关系、增强历史的使命感和责任感、谋求社会的共同发展和保护生态环

---

① 王夫之的哲学理念,他解释说:"尽天地之间,无不是气,即无不是理也",以为"气"是物质实体,而"理"则为客观规律。对于"气"与"理"的关系,他认为:"气者,理之依也。"即精神是依赖于物质的,由物质产生的,离开物质,精神就不存在。

境都不无裨益,因此,新时期改革开放以来,儒家思想地位有所提升,成为进行传统文化和道德教育的主要阵地。同时出现了现代新儒家派,其主要的代表人物有梁漱溟、张君励、熊十力、冯友兰、方东美、马一浮、贺麟、唐君毅、牟宗三、徐复观等人。

4.4 传统文化的现实意义

4.4.1 由儒、道、佛学着眼,更好地理解中国传统文化

曾经有一位哲人如此说,如果一个国家没有它的文化基础,这个国家迟早都要被历史所忘记,而如果一个民族没有自己的文化特色,那这个民族仅仅是一个摇摆不定的部落。我们这么大一个家庭,从历史的长河中一直到今天,已经向世界证明了中华民族的伟大,不仅仅因为我们是东方人,更重要的是我们代表了东方文化的符号,中国是东方的象征。

从历史的阅读材料中,我们可以窥见中国其实是一个多元化发展的民族,从独尊儒术到儒、释、道三大文化体系的并存,便可以略微摸索到中国文化在自身发展的同时,也吸纳了外来的文化精粹,尤其是儒学对中国文化影响极为明显,道学、佛学相互参透,庞大的文化交错形成了独特的中国文化瑰宝。

首先,我们看看今天所讲的和谐共进,就是说大家一起进步,互相帮助,互相扶持,这个理论在我们古老的儒学经典里就很容易发现它的雏论,"仁者爱人",从今天来看,2008年年初的南方大雪,我们就已经感受到了寒冷冬天里党中央、全国人民的温暖,虽然很多人冻在路上,很多人因为远离城市缺水,生活一度紧张,但我们的部队,我们的地方领导,不远千里,长途跋涉,深入深山老林,慰问受困的群众和村民,为在路途上忍饥挨饿的司机送去热水,送去面包;四川的汶川大地震,更是震到了每一个国人的心坎上,四面八方,纷纷挺进四川,以最快的速度,以最先进的设备,分秒必争,从瓦砾底下,从残岩断壁之下,挖出一个个鲜活的生命,在悲伤处,流泪的不仅仅是四川的亲人,全国人民与他们一样,都悲怀痛心。而目前,全国人民同心协力,共建美好四川,后续援建工作正在如火如荼地开展。中国人,如果没有如此优秀的文化传承,没有如此优秀的民族,我们能做出如此伟大的惊天动地的大事吗,正因为我们每一个中国人,都心怀"仁义",我们才能一方有难,八方支援。

如果说儒家更多的是凝聚社会秩序,那么道家则有道法自然,讲求天人合一的概念,目前我们的工业在不断地发展,如果我们违背了自然的发展规律,我们必定要遭受自然的惩罚,这种与自然和谐的观点更能构建全球的和谐,比如目前很多地方出现了工业发展的情景,但是环境却在不断恶化,附近的居民出现种种怪病,导致一些地方出现了"不和谐"的现象。所以,要长久地持续发展,我们同时也可以借鉴道家的传统优秀文化,这对解决一些有利于长远发展的争端很有现实意义。

相对而言,儒学显仁,道学更显智。

道学对于社会的进步和革新同样有着重要的意义,道学之所以在历史上能够很长时间与儒学抗衡,其中一些"求变"的思想可谓绵里藏针。道学认为事物的发展是变化的,但其中的道理却都遵循大自然的规律,最为古老经典的应该要数中国的太极,阴阳之说,过阳则阴,过阴则阳,阴阳和谐,天下太平,事物的转换给出了合理的解释,而从这个方面来说,儒学也

吸取了道学的优势所长,弥补一些理论上的缺陷,同时推动了两套理论体系的健康发展,为弘扬中华传统文化推波助澜,更加丰富东方智慧和实践。

对于释学、佛家文化,则更多注重人与心灵的对话,个人的修身养性,佛学可谓博大精深。而大多数中国人以及外国朋友对于佛学的认识还更多在于强身健体方面,比如说武术、中国功夫。其实佛学在物质和精神享受的同时,力求开发人的悟性,是具有很高的现实意义。而真正的佛学,其实在理论上面的教诲要比武术更为久远和高深,从佛学的一些偈语,就不难看出从事佛学研究的人具有超前思想家的意识,高僧得道,不是一朝两夕的事情,可见,悟道之艰难,非一般人之所为。佛学还在救苦救难方面、劝人为善等方面功不可没,这对于当前的社会救助,提升个人品德修养又有着借鉴和模仿的现实意义,所以,佛学对于中国传统文化的影响力确实是很大的,而中国的佛学文化似乎在全世界又不分地域和国度,得到很多国家和组织的支持,这种跨越国界的文化交流,在中国的三大文化体系中,又起到了宣扬和提升的作用,更具有广泛性。

而佛学又是中国传统文化中通过引进的文化,佛学原产印度,乃释迦摩尼所创,却在中国发扬光大,这也说明了中国文化的包容性和开放性,佛学能够走向世界,也是因为佛学的包容性和开放性,积极参与文化的交锋并吸纳先进的知识和智慧。

纵观现代的发展,文化的交错影响日趋加深,东西文化的并存发展已经成为世界文化的不可或缺的议题,中国传统文化对于世界文化的贡献不仅仅是在某一方面或者某一领域的发展,而是全方位的渗透和吸纳,同时,我们也应该秉持发展的眼光看待西方文化,取其精华,去其糟粕,更加完善和丰富中华文化,才能显现出中国文化的优越性和持久性。

从儒学而言,当今我们不要忘记尊老爱幼的礼仪,要养成谦卑的习性,要对老师的教诲铭记于心,多善于向别人请教,而不是凌驾于别人之上,要饱读诗书。

从道学而论,人应该要不断变化地发展自己,理解大自然的发展规律,寻求人生的一个平衡。

从佛学而悟,人要不断的从苦恼中解脱自己,释放自己的心灵,使自己更加纯净,思想更加成熟,具有远见,同时要明白施舍和行善,取之于人,施之于人,不分地位高低,为探讨人生的真谛而付出努力。

对于中华传统文化的理解,就更能很好地理解修身、养性、齐家、治国、平天下的含义。

4.4.2 传统文化的现实意义

在走向现代化的过程中,由于国情不同,各国走向现代化的道路,遇到的问题、阻碍也各自不同,中国是一个文明古国,有着五千年的传统文化。在中国现代化的过程中,曾反复出现关于中国传统文化能否走向现代化的争论。这一历史现象鲜明地揭示:中国传统文化能否走向现代化?如何走向现代化?是一个具有重要现实意义、必须弄懂搞清的问题。

传统文化是一个国家民族在长期的社会实践中所积淀的物质文明和精神文明的文化遗产,也是民族特有的思维方式的精神体现。传统文化既有精华,又有糟粕,所以,对传统文化既不能一概否定,也不能全部吸收,只有站在时代高度,通过实践检验,汲取精华,清除糟粕,才是正确地发挥作用。

一个国家走向现代化,总要有建立在一定的经济、政治之上的文化,否定传统文化,也是否定历史,否定民族精神,人为地割断自己的"根"。美国文化哲学家怀特说过:"文化是一个连续的统一体,文化发展的每个阶段都产生于更早的文化环境","现在的文化决定于过去的文化,而未来的文化仅仅是现在文化潮流的"。可以说,一个国家民族的发展史,也就是发展和丰富传统的历史。同样,作为凝聚和激励人民重要力量的民族精神也是传统文化长期熏陶与培育的结果,是传统文化的结晶。一个民族陷入任何困境都不可怕,可怕的是失去民族精神支柱,精神上无所依托。所以,如何对待传统文化问题,决不是个单纯的文化问题,而是一个关系民族命运发展的问题。

许多历史事实证明,一个国家走上民族振兴,走向现代化,无不是从弘扬民族精神做起。民族精神是民族之魂。否定传统文化,必然抹杀民族精神。那种认为中国现代化只能从异质文化中汲取力量,企图以文化就是以西方文化模式代替中国传统文化模式的过程称为西化派是错误的。从认识论来看,主要是由于以下三方面原因造成:

首先,对中国传统文化的丰富内涵缺乏深刻的了解与认识。中国传统文化有着多方面的丰富内涵,它的优良部分,是人类宝贵的精神财富,并且是一切新的更高的文明的再生源之一。

其次,法制观念淡薄。中国传统文化不重视法制,实行的是人治,如实行的是皇权至高无上,因而君言就是法。在我国今天社会主义社会里,人民群众已经成为国家主人,国家的一切法律反映了人民群众的根本利益,但封建特权思想严重,权大于法,情大于法的事,还时有发生。

同时,商品意识差也是原因之一。中国是个农业国,重农轻商十分严重。过去,经商是被人看不起的,不知商业是产品流通的重要环节,对促进社会生产力的发展、繁荣经济起着重要的作用。尤其在现代,没有市场经济的高度发展,也就无法走向现代化。

最后,守旧意识严重。中国的小农经济广大,个体经济,靠天吃饭,"日出而作,日落而息",很容易满足于现状,非到万不得已,是不会起来造反和自学接受新东西的。

4.4.3 由传统文化走向现代化,是推动社会主义不断发展的精神动力

区分传统文化中的精华与糟粕,抛弃其糟粕,吸收其精华用来为社会主义服务,也就是使传统文化走向现代化,才能更好地为社会报务。传统文化在一定条件下,可以转化为符合时代需要的新型文化,但这种转化需要社会实践,使传统文化与现代化生活相结合,才能使之适应时代发展的要求。而社会主义市场经济是一个根本的结合点。

第一,它是发展市场经济的需要。过去,实行的是计划经济,这种经济是人治经济,一切由政府统管,资源得不到合理配置,造成中国经济长期落后。现在市场经济是以市场机制作为配制社会资源的基本手段,是按照市场经济运动规律建立起来的一种经济管理体制。因此它能有效激励企业发挥主动性与竞争性,调动广大人民群众的积极性与创造性,成为现代化经济发展的强大动力。一定的经济总是与一定的文化相联系的,经济与文化相互渗透,相互影响,今天的经济,也就是明天的文化;而明天的文化,也将是后天的经济。人是社会活动的主体,任何一项经济活动,都是具有一定观念文化的人去从事的,没有一定的科学文化知识与思想素养的人,就无法胜任。所以,现代经济的发展,一方面将对人们现有的文化观念进行检验,进行新的取舍,另一方面,促使人们必须努力学习一切先进的东西,不断提高自己

的精神素质,才能适应形势发展需要,这就是市场经济对传统文化走向现代化的根本决定作用。

第二,它是建全社会主义法治的需要。社会主义市场经济是法治经济,法制意味着合法性、权威性、公正性。法治在市场经济的作用:一是引导作用,引导市场经济向健康的方向发展;二是规范作用,通过法律规范政府和市场主体的行为与秩序;三是保障作用,保障市场主体的平等竞争与正当权利。这些都是现代文明与现代文化的体现,而中国传统文化在这方面却有很大的缺陷。中国传统文化在法制思想上强调实行人治,法律仅作为治国的某种辅助手段,这种缺乏权利意识的传统文化,在市场经济就难以存在与发展了。

第三,市场经济是效益经济,市场经济要求对中国传统文化那种"君子谋道不谋食"把"义"与"利"对立起来的旧的价值观的否定,从而增强人们的务实精神与进取精神。实际上,人们的实践活动,是离不开利益原则的。要保证市场经济所追求的价值的实现,不仅个人实践活动要符合市场经济规律,学会按法办事,而且也促使政府及行政管理部门必须提高工作效率,才能适应形势发展的需要。

课后延伸

报任安书(节选)

仆闻之,修身者智之府也,爱施者仁之端也,取予者义之符也,耻辱者勇之决也,立名者行之极也。士有此五者,然后可以托于世,列于君子之林矣。故祸莫憯于欲利,悲莫痛于伤心,行莫丑于辱先,而诟莫大于宫刑。刑余之人,无所比数,非一世也,所从来远矣。昔卫灵公与雍渠载,孔子适陈;商鞅因景监见,赵良寒心;同子参乘,袁丝变色:自古而耻之。夫中材之人,事关于宦竖,莫不伤气,况忼慨之士乎!如今朝虽乏人,奈何令刀锯之余荐天下豪隽哉!仆赖先人绪业,得待罪辇毂下,二十余年矣。所以自惟:上之,不能纳忠效信,有奇策材力之誉,自结明主;次之,又不能拾遗补阙,招贤进能,显岩穴之士;外之,不能备行伍,攻城野战,有斩将搴旗之功;下之,不能累日积劳,取尊官厚禄,以为宗族交游光宠。四者无一遂,苟合取容,无所短长之效,可见于此矣。乡者,仆亦尝厕下大夫之列,陪外廷末议。不以此时引维纲,尽思虑,今已亏形为扫除之隶,在闒茸之中,乃欲昂首信眉,论列是非,不亦轻朝廷,羞当世之士邪!嗟乎!嗟乎!如仆,尚何言哉!尚何言哉!

且事本末未易明也。少少负不羁之才,长无乡曲之誉,主上幸以先人之故,使得奉薄伎,出入周卫之中。仆以为戴盆何以望天,故绝宾客之知,忘室家之业,日夜思竭其不肖之材力,务壹心营职,以求亲媚于主上。而事乃有大谬不然者。夫仆与李陵俱居门下,素非相善也,趣舍异路,未尝衔杯酒接殷勤之欢。然仆观其为人自奇士,事亲孝,与士信,临财廉,取予义,分别有让,恭俭下人,常思奋不顾身以徇国家之急。其素所畜积也,仆以为有国士之风。夫人臣出万死不顾一生之计,赴公家之难,斯已奇矣。今举事壹不当,而全躯保妻子之臣随而媒孽其短,仆诚私心痛之。且李陵提步卒不满五千,深践戎马之地,足历王庭,垂饵虎口,横挑强胡,昂亿万之师,与单于连战十余日,所杀过当。虏救死扶伤不给,旃裘之君长咸震怖,乃悉征左右贤王,举引弓之民,一国共攻而围之。转斗千里,矢尽道穷,救兵不至,士卒死伤如积。然李陵一呼劳军,士无不起,躬流涕,沫血饮泣,张空拳,冒白刃,北首争死敌。陵未没时,使有来报,汉公卿王侯皆奉觞上寿。后数日,陵败书闻,主上为之食不甘味,听朝不怡。大臣忧惧,不知所出。仆窃不自料其卑贱,见主上惨凄怛悼,诚欲效其款款之愚,以为李陵素与士大夫绝甘分少,能得人之死力,虽古名将不过也。身虽陷败彼,彼观其意,且欲得其当而报汉。事已无可奈何,其所摧败,功亦足以暴于天下。仆怀欲陈之,而未有路。适会召问,即以此指推言陵功,欲以广主上之意,塞睚眦之辞。未能尽明,明主不深晓,以为仆沮贰师,而为李陵游说,遂下于理。拳拳之忠,终不能自列。因为诬上,卒从吏议。家贫,财赂不足以自赎,交游莫救,左右亲近不为壹言。身非木石,独与法吏为伍,深幽囹圄之中,谁可告愬者!此正少卿所亲见,仆行事岂不然邪?李陵既生降,聩其家声,而仆又茸之蚕室,重为天下观笑。悲夫!悲夫!事未易一二为俗人言也。

【译文】

　　我听到过这样的说法:善于加强自我修养,智慧就聚于一身;乐于助人,是"仁"的起点;正当的取予,是推行"义"的依据;懂得耻辱,是勇的标志;建立美好的名声,是品行的终极目标。志士有这五种品德,然后就可以立足于社会,排在君子的行列中了。所以,祸患没有比贪利更悲惨的了,悲哀没有比心灵受创更痛苦的了,行为没有比污辱祖先更丑恶的了,耻辱没有比遭受宫刑更重大的了。受过宫刑的人,社会地位是没法比类的,这并非当今之世如此,这可追溯到很远的时候。从前卫灵公与宦官雍渠同坐一辆车子,孔子感到羞耻,便离开卫国到陈国去,商鞅靠了宦官景监的推荐而被秦孝公召见,贤士赵良为此寒心;太监赵同子陪坐在汉文帝的车上,袁丝为之脸色大变。自古以来,人们对宦官都是鄙视的。一个才能平常的人,一旦事情关系到宦官,没有不感到屈辱的,更何况一个慷慨刚强的志士呢?如今朝廷虽然缺乏人才,但怎么会让一个受过刀锯摧残之刑的人,来推荐天下的豪杰俊才呢?我凭着先人遗留下来的余业,才能够在京城任职,到现在已二十多年了。我常常这样想:上不能对君王尽忠和报效信诚,而获得有奇策和才干的称誉,从而得到皇上的信任;其次,又不能给皇上拾取遗漏,补正阙失,招纳贤才,推举能人,发现山野隐居的贤士;对外,不能整顿军队,攻城野战,以建立斩将夺旗的功劳;从最次要的方面来看,又不能每日积累功劳,谋得高官厚禄,来为宗族和朋友争光。这四个方面没有哪一方面做出成绩,我只能有意地迎合皇上的心意,以保全自己的地位。我没有些微的建树,可以从这些方面看出来。以前,我也曾置身于下大夫的行列,在朝堂上发表些不值一提的意见。我没有利用这个机会伸张纲纪,竭尽思虑,到现在身体残废而成为打扫污秽的奴隶,处在卑贱者中间,还想昂首扬眉,评论是非,不也是轻视朝廷、羞辱了当世的君子们吗?唉!唉!像我这样的人,尚且说什么呢?尚且说什么呢?

　　而且,事情的前因后果一般人是不容易弄明白的。我在少年的时候就没有卓越不羁的才华,成年以后也没有得到乡里的称誉,幸亏皇上因为我父亲是太史令,使我能够获得奉献微薄才能的机会,出入宫禁之中。我认为头上顶着盆子就不能望天,所以断绝了宾客的往来,忘掉了家室的事务,日夜都在考虑献出自己全部的微不足道的才干和能力,专心供职,以求得皇上的信任和宠幸。但是,事情与愿望违背太大,不是原先所料想的那样。我和李陵都在朝中为官,向来并没有多少交往,追求和反对的目标也不相同,从不曾在一起举杯饮酒,互相表示友好的感情。但是我观察李陵的为人,确是个守节操的不平常之人:奉事父母讲孝道,同朋友交往守信用,遇到钱财很廉洁,或取或予都合乎礼义,能分别长幼尊卑,谦让有礼,恭敬谦卑自甘人下,总是考虑着奋不顾身来赴国家的急难。他历来积铸的品德,我认为有国士的风度。做人臣的,从出于万死而不顾一生的考虑,奔赴国家的危难,这已经是很少见的了。现在他行事一有不当,而那些只顾保全自己性命和妻室儿女利益的臣子们,便跟着挑拨是非,夸大过错,陷人于祸,我确实从内心感到沉痛。况且李陵带领的兵卒不满五千,深入敌人军事要地,到达单于的王庭,好像在老虎口上垂挂诱饵,向强大的胡兵四面挑战,面对着亿万敌兵,同单于连续作战十多天,杀伤的敌人超过了自己军队的人数,使得敌人连救死扶伤都顾不上。匈奴君长都十分震惊恐惧,于是就征调左、右贤王,出动了所有会开弓放箭的人,举国上下,共同攻打李陵并包围他。李陵转战千里,箭都射完了,进退之路已经断绝,救兵不来,士兵死伤成堆。但是,当李陵振臂一呼,鼓舞士气的时候,兵士没有不奋起的,他们流着眼泪,一个个满脸是血,强忍悲泣,拉开空的弓弦,冒着白光闪闪的刀锋,向北拼死杀敌。当李陵的军队尚未覆没的时候,使者曾给朝廷送来捷报,朝廷的公卿王侯都举杯为皇上庆贺。几天以后,李陵兵败的奏书传来,皇上为此而饮食不甜,处理朝政也不高兴。大臣们都很忧虑、害怕,不知如何是好。我私下里并未考虑自己的卑贱,见皇上悲伤痛心,实在想尽一点我那款款愚忠。我认为李陵向来与将士们同甘共苦,能够换得士兵们拼死效命的行动,即使是古代名将恐怕也没能超过的。他虽然身陷重围,兵败投降,但看他的意思,是想寻找机会报效汉朝。事情已经到了无可奈何的地步,但他摧垮、打败敌军的功劳,也足以向天下人显示他的本心了。我内心打算向皇上陈述上面的看法,而没有得到适当的机会,恰逢皇上召见,询问我的看法,我就根据这些意见来论述李陵的功劳,想以此来宽慰皇上的胸怀,堵塞那些攻击、诬陷的言论。我没有完全说清我的意思,圣明的君主不深入了解,认为我是攻击贰师将军,而为李陵辩解,于是将我交付狱官处罚。我的虔敬和忠诚的心意,始终没有机会陈述和辩白,被判了诬上的罪名,皇上终于同意了法吏的判决。我家境贫寒,微薄的钱财不足以拿来赎罪,朋友们谁也不出面营救,皇帝左右的亲近大臣又不肯替我说一句话。我血肉之躯本非木头和石块,却与执法的官吏在一起,深深地关闭在牢狱之中,我向谁去诉说内心的痛苦呢?这些,正是少卿所亲眼看见的,我的所作所为难道不正是这样吗?李陵投降以后,败坏了他的家族的名声,而我接着被置于蚕室,更被天下人所耻笑,可悲啊!可悲!这些事情是不容易逐一地向俗人解释的。

第 5 章

思考的芦苇——哲学篇

5.1 哲学的内涵及基本派别

人类对世界的认识有多个角度、多种方式、多重深度。一般说来,人们把握世界有常识性、科学、宗教、哲学、伦理、美学等不同的认识方式,因此人类的精神大致包括三个层面:常识体系、知识体系、观念体系。观念体系最重要,在人们的思想行为中作用也最大,观念体系实际上就是哲学思维的范畴。

21世纪文明冲突与文明融合的深层根源在于文化体系中的哲学思维,即我们的观念体系。黑格尔曾经说过,一个国家如果没有了国家哲学,就好比一座神庙,尽管装饰得富丽堂皇,却没有神灵一样。哲学是一个民族的精神所在,也是个人一切行为的出发点,好的哲学理念可以引导人们正确地认识事物,了解社会,对待人生。不好的哲学理念则会使人认不清是非善恶,最终造成行为上的偏差。另外,有人说:没有哲学思维的民族,会没有创造性。没有哲学根基的生活,会不牢靠。

5.1.1 哲学的一般意义

哲学一词的理解无论在实践范围内,还是在空间范围内,都有着不同的内涵和理解。

哲学家罗素说,哲学乃是社会生活与政治生活的一个组成部分:它并不是卓越的个人所做出的孤立的思考,而是曾经有各种体系盛行过的各种社会性格的产物与成因。哲学一词源于古希腊文 philosophia,本来由爱和智慧两词所组成。而相应的哲学家被叫作"爱智慧的人"。因而,"爱智慧"和"爱智者"分别道出了西方哲学家对于"哲学"和"哲学家"的原初意蕴。古希腊哲学家亚里士多德"吾爱吾师,吾更爱真理",可以说明西方哲学的总体思维取向,对真理的追求与探索,所以西方哲学在爱智慧的精神指导下,从本体论的追问一直发展到认识论、方法论、人本主义、科学主义、马克思主义。甚至是对于宗教信仰也有经院哲学来为其做理性论证。

中文"哲学"一词首先是日本学者西周对西文中"philosophy"的翻译,当初在日本也是几经反复,最后才定为"哲学"。后经晚清旅日诗人黄遵宪的推介而传入中国,从而使中国哲学具有了西方哲学的意义——追求真理。

在中国传统的思想理念中,"哲学"是智慧之学,《尔雅·释言》:"哲,智也。"《说文》:

"哲,知也。"古汉语中"知"、"智"通。"圣哲"或"哲人"是指有大智慧的人,指通过对人生、社会、政治、国家、天下乃至宇宙的真谛之深刻领会,并找到了人生的归宿或懂得治国平天下的人。所以中国的大(太)学之道是"在明明德、在亲民、在止于至善"。胡适在《中国哲学史大纲》中定义的哲学概念,更能反映中国人对于哲学的理解:"凡研究人生切要的问题,从根本上着想,要寻一个根本的解决:这种学问,叫作哲学。"

1. 哲学是世界观的理论体系

目前,通用的对于哲学的较为科学、全面、具有概括性的概念是中国词典的说法:"哲学是关于世界观的学问,是对世界整体的理论化、系统化的深刻认识,是对具体科学知识的概括、总结和反思。"

那么,什么是世界观?

世界观也称宇宙观,是人们对整个世界的总的看法和根本观点。世界观是人人都有的,是人们在长期的社会实践中逐渐形成的。在生活实践中,人们为了自己的需要,每时每刻都同周围的事物打交道,力求认识并按照自己的需要改造它们。开始时,接触到的只是个别事物和现象,形成对各种具体事物和现象的看法。随着人们在实践中接触的事物日益增多、眼界日益扩大,就由认识个别事物和现象深入到认识事物一般的或共同的本质,逐渐形成对整个世界的总的看法和根本的观点,即世界观或宇宙观。世界观形成以后,对人们的言行起着指导作用。不过,这些世界观一般是朴素的、零散的、不系统的,缺乏理论论证和严密的逻辑。只有理论化、系统化的世界观才可称为哲学,即通过较严格的理论思维论证,获得比较有系统的、逻辑性的世界观思想体系。

2. 哲学是自然知识、社会知识和思维知识的概括和总结

哲学作为世界观的理论体系,不是凭空产生的,它是自然知识、社会知识和思维知识的概括和总结。

科学的门类很多,但归纳起来无非有三大类:研究自然界及其发展规律的自然。

科学知识、研究社会及发展规律的社会科学知识和研究思维及其发展规律的思维知识,这些科学知识统称为具体科学。具体科学研究的是世界一定领域、一定层次的本质和规律;而哲学研究的是世界的整体、世界的普遍本质和世界发展的普遍规律。具体科学从对世界的直接研究中揭示特殊本质和特殊规律,而哲学则是从对具体科学的概括和总结中揭示世界的普遍本质和普遍规律。因此,哲学和具体科学是相区别的。同时,哲学和具体科学又是相联系的。其联系是:每一时代的哲学都是以该时代各门具体科学为基础,用从具体科学中总结和概括出来的一般结论和原则去指导人们认识自然界、社会和人类思维本身,这具有世界观和方法论的意义。

5.1.2 哲学的基本流派

历史上的哲学流派只是对哲学课题的不同回答而已,从基督教到马克思主义都只是对哲学课题的一种回答,我们只有对哲学的基本课题有所把握,才能对哲学有真正的认识,哲学问题是树干,流派只是树枝。从世界观的角度看,哲学的基本流派有两个:唯物主义和唯心主义。在这两者的对立中还交织着辩证法和形而上学的对立。

1. 唯心主义

唯心主义(idealism)即唯心论，又译作理念论，是哲学中与思想、心灵、语言及事物等彼此之间关系的讨论及看法。在哲学基本问题上主张精神、意识第一性，物质第二性，即物质依赖意识而存在，物质是意识的产物的哲学派别。

唯心主义有两种基本形态，即主观唯心主义和客观唯心主义。

主观唯心主义把个人的某种主观精神如经验、感觉、心灵、意识、观念、意志等看作是世界上一切事物产生、存在的根源与基础，而世界上的一切事物则是由这些主观精神所派生的，是这些主观精神的显现。因此，在主观唯心主义者看来，主观的精神是本原的、第一性的，而客观世界的事物则是派生的、第二性的。主观唯心主义必然导致的唯我论，因为它把世界上的一切事物都看作是个人自我的主观精神的显现和产物，实际上就是认为世界上的一切事物都只能存在于个人自我的主观精神之中，没有个人自我的主观精神，也就没有世界上的事物。中国宋明时期的陆王学派的"心即理"、"吾心即是宇宙"、"心外无物"、"心外无理"，英国贝克莱的"存在就是被感知"、"物是观念的集合"等观点，就是有代表性的、典型的主观唯心主义和唯我论观点。

客观唯心主义是唯心主义哲学的两种基本形式中的一种。客观唯心主义认为某种客观的精神或原则是先于物质世界并独立于物质世界而存在的本体，而物质世界(或现象世界)则不过是这种客观精神或原则的表现与外化，前者是本原的、第一性的，后者是派生的、第二性的。中国宋代程朱理学的"理"，古希腊柏拉图的"理念"，德国黑格尔的"绝对观念"，就都是这种作为世界本体的客观精神或原则。客观唯心主义的所谓客观精神或原则，实际上是把人的思维或一般概念加以绝对化的结果，是通过抽象思维把它们升华或蒸馏为不仅脱离人头脑并且脱离或先于物质世界及具体事物而独立存在的实体，同时还进一步把它们神化、偶像化，以致陷于神秘主义的创世说和宗教信仰主义。因此，客观唯心主义同宗教有着密切的联系。可以说，客观唯心主义是宗教的一种比较精致的形式，而宗教则是客观唯心主义的一种粗俗化的形式。

客观唯心主义承认独立于人的意识之外的客观世界，强调作为世界本原的"精神本体"，是内生于客观世界自身的，而且这种"精神本体"又都不约而同地带有"事物规律"的含义，这就使客观唯心主义常常不自觉地走向自然、走向客观。同时，由于"客观"是客观唯心主义思想体系的核心，所以其不可避免地形成了丰富的辩证法思想，这些合理的思想成分绝非偶然，而应视其为客观唯心主义之"客观"所然。

2. 唯物主义

唯物主义也是一种哲学思想。这种哲学思想认为在意识与物质之间，物质决定意识，意识是客观世界在人脑中的反映。也就是说"物质第一性、精神第二性，世界的本原是物质，精神是物质的产物和反映"。唯物主义有三种历史形态，即古代朴素唯物主义、机械唯物主义和马克思主义哲学。

古代朴素唯物主义把物质归结为物质的具体形态。例如，古希腊哲学家泰勒斯认为水是万物的本原,古希腊赫拉克利特认为火是万物的本原,世界过去、现在和将来都是按规律燃烧着、按规律熄灭着的永恒的活火。"这个世界不是任何神创造的也不是任何人创造的。它的过去、现在和未来永远是一团永恒的活火。在一定分寸上燃烧,在一定分寸上熄灭。"中国古代的"五行"说,把万物归结为金、木、水、火、土五种元素。古代唯物主义坚持了"世界是物质性的"这一正确立场,但缺乏科学论证,带有自发性和主观性。

机械唯物主义即形而上学的唯物论,与近代自然科学相结合,认为世界万物是由原子构成的,原子是物质的始基,物质即原子。克服了古代朴素唯物主义的直观性、猜测性,为马克思主义哲学奠定了基础。但同时又存在机械性、形而上学性和不彻底性。

马克思主义哲学是关于自然、社会和思维发展一般规律的科学,是唯物论和辩证法的统一、唯物论自然观和历史观的统一。

唯物主义与唯心主义的根本分歧在于,唯心主义认为世界的本质是意识,不是物质决定意识,而是意识决定物质(意识第一性,物质第二性),而唯物主义认为世界的本质是物质,世界上先有物质后有意识,物质决定意识,意识是物质的反映(物质第一性,意识第二性)。

3. 辩证法与形而上学

辩证法和形而上学都是属于方法论。

形而上学取自《易经》中"形而上者谓之道,形而下者谓之器"一语。简而言之,大概可以这样认为,形而上学就是研究本质的学问。

形而上学,就是指用孤立、静止、片面、表面的观点去看待事物。因为,我们可以想,当我们用自己的感官去看世界的时候,这个世界,是否也是像那把直尺一样,不是把它的本质正确地呈现给了我们,我们所看到的是不是只是这个世界的表象而对它的本质一无所知或有所误解?所以,形而上学的研究对象,就是世界的本质。对于这个问题有各种回答,比如:认为世界的本质是物质的,世界的本质是某种观念、精神,世界是从上帝那里流出来的,等等。这个就叫作"本体论",也就是狭义上的形而上学。

广义上说,研究超越感性经验存在的学问,都可以叫作形而上学。而开头给出的形而上学的定义,指的就是这个。"实在"指的是事物被现象掩盖了的本质(其实没有不被掩盖的本质,这种说法本来就欠妥,此处这么用乃是便于理解),人们通过一个事物的现象认识其本质。但是人类的认识是发展的,许多过去认识到的"实在"被新的科学发现证明也只是现象,因此人们必须思考,一个事物存不存在终极的实在。有认为存在终极实在的,即世界的原理事先已有定论的;也有认为认识是不断发展,不存在终极实在的。此外,如果存在终极实在,人类能不能掌握这个终极实在也是一个问题。如果掌握了,就等于掌握了宇宙根本规律,算命等就具有了科学性。

形而上学的问题通常都是充满争议而没有确定的结论的。这一部分是因为经验事实所累积的资料,作为人类知识的最大宗,通常无法解决形而上学争议;另一部分是因为形而上学家们所使用的词语时常混淆不清,他们的争论因而是一笔各持己见但却没有交织的烂账。20世纪的逻辑实证论者们反对某些形而上学议题,他们认为某些形而上学问题本身是没有意义的。

近代以来,随着科学理性在人文领域中的强劲蔓延,传统形而上学遭受了前所未有的打击。然而,从形而上学发展的历史过程来看,实际上存在着三种形态的形而上学:宇宙本体论、范畴本体论和意义本体论。科学理性所拒斥的实则主要是基于思辨虚构的宇宙本体论。在后形而上学时代,就意义本体论而言,形而上学没有终结,也不会终结。

辩证法(dialectics)是关于对立统一、斗争和运动、普遍联系和变化发展的哲学学说,源出希腊语"dialego",意为谈话、论战的技艺,指一种逻辑论证的形式。辩证法的核心是斗争论(矛盾论),或者说,辩证法就是矛盾论。现在用于包括思维、自然和历史三个领域中的一种哲学进化的概念,也用来指和形而上学相对立的一种世界观和方法论。世界上只有两种方法论,一种是辩证法,一种是形而上学,辩证法和形而上学是从根本上对立的两种方法论。辩证法的基本特点认为:斗争与联合相联结。这个思想也是辩证法作为方法论的基本思想。

辩证法在对现存事物的肯定理解中同时包含对现存事物的否定理解,即对现存事物必然灭亡的理解;辩证法对每一种既成的形式都是从不断的运动中,因而也是从它的暂时性方面去理解;辩证法不崇拜任何东西,按其本质来说,它是批判的和革命的。

辩证法有三种历史形态,辩证法思想的发展大体上也经历了古代朴素的辩证法、近代以黑格尔为代表的唯心主义辩证法、现代的唯物主义辩证法三种历史形态。

在古代朴素唯物主义的思想中往往交织着辩证法的思想,唯物主义和辩证法处于某种程度的自发结合的状态。被列宁称作辩证法奠基人的赫拉克利特则认为,"世界是包括一切的整体,它不是由任何神或任何人创造的,它过去、现在和将来都是按规律燃烧着、按规律熄灭着的永恒的活火",被列宁评价为"对辩证唯物主义原则的绝妙说明"。中国古代的唯物主义在把"五行"当作世界的本原的同时,还以它们之间"相生相克"的关系来说明世界的联系和发展。

黑格尔是德国古典哲学的主要代表,是全面论述辩证法的第一人。恩格斯指出:"黑格尔第一次——这是他的巨大贡献——把整个自然的、历史的和精神的世界描写为一个过程,即把它描写为处在不断的运动、变化、转变和发展中,并企图揭示这种运动和发展的内在联系。"但是,黑格尔的辩证法是唯心主义的辩证法。在他看来,在自然界和人类出现以前,就存在着"绝对观念",世界上的一切事物和现象都是"绝对观念"的体现和派生。因此,黑格尔的辩证法是头脚倒置的辩证法。同时,由于唯心主义体系的需要,他把自己的哲学看作是"绝对观念"发展的顶点,是一个凌驾于一切科学之上的、包括一切代替一切的"科学之科学"。这样,合理的辩证法思想就被保守的唯心主义体系所窒息。

马克思、恩格斯总结了19世纪40年代无产阶级革命斗争的经验和自然科学的最新成果,批判地继承了人类文化的遗产,特别是批判地吸取了德国古典哲学中黑格尔和费尔巴哈哲学思想中的合理因素,解决了唯物主义和辩证法相分离的矛盾,第一次把唯物主义和辩证法有机地结合起来,把唯物辩证的自然观和历史观有机统一起来,建立起了科学的世界观和方法论,从而实现了哲学史上的一次革命变革。

5.1.3 哲学和具体科学的关系

哲学和具体科学是共性和个性、普遍和特殊的关系,两者既相互区别又相互联系。认识哲学和具体科学的关系具有重要意义,首先,哲学以具体科学为基础,哲学工作者必须自觉地关注科学的发展,概括、总结科学发展的新成果,这是哲学发展的重要条件。其次,哲学为具体科学提供世界观和方法论的指导,离开了哲学的指导,会影响具体科学的研究。在哲学与具体科学的关系问题上,要反对两种错误倾向,一种是贬低哲学的"无用论"和"取消论",即认为哲学没什么用处,可以取消哲学;另一种是夸大哲学作用的"代替论",即认为可以用哲学取代具体科学基础理论研究。这两种倾向都割裂了哲学和具体科学的联系。

5.2 哲学的发源与发展

哲学的历史同人类文明自身的历史一样悠久,一样漫长。辉煌的古代文明孕育了灿烂的古代哲学:深邃的古希腊哲学、睿智的中国古代哲学,东西方最初的一批哲学家几乎同时出现在各自独立的文明的晨曦之中,崛起于人类刚刚得到温饱之后。这足以证明,哲学是一门古老的学科,它是人类文明最充分的体现。不仅如此,作为理论化、系统化的世界观,哲学还伴随着人类文明的进步而不断发展。在人类发展的历史长河中,每一时期都有无数哲学思想的火花,都有其具有代表性的哲学,所以,哲学是人类不同时代精神的最高体现。正如马克思所说的,任何真正的哲学都是自己时代精神的精华。

5.2.1 西方哲学的兴起和发展

西方是先有神话后有哲学。公元前 8 世纪就有的荷马史诗,以历史的发展模拟神、人关系在历史流变中的情形。不像中华文化,先有哲学,后有神话。最古老的《诗》、《书》、《易》经典,里面绝无任何神话,一切都有理性的主导,没有任何神秘的力量介入。后汉才出现的《山海经》,以及更晚才出现的《封神榜》、《西游记》等,都认为古代的一切太过道德化,也太过不可思议,于是发展了一套神话系统,把神明的力量加进来,企图合理化那些以道德为准的不可思议的事件。不过,无论西方的先有神话,后有哲学,或是中国的先有哲学,后有神话,神话与哲学总是息息相关,互为前后的。

西方文化的发展,一般都认为是从混沌到次序,或是从神话到理性。后者就是指明先有神话,后有哲学。与前者所展示的从混沌到次序有类比的关系。意即神话时代一切混沌不清,神明闯进了人类的世界,那些半神半人的东西一直困扰着人类社会,把人的命运推向不可知又无法把握的境地。西方人在此刻只好用理性来疏导一切,恢复秩序。这也正是哲学的兴起。

神话带来混沌,而哲学带来秩序,这是古希腊圣哲的坚持和努力。而这努力的确也缔造了非凡的成果,不但开展了哲学思考,也把兵荒马乱的社会导引上安和乐利的理想,柏拉图的"理想国"就是典型的例子。

哲学在希腊时期的奠基,在苏格拉底、柏拉图、亚里士多德师徒三代未出世前,已有前苏格拉底时期诸子从事哲学思考,而且也有相当的成果呈现。前苏格拉底时期诸子的努力,分成几大流派:一派发挥悟性向上超越的功能,是为"形而上"的努力,其中以阿那克西曼德所形容的无限为核心,认定真实存在的无限性格。另一派则专注往下探底的作用,是即"形而下"的探讨,其中以德谟克利特的成果"不可分"为起点,专门研究构成物质世界的最终元素。哲学思想功夫的往上超越,以及往下探底,说明哲学的智慧,也在"惊奇"宇宙的奥秘。

到了苏格拉底师徒三代时期,作为创始人,苏格拉底开始摆脱对外界的注意,回过头来,研究主体,认定"认识你自己"才是做哲学的起步工作。随后,苏格拉底在知识的开展上,发展出概念的归纳和抽象的方法。正如当代幼儿园的小朋友堆积木的思维功能训练一般,这使他们能分辨真假对错,分辨异同,如此而建构了金字塔形的知识蓝图。金字塔顶端的"有"是抽象中的抽象,是归类后的最终极的类,塔的底层则是所有具体的、个别的事物。透过苏格拉底的弟子柏拉图的记述,苏格拉底的"述而不作",还是完成了宇宙的存在蓝图。可是,实践取向的苏格拉底,对这些成果并不引以为自豪,终究还是以道德实践为其哲学智慧的峰顶,那就是他的"知即德",把所有的知识都导向德行。换句话说,苏格拉底认为,书读得多的人,就应该更有德行,这才是德才兼备的诉求。古希腊哲学一开始,就不要有才无德的人。因而,希腊文化也可以标明为"从神话到伦理",其后的柏拉图的理想国,亚里士多德的哲学体系,尤其是亚里士多德的哲学体系被中世纪圣托马斯看好后,形成了经院哲学的全盛时期,终于把"爱智"推向永恒哲学的宝库。

永恒哲学把认识论作为哲学的入门,将形而上学作为哲学的"体",以伦理学作为哲学之"用"。于是,全方位的哲学工程开始运转。认识的全方位进程是知物、知人、知天。形而上学企图建立"本体论"[①],顺便探讨宇宙论和人类学,对所有存在全方位地探讨。伦理学提供思想行为规范,指出行善避恶的标准以及吉凶祸福的准则。

近代以来,西方宗教分裂,往好处看是宗教多元化,符合存在法则的多样性。随之而来的,哲学也从永恒哲学蜕变为理性与经验的对立、个人与群体的对立。社会贫与富的疏离,使哲学再无同心协力,替人们解决困境,而是各派标新立异,把哲学当成玩具,当成自己的代罪羔羊。新经院哲学打着永恒哲学的招牌,坚持着从亚里士多德到圣托马斯的传统,而与当代各家各派交谈、交融,对"定位宇宙",以及在宇宙中"安排人生"做出贡献。

5.2.2 中国哲学的兴起和发展

黑格尔在他的《哲学史讲演录》中,认为中国人的哲思,仅属于哲学形成过程中的一个早期阶段。他写道:

中国人也曾注意到抽象的思想和纯粹的范畴。古代的《易经》是这类思想的基础。《易经》包含着中国人的智慧,是有绝对权威的。……那些图形的意义是极抽象的范畴,是最纯粹的理智规定。中国人不只是停留在感性的或象征的阶段,我们必须注意——他们也达到了对于纯粹思想的意识,但并不深入,只停留在最浅薄的思想里面。这些规定诚然也是具体的,但是这种具体没有概念化,没有被思辨地思考,而只是从通常的观念中取来,按照直观的形式和通常感觉的形式表现出来的。

黑格尔:《哲学史讲演录》第一卷

[①] Ontology(本体论)一词是由 17 世纪的德国经院学者郭克兰纽(Goclenius,1547—1628)首先使用的。此词由 ont(όντ)加上表示"学问"、"学说"的词缀——ology 构成,即是关于 ont 的学问。ont 源出希腊文,是 on(ὄν)的变式,相当于英文的 being;也就是巴门尼德(Parmenides)的"存在"。

1. 中国哲学的兴起

中国哲学的起源,与西方哲学之诞生,呈现大不相同的情况。中国传统学术并无哲学之名,只有经学、子学、道学、理学、心学诸说。中国哲学思想与伦理、政治、文学等方面的思想经常是结合在一起的。因为结合在一起,就显得不纯粹。在表述上又往往借助形象和象征的方法,思想没有摆脱感性的东西而达到思辨的纯粹性,故而早期的中国哲学很不像哲学。但是,中国人并非没有精深的哲思和高明的境界,这是包括西方人在内的所有人都承认的。

中国哲学无论是原始儒家所关心的人际关系,或是原始道家的人与道的关系,都以《易经》的"生生不息"为本原。中国古圣先贤从不把人与世界对立起来,而是在生命中处事方正,做人圆融。道德取向的人生观,是中国哲学开展的最大动力。先秦的百家争鸣,到汉代的独尊儒术,以至于主张出家和出世的印度宗教入主中原,缔造了儒、释、道合一的文明。哲学在两汉所注重的"宇宙论",事实上还是没有摆脱百家争鸣的内涵。帝王将相的"内道外儒",就是在私人生活上不认同独尊儒术的政策。秦皇汉武所倡导的炼丹和追求长生不老的企图,造成了往后民间对肉体生命的畸形思想。虽然有道教的"性命双修"①,还是无法挽回传统的"立德、立功、立言"才是"不朽"保证的观点。魏晋清谈的消极退隐风气,对道德取向的传统哲学,毕竟贡献不多。

设法跳过外来佛教思想,重回先秦原始儒家的宋明诸子,最后还是淡忘了道德哲学的实践性远比理论的铺陈来得重要。理学和心学的冲突,始于鹅湖之会。至今仍为新儒家刻意求异而无法存异求同的心态所限制。纵使在 21 世纪的今天,我们已经对内改革、对外开放、开始大量吸收外来哲学之际,仍有些故步自封的学者,排除宗教哲学的层面,对西方哲学也只局限于康德主体性一派思想,否认外在原因,只强调独立主体在道德上以及在本体上的自立自足。

其实,中国哲学的道德取向,向来都以实践为主。康德的实践不在行,而在理论的铺陈。儒家哲学最可贵的"悦"、"乐"精神即《论语》开宗明义的"学而时习之,不亦说乎！有朋自远方来,不亦乐乎！"就看准了这点,而"说(悦)"、"乐"是灵性生命的实现,维特根斯坦在总结自己一生的思想时说：告诉人们,我度过了快乐的一生。这种"快乐"其精神内涵与"悦"、"乐"精神有着相同的实质。这种精神不是理论性的,而是实践性的。《康德词典》中,"悦"、"乐"始终没有落实到生命中。把康德理论的主体过渡到儒家实践取向的主体,算是一种误植。

2. 中国哲学的发展阶段及其特点

(1) 中国近现代哲学

20 世纪初"哲学"一语由日本传入,这一被当时的启蒙思想巨擘梁启超、王国维等定位为"宇宙人生根本之学"的学问,在中国揭开崭新的一页。在现代学术学科化意识的强力笼罩下,一方面西学如潮,大量的西方哲学家和他们的思想学说被渐次介绍到中国,为人们诵习研究,构成了 20 世纪中国人知识领域的一个重要层面。另一方面,在西方哲学模式的范型和导引下,现代学人依样画葫芦,不断挖掘和阐释中国近代的材料,建构起了"中国哲学"

---

① 性命一词,原指"人性"和"天命",是性与命的统一。后来,人们赋予它新的内涵,即指修性与养命。

的历史;并且尝试会通二者,创造出中西合璧的现代体系。回顾这一百年"哲学在中国"或"中国的哲学"之历程,我们可以有不同的总结方式和分析思路。

20世纪中国哲学的揭幕,是发生在维新变法失败、今文经学宣告破产、传统经学彻底解体的情况之下。此时,诸子学复兴,异端蜂起,大批去国东渡日本的学人努力追求新知识。把大量的西方学术介绍到国内,再加之海外新的文化环境、机制、物质条件等种种助缘,使得一时间西潮汹涌,新学大盛。具有西学背景的、作为现代学术体系之组成部分的"哲学",正是在这种情形下,出现在中国人的视野当中,并成为新世纪中国学术所包含的重要内容之一。

(2) 晚清学术经历了考据学由盛渐衰的历程

伴随着汉学的衰落,经世致用之学复振,关注制度变革的今文经学崛起,具有思想解放先导作用的诸子学开始流行。正是在汉宋、今古文、经子三大争论和学风转换的过程之中,一步一步迎来了经学时代的结束。康有为的今文经学同邵懿辰、戴望、王闿运、皮锡瑞等遵守经学的游戏规则("家法")、与古文家构成良性学术对垒的今文经学是完全不同的。他"喜以经术作政论","轻古经而重时政",以《新学伪经考》和《孔子改制考》二书,掀起了一场离经叛道的颠覆性运动。梁启超在总结"其所及于思想界之影响"时,将其概括为四点:一是"汉学宋学,皆所吐弃",为学术别辟新地;二是将孔子抽象化为一种创造精神;三是彻底否定了儒家经典的神圣性,一切皆可怀疑批判;四是"夷孔子于诸子之列",定于一尊的观念完全被打破。可见康有为是经学时代的终结性人物,同时也是新学术的开山鼻祖。康有为、梁启超及谭嗣同,均是从旧学营垒中冲杀出来,打破传统学术藩篱并试图将旧学新知和中外学问熔于一炉的思想先进人物。

5.2.3 改革开放以来中国哲学的繁荣

改革开放以来,中国哲学又焕发了勃勃生机,一扫30年死气沉沉的阴霾,而进入到了一个高速发展的时期。这20年所取得的辉煌成绩是过去任何一个时代都无法比拟的,中国哲学到了空前繁荣的阶段。真理标准问题的讨论,恢复了马克思主义实事求是的基本原则,将"左"倾路线所带来的蒙昧主义、唯心主义、专制主义推上了历史的审判台。解放思想激发了人们从事哲学思考和理论探索的勇气,麻木的心灵开始复苏了。尽管这个开端具有很强的政治色彩,但对20世纪后半叶的中国哲学来说,仍不失为是一个伟大的转折点。随后的人道主义大讨论和《手稿》热,进一步冲破了僵化的政治教条对人们思想的禁锢,所谓哲学的党派性原则受到了根本的质疑,哲学的政治化标准开始瓦解。对马克思主义哲学的研究,学术化的取向逐渐占了上风,从马克思、恩格斯的经典著作而不是领袖的意志和某些理论程式来解释和探索问题逐渐成为学者的共识,持各种理解和观点的人都可以畅所欲言、展开争鸣。实践唯物主义讨论、人学研究等,先后形成热潮,具有相当大的学术规模和容量,这在马克思主义哲学研究史上是前所未有的。西方马克思主义的各种学说和理论观点也潮水般地涌来,像法兰克福学派和卢卡奇等人的思想,不仅为人们所熟悉,而且被自觉地运用到各种新哲学系统的建构当中。除了马克思主义哲学自身的发展和繁荣之外,一批深受马克思主义哲学基本原理和主要观点影响的哲学家也开始创立自己的学说。如李泽厚的人类学本体论,坚持以社会存在、生产方式、现实生活为体,以"工艺社会结构"为本,强调客观的历史规律,明显承袭历史唯物论之余绪。但当他回到美学、走近康德,大讲人类内在的心理结构时,却又引向一种情感本体。"情本体"赋予自然以生息,使宇宙感情化,外在的客观描述、规律揭示、理论架构反而都显得不重要了,本体就成为某种当下的感受。这套情本体论显然超出了马克思主义哲学的论域,而是李先生自己的创造。冯契的"化理论为方法,化理论为德性"是贯通中西的学说,既深受马克思主义哲学基本原理的影响,又试图从中国古代哲学中挖掘出民族性的智慧。他晚年所著《智慧说三篇》实际上是将三种资源做了高度的融汇:一是马克思主义哲学,特别是唯物辩证法体系;二是西方的逻辑经验论,也间接继承和光大了乃师金岳霖先生的学问;三是中国古代儒、道各家哲学中的重要思想。

更直接地从中国哲学和西方哲学的各种理论系统中寻找滋养,为治中西哲学史的学者所采用。张岱年针对中体西用论和全盘西化论,提出了得到普遍响应的综合创新说。他将自己20世纪30年代就已主张过的文化创造主义和辩证唯物论旧说翻新,结合中西哲学会通之路几十年来所得到的经验和教训,强调中西哲学的互补和合则两美,坚持马克思主义哲学的指导性原则。肖楚夫反思中国哲学近代发展的道路问题,重新提出了启蒙解释说,从社会变革和思想解放的角度分析20世纪中国哲学的走向。汤一介借鉴西哲的认识论学说,试图从范畴概念的分析入手,来建立中国哲学思维结构的现代诠释系统;又大力提倡"中国解释学"的探索,将古老传统引向现代性的论域。庞朴着力追寻中华文化的人文精神,从古史考辨和文化人类学的启示获得灵感,展示出古代儒家和古代道家哲学智慧的源头活泉。张世英则在相当深入的层面上,将中西哲学的资料化约为可资比照的问题,将中西哲学比较推进到了一个新的高度,代表了目前从哲学问题而不是从一般的文化层面来进行中西比较的最新趋势。张立文通过弘扬中华文化的和合精神,而提出了创建"和合学"的系统构想。

近20年的另一个大转变是我国两岸三地学术的交融,对外开放给中国哲学带来了无限的生机与活力。经过80年天各一方的隔绝之后,中国哲学作为民族大团结的符码重新得到了整合,相互交流、互动互惠已成大势。海外新儒学在第二代人物形而上体系建构已达其极的情况下,又开始向其他的领域拓展,并且活跃在国际学术的前沿地带。杜维明无疑是当代新儒家的领军人物,他的第三期儒学发展的构想曾轰动一时,声扬海内外;启蒙反思、文化中国、文明对话等议题,也先后引起了巨大的反响。刘述先是当代新儒家的另一个代表人物,他对新儒家发展历程所作的总结和展望,以及对当代西方思潮的积极回应与吸纳,都给新儒学的发展增添了重要的活力。除了新儒家人物之外,海外的华裔学者以开阔的视野和得天独厚的条件,对当代中国哲学的建设做出了许多原创性的贡献。如傅伟勋的"创造的诠释学",成中英的"本体诠释学",唐力权的"场有哲学"等等。

20世纪的中国哲学在经历了欢欣与痛苦的种种曲折艰难之后,今天终于迎来了它最为辉煌的前景。当利科尔、哈贝马斯等当代哲学大师的身影出现在北大的讲台上时,不禁令人想起"五四"时代的杜威、罗素,和国际哲学界的紧密联系与频繁交往象征着中国哲学的开放与活力,预示着它的创造性的美好未来。当哲学家们勇敢地从事思想的探险,百无禁忌,一凭真理,说自己想说的话,有独辟蹊径之志,存创立学派之想,那么中国哲学的再度繁荣也就为时不远了。

3. 中国传统哲学思想精髓

中国哲学始于先秦,历史悠久,与西方哲学体系大不相同,中国哲学更突出人的问题,哲学的精神实质是被作为一种人生智慧,并认为这种智慧的根本意义在于帮助人们在现实世界中,寻找人的生存意义和价值,找到人生的归宿,并为其找到现实的和理论上的依据。中国哲学效法自然,形成了一系列体现天人合一、体现天地精神的思想方式和生活方式。这就产生了中国重视人伦精神的"仁爱哲学"。可以说,中国哲学是历史上最早的人本主义学说,只是这种人本主义建立在中国特有的"人格信仰——类本质"的基础上。

从总体上说,中国哲学对于丰富人类的精神家园贡献很大,这主要体现在中国哲学的现实主义和"人本主义精神"。在人类文化发展史上,中国哲学确立了不同于西方科学与信仰精神的伦理精神、仁爱精神。一直以来,中国哲学以儒学为正统,着眼于现实社会的研究,具有浓厚的伦理色彩。在先秦时代,诸子百家中儒、道、墨、法等诸家都以天道观为其伦理学说的理论依据。秦汉以后,儒学被奉为正统,无论是董仲舒的天人感应论,还是王弼的"名教出于自然"的主张,都是通过各自的本体论为儒家的纲常伦理作论证。在宋明理学中,本体论、认识论与道德论的结合更为显著。张载以气为万物本原,宣扬"民胞物与"的仁爱精神,二程和朱熹以理为本体,强调天理即是人伦的最高原则。在中国哲学中,认识论也往往和道德认识、道德修养相联系。孟子的"思诚"、荀子的"虚壹而静"①,既是求知方法,又是道德修养方法。

儒家思想一直在中国传统文化中居于正统地位,儒家的主要思想是家国一体的伦理道德思想,用《大学》中的话来说就是"诚意、正心、修身、齐家、治国、平天下",这种思想的核心就如孔子所说的"吾道一以贯之,忠恕而已"。可见中国儒学的基本观点实际上是贯彻了人类的另一种精神仁爱的精神,这种精神不同于西方建立在信仰基础上的上帝之爱,也不同于佛教中的慈悲济世思想,而是建立在"道法自然"基础上的现实社会中的"天伦之爱",因而,在当今世界,这种爱并没有因为科学的发展受到理性的质疑,成为21世纪拯救人类社会危机的希望所在。

在儒家思想中影响最大的是孔子(公元前551—公元前479)——春秋末期思想家、教育家,儒学学派的创始人,中国历史上最伟大的教育家。但他首先是一个品德高尚的知识分子。他正直、乐观向上、积极进取,一生都在追求真、善、美,一生都在追求理想的社会。他的成功与失败,无不与他的品格相关。孔子先后删《诗》、《书》,订《礼》、《乐》,修《春秋》,对中国古代文献进行了全面整理,为后人能更好地理解《周易》作《十翼》,曾达到"韦编三绝"的程度。孔子的思想及学说对后世产生了极其深远的影响,其思想核心是"仁","仁"即"爱人"。主张统治者对人民"道之以德,齐之以礼",从而再现"礼乐征伐自天子出"的西周盛世,进而实现他一心向往的"大同"理想。

孔子作为儒家思想的创始人,一脉相承的还有孔子的学生曾参、曾参的学生孔伋(孔子的孙子)、孔伋的学生孟轲,他们分别著书《论语》、《大学》、《中庸》、《孟子》,被称为"四书",对

---

① 鉴于人们在认识上容易陷于表面性和片面性之弊,荀子提出了"虚壹而静"。荀子所谓"虚",指不以已有的认识妨碍再去接受新的认识;"壹",指思想专一;"静",指思想宁静。荀子认为"心"要知"道",就必须做到虚心、专心、静心。

后世中国文化、政治影响深远。中国知识分子"为往圣继绝学,为万世开太平"的"仁义为己任",献身精神正是儒家思想仁爱精神的最高体现,激励了一代代中国知识分子在国家最危难的时候,挺身而出,前仆后继,演绎了许多悲壮的历史诗篇。

中国从汉武帝时期就开始"罢黜百家,独尊儒术"。自汉朝以后的统治者们出于政治上的考虑,不断为孔子加封,从而确立了儒学思想在中国文化发展中的主体地位。即使后来在中国也有外来文化的传播,但都免不了要融合到这样一种价值体系和思维习惯、生活方式之中,只有融入其中才会有发展。因而,孔子思想核心内容"仁爱",深入到中国人的民族精神之中。尽管不同时期思想表述上会有一些差异,但由于中国封建统治有意识地将哲学思想意识形态化,使得中国传统哲学思想主题明确、缺少创新、缺少西方哲学求真的科学精神,但却在天人合一的哲学认知上,将人类的另一种重要的精神主题——伦理政治、仁爱精神研究得非常透彻。在全球化的今天,仁爱思想和佛教慈悲济世精神对于人类精神家园的重建有着重要意义。

道家是中国春秋战国诸子百家中最重要的思想学派之一,道家思想的起源很早,传说中,轩辕黄帝就有天人合一的思想。

一般来说,公认第一个确立道家学说的是春秋时期的老子(约公元前600—公元前500)春秋时思想家,道家创始人。老子在他所著的《老子》《道德经》中作了详细的阐述。道家思想其他的代表人物还有战国时期的庄周、列御寇、惠施等人。道家倡导自然的世界观和方法论,尊黄帝、老子为创始人,并称黄老。

道家思想的核心是"道",认为道是宇宙的本原,也是统治宇宙中一切运动的法则。老子曾在他的著作中说:"有物混成,先天地生。寂兮寥兮,独立而不改,周行而不殆,可以为天地母。吾不知其名,字之曰道,强为之名曰大。"[①]行道有得于身,行道有得于心,因此,道家特别注重心境的清净修养。

道家对中国文化的贡献与儒家同等重要,尤其是道家的辩证性,为中国哲学思想提供了创造力的源泉。道家主张道法自然、清净无为,因而为中国知识分子的政治活动提供了活络的空间,使得这些有着太强政治理想的人,能轻松地发现进退之道,理解出入之间的智慧。

儒、释、道三家学说,共同的文化理念很多,其核心的孝悌忠信、礼义廉耻八德,基本上是三种学说共同的价值追求。

5.3 哲学的价值

"价值"一词在不同的学科中的含义是有差异的。在哲学上,价值是指对人类的意义,带有功利的色彩。所以在这个部分,所要叙述的关于哲学的价值,乃是在说明怎样使用一个固定的或者有效的方式,帮助我们确定一生价值的标准。

[①] 《老子》第二十五章。意为:有一种物体混混沌沌、无边无际、无象无音、浑然一体,早在开天辟地之前它就已经存在。独一无二,无双无对,遵循着自己的法则而永远不会改变,循环往复地运行永远不会停止,它可以作为世间万物乃至天地来源的根本。我不能准确地描述出它的本来面目,只能用道来笼统地称呼它,勉强把它形容为"大"。

5.3.1 价值的定义及内涵

在词义上来说,一般我们所指的价值是指什么呢?希腊哲学家亚里士多德说:"凡是可欲的皆是值得追求的,凡是值得追求的皆是有价值的。"因此我们可以理解所谓价值乃是指凡是人渴望的、人想要去追求的或者是去欲求的东西,都是有价值的。

价值不只是有它外在的意义,也有内在的意义。外在的意义是说明这种价值所表现出来给予人们的直接利益,而其内在的意义不但是富有外在的价值意义,它也富有能够提升人性、能够使人性有所发展的一种可能性。所谓价值的内涵乃是指我们怎么样能够用价值所具有的内在的价值帮助我们获得一个人之所以成为人的一种意义和目标。一般说来,价值的内涵可以表现在三个层次:第一个层次是事实追求的层次。第二个层次是个人的修为、行为和模式的层次。第三个层次是一种境界的层次。在第一个层次中称之为"真",或者称之为科学的精神。而在第二个层次中,表现在行为上是怎样使自己的行为正确,或者使自己的行为有更高层次的表达,对于这种行为的要求,一般称之为"善",也就是一种伦理。第三种境界就是如何将人生修为的一种能量提到更高,能够更具体地加以表达出来,这样的精神,称之为"艺术精神",也即"美"的精神。

"真"、"善"、"美"是哲学的价值内涵,其功能在于对人们世界观、人生观、价值观的升华,从而使人们思想认识上升到真、善、美的境界;"真"、"善"、"美"也是艺术的价值内涵,其功能则是侧重于心灵和情感的陶冶,从而使人们的心灵世界和情感世界达到真、善、美的境地。

5.3.2 价值的种类

按照等级性的顺序,价值有以下几种。

1. 感觉价值

感觉价值就是以感觉作为价值判断的方法。例如,有的人喜欢用第一印象来判断别人,第一印象好了以后,对方再坏,都不会改变,第一印象不好,再怎么改善,都不会改变。如果你使用这种感觉价值来判断一个人,结果会很容易后悔。因为感觉只是一时的现象,而不是长久的结果,所以用感觉价值来判断一个人,就会产生困难。

2. 生理价值

生理价值是以满足个人生理的需要作为价值判断的标准,中国人最喜欢说,民以食为天,吃饱了天下就太平了。认为满足一个人生理的需要就是一个价值观,但这是不对的。生理需要只是最基本的需求,心理上的需要要比生理的需求更重要。就像一座房子,如果房子不温暖,要这个房子有什么用处?

3. 经济价值

经济价值是现代所流行的一种价值,是人与人之间交易的媒介,其方式就是金钱。金钱可以扩充人生的意义,但不能说金钱就是人的价值,也不能说赚的钱多就有价值,赚的钱少就没有价值。一个人的价值不是在于你所从事的行业,不是在于你赚了多少钱,而在于你的能力。有能力,就可以在社会中立足,没有能力,书念得再多也没用。因此,一个有价值的人不要用外在形式去衡量,而是要看他是否可增添人性的意义,以让人性得到满足为目标。

4. 社会价值

社会价值不可否认地对我们每个人都会有影响,国外的社会价值观不见得适合中国,同样我们的价值观也不一定适合外国,因此,社会价值是符合当地社会的需要而建立的,不能说我们的社会价值不好,别人的社会价值就好。中国传统的价值观中,父母年纪老了,子女长大了,子女就要孝敬、奉养父母,如果你遗弃了父母,不但会遭到别人的指责,甚至连法律都会制裁你,这就是中国社会的价值观。但在西方社会,就没有中国人这样的方式。如果以中国人的价值观去批评西方人,就失去了社会价值的意义。

5. 道德价值

道德价值或者说是人性的价值可以说是价值观中等级性最高的,在此处所讲的道德不是指那些传统的教条,而是采用老子对道德的解释。老子以为"道"是原则、"德"是方法,所谓道德就是实行原则的方法。原则只有一个,但实行原则的方法却有很多种。道德的价值所要强调的不是道德的问题,也不是道德的现象,而是强调道德的本质。只有道德的本质才能发扬人性的光辉,只有道德的本质才能增添人性的意义,只有道德的本质才能够造就高尚的品味。

5.3.3 哲学与人的价值

哲学具体上讲就是"爱智",就是教人成为人的智慧。而在这智慧发展中,"定位宇宙"优先,"安排人生"在后。但是哲学的目的到最后还是"安排人生",还是在个人的"安身立命",还是在社会的"安和乐利"。"定位宇宙"是在为"安排人生"找出如此这般的终极理由。作为学问的总体,"旁通统贯"所有学问的哲学,其重要性就是因为其他所有学问的特殊性、个别性。而哲学用其普通性统一所有学问,使其最终目的都定位在安身立命、安和乐利的人生目的完成。无论对宇宙问题,或是人生问题,哲学都要从根本上着手,提出根本的问题,并指出完成此意义和目的的通路。

自从有了人类文明,就有了哲学。因为人类除了和其他生物一样具有物质需要外,还有不同于其他生物的精神需要,而这种需要的最高体现就是哲学思考。作为自我实现之一的哲学思考,是人类所独有的,也是人类所必有的。如果不相信,你去和任何人促膝交谈,就会发现原来每个人都有自己的哲学。当然这并不是说每个人都是哲学家,而是指每个人都有自己的世界观,即对周围世界的认识和看法,这就是哲学观点。所以,哲学离我们并不远,它就存在于人的生活之中。试想,为什么有人遇事不惊、处理得当? 有人却惊慌失措、束手无策,甚至走向极端? 如果说这是人们在能力上的差异,那么,这种能力就来自于哲学,是不同的哲学思想在生活中的体观。人虽然不是按照哲学去生活,但生活中处处有哲学。哲学素质是文化素质不可或缺的重要组成部分。一个民族的哲学思维水平就是这个民族发展的标尺。没有哲学的民族就是肤浅的民族,没有哲学思维的人就是肤浅的人。

东西方的不同思维习惯,决定了对哲学的不同理解和追求。哲学具有认识论功能、方法论功能和人生观功能,对于每门具体科学、每个人都具有不可替代的指导作用。

不同的哲学思想会使人拥有不同的世界观、人生观和价值观,从而给人们带来不同的影响,导致不同的结果。大家都知道,牛顿是一位科学大师。纵观牛顿的一生,令人惊讶的是他的伟大发现、巨大成就,多数都在他的前半生,晚年的牛顿几乎一事无成。难道晚年的牛顿退化了吗?不是的。事实上,牛顿的研究一刻也没有停止过,即使到了晚年也是如此。只不过他所研究的目标是论证"上帝"的存在。晚年的牛顿成了上帝最虔诚的信徒,他对上帝的颂词令人惊诧:"至高无上的上帝是一个永恒、无限、绝对完善的主宰者,他是无所不能和无所不知的;就是说,他由永恒到永恒而存在,从无限到无限而显现;我们因为他至善至美而钦佩他,因为他统治万物,我们是他的仆人而敬畏他、崇拜他。"牛顿将整整25年的后半生用在了神学研究上,试图论证上帝的存在,并且是宇宙的第一推动力。很明显,这是一个根本不存在的研究对象,其结果就可想而知了。牛顿那可悲的后半生确实令人遗憾,其罪魁祸首就是神学和唯心主义。这种错误的哲学思想在他后半生占据了上风,把他引向了迷途。

牛顿的惨痛教训难道不值得世人警醒吗?我们应该引以为戒,为自己的灵魂寻找一个可靠的家,选择正确的哲学思想作为心灵的安身立命之所,用马克思主义哲学指导我们的学习和生活,决不让错误的哲学把我们引向歧途。

课后延伸

一、大师之光

苏格拉底

当我们推开古希腊辉煌时代的哲学大门时,那位终其一生以自己的言行履行着正义的先哲,那位德尔菲神谕启示下最聪明的人——苏格拉底,率先映入眼帘。让我们穿上宽大的袍子,回到2300多年前的雅典,回到苏格拉底时代。我们可以设想自己是他的学生克里托,或是崇拜者阿尔西比亚德斯,或者是些非亲近的其他人,总之,让我们徘徊在这位伟人的身旁,陪他走完那段光辉的岁月。

在一个宁静的早晨,我们看到这样一个人蹒跚而来,他样貌丑陋,眼神质朴,神情专注,仿佛在思考着什么。他穿过街道,碰到他认为合适的对象便停下来与之交谈,履行他自命的"知识的助产婆"的义务,这就是苏格拉底,一个温和的有着极大耐性的,喜欢将任何人,无论是国王、还是鞋匠都循循诱导于知识殿堂之上的古怪的人。他出身贫寒,父亲是石匠,母亲是接生婆,可这些丝毫不影响他在论辩时的慷慨激昂。他既不崇尚苦行主义,也不推崇纵欲行乐,只是他自己是个极其自律的人,而这种自律并非来自后天磨炼,而是生性如此。他一生没有工作,但在青年当兵时,却是个屡立战功的优秀士兵。他从不为生计奔波,也根本不在意衣食住行,甚至连家人的生活也从不过问,这当然会使他同样善谈的老婆桑蒂普大为恼火,可是不管怎么说,她还是宽容了他,因为或许她更清楚,她丈夫的精力与兴趣都不在世俗生活之中。我们的哲学家每天专注于沉思和讨论,他可以一动不动地花上一整天和一整夜来思考,也可以随便地和什么人展开对某一问题的热烈探讨。但凡与苏格拉底讨论过的人大抵都会气,因为他要么让对方自己否定了自己,要么让人家转一大圈也没有结论,而他自己却从不下任何定论。这种苏格拉底式的对话在后来的尼采看来是充满戏谑的智慧,但是我们应予以关注的不应是他运用的方式,而是他的目的,他的良好意愿。那么古怪的苏格拉底为何不厌其烦地与人交谈?用他自己的话说,是为了告诉所有的雅典人,什么是最应关注的事情——不是身体,不是财产,而是灵魂的幸福。

苏格拉底告诉我们,灵魂的幸福是最高的幸福,没有什么比守护灵魂的安宁和认识自己更为重要。在他看来,"德性就是知识",幸福与美德是关联在一起的。一个人拥有了美德(智慧、勇敢、节制、虔敬、正义),就拥有了知识,也就拥有了善,拥有了善就会行使善,行使善就会获得最高的幸福。因此他又告诉我们,无人有意作恶,甚至包括那些对他实行审判并最终判决他死刑的人。人们作恶,仅仅是因为对善的知识获得得不够。正因此苏格拉底坚决反对以恶惩恶。他说,其实没有什么人能够真正伤害我们的心灵,坏人最终伤害的是他们自己。

或许到这里,许多人会发笑,这位老人似乎对人性有着太过天真的看法,正如亚里士多德所说,他过度简化了复杂的人性。忽视了人性的非理性部分。

缘何如此?为什么这位老人如此高标准地要求每一位雅典人?为什么他会近乎幼稚地以为只要一个人知道了什么是善,就会成为一个行善的人?有学者这样批判道:"苏格拉底哲学的最大弱点存在于他性格的力量中。"的确,谁都知道苏格拉底是怎样的一个人,他天生拥有美德,痴迷于过正义的生活,甚至到死,也不肯以不正义的行为——越狱——来逃避对他不公正的审判。所以,他注定以为人人生来都如此,差异仅仅是对关于美德的知识掌握的程度不同。其实,正是这种弱点成就了他的哲学!我们能够看到,苏格拉底哲学的最大魅力也同样存在于他性格的力量之中!

然而缺乏耐性的雅典人最终还是判决苏格拉底死刑,那是在公元前399年,他70岁的时候。人们对他的控告是"引进新神和腐蚀青年"。执行死刑的当天,老人的弟子们陪在狱中,看着心爱的老师饮鸩而死。老人临终只有一句话:"克里托,我还欠阿斯克勒庇俄斯一只公鸡,你能替我还清吗?"

这是个悲惨的结局,但奇怪的是,没有人能比苏格拉底更平静地接受它。威尔·杜兰特仅用简短的一句话解释这个结局,"这位老先生教得太快了,超出了人们的理解能力,当然会惹来杀身之祸了"。也许,对于不能理解的,人们总是狂躁不安。

可以想象,以后日渐平静的雅典人对此有怎样的懊悔与内疚,因为正如苏格拉底自己所说,"如果你们判处我死刑,你们将很难找到一个代替我的人。"

尼 采

弗里德里希·威廉·尼采出生于1844年10月15日,这一天恰好是当时的普鲁士国王弗里德里希·威廉四世的生辰。尼采的父亲是威廉四世的宫廷教师,深得国王的信任,于是他获得恩准以国王的名字为儿子命名。尼采回忆:"无论如何,我选在这一天出生,有一个很大的好处,在整个童年时期,我的生日就是举国欢庆的日子。"这是何等的浪漫,可即将带来的,却是那冥冥之中的悲剧。

贵人语迟,尼采学话很慢,他似乎更喜欢倾听、审视这个世界。5岁那年,父亲不幸坠车受伤,不久就去世了。这之后尼采全家搬到了南堡,但是他并没有忘记父亲,他希望长大以后像父亲那样成为一名牧师。他时常给伙伴们朗诵圣经里的某些章节,这使他得到"小牧师"的称号,为此他沾沾自喜。这一时期,尼采的生活环境里几乎全是女人——母亲、妹妹、祖母和两个姑姑,她们把他娇惯得脆弱而敏感。由于习惯对世界思考和敏感神经的注入,幼年的尼采深切地感受到了死亡的无常,死亡的难于避免,因而他逐渐变得孤僻。尼采曾经这样形容他的童年:"那一切本属于其他孩子童年的阳光并不能照在我身上,我已经过早地学会成熟的思考。"

10岁时,尼采就读于南堡文科中学,对文学与音乐极感兴趣。14岁时,进入普夫达中学,这个学校课程都是古典的,训练很严格,出了很多伟人,如诗人和剧作家诺瓦利斯,语言学家和研究莎士比亚的学者Schlegel,以及康德的继承者、伟大的先验主义和道德哲学的代表费希特。可是尼采却难以接受这种新生活,他很少玩耍,也不愿意接近陌生人。这时的他除了理智的发展并有着惊人的进步外,音乐和诗歌已经成为他感情生活的寄托。尼采幼年曾受教于普鲁士当时最好的女钢琴家,当他的母亲为他聘请这位老师时,尼采就深感日后的生活离不开这样的精神支持了。

1861年17岁的尼采患严重疾病首次出现健康恶化的征兆,被送回家休养。3月接受基督教的按礼。

1864年,尼采和他的朋友杜森(Paul Deussen)进入波恩大学攻读神学和古典语言学,但第一学期结束,便不再学习神学了。他是一名诗人,需要激情、超常和具有神秘性的东西,他不再满足于科学世界的清晰与冷静。尼采在修养和气质上更是一名贵族,所以他对平民政治不感兴趣,而且他从没想过要过一种安宁舒适的生活,所以他不会对有节制的欢乐和痛苦这样一种可怜的生活理想感兴趣。尼采有自己的喜好,他热爱希腊诗人,崇尚希腊神话中各种具有鲜明特点的人物,并把他们巧妙地同德意志的民族精神结合起来。尼采还在校学习时就深深体会到精通和弘扬本国、本民族文化的重要性,这充分地体现在他对古文字、文学,古典主义艺术的热爱。他热爱巴赫、贝多芬,以及后来尼采在《悲剧的诞生》中热情褒扬的那位歌剧巨人——瓦格纳。

1865年,他敬爱的古典语言学老师李谢尔思(F. W. Ritschls)到莱比锡大学任教,尼采也随之到了那里。当时的尼采虽然年纪不大,但已经开始哲学沉思了。在莱比锡期间,他偶然地在一个旧书摊上购得了叔本华的《作为意志和表象的世界》一书,欣喜若狂,每日凌晨2时上床,6时起床,沉浸在这本书中,心中充满神经质的激动。后来他回忆说,当时他正孤立无助地经历着某些痛苦的体验,几乎濒于绝望,而叔本华的书就像一面巨大的镜子,映现了世界、人生和他的心境,他觉得叔本华好像专门为他写了这本书一样。那时,尼采非常困惑:为何像叔本华那样的天才会被现世所抛弃,其伟大的著作为何只在书架的偏僻角落才找得到?叔本华是这个青年心中的偶像,他在以后也被认为是叔本华唯意志论的继承者。这时的他,此外还从朗格、施皮尔、泰希米勒、杜林、哈特曼那里汲取了传统的抽象概念。同年因拒绝参加复活节圣餐引起了家庭的恐慌。

1867年秋,尼采在瑙姆堡服为期一年的兵役,这次服役因他骑马负伤而提前结束。在炮声隆隆中,他低呼着,"叔本华保佑!"叔本华竟成了他的上帝。从马上摔下胸骨受重伤。

1868年秋,尼采在莱比锡瓦格纳姐姐的家里结识了他仰慕已久的音乐大师瓦格纳,两人久久地谈论他们共同喜爱的叔本华哲学。随后的几年中瓦格纳和妻子成为尼采在艺术和理智方面的良师益友,一个家的代用品。并且得到他的导师李契尔思向巴塞尔大学的推荐;

第5章 思考的芦苇——哲学篇

"39年来,我亲眼目睹了这么多的年轻人成长起来,但我还从未见到有一个年轻人像这位尼采一样如此早熟,而且这样年轻就已经如此成熟……如果上帝保佑他长寿,我可预言他将来会成为第一流的德国语言学家。他今年24岁,体格健壮,精力充沛,身体健康,身心都很顽强……他是莱比锡这里整个青年语言学家圈子里的宠儿……您会说,我这是在描述某种奇迹,是的,他也就是个奇迹,同时既可爱又谦虚。"李契尔是第一个向世间预言尼采是位天才的人。

1869年2月,年仅25岁的尼采被聘为瑞士巴塞尔大学古典语言学教授。此后的十年是尼采一生中相对愉快的时期。在巴塞尔,他结识了许多年长和年轻的朋友,例如瑞士著名文化艺术史学家雅可布·波克哈特(Jakob Burckharat)。1869年4月,尼采获得了瑞士国籍,从此成为瑞士人。1869年5月17日,尼采初次到瑞士卢塞恩城郊的特利普拜访了瓦格纳。同月28日,他在巴塞尔大学发表就职演说,题为《荷马和古典语言学》。当时,巴塞尔城里所有贵族家的大门都对他敞开,他成为巴塞尔学术界的精英和当地上流社会的新宠。

1870年,尼采被聘为正教授。不久传来了德法开战的消息,尼采主动要求上前线。在途经法兰克福时,他看到一队军容整齐的骑兵雄赳赳气昂昂地穿城而过。突然间尼采的灵感如潮水般涌出:"我第一次感到,至强至高的'生命意志'决不表现在悲惨的生存斗争中,而是表现于一种'战斗意志',一种'强力意志',一种'超强力意志'!"1870年10月,尼采重返巴塞尔大学讲坛。他结识了神学家弗兰茨·奥弗尔贝克(Franz Overbeck),两人很快成为挚友并共居一所住宅。

1872年,他发表了第一部专著《悲剧的诞生》(Die Geburt der Tragodie)。这是一部杰出的艺术著作,充满浪漫色彩和美妙的想象力;这也是一部幼稚的哲学作品,充满了反潮流的气息。但是在这部哲学著作中已经形成他一生的主要哲学思想。尼采哲学的主题是生命的意义问题,而他对这个问题的解答便是:靠艺术来拯救人生,赋予生命以一种审美的意义。尼采并不就此止步,他毅然攻击最受尊敬的典范——大卫·斯特劳斯,以此抨击德国人的粗俗的傲慢和愚笨的自得:"司汤达曾发出忠告:我一来到世上,就是战斗。"《悲剧的诞生》和《不合时宜的思考》(Unzeitgemabe Betrachtungen)的第一部发表之后,引来了一片狂热的喝彩声,同时也遭到了维拉莫维茨领导的语言学家圈子的排斥。教授的名声也因此受到了极大的损伤。

1873至1876年,尼采先后发表四篇长文,结集为《不合时宜的考察》一书。书的主题仍是文化批评。第一篇《告白者和作家大卫·施特劳斯》,以施特劳斯为例,批判了庸人型的学者。值得注意的是,书中第一次公开抨击了普鲁士的霸权主义,指出:普法战争虽以德国胜利告终,其险恶后果却是使德国文化颓败,"使德国精神为了"德意志帝国"的利益而遭失败乃至取消"。此后尼采一贯立足于文化的利益而批判强权政治,并且在德国陷入民族主义的政治狂热之时自称是"最后一个反政治的德国人"。第二篇《论历史对于生命的利弊》,指出生命因历史的重负而患病,呼吁解放生命,创造出一种新的文化。第三篇《作为教育家的叔本华》,抨击哲学脱离人生,要求以叔本华为榜样,真诚地探索人生问题。第四篇《瓦格纳在拜洛伊特》,重点批判现代艺术。这篇文章名义上是替瓦格纳音乐辩护,视为现代艺术的对立面,其实明扬暗抑,已经包含对瓦格纳的批评。文章写于1875至1876年间。在此之前,尼采内心对瓦格纳已经产生了隔阂。

1878年1月，瓦格纳给尼采寄去了一份变现基督教主题的《帕西法尔》的剧本，尼采没有一字回音。5月尼采把《人性的，太人性的》(该书包含有明显批判瓦格纳的内容)一书寄给瓦格纳夫妇。从此，互相不再有任何往来。

1879年，尼采辞去了巴塞尔大学的教职，开始了十年的漫游生涯，同时也进入了创作的黄金时期。

1882年4月，在梅森葆夫人和另一位朋友雷埃邀请下，尼采到罗马旅行。在那里，两位朋友把一个富有魅力、极其聪慧的俄国少女莎乐美介绍给他，做他的学生。尼采深深坠入情网，莎乐美也被尼采的独特个性所吸引。两人结伴到卢塞恩旅行，沿途，尼采向莎乐美娓娓叙述往事，回忆童年，讲授哲学。但是，羞怯的性格使他不敢向莎乐美吐露衷曲，于是他恳请雷埃替他求婚，殊不知雷埃自己也爱上了莎乐美。莎乐美对这两位追求者的求爱都没有允诺。最后，两人只能保持着友好的接触。然而尼采的妹妹伊丽莎白却对他们的友谊满怀妒恨，恶意散布流言蜚语，挑拨离间，使他们终于反目。仅仅5个月，尼采生涯中的这段幸福小插曲就终结了。

1883年，他完成了《查拉图斯特拉如是说》的第一、第二部分，1884年完成了第三部分，1885年完成了最后一部分。尼采在这部著作中阐述了著名的"同一性的永恒轮回"的思想。这是他的两个主要思想体系中的一个，而另一个"趋向权力的意志"的构思，由于他的身心崩溃而半途夭折。著名的"超人"理想和"末人"形象就是在这部著作中首次提出的。尼采评价自己这部著作："在我的著作中，《查拉图斯特拉如是说》占有特殊的地位。它是我给予人类的前所未有的最伟大的馈赠。这部著作发出的声音将响彻千年，是最深刻的书，它来自真理核心财富的深处，是取之不尽用之不竭的泉水，放下去的每个吊桶无不满载金银珠宝而归。这里，没有任何'先知'的预言，没有任何被称之为可怕的疾病与强力意志混合物的所谓教主在布道，从不要无故伤害自身智慧的角度着眼，人们一定会首先聆听出自查拉图斯特拉之口的这种平静的声音的。'最平静的话语乃是狂飙的先声；悄然而至的思想会左右世界。'"

1886到1887年，尼采把他浪迹天涯时写下的箴言、警句、词条汇集起来，组成了两个集子：《善恶的彼岸》(1886年)和《道德的系谱》(1887年)。在这两个集子中，尼采希望摧毁陈旧的道德，为超人铺平道路，但是他陈述的一些理由却难以成立。此外，这两个集子中所阐述的伦理学的体系还给人留下一种印象：充满刺激性的夸张。在尼采发疯的前夜《瓦格纳事件》、《偶像的黄昏》、《反基督徒》、《看那这人》、《尼采反驳瓦格纳》一气呵成。它们写得标新立异，很有深度。但同时这些书也具有闻所未闻的攻击性和令人瞠目的自我吹嘘。

1889年，柏林的灾难降临了。长期不被人理解的尼采由于无法忍受长时间的孤独，在大街上抱住一匹正在受马夫虐待的马的脖子，最终失去了理智。数日后，他的朋友奥维贝克赶来都灵，把他带回柏林。尼采进入了他的生命的最后十年。他先是住在耶拿大学精神病院。1890年5月，母亲把他接到南堡的家中照料。

1897年4月，因母亲去世，尼采迁居到位于魏玛的妹妹伊丽莎白·福尔斯特·尼采的家中居住。在尼采的一生中，他的家庭始终是他的温暖的避风港，作为这个家庭中唯一的男性，家中的五位女性成员始终围着他转，无微不至地关怀他，精心呵护他，尽量满足他的一切愿望。但尼采为了心中的崇高理想，毅然舍弃了这一切，像个苦行僧一样在这个风雨飘摇的世界中漂泊游荡，忍饥挨饿，沉思冥想。

1900年8月25日,这位生不逢时的思想大师在魏玛与世长辞,享年55岁。"银白的,轻捷地,像一条鱼,我的小舟驶向远方。"

二、《苏菲的世界》节选——走出黑暗的洞穴

洞穴神话

柏拉图用一个神话故事来说明这点。我们称之为"洞穴神话"。

现在就让我用自己的话再说一次这个故事。

假设有些人住在地下的洞穴中。他们背向洞口,坐在地上,手脚都被绑着,因此他们只能看到洞穴的后壁。在他们的身后是一堵高墙,墙后面有一些人形的生物走过,手中举着各种不同形状的人偶,由于人偶高过墙头,同时墙与洞穴间还有一把火炬,因此它们在洞穴的后壁上投下明明灭灭的影子。在这种情况下,穴中居民所看到的唯一事物就是这种"皮影戏"。他们自出生以来就像这样坐着,因此他们认为世间唯一存在的便只有这些影子了。

再假设有一个穴居人设法挣脱了他的锁链。他问自己的第一个问题便是:洞壁上的这些影子从何而来?你想:如果他一转身,看到墙头上高举着的人偶时,会有何反应?首先,强烈的火光会照得他睁不开眼睛,人偶的鲜明形状也会使他大感惊讶,因为他过去看到的都只是这些人偶的影子而已。如果他想办法爬过墙,越过火炬,进入外面的世界,他会更加惊讶。在揉揉眼睛后,他会深受万物之美的感动。这是他生平第一次看到色彩与清楚的形体。他看到了真正的动物与花朵,而不是洞穴里那些贫乏的影子。不过即使到了现在,他仍会问自己这些动物与花朵从何而来?然后他会看到天空中的太阳,并悟出这就是将生命赋予那些花朵与动物的源头,就像火光造就出影子一般。

这个穴居人如获至宝。他原本大可以从此奔向乡间,为自己新获的自由而欢欣雀跃,但他却想到那些仍然留在洞里的人,于是他回到洞中,试图说服其他的穴居人,使他们相信洞壁上那些影子只不过是"真实"事物的闪烁影像罢了。然而他们不相信他,并指着洞壁说除了他们所见的影子之外,世间再也没有其他事物了。最后,他们把那个人杀了。

柏拉图借着这个洞穴神话,想要说明哲学家是如何从影子般的影像出发,追寻自然界所有现象背后的真实概念。这当中,他也许曾想到苏格拉底,因为后者同样是因为推翻了"穴居人"传统的观念,并试图照亮他们追寻真知的道路而遭到杀害。这个神话说明了苏格拉底的勇气与他的为人导师的责任感。

柏拉图想说的是:黑暗洞穴与外在世界的关系就像是自然世界的形式与理型世界的关系。他的意思并非说大自然是黑暗、无趣的,而是说,比起鲜明清楚的理型世界来,它就显得黑暗而平淡。同样的,一张漂亮女孩的照片也不是单调无趣的,但再怎么说它也只是一张照片而已。

哲学之国

洞穴神话记载于柏拉图的对话录《理想国》(The Reublic)中。

柏拉图在这本书中也描述了"理想国"的面貌。所谓"理想国"就是一个虚构的理想的国度,也就是我们所称的"乌托邦"。简而言之,我们可以说柏拉图认为这个国度应该由哲学家来治理。他用人体的构造来解释这个概念。

根据柏拉图的说法,人体由三部分构成,分别是头、胸、腹。人的灵魂也相对的具有三种

能力。"理性"属于头部的能力,"意志"属于胸部,"欲望"则属于腹部。这些能力各自有其理想,也就是"美德"。理性追求智慧,意志追求勇气,欲望则必须加以遏阻,以做到"自制"。唯有人体的这三部分协调运作时,个人才会达到"和谐"或"美德"的境界。在学校时,儿童首先必须学习如何克制自己的欲望,而后再培养自己的勇气,最后运用理性来达到智慧。

在柏拉图的构想中,一个国家应该像人体一般,由三个部分组成。就像人有头、胸、腹一般,一个国家也应该有统治者、战士与工匠(如农夫)。此处柏拉图显然是参考希腊医学的说法。正如一个健康和谐的人懂得平衡与节制一般,一个"有德"之国的特色是,每一位国民都明白自己在整个国家中扮演的角色。

柏拉图的政治哲学与他在其他方面的哲学一般,是以理性主义为特色。国家要能上轨道,必须以理性来统治。就像人体由头部来掌管一般,社会也必须由哲学家来治理。

现在让我们简单说明人体三部分与国家之间的关系:

身体	灵魂	美德	国家
头部	理性	智慧	统治者
胸部	意志	勇气	战士
腹部	欲望	自制	工匠

柏拉图的理想国有点类似印度的阶级世袭制度,每一个人在社会上都有其特殊的功能,以满足社会整体的需求。事实上,早在柏拉图降生以前,印度的社会便已分成统治阶级(或僧侣阶级)、战士阶级与劳动阶级这三个社会族群。对于现代人而言,柏拉图的理想国可算是极权国家。但有一点值得一提的是:他相信女人也能和男人一样有效治理国家,理由很简单:统治者是以理性来治国,而柏拉图认为女人只要受到和男人一样的训练,而且毋需生育、持家的话,也会拥有和男人不相上下的理性思考能力。在柏拉图的理想国中,统治者与战士都不能享受家庭生活,也不许拥有私人的财产。同时,由于养育孩童的责任极为重大,因此不可由个人从事,而必须由政府来负责(柏拉图是第一位主张成立公立育儿所和推展全时教育的哲学家)。

在遭遇若干次重大的政治挫败后,柏拉图撰写了《律法》(Thela WS)这本对话录。他在书中描述"宪法国家",并认为这是仅次于理想国的最好国家。这次他认为在上位者可以拥有个人财产与家庭生活,也因此妇女的自由较受限制。但无论如何,他说一个国家若不教育并训练其女性国民,就好像一个人只锻炼右臂,而不锻炼左臂一般。

总而言之,我们可以说,就他那个时代而言,柏拉图对妇女的看法可算是相当肯定。他在《飨宴》(Symposium)对话录中指出,苏格拉底的哲学见解一部分得自于一个名叫黛娥缇玛(Diotima)的女祭司。这对妇女而言可算是一大荣耀了。

柏拉图的学说大致就是这样。两千多年来,他这些令人惊异的理论不断受人议论与批评,而第一个讨论、批评他的人乃是他园内的一名学生,名叫亚里士多德,是雅典第三位大哲学家。

——摘自《苏菲的世界》

第 6 章

人伦睦则天道顺——伦理篇

伦理是儒家伦理学说的基本概念之一。是封建社会所规定的人与人之间的关系,特指尊卑长幼的关系。《管子·八观》:"背人伦而禽兽行,十年而灭。"

《孟子·滕文公上》:"人之有道也,饱食暖衣,逸居而无教,则近于禽兽,圣人(按,指舜)有忧之,使契为司徒,教以人伦:父子有亲,君臣有义,夫妇有别,长幼有叙,朋友有信。"《汉书·东方朔传》:"上不变天性,下不夺人伦。"宋周密《齐东野语·巴陵本末》:"人伦睦,则天道顺。"

6.1 伦理学的概念

6.1.1 伦理与道德

1. 伦理的概念

"伦"和"理"在中国古代是两个词。东汉许慎的《说文解字》中解释为:"伦,辈也。从人仑声。一曰道也。"所以,"伦"指的是社会生活中人与人之间的关系,特指长幼尊卑之间的关系。这里的"伦"字就特指按照一定的封建秩序和规则来处理家庭成员、君臣和朋友之间的关系。"理",《说文解字》:"理,治玉也。从玉,里声"。"理"字的原意是指将玉剖析和雕琢成有用的玉器,后来引申为经过治理使社会生活中人与人的关系变得有条理、有次序。

《礼记》中将"伦"与"理"两个字合为一个概念,说:"乐者,通伦理者也。"就是说,音乐的作用在于使社会生活中的人际关系规范化。

所以,伦理就是指处理人们之间的相互关系时应当遵循的道德和规范。

2. 道德的概念

在中国古代,"道"和"德"原本是两个词。"道"的本义是道路。如《说文解字》中"道,所行道也",引申为支配自然和人类社会的事理、规律等,如《礼记·中庸》中"道也者,不可须臾离也",朱熹注"道者,日用事物当行之理"。"德",《广雅·释诂三》中"德,得也",朱熹《论语集注》:"德者,得也。得其道于心而不失之谓也。"由此看来,心中得道,行为合乎一定的规矩,便是"德"。

中国最早把"道"和"德"两个词作为一个概念使用的是战国时期的荀子,他在《劝学篇》中说:"礼者,法之大分,类之纲纪也,故学至乎礼而止矣。夫是之谓道德之极。"意思是说,礼是封建规章制度的根本依据,是统治物类的主要纲纪,所以求学问以达到礼为止境,达到了礼也就达到了道德的最高境界。由此我们可以得知,道德是人们由于遵守了行为规则而使自身获得某种内在的属性和品质,如信念、情感、品格、精神境界等。

总之,在中国思想史上,"道德"有时指人的思想品质、修养程度、善恶评价,有时指风尚习俗和道德教育活动;但主要是指在社会生活中人们的行为准则和规范,以及一个人存在的状态及其发展所达到的境界。

3. 伦理与道德的关系

由伦理和道德的概念不难发现,"伦理"和"道德"从词源的意义来看,基本相通,在一定意义上可以相互替代。但是,伦理和道德这两个概念还是有某些差异的。表现在:第一,伦理的核心是正当与不正当,而道德的核心是善恶与好坏。第二,伦理的评价尺度是是非、真伪,其规范带有强制性,是一种他律;而道德的评价尺度是好坏、善恶。其规范带有自觉性,一种自律。第三,伦理的要求具有普遍性、双向性,而道德的要求具有独特性、单向性。第四,伦理是一种手段,是一种最基本的价值;而道德是一种目的,是一种超越性的价值。所以,在伦理思想发展史上,道德侧重于指人们之间实际的道德行为和道德关系,伦理则较多地指关于这种行为和关系的道理。正因为如此,伦理学在西方又被称为道德科学或道德哲学。

尽管从语用的角度看,"伦理"和"道德"具有不同的含义,但是,从伦理学的角度看,道德是伦理学的研究对象,可以定义为:道德是调整人与人之间、个人与社会之间的行为规范的总和,是社会经济决定的并反映社会存在的社会意识形态之一,一种通过社会舆论、良心信念、风俗习惯来实现的评价标准,道德是一种内在于人的需要并体现人类主体精神自律的意识。

6.1.2 伦理学的研究任务

古今中外,伦理学家基本上认为伦理学是研究道德的科学。但是,由于他们所处的时代不同、阶级立场不同、世界观不同,对道德的认识也不同。在当代中国,伦理学是以道德,尤其是社主义道德作为研究对象。目前,我国处在社会主义初级阶段,中华民族正以一种崭新的精神风貌不断发展壮大,社会主义精神文明是社会主义现代化建设的重要组成部分。因此,伦理学应当顺应历史的发展,从我国目前社会道德最本质、最重要问题的研究出发来确定自己的任务。

1. 立足社会主义,构建我国科学道德体系

对于一个社会或一个阶级来说,它根本的道德原则、主要的道德范畴、人们的公共生活准则以及人与人关系中的某些特殊方面的要求,构成了一个社会或一个阶级的道德规范体系,某一个道德规范对这一社会的成员,既具有一定的约束力,又具有启迪人们弃恶扬善的导向功能。所以,伦理学应着重研究和探讨建设有中国特色社会主义道德规范体系。建立和完善适应社会发展的道德规范体系,为我国社会主义现代化建设的发展创造良好的道德环境,对推动社会的进步和国家的长治久安具有重要的作用。

任何一个社会,都是建立在一定生产力发展的基础上的经济基础和上层建筑的统一,社会主义社会也不例外。以公有制为主体,多种所有制经济共同发展的社会主义经济制度,要求建立与之相适应的上层建筑和意识形态,这是一个庞大而复杂的体系。它主要包括社会主义民主政治制度、思想文化制度、法制制度等等,社会主义道德是在社会主义经济基础之上产生的,反映社会主义本质特征并在社会主义社会占统治地位的一种新的道德形态。社会主义道德是社会主义社会的意识形态和上层建筑的组成部分,它的性质、内容、特点都是由社会主义经济基础决定的。

社会主义道德作为社会主义的上层建筑之一,它贯穿和渗透于社会生活和人们相互关系的各个方面,调节着社会各个领域、各个方面的关系。它塑造社会主义新人的灵魂,促进社会良好风尚的树立和发展,是社会主义精神文明建设的重要组成部分,也是社会主义优越性的重要标志之一。社会主义道德是以为人民服务为核心,以国家利益、集体利益、个人利益结合的集体主义为原则,以爱祖国、爱人民、爱劳动、爱科学、爱社会主义和"八荣八耻"为基本要求,以集体主义、"五爱"和社会主义人道主义为主要内容,以社会公德、职业道德、婚姻家庭道德为领域,以提高全民的道德水平和道德素质,在全社会塑造良好的道德风貌,建立和发展平等、团结、友爱、互助的社会主义新型关系为目的的新型道德体系。

构建有中国特色社会主义道德体系要面向社会主义市场经济,力求适应和促进社会主义市场经济的健康发展,但如何做到这一点是目前的难题,是我们学习和研究伦理学过程中需要花力气解决的。

2. 立足市场经济,加强社会主义精神文明建设

随着改革开放的深入和社会主义市场经济的建立,我国社会生产力飞速发展,人们生活水平的普遍提高,综合国力不断增强。然而,改革开放和社会主义市场经济体制也对社会生活产生了深刻影响和历史性变革。

新旧体制的交替、利益格局的调整、社会矛盾的冲撞,势必导致道德关系的复杂化和道德观念的多样化。一方面,在社会转型期,封闭、保守、安贫守旧、禁欲厌世等落后的思想道德观念受到了有力的冲击和荡涤,自强不息、奋发向上、平等竞争、时间效益、开拓创新等具有时代特征并反映新体制、新要求的新观念得到了确立,充满生机和活力的社会主义道德风尚和新型人际关系正在健康形成。转型期道德进步是主要的,但同时也要看到,在社会转型时期容易产生道德困惑,发生道德冲突,引发现实社会中某些方面的"道德失范"和"道德滑坡"。尤其在社会公德、职业道德、家庭伦理道德等方面,出现了一些不容忽视的问题:如个人主义有所滋长,功利主义、实用主义有所抬头,社会责任感和正义感有所淡化,人际关系冷漠化甚至商品化有所显露,团结互助精神有所丧失,贪污受贿等不正之风有所蔓延。这一切都表明,道德问题已经成为当今社会主义精神文明建设急需解决的一个突出问题,也成为社会各界普遍关心的一个热点问题。伦理学要积极探讨社会主义道德在初级阶段的规律、特点及作用,使之与社会主义市场经济体制及对外开放相适应,有效地调节个人与社会、个人与个人之间的关系,为社会主义市场经济的健康发展和社会生活的安定有序创造必要条件,以提高全社会人们的思想道德素质。

道德不仅是一种特殊的社会意识、行为规范,而且是一种实践精神,是人类把握世界的特殊方式,是人类完善自我、完善他人、完善社会的活动,是一种以指导行为为目的,以形成人们正确的行为方式为内容的实践精神。理想人格是时代精神的凝聚,新时代的理想人格就是培养具有"四有"的社会主义新人。"四有"人格建设是社会主义精神文明的根本任务,建设"四有"人格能充分发挥中华民族的优势。当前,培养和塑造"四有"社会主义新人,必须坚持以马列主义、毛泽东思想、邓小平理论、"三个代表"重要思想和科学发展观为指导,必须坚持理论和实践相结合,在社会实践中锻炼人、培养人、发现人,必须坚持从教育人手,通过思想教育与科学文化教育相结合来提高人的素质,加强道德和个人的自我修养是培养"四有"新人的重要手段之一。

3. 立足新世纪,不断探索、丰富和发展伦理道德理论

伦理学作为一门学科,它的社会效用主要是对人们的道德观念取舍和道德实践产生作用。加强伦理学研究,不断探索、丰富、发展社会主义道德理论,这对于我们加强社会精神文明建设,提高人们的道德水准,无疑具有深远的现实意义。

任何一门学科如果离开对前人的思想继承和批判,就无所谓发展,伦理学也不例外。我国传统理论中有许多精华,如重人伦关系和人的价值、以民为本、重整体观念和民族大义、重道德教育和修养、重人生理想和人格情操等,这些都是我们建立社会主义道德体系时必须加以吸收的,但就传统伦理思想而言,占统治地位和核心的是儒家宗法等级的思想,它同社会主义道德是很不相容的,我们不能搞新儒学。西方伦理学中同样也存在很多精华,如资产阶级思想家在上升时期所提倡的人道主义、公正观念、自我意识和个人尊严等思想,这些都是我们在建设中国特色社会主义道德体系时必须加以批判吸取的。但就西方伦理的整体而言,占主导地位和核心的是个人事义,它同社会主义道德是水火不容的,同样必须加以批判,在道德领域内搞"全盘西化"是行不通的。

社会主义道德作为人类社会道德合乎规律地发展,一方面同历史上的道德类型有着这样或那样的联系;另一方面,又与历史上的各种道德体系有着本质的区别。因此,我们研究、发展伦理学理论体系时,必须从建设有中国特色社会主义的现实出发,尤其是从发展社会主义市场经济的需要出发,运用符合社会进步与发展的原则、立场、观点、方法,采取科学分析态度,认真地理清几千年来人类伦理思想的文化遗产,吸其精华,弃其糟粕。从历史伦理思想的优秀文化遗产中提炼出符合社会发展需要的道德规范,抵制和消除旧道德思想消极因素的影响。只有这样,才能不断发展和完善伦理学。

新世纪的伦理学是各种类型伦理学的相互融合并以规范伦理学为主体。随着经济、科技的发展——伦理学必与生活更加紧密地联系在一起,应用伦理学将飞速发展。所谓应用伦理学是对具体领域中的伦理问题的专门研究,及其具体伦理规范的确立的科学。诸如经济伦理、企业伦理、技术伦理、医学伦理等,如今网络已经闯入我们的生活,对现实社会已经产生了深刻的影响,一种新的社会生活形势——网络生活正向我们走来。作为调节人与人之间关系的道德,是一定社会经济基础和社会生活的反应。网络社会自然也应有自己的道德,计算机网络的发展带来了许多政治、法律、伦理道德和社会问题,研究探讨网络发展所带

来的伦理道德问题,已成为国内外各界人士普遍关注的课题。

6.1.3 伦理学的社会价值

　　古今中外有远见的思想家都十分重视伦理学。古希腊思想家把古代哲学分成三部分,即物理学(今天意义上的哲学)、逻辑学、伦理学。他们把整个古代哲学比作一个人,认为物理学是人的骨骼,逻辑学是人的肌肉,伦理学是人的灵魂,其中,伦理学具有重要的意义。资产阶级启蒙思想家从调节资本主义社会的人际关系、发展资本主义的根本目的出发,对伦理学的社会价值给予了高度重视:19世纪末德国伦理学家鲍尔在《伦理学原理》一书中特别强调了伦理学对人生的重要意义,他提出伦理学的任务有二:"一曰定人生之正鹄,二曰所以达于其正鹄之道也。"中国是文明古国、礼仪之邦,自古以来都重伦理讲道德。在中国封建社会,伦理道德的社会价值被抬到了极高的地位,封建社会思想家提出"修身、齐家、治国、平天下"的政治伦理观,把伦理道德看成是治国安邦、巩固封建政治统治的重要手段,把道德教育和道德修养看成是培养圣贤君子和理想道德人格的必经途径。

　　随着科学技术和社会生产力的飞速发展,现代社会中物质资料的日益丰富与精神文明发展相对迟缓带来的社会发展的不协调性日益暴露。伦理学的社会价值越来越凸现出来,伦理学成为一门非常重要的学科。我国现在正处在社会主义现代化建设飞速发展时期,全国人民在党中央的领导下,团结一致、意气风发地为建设高度文明和高度民主的社会主义现代化国家而奋斗。构建和谐社会,促进人的全面发展也是我国人民正在不断追求的目标。当代中国正处于历史的转折阶段,在这重要的历史发展关头,充分认识伦理学的社会价值,对于我们学好伦理学,促进两个文明建设发展,实现我们的奋斗目标具有重要意义。

1. 理论价值

　　伦理学的社会价值突出表现在它是一门理论性强的学科。它能以逻辑和理论的形态再现和把握社会道德现象和道德关系,从而为人类认识并适应社会道德生活、认识并改进社会道德关系和社会道德风貌提供理论和科学的依据。

　　伦理学的这种理论价值,不仅可以帮助我们从理论的深度认识和把握历史上的伦理类型以及各种伦理道德现象,更重要的是它可以揭示社会主义道德和共产主义道德的本质根源、内容要求、社会作用,论证社会主义道德和共产主义道德存在发展的客观必然性和科学合理性。此外,它还可以帮助我们认识和把握改革开放和社会主义市场经济条件下道德变化的内在原因、性质特点和脉络走向,为我们构建与不断发展的社会主义市场经济相适应的社会主义道德体系奠定理论基础,确定价值导向。伦理学的这种理论价值,可以使我们在纷繁复杂的道德生活和道德现象中,永远保持理论上的清醒和立场上的坚定。在思想文化和道德建设中永远坚持社会主义性质和方向,从而为社会主义物质文明建设提供道德精神支柱和思想动力源泉,推动两个文明建设全面协调地发展。

2. 规范价值

　　伦理学的社会价值还表现在它是一门实践性学科,它可以根据社会发展和人的发展的客观要求,为人们的行为活动概括提炼出一定的道德规范体系,并通过阐发道德规范的理论及含义,教育和规范社会成员的思想行为,使之内化为社会成员的道德品质,从而推动社会成员道德人格的发展和完善。

伦理学所具有的道德规范价值,在我国当前的道德生活中具有最要的现实意义。它可以根据社会主义经济、政治、文化和社会生活的需要,根据"四有"新人的育人目标,确立社会主义道德原则和规范,提出社会公共生活、职业生活、婚姻家庭生活中的特殊道德规范,并通过全面阐述社会主义道德规范体系的理论基础、内涵要求、辩证关系论证其科学性、必要性和可行性。

伦理学的道德规范价值,对个体道德发展具有重要的作用。它可以指导和规范人们的思想行为,可以促进人格健全和道德完善。一个道德人格健全完善的人,才能掌握社会生活的主动权,才能事业成功、家庭幸福,才能为社会做出贡献,实现自己的人生价值。

3. 现实价值

伦理学的社会价值还在于它具有批判旧道德,发展新道德,改造社会道德风尚,促进道德进步和社会进步的功能。

社会主义伦理学所具有的革命性和创新性,在当代中国具有十分重要的现实意义和社会价值。近些年来,随着改革开放和社会主义市场经济的深入发展,人们的道德生活和道德观念发生了深刻的变化,这种变化一方面表现为随着现代生产方式和生活方式的确立,道德领域出现了许多科学、民主和积极奋进的新思想、新观念;另一方面,保守落后的封建道德和以个人主义为核心的资产阶级腐朽道德,在新的历史条件下也会以各种复杂变幻的形式顽强表现自己,腐蚀人们的思想和灵魂,败坏党风和社会风气。

伦理学的现实价值在于,它能积极应对社会道德生活的发展和变化,批判肃清旧道德影响,发现和提炼新道德,在新与旧、善与恶的斗争中不断破旧立新、改革创新,积极能动地推动道德进步和社会进步。

6.2 伦理学的应用

6.2.1 生命伦理

现代的生命伦理学主要起源于北美,最早在美国兴起。历史学家大卫·罗特曼认为现代生命伦理学的起源的因素中还包括 20 世纪 60 年代中期对医学研究和实验中受试人的关心所产生的影响。

在第二次世界大战期间,法西斯德国的医生参与了德国纳粹令人发指的医学实验,严重违反了传统的医学伦理。因此,纽伦堡国际法庭的审判中,有 23 名医生被判定为战争罪犯,法庭宣判后发表了纽伦堡宣言。这次宣判和纽伦堡宣言被视为医学伦理学的发端,在此之后,生命伦理学成为医学行业伦理规范和医学伦理学的发展和延续。

伴随着科学和医学技术的发展,生命伦理学的问题引起了人们的高度关注。1946—1976 年这 30 年是医学爆炸式发展的时期,人们不仅发明了许多新药,心肺复苏仪等抢救仪器也开始面世,连人类遗传密码的秘密也逐渐得到了揭示,一些医学人体实验丑闻引起了人们对伦理问题的关注。一些人开始认为新技术的使用破坏了医患之间的关系,包括病人权利运动的民权运动蓬勃发展了起来。传统的医学伦理学已经无法清楚地说明什么是有益,什么是伤害,无法解决新技术的应用所产生的伦理问题。1970年的《医学杂志》刊登了一篇文章,认为传统西方伦理学中的绝对尊重生命的神圣性的原则是引起人口爆炸和新医学技术出现的部分原因。由此,生命伦理学诞生了,虽然它继承了传统医学伦理学的价值观和思想,但应对的却是一系列前所未有的崭新问题。

生命伦理学的基本原则包括:不伤害原则、有利原则、自主原则、公正原则。

不伤害原则:源于人的自然特性、人的脆弱性的特点。基于义务论的不伤害,任何时候的说谎都是不对的。但中国文化中,有时在医疗实践中,告诉癌症病人诊断结果,就会加重其病情,这似乎又违反了不伤害原则,而有学者认为,在一些情况下,自主性原则应优先于不伤害原则。

有利原则:有利意为行善、慈善、助人等。可定义为确有助益、帮助他人获得重要的和合理的利益。但现代有利原则的定义包含了对病人、他人及社会有利这几方面。在行善或提供利益的时候,我们首先必须明确我们要提供或促进谁的利益?这个利益是否有值得促进的正当理由?[①]

自主性原则:是指一个人按照自己选择的计划决定其行动方针的一种自由。因此,一个自主的人不仅能思考和选择这些计划,并且能够根据这些考虑采取行动。体现着自主性原则的是知情同意,有行为能力的个人在信息充分的条件下对所参与事情的自愿决定。[②]

公正原则:平等地对待一切人是公正原则的主要内容。公正的伦理原则是法律本身和法律机构所追求的目标。生命伦理学更关注的是分配的公正,分配的公正关注的是公平,确保所有的人能够得到他们应该得到的权利。

附:根据性别而排除某些人从事某些工作或职业的政策或做法,在今天被广泛地认为是不公正的或不合伦理的。在以前,法律和规则是在没有包括或有意排除了女性的参与的情况下制定的。这些法律和规则妨碍了女性应得的生殖保健和孕期的护理,违反了公正的伦理原则。

6.2.2 生态伦理

从宏观角度来看,生态伦理与人类未来的生存问题关系最为密切。这里最难理解的问题在于:我们保护动物、环境和大自然,最终是为了人类自己的利益,还是这些被保护的对象本身就拥有着神圣不可侵犯的权利,因而人类不得予以危害?持前一观点者被称为人类中心主义派,持后一观点者则被称为大自然权利派。生态伦理学中最难解决的实践课题有两个:第一,在生态危机日趋严重的今天,如何处理当代人与未来人利益的关系,具体而言,

---

① 在我国农村许多地区,一些妇女已经生育了女儿,不愿意再生育,她的丈夫和婆婆往往迫使她再次怀孕,并且他们设法借助产前诊断技术鉴定胎儿的性别,一旦发现是男胎,则不允许孕妇人工流产,但若是女胎,则强迫孕妇人工流产。这时的利益就是多方面的,而我们则要求对妇女有利。

② 胎儿研究与知情同意。经产前诊断后终止妊娠娩出的胎儿或组织,可以进行尸体病理学解剖及相关的遗传学检查,还可以用于其他科学研究。但中国长期以来医院自行处理这些终止妊娠娩出的胎儿或组织,而没有征得母亲和家属的同意。

如何在不违背民主理念的前提下,促使民众对已习惯化了的现实利益作出主动的放弃,从而使未来人类的权益得到切实的保障?第二,如何公正地分配与协调发达国家与发展中国家在保护自然环境上的责任与义务?

"协调发展"、"可持续发展"和"科学发展"所确立的是人与自然的辩证统一、和谐相处的观念,追求的是自然环境、经济、社会的协调发展,它的着眼点是对自然环境的呵护,而最终关怀的是人类的生存和发展。可持续发展强调"自然—经济—社会"三者在全球及各个区域的协调发展,意味着包括后代人在内的人类主体、群体主体和个体主体三者的协调共生,这些都是生态伦理学研究和回答的基本问题。生态伦理学的价值主体只能是人类,生态伦理学价值主体问题是生态伦理学的核心问题:人类是自然的产物,属于自然界的一部分,人类的生存和发展依赖于自然界,人类的生命过程服从于自然规律,人类身上的一切特性都有着自然的依据。但是,另一方面,人类是自然的最高产物,具有其他一切自然物所不具有的特性、属性和活动规律。即:人类不是像动植物那样被动地适应自然提供的现成条件来维持自己的生存和发展,而是通过自己的实践活动能动地去改造自然条件,维持自己的生存发展。所以马克思又说人是一种"社会存在物"。人类通过实践把周围的自然物变成自己改造和认识的客体,同时也就使自己成为这一切自然物的主体。

生态伦理具有三个基本规定:

(1)是在人与自然的关系方面,以人为主体,即强调人类在自然生态系统中的优先地位和目标地位。首先,人是认识和实践的主体。人类总是根据自己特有的视角、方式和需要来认识自然和改造自然。人类的认识范围和实践范围是以人类为中心向四周不断延伸的。其次,人是自然价值的主体。人类认识和改造自然的目的归根结底是为着自身的整体利益和长远利益,是为着自身的生存和发展。人类认识和实践的结果是人类自觉选择的,内含着人的主体性。人类能够按照自己的理想和价值观,不断设计、选择和创造新的需要和新的自然环境。第三,人是自然价值的保护者。在人与自然的关系中,人既是能动者,同时又是受动者。人作为能动者,通过实践能动地改造自然和认识自然;人作为受动者,其实践和认识活动又受自然规律和历史条件的制约。

(2)是在人与人的关系方面,以人类的整体利益为最高价值。在人类与自然的关系中,人类主体具体地表现为不同的群体(民族或国家、地区或区域、阶级或阶层、团体或集体)和不同的个人。但是,以人为主体的主体是"整个人类",而不是某些"群体"的人,更不是个人。这是"人类"本来的含义。

(3)是在当代人与未来人的关系方面,应把握两者的统一,以人类的可持续发展为宗旨。在人类与自然的关系中,人类主体不仅指"当代"的人类,而且包括"后代"的人类。"可持续发展"就是指导当代人与后代人协调发展的一种新的发展观,既要满足当代人的需要,又要不损害后代人满足其自身需要的能力。这就要求从实际的角度,观察和处理自然资源有限性与人类社会发展相对无限性之间的矛盾。当代人的发展必须以惠及后代人或至少不能损害后代人的利益为前提,这样才能既改善当代人际关系,同时又优化当代人与后代人之间的关系,使人类社会得以持续发展。这就必须把当代人的利益和后代人的利益、人类的长远利益有机统一起来。

6.2.3 社会伦理

维系人类社会各个领域正常秩序的规则,主要不是成文的法律,而是不成文的伦理责任。事实上,很多法律责任就是由伦理责任推导出来的。你去担任一项工作,这项工作就对你内在地具有某种要求,你必须做到这一点。你的上司、你的同事、你的客户,以及这个社会中具有正常理智与情感的所有人,都会用这个伦理职责来要求你。如果你没有履行这种伦理职责,人们就会说你不称职。

当然,既然是伦理职责,也就难免有含糊性。但是,针对某一确定的具体情形中的伦理责任,人们总是可以通过反思、辩论,达成某种共识。这种共识可能通过舆论达成,在法律纠纷中,则可以借助陪审员的共识确定。

而且,你自己由于无知、愚蠢、自负或者信奉另外一套奇怪的逻辑,而在事先没有意识到这种职责,也不影响人们对你因未履行你那本应承担的责任而给他人带来的损害或不幸的认识。比如,在范美忠事件中,社会公认,教师对于学生是承担着重大责任的,包括照顾其在学校的安全。范美忠根据他对生命、个人自由的理解而相信,自己对处于危险中的学生不需承担责任。但这只是他的个人意见,而无法构成免责的充分理由。①

伦理责任是社会对你的期待,而不是你自己可以自由选择的。当然,你可以不管那伦理责任,自由地确定自己的意见和行动;伦理行为最终是可以自由选择的,因而一个承担伦理责任的人始终是自由的;但如果由此导致学生遭受伤害,社会,比如那些家长和名誉遭受损害的学校,将要你承担责任,它可以转化为法律责任。即便幸运地没有发生可见的伤害,社会也将谴责你。至于你是否自责,那取决于你的良心的发育程度。

其实,这个世界上所有职业都有自己的伦理责任,如果从事此职业者未能做到这一点,就会遭到社会的谴责或者嘲笑。

6.2.4 经济伦理

一个在美国生活多年,并且非常推崇自由和民主价值的学者曾经这样写道:"我常想,只有宇宙冥冥之中或有其公正,才能解释为什么许多美国人在这样得天独厚的环境中,会那样的不快乐。他们有那么好的法治,那样多的自然资源,那样有活力的经济,但许多人居然过着那样差劲的、没有人味儿的生活。"②

现代社会的问题主要还不是行为规范、不守规则的问题,而是价值观念与生活方式的问题。

改革开放以来,中国社会愈益明显地面临协调两方面关系的任务,即协调市场经济与我

---

① 天涯社区:"范跑跑"抛弃学生独自逃跑,并将这段经历在博客中公开,成为舆论焦点。随后他再次语出惊人:"我是一个追求自由和公正的人,却不是先人后己勇于牺牲自我的人!在这种生死抉择的瞬间,只有为了我的女儿我才可能考虑牺牲自我,其他的人,哪怕是我的母亲,在这种情况下我也不会管的。"这一言论再次将范美忠推到舆论的风口浪尖上。有人认为他是不道德的,违背了职业伦理;有人认为在危急时刻选择自己的生命,是一种本能,不应苛责;更有人认为范美忠敢于坦白,也是一种勇敢,他们宁要诚实的小人,也不要虚伪的君子。

② 林毓生《政治秩序与多元社会》。

国社会其他方面的关系,协调中国特色的社会主义市场经济与全球市场经济主要是西方市场经济的关系。"社会主义和谐社会"与"科学发展观"的提出,从社会目标层面上确定了协调这两方面关系的价值标准,同时也将推动包括社会主义道德建设在内的社会物质、精神和政治文明的发展。

我国经济体制改革以来,为适应经济体制改革需要,建立和发展与社会主义市场经济相适应的社会主义道德体系,形成了"以为人民服务为核心,以集体主义为原则,以爱祖国、爱人民、爱劳动、爱科学、爱社会主义为基本要求,以社会公德、职业道德、家庭美德为着力点,以爱国守法、明礼诚信、团结友善、勤俭自强、敬业奉献为基本道德规范"的规范体系。现在,在构建和谐社会时,基于"基本道德规范",把"诚信友爱"作为和谐社会道德方面的基本特征,从而把它提到了作为社会精神文明和道德建设目标价值的突出地位。

诚信友爱不能取代特殊的组织道德或经济伦理规范,但它可以提供给我们许多启示来思考我们的道德规范问题,并弥补某些道德规范的缺位。例如,从以诚信友爱而不是其他奉献道德作为和谐社会道德的基本特征来看,和谐社会突出的不是要求个人对社会更多的节制和牺牲,而是社会对个人的更多关心和帮助,特别在个人之间,没有哪一方是特殊的权利主体,另一方只是义务主体。更注重的是让个体享受到社会的温暖和关爱,这有助于我们思考个人之间或群体之间的关系。诚信友爱、互帮互助、平等友爱这些普遍一般的道德要求,为组织道德和特殊经济关系道德提供一般基础,并且提供给他们可以相互对待的道德规范。诚信友爱突出的就是对道德情感作用的肯定,鼓励的就是微观个人之间的友情,以弥补这方面的需要,以使社会祥和、人际融洽。

诚信友爱作为和谐社会构建所要达到的道德目标,将促使和谐社会道德建设朝着这一目标而努力,从而将会影响现有道德规范体系的变化。改革开放以来,我国在市场经济的引导下,经济得到突飞猛进的发展,引起了世人的惊叹。在经济高速发展的同时,我们的道德也应引起我们的高度注意。所以,在市场经济条件下也应大力弘扬道德的作用和意义。

道德是社会意识形态之一。道德是对人行为的准则和规范的一种评价。道德是通过人们的自律或通过一定舆论对社会生活起约束作用。道德是人与人之间无文字的契约,道德是和谐社会的调节器,道德是社会文明水平的一个标志。

人类社会是由众多的个体组成的,社会需要把分散的个体整合为一个有秩序、有效能的整体,这就需要用法律、制度、组织、道德等多种整合手段,其中道德的整合作用,更具有普遍性、基础性、根本性、自觉性、长期性。社会的秩序需要道德来疏导、来节制,社会的人际关系需要道德来维护。

人们讲市场经济是法治经济,需要法治来规范,需要制度来制约,这是非常必要的,需要进一步加强和完善。良好的道德是实现法制的基础,法律是优良道德履行的保障,两者应相辅相成。但从长远来看,道德的作用远远大于法律的作用。因为道德约束是自律,法律约束是他律。道德约束是内在的,法律约束是外在的。道德约束是自觉的,法律约束是被动的。道德约束几乎无处不在、无时不有,约束人的一言一行、一举一动;法律约束只在某些时候、对发生后的某些行为实行惩治。道德约束可给人带来愉悦,法律制约令人痛苦。道德引导人不做坏事,法律是禁止人做坏事。道德可成为人生的追求,法律让人唯恐回避不及。道德是调节社会的一剂良药,法律是调控社会的一剂苦药。因此应加强道德的宣传和教育,使法律约束和道德的自觉约束相结合,这样才能使市场经济出现一个良好的秩序。

在市场经济条件下,利润最大化是经营企业的一个基本要求。但追逐利润也要讲究道德,所谓"君子爱财,取之有道"。所以商业要讲道德、要讲互利、要讲诚信、要讲信誉,这是创造商品品牌的基本要旨。商品品牌包括产品的质量、分量、诚信和服务。商品的品牌对一个企业来说非常重要,品牌是一个企业树立起一面旗帜,顾客凭这个旗帜认同你的商品,品牌是一个企业的信誉,是进入市场的通行证,品牌是财富,是企业的生命,砸了牌子企业要破产倒闭。所以一个企业要像爱护生命一样来爱护品牌,维护品牌就要靠企业的自律,这就是商业道德。[①]

所以,提倡企业道德也是提倡企业的社会责任。企业的社会责任不仅要遵纪守法经营,还要讲究诚信,应尽社会责任。如:遵守合约,维护社会安定,保护生态环境,合理减少资源的消耗,对顾客负责,维护国格和企业信誉。如:现在一些行业实行召回制,这既是企业的社会责任,也是维护企业的声誉。总之,企业不仅要赚钱,还要负起社会责任,这样就会有一个好的社会环境,人际关系和谐,人与自然关系和谐,在这样的环境下,企业才可以顺利发展。

6.3 当代大学生如何加强伦理道德修养

当前,弘扬以"八荣八耻"为主要内容的社会主义荣辱观,体现了奋进中的中华民族的文化自觉,展现了中国人应有的精神面貌,是把道德建设放到治国方略高度的必然结果。以"八荣八耻"为主要内容的社会主义荣辱观,是社会主义道德体系的高度概括。它既有内在的自我约束要求,又有外在的制度规范;既有道德底线的坚守,又有超越自我的追求;既有道德共识的肯定,又有社会主义道德特性的阐发。胡锦涛同志首次在十七大的政治报告中提出了"生态文明"的新理念:"建设生态文明,基本形成节约能源资源和保护生态环境的产业结构、增长方式、消费模式"。中国人民大学环境经济学院客座教授王维平说:"从近年常说的改善生态环境到提出'生态文明',显示中共领导人将环保从行为实践提高到理论和伦理的高度"。从这一个侧面可以看出,伦理在现代社会生活中的重要性。

大学生是我国建设全面健康发展的社会主义国家的生力军。大学生在校学习,不仅应掌握现代科学知识,具有健康的体魄,还要有社会主义、共产主义的道德品质,他们的道德素质如何,关系着我国未来的前途和命运。大学生时期,是道德品质形成和发展的关键时期,也是道德品质奠定基础的时期,他们的道德状况如何,将在很大程度上决定他们未来的人生道路。

作为社会主义精神文明建设的重要阵地。我国的各级各类学校,担负着为国家培养社会主义现代化建设人才的使命,要充分发挥学校的德育教育和引导功能。同时,大学生良好

---

① 三鹿奶粉事件:2008年9月,石家庄三鹿集团股份有限公司生产的婴幼儿奶粉因含有"三聚氰胺"而出现"肾结石婴儿",一时使三鹿备受关注与指责。这起事件给三鹿带来了灭顶之灾,使原为奶粉行业第一品牌的三鹿停产而倒闭。让人始料不及的是,三鹿奶粉事件随后竟然引发了乳制品行业的地震,蒙牛、伊利、光明等数十家企业的部分产品被检测出"三聚氰胺",虽然企业采取产品召回、危机公关等措施,但企业在产销上,有形资产与无形资产都遭受重大损失。这起"三聚氰胺事件"还波及到了关联产业,还在国际上产生了不良影响。

的伦理道德修养,也需要学生个人具有高度的自觉性和主观上的努力。

6.3.1 当代大学生的伦理道德状况

为了使大学生能够有效地加强自身的伦理道德修养,我们首先来看一下目前大学生的伦理道德状况。近几年"首都高校学生思想政治状况调查"(以下简称:调查)表明,当代大学生伦理道德水平有了很大的提高,但也存在着些问题。其状况主要表现为以下几个方面:

1. 大学生的人生价值观的取向趋于明朗,总体上是积极向上的

早在1999年3月,调查数据显示,77.1%的学生同意"个人利益应服从国家、集体的利益",92.7%的学生同意"正当地索取、积极地奉献"的价值取向,78.3%的学生同意"市场经济更需要雷锋精神"等。这反映了学生的人生价值观主流倾向基本与社会主义、集体主义价值观念相一致,与市场经济条件下的道德观念相一致。但同时我们发现,大学生的价值观念也存在着一定的问题,33.5%的学生认为"老实人吃亏",36.7%的学生同意"人的本质是自私的",21.5%的不同意或难以判断"市场经济更需要雷锋精神"等。这些问题应引起当代大学生的重视。

2. 爱国主义是大学生道德情感的主导

新时期,首都高校在坚持爱国主义、集体主义、社会主义思想教育主旋律的过程中,确立了爱国主义在大学生道德情感中的主导地位。

3. 大学生道德素养有待提高,部分学生在道德观念上是非混淆

在实际德育教育工作中,我们深切地感到:高校学生的基础文明素质有滑坡趋势,突出表现为学生的知行背离,即知而不行、行而不知。1999年3月调查表明,22.5%的学生认为大学生基础文明较弱或弱(1998年调查为20.8%),28.8%的学生认为自己的组织纪律性较弱或弱,23.4%的学生认为自己协作意识较弱或弱。同时,我们也要指出,一些学生在道德观念上是非不分。如对同学的偷盗、损坏公物、考试作弊等不道德行为不能主动制止,或采取根本无所谓的态度,反映了部分学生道德观念是非不清的问题。

以上虽然是首都学生的调查结果,但是它从一个侧面反映了当代大学生普遍存在的伦理道德现象。

6.3.2 大学生如何加强伦理道德修养

针对上述调查情况,我们认为目前大学生应当从以下几个方面入手,加强自身的伦理道德修养。

1. 树立科学的伦理道德观

当今社会正在发生着深刻的变化。随着社会主义市场经济体制的不断健全,建设有中国特色社会主义事业的不断推进,对人才的要求也愈来愈高。大学生作为社会主义事业的接班人和建设者,全面素质尤其是伦理道德素养的提高,已是燃眉之事。大学生树立一个什么样的伦理道德观,愈来愈引起人们的关注和研究。借腹生子、克隆羊(人)、廊桥遗梦、王海打假、见利忘义、腐败等种种社会现象给了我们一个启示:为了大学生的健康发展,为了良好社会风气的形成,大学生务必要树立科学的伦理道德观。毋庸置疑,大学生应树立马克思主义伦理道德观。中共中央《关于社会主义精神文明建设指导方针的决议》指出,"社会主义道德建设的基本要求是:爱祖国、爱人民、爱劳动、爱科学、爱社会主义。"同时指出,"我们的先进分子,为了人民的利益和幸福,为了共产主义思想,站在时代潮流前面,奋力开拓,公而忘私,勇于献身,必要时不惜牺牲自己的生命,这种崇高的共产主义道德,应当在全社会认真提倡"。具体到我们大学生伦理道德教育中,首先,大学生应树立科学的马克思主义人生价值观。第二,社会主义道德。即爱祖国、爱人民、爱劳动、爱科学、爱社会主义;社会主义人道主义和国际主义精神。第三,共产主义道德。即奋力开拓,公而忘私。第四,社会公共生活中的道德规范。即社会公德、职业道德、家庭美德。第五,科学的学习伦理观。即大学生要正确认识学习伦理中的各种关系。

上述科学伦理道德观的形成,需要大学生平时不断加强伦理道德思想的学习。首先,要读一两本伦理学著作,掌握道德科学的基本内容,把伦理学的有关要领弄清楚,这也是学习社会科学的主要方法。其次,由于伦理学的实践性和修养性特征,树立科学的伦理道德观一定要紧密联系社会实践,例如,读到一些道德命题就要与社会现实加以对照,从社会道德现象中加深认识;并且学习努力运用伦理学中的道德修养内容,指导自己加强科学伦理道德观的培养。最后,可以通过自己的研究,探索解决问题的方法,争取在对社会主义精神文明建设做出贡献的同时提升自己的伦理道德观。

2. 养成良好的伦理道德习惯

在树立科学的伦理道德观的同时,还应不断从具体的社会生活中加强自身的伦理道德修养,养成良好的伦理道德习惯。人类社会进入21世纪,科技高度发达,人类文明也不断进步。作为站在时代前沿的大学生,应该紧跟时代的步伐,了解当今的热点问题,正确处理各种伦理关系。

(1) 人生观伦理道德

人生观是一个人对人生目的及其意义的根本观点和一般看法。人生观既是人们对一定社会物质生活条件和社会关系的反应,又是对自己实际生活过程、经验教训的认识和总结。人生观可以分为快乐主义人生观、享乐主义人生观、禁欲主义人生观、存在主义人生观和积极进取人生观等等。

历史上进步的思想家和志士仁人都表现出一种积极进取、奋发有为的人生观。孔子强调立志,认为一个人只要有崇高的志向,发挥主观能动性,坚定不移地努力,那就一定能成为一个"仁人"。"穷且益坚,不坠青云之志"、"生当为人杰,死亦为鬼雄"、"人生自古谁无死,留取丹心照汗青"等人生箴言,无不反映了这种奋发有为、自强不息的人生观。大学生也应当具有积极进取的人生观,要学会用乐观的心态看待世界和生活,要有强烈的进取心,勇于开拓创新;具有高度的责任感;要相信未来是美好的,人生是幸福的等等。

(2) 爱情、婚姻和家庭伦理道德

爱情和婚姻家庭中的伦理道德,是人类道德生活中的一个特殊领域。爱情是婚姻的基础,婚姻是家庭的前提,家庭是社会的细胞,社会是由千家万户组成的。纯洁的爱情、美满的婚姻、和睦的家庭是人们幸福生活的一部分。

爱情是一个既古老又永恒的话题,历代许多思想家和文学家都对爱情有过研究、描述和歌颂,当前,校园爱情也作为一个热点为世人关注。所谓爱情,是一对男女,基于一定的客观物质基础和共同的生活理想,在各自的内心中形成对对方的最真挚的爱慕,并渴望对方成为自己终生伴侣的最强烈、稳定、专一的一种高尚感情。大学生在恋爱的过程中要遵循具体的伦理道德要求。第一,要志同道合,情投意合。选择爱人的重要条件就是思想道德品质,要以思想和志趣相投作为基础,只有这样,两人才会有共同语言,并建立坚实的感情。情投意合就是男女双方要在性格、爱好、志趣等方面基本和谐,这样相处起来才能感情融洽,亲密无间。第二,要相互了解,忠贞专一。真挚的爱情要建立在双方相互了解的基础之上,恋爱过程中彼此要坦诚相待、真实全面地让对方了解自己;当双方经过了全面地了解并确定了恋爱关系后,任何一方都必须忠贞专一、忠诚于对方并坚定不移,这是爱情生活中的重要准则。第三,要相互尊重,相互信任。相互尊重,主要是尊重对方的人格和意愿,要两厢情愿,把个人意愿强加给对方是不对的。相互信任就是男女双方彼此要有信任感,不能相互猜疑,一旦有误会要及时消除,以保证爱情顺利发展。第四,负责和自重,两个人恋爱了,就要担负起为对方负的责任,依一定的伦理道德来把握自己的行动,用理智驾驭自己的感情。不发生越轨行为。第五,失恋而不失德。失恋无疑会给当事人带来感情上的痛苦和打击。但俗话说:"强扭的瓜不甜",只有心心相印,爱情才能长久。"天涯何处无芳草",失恋不要失德,爱情不是人生最后和唯一的追求,要正确对待恋爱中的失意,才能在生活中重新获得纯洁、美好的爱情。

婚姻是男、女两性相结合的社会形式,是由一定时代的社会制度和法律所认可的社会关系。婚姻家庭中应该遵循以下伦理道德:第一,婚姻自由,一夫一妻。婚姻自由是指婚姻当事人双方要以爱情为基础,依照法律规定自愿决定自己的婚姻,任何人不得干涉和强迫。婚姻自由包含两方面含义:一是结婚自由,二是离婚自由。一夫一妻制,是指在同一时间内,任何人只能有一个配偶,不能同时有两个或两个以上的配偶,这是社会主义制度下两性关系的客观要求。第二,男女平等,互敬互爱。男女平等是男女双方享有平等的权利和义务。这是社会主义婚姻家庭道德的核心,是夫妻伦理规范建设的关键。互敬互爱是指夫妻双方必须相互尊重,在生活上要相互合作和帮助,珍惜和发展夫妻间的深厚感情。第三,教育子女,赡养老人。家庭是孩子人生旅途的第一站,父母是孩子的第一任教师。父母不仅应当对子女的健康成长提供必要的物质生活条件,而且应当对他们进行良好的教育,使他们成为既适应社会,又能够服务社会的人,这是作为父母义不容辞的责任。尊敬父母、赡养老人是中华民族的传统美德,也是社会主义婚姻家庭道德的重要准则。在长辈失去劳动能力或生活上不能自理时,子女在经济上供养长辈、在生活上扶助长辈的责任是理所当然的,任何人都不得拒绝赡养和扶助老人。第四,提倡晚婚,实行计划生育。我们要克服"养儿防老"、"多子多福"、"重男轻女"等旧观念,树立"提倡晚婚、实行计划生育"的新风尚。

(3) 职业道德

职业是人们取得生存资料的途径,也是按照社会分工向社会提供劳动,并与他人的劳动相交换,从而获得报酬的一种方式。职业是社会分工的必然结果,人们从事的每种职业都必然会有该种职业的各项要求。其中,职业道德则是职业要求中的基本要求。生活在社会中的每个人只有认真遵循各自职业道德的要求,社会才能得以维持与和谐,社会生活才能顺利维持下去。

职业道德是由职业理想、职业态度、职业责任、职业技能、职业纪律、职业良心、职业荣誉和职业作风组成的。职业理想是人们在职业活动中所确立与追求的奋斗目标,它是职业道德的灵魂。我们在职业理想问题上应大力倡导以充分发挥自己的聪明才智为祖国和人民作贡献为择业目标,进而强化职业的社会价值取向。职业态度是指从业者对本职工作的意义、价值的认识和采取的行动。职业态度决定着劳动者的工作积极性及完成工作职责的态度。职业责任包括单位责任和劳动者责任两个方面。职业技能是指从业人员完成本职业工作应有的业务水准及技术能力。职业纪律要求从业人员在职业活动中遵守秩序、执行命令,从而履行自己的职业责任。职业良心是道德自律意识在职业生活中的具体表现。职业荣誉是对从业人员职业行为的社会价值所做出的公认的客观评价及正确的主观认识。职业作风是指从业人员在其职业实践和职业生活中表现出的一贯态度。

(4) 社会公共伦理道德

社会公共伦理道德,简称社会公德。社会公德是指人们在公共生活中应当遵守的道德准则。社会公德的内容分为两个方面:一方面是由国家提倡的适合于同一社会条件下各个阶层和全体公民的道德,即人际关系公德。另一方面是指日常公共生活中人们所认可并遵循的公共生活规则,它通过人们的生活习俗、纪律规则等表现出来,即公共场所公德。

人际关系公德要求:第一,以诚相见,讲究信用;第二,与人为善,善解人意;第三,讲究平等,互相尊重;第四,宽以待人,礼让为先;第五,乐善好施,团结友爱。公共场所公德要求:第一,讲文明,懂礼貌;第二,遵守公共秩序;第三,爱护公共财物;第四,讲究卫生。

这里着重讲一下网络伦理道德。信息网络技术的迅猛发展,使我国社会的政治、经济、科技、文化等领域正在发生广泛而深刻的变革,影响到我们的生产方式和生活方式。人们的伦理道德观也不可避免地受到冲击。大学生作为中国网民中最具活力的群体,其在网络时代生活方式质量的高低,所形成的价值观念、伦理道德水平的状况,将对我国的现在和未来产生不容忽视的影响。在网络世界,个体意志比现实世界有更大的自由度,这就要求大学生网民要有道德自律意识,否则,不同道德修养和法律意识的人上网,就具有不同的行为结果。如果网民的道德自律意识比较差,那沉溺于网络不能自拔的行为以及其他不道德的行为就很难避免。

3. 要加强自我管理和自我约束

伦理道德修养不仅是一种重要的规范,同时也是衡量一个人素质高低的重要标准。现代大学生作为年轻的、朝气蓬勃的一代,更应该主动地不断加强学习和锻炼,让自己的一举一动散发出健康的、青春的气息,洋溢着与时代同行的文明氛围。

大学生要加强自我管理和自我约束,自觉地加强伦理道德修养。要意识到形成良好的伦理道德修养,不仅关系到自己的成长成才,而且关系到民族的发展、经济的繁荣和国家的振兴。要自觉地产生一种主人翁的责任感,很好地做到自律自控。注重从点滴做起,把良好的伦理道德修养渗透到日常学习、生活的各个环节。加强道德行为规范,经过校内、校外实践的反复强化,锻炼道德意志,发挥自主能力,变被动的遵守为自觉的文明行动。

大学生要从平时做人的过程中加强自身修养。养成良好的习惯,具备良好的心理素质。要学会思考,伦理道德的选择来源于思考。正确的思考才能产生正确的选择、正确的行为。大学生要通过体验、思考、自励、自省等方式进行自我教育,将伦理道德上升为做人的内在要求,将伦理道德规范转化为对真、善、美的自觉追求。

课后延伸

理智与情感——《洛丽塔》

小说描述了一位从法国移民美国的中年男子亨伯特·H.亨伯特(Humbert Humbert)在少年时期,与一14岁的少女安娜贝儿发生了一段初恋,最后安娜贝儿因伤寒而早逝,造就了亨伯特的恋童癖(The child love),他将"小妖精"定义为"九到十四岁"。亨伯特最先被一名富有的寡妇抛弃,后来又迷恋上女房东 Charlotte Haze 的14岁女儿洛丽塔(Lolita),称呼她为小妖精。

洛丽塔恣意地挑逗亨伯特,使得亨伯特无法自拔,为了亲近这位早熟、热情的小女孩,亨伯特娶女房东为妻,成为洛丽塔的继父,他利用零用钱、美丽的衣饰等小女孩会喜欢的东西来控制洛丽塔。小说中的女孩原名桃乐莉·海兹(Dolores Haze),西班牙文发音的小名为洛丽塔(Lolita)或罗(Lo),因此作为书名。后来女房东发现自己的丈夫与女儿的不伦之恋,一时气疯往外跑,被车子撞死。亨伯特将洛丽塔从夏令营接出来一起旅行,两人尽情的缠绵。洛丽塔长大后,开始讨厌继父,她意识到"即使是最可悲的家庭生活也比这种乱伦状况好"。于是她开始跟年纪相当的男孩子交往,并借一次旅行的机会脱离继父的掌握,使得亨伯特一直无法寻获。

一日亨伯特收到洛丽塔的来信,信上说她已经结婚,并怀孕了,需要继父的金钱援助。亨伯特给了她400美元现金和2500美元的支票,还把屋子卖了,买家先付的10000美元跟房子的契约。洛丽塔拒绝了亨伯特再续前缘的要求,亨伯特伤心欲绝,他枪杀了那个带走洛丽塔的剧作家奎尔弟(作品中被女主角认为是东方天才哲学家),1950年亨伯特因血栓病死于狱中。十七岁的洛丽塔则因难产而死。

相关事件:

1954年,《洛丽塔》完稿后,"对几个上了年纪阅读能力差的人来说,是一部令人憎恶的小说",于是先后遭到四家神经紧张的美国出版社的拒绝。此书在美国尽人皆知,是把它当作一本"黄书"来读的。从1955到1982年间,此书先后在英国、阿根廷、南非等国家遭禁。

1955年9月,历经挫折之后,《洛丽塔》终于在巴黎得到奥林匹亚出版社认可,并获得出版。在宽容的法国出版后,屡屡被批评,是一部非道德甚至反美的小说,也是由于这部小说一眼看去必定会产生的这种理解(即使在90年代,情况也是如此。一个有趣的例子是,在因特网上键入主题词"洛丽塔",所搜出的全部网页中至少有百分之五十涉及到性和色情)。

面对不同的议论,纳博科夫本人的回答非常明确:"在现代,'色情'这个术语意指品质二流、商业化以及某些严格的叙述规则,那也是千真万确的。因此,在色情小说里,必须有一个个性描写场面。此外,书中描写性的场面还必须遵循一条渐渐进入高潮的路线,不断要有新变化、新结合、新的性内容,而且参与人数不断增加(萨德那里有一次花匠也被叫来了)。因此,在书的结尾,必须比头几章充斥更多的性内容。"纳博科夫也说:"《洛丽塔》根本不是色情小说。"

这部小说塑造了一个无英雄气质的人物赫伯特,他对年轻少女有着不可抗拒的情欲。其实,这是纳博科夫的又一篇寓言故事,从淫欲来检验爱情。

第 7 章

胸怀九州——政治篇

7.1 政治的内涵

7.1.1 政治的含义

什么是政治？古往今来，众多的思想家、政治家曾从不同的角度给政治下过定义。在我国古代思想家的著作中"政"基本上包含了两层意思：其一，是指统治者率领人民走他们所谓的正道，或民众所遵循的行为准则。例如孔子说："政者，正也"，"政者，制也"。其二，是统治者管理国家、治国平天下的本领。例如孔子说："不在其位，不谋其政"，"政者，事也"，"治者，理也"，广义地说，我国古代讲的即君主用什么方法来管理国家。在古代西方，"政治"一词却具有不同的含义，在古代希腊的思想家亚里士多德的《政治学》一书中，"政治"的含义源自古希腊语 Polis，即城邦或城市国家的意思。

近代西方资产阶级学者也给政治下了不少定义。拉斯韦尔认为"政治行为就是人们为权力而进行的活动"，德国铁血宰相俾斯麦认为"政治就是当权者运筹帷幄的活动"。20 世纪 50 年代以来，盛行于西方特别是美国的对政治的解释是认为政治即围绕政府决策所发生的现象。例如，"政治是指选择公务员和促进政策的活动"，"政治即政府制定政策的过程"等等。尽管这些解释五花八门，莫衷一是，尽管都没有揭示政治的本质，但都直接或间接地涉及国家政权，涉及统治与管理。

我国伟大的民主革命先行者孙中山，对政治的含义曾作过这样的解释："政就是众人之事，治就是管理，管理众人的事，便是政治。有管理众人之事的力量，便是政权。"[①]这个定义比其他任何剥削阶级的政治思想家的种种说法都要有价值，它在理论上确认了政治是有关众人之事，而不是少数帝王将相的专利品，指明了政治的力量在于政权，只有运用政权才能管理众人之事，这样就揭示了政治与政权的本质联系。这个定义在实践上具有反对封建专制的历史进步性，但没有揭示出政治与经济、政治与阶级之间的本质联系。

马克思主义经典作家运用历史唯物主义的基本原理，科学地揭示了政治的本质及其产

---

① 《孙中山选集》，第 692 页。

生和发展的规律。无产阶级革命导师曾从各个不同的角度阐明政治的含义,如:"政治是经济的集中表现"[1],"政治就是各阶级之间的斗争"[2],"政治就是参与国家事务,给国家定方向,确定国家活动的形式、任务和内容"[3],"政治是一种科学,是一种艺术"[4]等等。在上述种种解释中,最科学、最完整、最准确的概括是"政治是经济的集中表现",它深刻地揭示了政治的本质及其发展规律,其他各种概括都只能是具体丰富它的内容,既不能与它并列,更不能将它取代。

"政治是经济的集中表现",说明政治不是脱离经济而孤立存在的,政治的性质由经济基础的性质决定,又反作用于经济基础。作为生产关系总和的经济基础,它决定着社会的阶级结构、阶级的经济地位以及阶级的经济利益。政治和经济的相互作用过程,反映着阶级关系及阶级利益的复杂关系,剥削阶级与被剥削阶级之间在经济利益上的根本对立必然集中地表现为政治上的斗争,所以在阶级社会里,政治的基本内容就是阶级关系和阶级斗争,正是从这个角度出发,列宁才强调说:"政治就是各阶级之间的斗争"。在社会主义社会,阶级斗争仍然存在,阶级斗争当然是政治,但政治逐步地、主要地表现为经济建设,集中力量发展社会生产力,进行社会主义现代化建设是广大人民根本利益的集中表现,正是在这个意义上,我们说:"进行社会主义现代化建设是当前最大的政治"。

"政治是经济的集中表现",说明一定阶级或社会集团的政治活动归根结底是为了维护自己的经济利益,离开经济利益的政治活动是不存在的。而反映经济利益的政治活动也就不能不涉及到千百万群众的大事。在有阶级的社会里群众总是划分为阶级的,所以毛泽东指出:"政治就是指阶级的政治、群众的政治,不是所谓少数政治家的政治","不是少数个人的行为"[5]。列宁则强调:"只有从千百万人着眼,才会有实事求是的政策。"[6]

"政治是经济的集中表现",说明政治在各种社会上层建筑中处于一个特殊重要的地位,它是整个社会上层建筑中最活跃、最敏感的部分。它不仅在上层建筑的所有领域中对经济的影响最直接,而且对社会上层建筑的其他领域以至对整个社会生活的影响也是最有力的,所以,"一个阶级如果不从政治上正确地处理问题,就不能维持它的统治"[7]。

"政治是经济的集中表现",说明各阶级或社会集团的经济利益正是集中地表现在建立和维护自己的政治统治的活动上,即建立和维护本阶级的国家政权上。在阶级社会里,阶级统治的基本工具是国家政权,一切革命的根本问题都是政权问题,无产阶级也只有依靠自己的国家政权才能完成解放全人类的历史使命。所以,国家问题是"关系全部政治的主要的和根本的问题"[8],"政治中最本质的东西即国家政权机构","政治就是参与国家事务,给国家定方向,确定国家活动的形式、任务和内容"。

---

[1] 《列宁全集》第32卷,第1版,第71页。
[2] 《列宁选集》第4卷,第370页。
[3] 《列宁文稿》第2卷,第407页。
[4] 《列宁文稿》第2卷,第407页。
[5] 《毛泽东选集》合订本,第868页。
[6] 《列宁全集》第27卷,第1版,第87页。
[7] 《列宁全集》第32卷,第1版,第72页。
[8] 《列宁全集》第4卷,第1版,第43页。

综上所述,我们从政治与经济的本质联系中引伸出政治与阶级、政治与政权之间的相互关系,就可以给政治下一个科学的定义:所谓政治是指一定阶级或社会集团,为了实现和维护本阶级的经济利益所进行的夺取国家政权、组织国家政权、巩固国家政权,并运用国家政权进行阶级统治和社会管理的全部活动。运用国家权力的种种活动就是政治活动;在运用国家权力的种种活动中所发生的人与人之间的关系就是政治关系;以进行政治活动为任务的各种组织就是政治组织;围绕国家权力的斗争就是政治斗争;在政治活动中形成的观念、思想、感情、心理就是政治文化……可见,政治中最本质的东西就是国家政权。政治是个特定的概念,属于历史范畴,它是随着阶级、国家的产生而出现的一种特殊的社会现象,正如马克思、恩格斯指出的:"随着城市的出现也就需要有行政机关、警察、赋税等等,一句话,就是需要有公共的政治机构,也就是说需要政治。在这里居民第一次划分为两大阶级,这种划分直接以分工和生产工具为基础。"政治和国家一样,既然有它的产生,就有它的发展和消亡,政治是随着国家的产生而产生,也将随着国家的消亡而消亡。由于社会的发展和阶级关系的变化,政治的具体内容也随之变化,直到阶级和阶级残余消灭了,国家消亡了,政治也就不存在了。马克思、恩格斯指出:"当阶级差别已经消失而全部生产集中在联合起来的个人手里的时候,公共的权力就失去政治的性质。"如果说共产主义社会还有政治,那就不是它本来意义上的政治了。

7.1.2 政治学的研究对象

从政治的科学含义中已经清楚地表明国家问题"是关系全部政治的主要的和根本的问题"。政治中最本质的东西就是国家政权。国家政权是所占阶级社会上层建筑的核心部分,是政治上层建筑的主体。因此,政治学应该抓住政治中最本质、最主要、最根本的问题即国家政权问题作为主要的研究对象。政治学是研究以国家为主体的各种政治关系、政治思想及其发展规律的科学。

1. 政治国家

国家政权是政治生活的核心,是政治统治的工具,是政治现象的基本形式。一方面,阶级斗争和政治革命导致了政治国家的产生和更替,另一方面,政治国家又反作用于阶级社会和政治革命。因此,揭示政治国家的本质、政治国家的形式及其职能是政治学首先应当解决的问题。

2. 国家机构

国家不是空洞的东西,国家的意志和职能不能自动实现,它需要由一定的阶级通过一定的机构来实现。政治学应当研究各种国家机构在维护统治阶级的统治,履行国家职能中的作用。

3. 国家管理

统治阶级为了更好地使用国家政权来达到自己的目的,就必须组织和协调好国家机器的运转。否则,统治阶级就不能有力地进行统治。了解国家管理的内容,是政治学的重要课题。

4. 政党制度

政党是近代社会政治生活中最活跃、最积极、最有组织的力量。现代一切政治现象都与政党有密切联系,政党与国家政权关系更为密切,政治学必须阐明政党与政权的关系及其在社会政治生活中的作用。

5. 民主政治

民主政治首先是国家形态,国家形式,它是由国家本质决定的,这是政治学的一个基本范畴。掌握民主政治的历史发展以及民主政治与专制政治的根本对立,明确认识资本主义民主与社会主义民主的本质区别,对建设社会主义民主政治是极为重要的。

6. 政治环境、民主政治的建设和发展受特定的政治环境、政治文化的制约

研究政治环境的特点、结构和功能,探讨政治系统与政治环境之间的关系,寻求二者之间的动态平衡、协调稳定是政治学研究的重要课题。

7. 政治文化

政治文化作为一种社会政治现象,它反映一个国家、一个民族客观的政治历史与政治现实,同时它也影响、制约政治关系和政治活动,从一定意义上说,它也是政治环境的重要组成部分。

8. 政治参与

民主政治体现为人民广泛参与国家政治生活,不同社会制度的国家,政治参与的内容、形式、水平和基础各有不同。研究社会主义国家政治参与,对建设发展社会主义民主政治是极为重要的。

9. 政治决策

政治决策是国家机关活动过程中的中心环节,通过政治决策的制定和实施来实现统治阶级的意志。政治决策的民主化和科学化是社会主义民主政治建设的重要内容。

10. 国际关系

政治国家不仅是一国社会的正式代表,而且也是国际社会的成员,国家与国家之间必然要发生这样或那样的关系,政治学应该研究不同国家对外政策的目的和任务,探讨处理国际关系的基本准则。

上述这些问题涉及国家的阶级本质与国家形式;国家机构与国家职能;国家行政管理等。研究政党与国家的关系,研究国家形式的发展规律,研究处理阶级关系、政党关系、民族关系以及国家与国家间的相互关系等等,无不以国家问题为中心。

政治学具有鲜明的阶级性,它反映一定阶级的政治观点,为一定阶级的根本利益服务。

马克思以前的政治学都不承认自己思想体系的阶级性,把它说成是代表"全民利益"的。资产阶级学者认为政治学是对"真理的公正探求",是一种客观的见解,是与"政治信念无关"的,没有任何阶级性,这种讲法当然是极其虚伪的,列宁曾一针见血地指出:"一切关于非阶级的社会主义和非阶级的政治的学说,都是胡说八道"①。因为政治学要研究政治制度、政治思想、政治关系,包括剥削阶级与被剥削阶级之间相互关系及其地位与作用,它直接地涉及各阶级的利益,那种超党派、超阶级的政治学是不存在的。马克思主义政治学是为建立、巩固和发展社会主义民主政治服务的。

政治学是现实性很强的科学,它是理论科学和应用科学的统一,任何时代的政治学都反映时代的要求,都是社会政治生活在理论上的反映,无产阶级夺取政权前,政治学的基本任务在于运用马克思主义原理结合本国国情探索夺取政权的道路,夺取了国家政权后,社会主义国家的政治学的主要任务在于研究如何组织国家政权,如何巩固国家政权,不断完善社会主义政治制度,以充分发挥它的优越性和生命力,来实现无产阶级的历史使命。

7.2 政治学的历史

政治学是一门极其古老的学科,它随着社会历史的发展,经历了漫长的历史发展过程。马克思主义的产生使政治学发生了伟大变革,使政治学从此建立在科学的世界观和方法论的基础上。在学习政治学时,必须了解政治学发展的历史过程,特别要充分认识马克思主义的产生使政治学产生了深刻变革。这对于我们始终不渝地坚持马克思主义理论阵地,坚持马克思主义的立场、观点和方法,批判地吸收前人的科学成果,推进政治学的研究是有积极意义的。

7.2.1 古代社会的政治学说

在我国的古籍中,很早就有关于社会政治生活的论述,在甲骨文中就有关于我国原始社会末期社会政治生活即神权政治的记载。《尚书》被看作是我国最早的一部政治典籍,其中明确地宣传了君权神授的思想和等级观念。春秋战国时期,思想家们对政治问题开始了比较系统的研究。孔子是我国古代影响最大的思想家,他讲学开设德行、言语、政事、文科四科,其中政事可以说是世界上设置最早的政治专业。孔子和他的弟子所著的《论语》,基本上是一部有关政治的著作。老子提出的"无为而治"的思想给历代政治实践以重大影响。孟子的"诸侯之宝三,土地人民政事",比西方的"国家三要素说"早2000多年。墨子提出了"兼爱"、"非攻"的政治理想。韩非子把帝王权术作为独特的研究对象。《礼记·大同》体现的"大同"思想,是世界上最早的乌托邦思想。司马光的巨著《资治通鉴》,是一部"历代国家管理学"。唐代杜佑的《通典》、宋代郑樵的《通志》、元代马端临的《文献通考》,可以说是规模庞大的政策与制度等多方面专史。然而,中国古代的所谓政治,一般被理解为"布政治事",即"存君为政,在民为事"也就是指一种事务,一种管理方式,一种需要遵守的等级规范。中国

---

① 《列宁选集》第2卷,第438页。

古代政治研究的特点是：在维持既有政体的前提下研究具体的"治国之道"，处理君臣关系，以维护封建统治秩序；政治思想与哲学思想、伦理思想和其他思想交融一体，政治思想中渗透了强烈的宗教意识和宗教含义。中国古代政治研究还未形成一门独立的学科，把政治学作为一门独立学科来研究并形成专著，一般公认的是亚里士多德（公元前384—公元前322）及其名著《政治学》，可以说这是剥削阶级政治学的奠基人和创始之作。

把政治学作为一门独立学科来研究，起源于古希腊不是偶然的。公元前8世纪至公元前6世纪，古代希腊随着私有财产的出现，随着阶级分化和阶级矛盾的日益激化，社会出现了由城邦形成的奴隶制国家，同时也出现了大规模的政治权力活动。随着政治活动的发展，对政治活动的理论研究也就应运而生。古代希腊的城邦制度对当时的政治研究起着决定性的影响。政治思想的形成、发展和变化，与城邦制度的演变有着直接联系。当时城邦林立、城邦类型繁多，这成为繁荣政治研究的前提。

雅典城邦是在没有任何外力干涉下，直接由原始公社制中孕育出来的，是国家形成的典型形态。原始的民主制在一定程度上为雅典创建奴隶主民主制提供了前提。虽然奴隶主民主制的范围是极其有限的，然而它也确实活跃了人们的思想，促使人们关心政治生活，从而为政治学的发展提供了有利条件。古希腊著名的学者柏拉图有关政治学方面的著作，有《理想国》、《政治家篇》和《法律篇》。亚里士多德则有《政治学》、《雅典政制》。柏拉图和亚里士多德研究了政治社会、政治权力、人的本性、政治形式、政治机构、政治理想等一系列政治学基本课题。一般学者都推崇亚里士多德为"政治学之父"，他的《政治学》一书被看作政治学的开山之作，因为《政治学》一书是历史上第一本比较完整地研究政治问题的专著，该书使政治学相对独立于其他学科，它首先将政治学与哲学分开，将政治学与伦理学作了初步区分，《政治学》一书的体系和内容对近现代西方政治学产生重大影响。

到了中世纪，整个欧洲处于神权的黑暗统治之下，西方的一切其他学科都成了神学的奴婢，政治学也被涂上了神学色彩，成为维护教会统治的"神权政治学"。"神权政治学"有两个代表人物：圣·奥古斯丁和圣·托马斯·阿奎那，他们的代表作分别是《上帝之城》和《神学大全》，他们所论证的是世俗的政治生活必须合乎上帝的意旨，神权政治学把政治研究推向极端思辨化，人们致力于思考抽象的、玄妙的神学原则和上帝本质并以此论证现实生活。在神权政治的统治下，政治学遭到摧残和压抑。

7.2.2 近代政治学的兴起

从文艺复兴和宗教改革以来，政治学才逐步摆脱神学的束缚而发展起来，这反映了历史发展的要求。

当欧洲资产阶级朝气蓬勃地登上历史舞台的时候，经济上的迅速发展，却遇到了封建专制制度的阻碍，严重地束缚资本主义的经济发展，资产阶级思想家们顺从历史潮流，为新制度的诞生鸣锣开道，对神权统治和封建等级特权提出挑战。马基雅弗利（1469—1527）的《君主论》、布丹（1530—1590）的《主权论》、霍布斯（1588—1679）的《利维坦》、《教会和公民国家的内容、形式和权力》、霍尔士的《论公民》、洛克（1632—1704）的《政府论》、孟德斯鸠（1689—1755）的《论法的精神》、卢梭（1712—1778）的《社会契约论》以及黑格尔（1770—1831）的《法哲学》等等，这标志着西方政治学发展的一个新飞跃。这些政治学说，都是代表新兴资产阶级的利益,反对封建神权和封建等级,提倡人权和自由、和平等,并从各自不同的角度寻求资产阶级政治权力的合法基础和理想的政治统治形式,这对于反对封建专制主义,为资产阶级争夺统治权,对于推动历史发展做出了卓著的贡献。

不应忽视的是,从资本主义发展的早期阶段起,在近代资产阶级产生和发展的同时,空想社会主义思想家对政治问题的研究,成为近代西方政治学的重要组成部分。从莫尔的《乌托邦》,康帕内拉的《太阳城》到梅叶的《遗书》,摩莱里的《自然法典》以及马布利、圣西门、傅立叶和欧文的著作,他们在揭露和批判资本主义制度的种种矛盾和弊端的同时,对未来的理想社会提出了种种设想与方案。他们在关于政治制度的性质、国家政治机构的形态,尤其是关于政治机构、公民和国家的关系原则方面,都作了深刻而有价值的研究。在他们那里可以看到"共产主义思想的微光"①。为马克思主义政治学的诞生作了理论上的准备。

19世纪末以来,随着资本主义发展到了垄断阶段,资本主义社会的阶级矛盾空前激化,资本主义的固有矛盾日趋尖锐。资产阶级为了维护、巩固其阶级统治的需要,加强了政治学的研究,设置了专门的研究机构并在大学设置政治学系。在美国,1880年8月哥伦比亚大学董事会批准了学者约翰·W.伯吉斯关于建立"哥伦比亚大学政治学院"的建议,从此,政治学进入了高等学府,继哥伦比亚大学之后,哈佛大学、宾夕法尼亚大学、芝加哥大学、威斯康辛大学相继建立了专门的学科。到1920年,在美国的高等学府中建立了近50个政治学系,还在100多个社会科学系中设立政治学专业。第二次世界大战后,政治学得到了系统的研究和有组织的发展,与今美国政治学派别林立,但从总体上看,行为主义政治学在美国一直占主导地位。政治行为主义的根本特征就是把人的政治行为当作政治分析的根本出发点,并运用现代的社会科学和自然科学研究技术去分析人的政治行为,行为主义政治学回避研究政治制度和政治的基本价值。由于行为主义本身在方法论上的缺陷,在政治风云突变的60年代后期,遭到了人们的强烈反对,于是政治学研究在1968年发生了一场变革即出现了后行为主义。当然,后行为主义并不是对行为主义的全盘否定,而是企图纠正行为主义的某些偏差,它肯定并进一步发展行为主义的经验研究方法,但又不排斥传统的方法,如制度研究方法、法律研究方法、历史研究方法等。它重新强调价值原则的作用,并主张政治学研究应着重解决观念问题,政治学研究应对社会的发展做出贡献。

无论是行为主义政治学,还是后行为主义政治学,当代西方政治学都趋向于解释现象问题,而丢开本质问题;趋向于实用,而厌弃理论;趋向于与阶级统治的结合,而避免做学术研究。这表明,当代西方政治学在某些方面已经与资本主义制度结合成一体了,他们避开谈论资本主义国家和政治的阶级实质,避开宏观问题,把注意力集中到所谓的过程、动态和微观问题上,从而适应资产阶级统治的需要。

西方的政治学传入中国已有近百年历史,康有为的《大同书》,孙中山的《三民主义》、《五权宪法》等等可以说是中国人学习研究政治学的成果。孙中山的政治思想不仅在中国,在世界政治思想史上也占有重要地位。他通过考察西方国家的政治制度和研究近代西方政治理论,提出了以三民主义为核心的政治思想,以此指导资产阶级革命运动。近代政治学有明显的特点:第一,政治学研究着重于国家政体形式,改良派主张君主立宪,革命派主张民主共

---

① 《马克思恩格斯全集》第7卷,9405页。

和,它已经冲破了古代政治研究的藩篱。第二,政治学研究的目的是为了付诸于政治变革中的实践。第三,政治学研究以西方的政治制度和政治思想为蓝本,没能形成一套自己的新的理论体系。第四,政治思想和政治学研究已不再带有宗教和宗法色彩。

第一次世界大战后,中国政治学研究有了新的发展,主要表现在以下几个方面:

（1）西方政治学名著进一步引进。先后翻译和重译了柏拉图的《理想国》、亚里士多德的《政治学》、卢梭的《社会契约论》、马基雅维里的《政治科学与政府》、邓宁的《政治学说史》、基特尔的《现代政府原理》、季尔克立斯的《政治学原理》、麦尔化的《近代政治思想》、杰斯的《现代民主政体》等等。

（2）撰写了一批政治学专著和教材。

（3）许多大学设立了政治学系或专业。主要课程有政治学原理、政治思想史、政法制度史、中国行政、中国宪政等。

（4）出现了一批马克思主义的政治学者和著作。1920 年,《共产党宣言》翻译出版,瞿秋白和张太雷在上海大学分别主讲《社会学概论》和《政治学》、恽代英著有《政治学概论》,邓初民用马克思主义的观点和方法写出了《政治科学大纲》和《新政治学大纲》,王亚南著有《中国官僚政治研究》。中国共产党人把马列主义的普遍原理同中国革命的具体实践相结合,着重研究了中国的实际政治问题,丰富了马克思主义的政治理论。上述情况表明,至 1949 年之前,政治学研究分化比较明显,主要向两个方向发展:一是资产阶级政治学,二是马克思主义政治学。

7.3 政治学的伟大变革——马克思主义政治学的产生和发展

7.3.1 政治学发展史上,马克思主义的诞生导致了一场深刻的变革

马克思主义政治学的产生,开创了人类认识和掌握政治现象的科学时代,政治学研究从此具有了科学的基础。

一些剥削阶级政治学(包括资产阶级政治学),严格说来都不是真正的科学,它们至多是对客观的各种政治现象的某些方面、某些问题作了一些说明,也就是说,旧政治学至多只在某些细节、某些方面具有一定的合理性,只能在一定时期、一定范围、一定程度上说明问题,发生影响。但从整个体系来说,它们都或多或少地对客观世界进行了歪曲,没能全面地、正确地、深刻地揭示各种政治现象的本质及其规律。一些旧政治学之所以不是真正的科学,主要是与剥削阶级的阶级局限性有关,这种阶级局限性是由经济地位决定的。剥削阶级的偏见束缚了自己的手脚,限制了自己的视野,使他们不敢如实地反映客观世界,不敢深刻揭示政治现象的本质。

马克思主义的产生使政治学研究建立在辩证唯物主义与历史唯物主义的科学理论基础上,从而根本改造了旧政治学,实现了政治学的伟大变革。

1848 年发表的《共产党宣言》标志着马克思主义理论体系的形成,也标志着马克思主义政治学的形成,它是马克思主义政治学纲领性的文献。《共产党宣言》用唯物史观分析一切社会的政治现象,特别是资本主义社会的阶级和阶级斗争,分析了阶级、国家、政党、革命、民

主、民族和战略策略等一系列政治学的基本原理和基本课题。马克思、恩格斯的其他许多著作如《1848至1850年的法兰西阶级斗争》、《路易·波拿巴的雾月十八日》、《资本论》、《法兰西内战》、《论权威》、《哥达纲领批判》、《家庭，私有制和国家的起源》、《历史唯物主义的通信》等，都是马克思主义政治学的代表作。

列宁继承和发展了马克思主义，为丰富马克思主义政治学说做出了宝贵的贡献。他的著作，如《社会民主党在民主革命中的两种策略》、《三种宪法或三种国家制度》、《论民族自决权》、《社会主义与战争》、《国家与革命》、《共产主义运动中的"左派"幼稚病》、《论国家》、《论双重领导和法制》、《怎么办》、《进一步，退两步》、《苏维埃政权的当前任务》、《无产阶级专政时代的经济和政治》等等，对国家问题、阶级斗争、战争与和平、党的建设、民族、战略策略、民主与法制、社会主义政权建设等政治学基本问题，作了深刻全面的论述。

中国共产党在长期的革命斗争中，把马克思主义的基本原理同中国革命的具体实践相结合，在理论和实践上丰富和发展了马克思主义的政治学说，特别是毛泽东的一系列著作如：《中国革命和中国共产党》、《新民主主义论》、《论联合政府》、《论人民民主专政》、《关于正确处理人民内部矛盾的问题》等，深刻论述了阶级、国家、革命、战争、政党、战略策略、统一战线、人民民主专政等问题。

7.3.2 马克思主义政治学是无产阶级认识世界和改造世界的革命理论的一个组成部分

马克思主义政治学是无产阶级认识世界和改造世界的革命理论的一个组成部分。它建立在辩证唯物主义与历史唯物主义的科学理论基础上，是科学性和革命性的统一，是理论性和实践性统一。从而根本改造了旧政治学，实现政治学的伟大变革。

第一，旧政治学是撇开经济谈政治，以"上帝的意志"、"民族精神"、"人的天性"来寻找各种政治现象的解释。马克思主义认为经济是基础，政治集中反映了阶级的整体的根本经济利益；社会集团间经济上的利害冲突必然表现为阶级斗争；阶级斗争又必然导致夺取政治统治权的斗争；只有通过阶级斗争才能为经济发展扫清道路，要达到经济的目的必须通过政治的手段。无产阶级要通过夺取、建立和运用国家政权大力发展生产力，逐步实现共产主义，才能获得彻底解放。政治来源于经济，决定于经济，同时反作用于经济。因此，在研究各种复杂的政治现象时，必须分析产生这种政治现象并决定其发展的社会物质生活条件，揭示它的经济根源；同时也要考察政治现象对经济基础的作用。

第二，旧政治学或是掩盖了阶级划分，或是把阶级剥削看成是"天经地义"的"永恒的规律"。马克思主义认为，阶级的存在仅仅同生产发展的一定历史阶段相联系。阶级的产生、发展和被消灭，始终是由社会生产力发展的水平和性质决定的。自从人类社会出现了阶级，便有了阶级矛盾和阶级斗争，这是社会的客观存在。政治是阶级的政治，阶级关系和阶级斗争是政治关系的基本内容。这就要求我们在研究政治现象时必须运用阶级分析方法，透过复杂的政治现象分析这些现象的阶级本质，从中找出规律性的东西。

第三，旧政治学总是把国家看成是超阶级、非阶级的，"君权神授论"或"社会契约论"都是企图说明国家是永恒存在的，是人类社会所固有的。马克思主义把阶级斗争理论贯彻到底，认为国家是阶级矛盾不可调和的产物和表现，国家是随阶级的产生而产生，也将随着阶级的消灭而逐步走向消亡。国家的本质是阶级的专政,国家的职能是国家本质的外部表现,国家的对外职能是对内职能的继续,都是由国家本质决定的。这就要求我们,在研究政治学时应该抓住政治中最本质的问题即国家政权问题,并科学地揭示国家本质,这样才能认识国家、组织国家、管理国家,运用国家权力为无产阶级和人民大众服务。

第四,旧政治学都避而不谈国家的历史类型,以国家的形式来掩盖国家的本质,给政治学造成了混乱。马克思主义认为,国家的历史类型是由经济基础决定的,它随着经济基础的变化而变化。在人类历史上出现过四种类型的国家即奴隶制国家、封建帝制国家、资本主义国家和社会主义国家。前三种类型的国家都是建立在不同形式的生产资料私有制的基础上,政权掌握在剥削阶级手中称为剥削阶级类型的国家,社会主义国家是建立在生产资料公有制的经济基础上,政权掌握在工人阶级领导下的广大劳动人民手里,它是人类历史上最高类型的国家。适当的国家形式(包括管理形式与结构形式)能够更充分地体现和维护国家本质,国家本质必定通过一定形式表现出来,这就要求我们在研究政治学时既要研究国家历史类型,揭示国家本质,也要重视对各种国家形式的研究,使我们社会主义国家的管理形式和结构形式更加完善。

第五,旧政治学都以不同的方式竭力夸大个别人物的作用,把人民群众看作是"消极的"、"被动的",从根本上否认人民群众的伟大作用。马克思主义认为,以劳动人民为主体的广大人民群众不仅是物质财富的创造者,而且是精神财富的创造者,是社会变革的决定性力量,是政治活动的主体。在人民群众中涌现出来的个别杰出人物,是时代的先驱、是群众的领袖、是阶级的代表,他们顺应历史的潮流对历史发展发挥巨大作用,但是,他们一旦脱离人民群众就显得软弱无力,就丧失他们应有的地位和作用。政治是人民群众的政治,但是在一切旧制度下,人民的政治积极性受到压抑,群众的政治首创精神遭到摧残,只有在社会主义国家,人民群众的政治地位才发生了根本变化。共产党领导国家生活的本质内容就是组织和支持人民的政治参与当家作主,这就要求我们在研究政治学时应该立足于人民,着眼于群众。

总之,马克思主义的产生使政治学发生伟大变革,它从根本上改造了旧政治学,克服了政治学的局限性,使政治学成为无产阶级和广大人民认识世界和改造世界的理论武器。

课后延伸:政治学经典名著提要

《变化社会中的政治秩序》

美国著名国际政治理论家塞缪尔·P.亨廷顿的关于政治发展理论的专著(1968)。本书从宏观上论述了第三世界国家在走向现代化的道路上遇到的种种问题,提出了第三世界国家走向现代化的"强政府理论"。二战后亚非拉一大批国家纷纷摆脱原有的殖民地半殖民地而独立,并开始了现代化进程,但到20世纪60年代除少数国家以外,大多数国家不仅没有摆脱贫苦和落后,反面陷入了政治的动荡和暴力冲突,本书分析了导致发展中国家的政治动荡的原因,指出一个国家如何才能避免政治动荡实现政治稳定的发展,获得现代化的成功。在本书中,作者指出政治不稳定的根源就在于现代化,现代性孕育着稳定,而现代化过程却滋生着动乱。亨廷顿在考察了许多国家的情况后指出,经济发达和经济比较落后的国家在政治上都比较稳定,而发生政治动荡的大都是经济上有一定程度发展的国家。主要原因是经济的发展,集团的分化,利益的冲突,价值观的转变以及民众参与期望的提高,远远超过了政治体制的承受能力,导致了社会紊乱。而要根除国内政治的动荡和衰朽,这些国家就必须建立起强大的政府。所谓强大的政府也就是有能力制衡政治参与和政治制度化的政府。亨廷顿把第三世界发展中国家大致分为传统君主制政体、军人左右局势的普力夺政体和革命政体,并对这几种政体在进行现代化改革过程中如何克服不同的困难、利用独具的有利条件的情形逐个进行了详尽的分析。亨廷顿在本书中的理论贡献使得该书成为研究现代化理论的经典之作。

《古代人自由与现代人的自由》

著名法国自由主义思想家、近代自由主义奠基人之一贡斯当论述其自由主义政体观的重要著作(1988)。全书共四编,分为三个部分:第一部分为贡斯当1819年的著名演讲《古代人的自由和现代人的自由之比较》。在本文中,作者一方面重申从现代性和先进商业经济的种种制约往回倒退是不可能的。但另一方面他又坚持认为,如果现代政治共同体想避开破坏性的个人主义和强权主义野心的危害,就必须使这些共同体的公民参与政治的要求保持活力。本书论述了古代世界与现代市场社会的不同特点,概述了古代和野蛮民族天生的好战与征服倾向同现代商业民族潜在的爱好和平与世界主义倾向之间的差别。作者认为,拿破仑帝国注定要灭亡,因为它试图把自己的军事征服美梦强加给一个商业民族,而这种梦想早就对他的人民失去了任何吸引力。作者将僭主政治与传统的君主制以及专制制度作了比较,发现僭主政治具有一些不同于传统政治的明显特征:(1)这种政治在本质上不具备任何合法性,是一种以赤裸裸的暴力统治为基础的权力形式;(2)这种权力不受任何制约,带有强烈的个人色彩,僭主个人是至高无上的;(3)它的权力是全面的、无所不在的。总的来说,专制主义仅仅是对人的奴役与压迫,而僭主政治则是对人性的摧残。这样做的必然后果是,人们不仅被压迫、被奴役,而且被剥夺了人的尊严,剥夺了人所以为人的最根本的特征。贡斯当对法国大革命批评的核心不在于大革命导致过分自由,而在于大革命所追求的民主权、多数统治扼杀了个人自由,以集体主义取代了个体主义。贡斯当还探讨了卢梭以及法国大革命时期的理念与古代社会的关系,并提出关于古代人的自由与现代人的自由之比较的著名理论。他注意到古代人所理解的自由主要是一种公民资格,即参与公共事务辨认与决策的权利。他指出,古代人生活的主要内容是公共生活,因为古代人没有一个明确界定的私人领域,没有任何个人权利。而现代人则与古代人过着一种截然不同的生活。在现代,政治在人们生活中的地位下降了。人们必须从事生产与交换,人们在政治事务中的影响由于疆域的扩大而相对缩小。强调维持一个不受政治权力干预的私人空间,强调个人权利的不可侵犯性。同时,现代人也愈来愈难以直接参与政治事务的讨论与决策,因而愈来愈诉诸代议制作为既保障个人对政治的影响力,又维护个人及其生活方面的手段。现代人的自由首先表现为现代人享有一系列受法律保障的、不受政府干预的个人权利。现代自由还意味着公民权的淡化。公民权在现在只能是"兼职的公民",古代那种人民直接参与政治生活的情形将被减少到最低程度,人民只能以代议制的方式行使自己的主权。贡斯当认为代议制

-116-

可能有助于保护自由。他赞赏立宪政治,并认为君主制通过在行政部门和立法机构之间维持平衡而有着重要的作用,但以血统关系为基础的贵族统治是不合理的,法律面前的平等才是自由的实质。社会的重要性在于它使自然本能得以实现,并使个人能够完成他们独自永远无法完成的任务,但却绝不能因此而牺牲言论、宗教和受教育的自由,或者限制反对政府的权利。

《合法性危机》

法兰克福学派第三代代表人物尤根·哈贝马斯的重要著作,德文版原名为《晚期资本主义的合法性问题》(1973)。全书有三篇18章。第一篇,社会科学的危机概念,包括制度和生活世界;社会制度的一些要素;社会组织原理的说明;由自由资本主义制度中周期性经济危机的实例所阐释的制度危机四章。第二篇,发达资本主义的危机趋势,包括资本主义的描述模式;发达资本主义的发展所产生的问题;可能的危机趋势的分类;经济危机原理;合法性危机原理;动机危机原理;回顾八章。第三章,论合法性问题的逻辑,包括马克思·韦伯的合法性概念;实践问题同真理的关系;压制普遍利益的模式;个人结局如何;复杂性和民主;对理性的偏爱六章。哈贝马斯认为,晚期资本主义的发展蕴含着危机,但马克思关于自由资本主义时期的危机理论已经不能解释当前的实际,需要发展新的危机理论。他将社会危机分成经济危机、合理性危机、合法性危机和动机危机四类。在晚期资本主义,经济危机已不是不可避免,危机正从经济领域转移到社会、政治、行政和文化领域;尽管危机存在,但已不带有制度危机的性质和阶级的性质,不会从根本上危及资本主义的统治。因这国家已具有平衡社会力量的新功能,阶级调和已成了当代资本主义结构的基础。但晚期资本主义陷入了因政治制度失去信任而带来的合法性危机;由于国家实行干预政策,违背了固有的保护个人首创精神和信奉企业自由的合法的意识形态,导致人民对政府合法性产生怀疑,群众不对国家的权力制度表现出忠诚和支持,同时人们提出的愿望得不到满足也会产生合法性危机。这种危机的基础是这个制度缺乏必要的动机,原因在于行政当局无力履行计划动机的职责,文化系统不能产生使人信服的政治法律上的合法根据,不能激发起社会成员同制度代合作的动机。哈贝马斯认为合法性的瓦解会危害晚期资本主义社会,但只要国家约束自己的行为,遵守同群众的约定,充分注意民众的私人利益,保障合法要求的满足,也可避免使合法性酿成危机。

《比较政治学:体系、过程和政策》

美国当代比较政治学结构功能主义学派创始人加布里埃尔·阿尔蒙德的代表作之一(1966)。本书分为导论、体系功能、过程功能和公共政策四大部分。(1)作者主要说明了他的政治体系理论,解释了本书所涉及到的主要概念,如政治体系、环境、输入与输出、政治结构、角色、政治文化、政治发展、政治产品等。(2)分析了政治体系的功能,讨论了政治社会化、政治录用和政治交流这些主要的政治体系的维持和适应功能。(3)分析了政治过程,阐述了利益表达、利益综合、政策制定和政策执行这些功能或过程功能的意义。他认为,过程功能是任何一个政治体系制定和实行政策所必备的功能。(4)集中讨论了政治体系的输出—公共政策问题,论述了政治体系的实际作为、结果和反馈、发展的政治经济、政治产品和政治生产力等问题。在本书中,作者吸取了政治学、社会学、人类学、经济学和哲学等学科的研究成果,运用"体系—过程—政策"比较分析方法,对东西方和第三世界24个国家的政治体制、政治文化和政治决策的特点进行了分析和比较,试图在各种不同类型的国家中找出具有共同意义的可资比较的概念和标准,进而通过这些概念和标准,运用结构功能主义的体系方法去分析评价一个国家的政治体系的实际运行过程,以及在各个层次上所发挥的功能作用。这与西方传统的注重法律机构和制度等静态的分析方法相比是别具一格的。本书不仅研究政治活动本身的实践,而且探讨政治与不断变化着的社会环境之间的关系,扩大了比较政治学的研究范围。在研究方法上,作者还注意与经济学、社会学及现代自然科学等其他学科的方法相互渗透。阿尔蒙德认为,政治学的核心概念是政治体系,而政治体系是一个包括环境、输入、转换、输出和反馈等部分的系统。所有的政治体系为实现本身的目标,都要有相应的政治结构以及组成政治结构的政治角色。现代政治体系一般都有利益集团、政党、立法机关、行政机关、政府官员和法院六种政治结构。研究任何一种政治体系,都必须重视对政治文化的研究。作者从纵横两个层面对政治文化进行了分析。横的方面,他把个人对政治对象的态度分为三个组成部分:认识的、感情的、评价的,认为个人对任何政治对象的倾向都可根据这三个部分来考察。纵的方面,他是从体系—过程—政策这三个层面来分析的。体系文化就是公民的政治倾向对一个政治体系的延续和调节;过程文化就是公民对政治过程的一整套倾向;政策文化就是公民对公共政策的倾向模式。他还提出政治文化世俗化和政治结构分化是衡量各种政治体系发展程度的依据,主张用"政治产品"这一概念来评价各种政治体系的实际作为。本书用结构功能主义的体系分析代替了传统的法律、宪法和政治制度的比较政治学研究,构筑起一个全面的比较政治分析框架,开创了比较政治学研究的新方法。通过对政治社会化、政治文化的分析,将人们的政治活动与广泛的社会活动、文化传统、价值观念等结合起来,从而为拓展当代政治学研究的范围做出了积极的贡献。

《文明冲突和世界秩序的重建》

美国著名国际政治理论家塞缪尔·P. 亨廷顿关于全球政治发展的专著(1998)。随着前苏联的解体、冷战结束,意识形态不再重要,国际舞台上的冲突不再以意识形态为界限展开,各国开始发展新的对抗模式,人们需要一个新的框架来理解世界。在这一背景下,亨廷顿提出了"文明的冲突"——正在出现的全球政治的主要的和最危险的方面将是不同文明之间的冲突的观点,认为冷战后的世界,冲突的基本根源不再是意识形态或经济因素,而是文化方面的差异,主宰全球的将是"文明的冲突"。1993年夏,亨廷顿在《外交》杂志上发表了题为《文明的冲突》的文章,首次阐发了关于文明冲突的理论。1996年他将这篇论文扩展成为一本专著,取名为《文明的冲突与世界秩序的重建》。通过将文明与世界秩序挂钩,亨廷顿对文明冲突理论做了详尽、系统的阐述和论证,明确提出西方的全球责任是:维护西方文明,确保自身利益而不是促进非西方社会的利益。亨廷顿表示这本书并不打算成为一本社会科学著作,而是要对冷战后全球政治的演变作出解释,他渴望提出一个对学者有意义的并对决策者有用的看待全球政治的框架和模式,试图唤起人们对文明冲突的危险性的注意,以助于促进整个世界上"文明的对话"。本书共分五部分:(1)"一个多文明的世界"。作者认为冷战后,世界格局的决定因素表现为七大或八大文明,即中华文明、日本文明、印度文明、伊斯兰文明、西方文明、东正教文明、拉丁文明,还有可能存在的非洲文明。今后主宰全球的将是"文明的冲突"。(2)"变动中的各文明力量对比"。指出文明之间的权力均势正在变更,西方文明正在衰弱,亚洲文明正在发展壮大,伊斯兰教文明的人口也在激增,一般来说非西方文明都在重新肯定它们自身的价值。(3)"正在形成的文明秩序"。认为一个以文明为基础的世界秩序正在出现。由意识形态和超级大国界定的联盟正在让位于由文化和文明界定的联盟,文化社会正在取代冷战集团,文明之间的断层线正在变成全球政治冲突的中心地带。(4)"文明的冲突",随着冷战的结束,国际舞台上的冲突也不再以意识形态为界限展开,而主要以不同文明之间的斗争形式展开。这种文明之间的冲突一般有两种形式:在地区或微观层次上,不同文化的邻国或一国不同文明集团之间的断层线冲突;在全球或宏观层次上,不同文明的主要国家之间的核心冲突。亨廷顿进而分析了断层线战争,并认为永久性结束断层线战争是不可能的,要休止断层线战争,防止其上升为全球战争,需要依靠世界主要文明核心国的利益和行动。(5)"文明的未来"。认为西方的生存有赖于美国人重新肯定他们的西方认同,以及西方人团结一致来对付非西方社会的挑战。虽然由世界主要核心国卷入的全球性战争爆发的可能性极小,但并不是不可能,这种危险的根源就在于文明及其核心国之间权势的变化。在未来时代,为了避免文明间的战争,世界领袖就必须接受并维护全球政治的多元文明性质。为此,亨廷顿提出了三个原则:避免原则,即核心国家避免干涉其他文明的冲突;共同调解原则,即核心国家相互谈判,遏制或制止这些文明的国家间或集团间的断层战争;共同性原则,即各文明的人民应寻求和扩大与其他文明共有的价值观、制度和实践。本书是对今天和下个世纪全球政治发展动力的深刻而有力的分析,也是近十年最富有争议的著作之一。

《政治学:谁得到什么?何时和如何得到?》

当代美国著名政治学家哈罗德·拉斯维尔的早期代表作之一(1936)。本书是行为主义学派早期的一部代表性著作。拉斯维尔认为政治学研究是对权势和权势人物的研究,政治学的任务就在于进行政治分析、阐明情况。权势人物是在可以取得的价值中获取最多的人们,他们是精英,其他的人是群众。决定权势的基础是在那些为了分权目的而选用的价值中占有的份额。这些价值包括尊重、安全和收入。精英驾驭或操纵环境,运用象征、暴力、物资和实际措施等办法来达到自己的特定目的,其中,象征是现行匠意识形态,精英最大限度地利用各种已经约定俗成的言辞和姿态等进行宣传,从群众中骗取血汗、劳动、税金和赞扬。暴力是精神用以进攻和防御的一种重要手段,它有多种形式,包括武装力量、战争、暴动、军事政变、暗杀及其他恐怖行为等,人们为了使暴动行动取得胜利,常常把暴力行动与组织、宣传、情报等各工作相配合。物资的支配权通常由统治精英掌握着。此外,精英所采取用的实际措施包括所吸取和训练精英的方法和所有的在制定政策和实行管理中所采取的形式,如宪法、集权或侵权等。拉斯维尔认为,价值的最终分配结果与技能、阶级、人格以及态度四种有关。他根据精英人物在技能、阶级、人格和态度方面的不同特点,分析了社会变化尤其是重大政治事件对价值分配状况所产生影响。技能就是某种能和能尝到的作业方法,在不同的历史时期的各种技能是不同的。阶级就是具有类似的职能、地位与观点的重要社会集团。在阶级和技能的外表下,实际起作用的是人格的辩证法。政治活动家往往把他们的私人动机积铢累寸到公共事务上面,并运用公共利益的措辞使这种积铢累寸合理化。拉斯维尔指出,一个得到充分发展的政治人格可以把一定的动机、冲动外在化的感情能力与一定的技能结合起来。他还对各种态度包括外化了的态度、社会态度、好斗的态度以及与它们有关的其他态度做了分析评述,指出政治家对周围环境的反应态度无外乎目标定向思维、调整性思维、我向思维和躯体性转变四种。拉斯维尔在本书中还区划图对政治发展的动向做出预测。本书体现了早期行为主义政治学在研究对象、研究目的和研究方法具有的种种特点,对政治行为主义的发展产生过重大影响。

《无政府、国家和乌托邦》

美国当代著名哲学家罗伯特·诺齐克的重要政治伦理著作之一(1974)。如何解决自由与平等的矛盾是当代西方社会正义理论的主题。罗尔斯在《正义论》中主张通过区分两个领域来解决矛盾,在政治领域中个人的基本权利是不能以任何名义被剥夺的,但在经济领域里的利益分配却可以奉行一种最大限度的改善处境最差者的地位的原则进行,哪怕这样可能会损害某些人在利益分配方面的权利。诺齐克不同意这种观点,为此写了本书与罗尔斯展开了论战。这部书探讨了三个概念:(1)探讨了无政府状态即"自然状态",讨论最弱意义的国家是否有必要并有可能以一种不违反个人权利的方式产生。作者得出的结论是肯定的,认为一种最弱意义、最少管事的国家是能够在道德上得到证明的。(2)探讨了国家是否还能管理更多的事,即管比防止暴力、偷窃、欺诈和强制履行契约更多的事。对此作者得出的结论是否定的,即国家不能管更多的事,而只能至此为止,再管就要侵犯个人的权利,因而在道德上就是不可证明的。(3)探讨了这种最少管事的国家是否枯燥乏味,对人没有鼓励和吸引力的问题。作者联系政治理论中最诱人的乌托邦传统,指出这一传统能留存下来的唯一合理的因素就是他所称的"乌托邦结构"亦即最弱意义的国家,这种结构能允许和鼓舞人们的各种基于自愿的探索冒险与代表作的乌托邦理想和精神,因而最少管事的国家是能够鼓舞人,使人振奋的。由此可见,诺齐克理论实际上是一种国家理论,全书的中心就是国家:讨论了国家的起源及其必要性问题;国家的功能和合法性问题;国家的理想及其可欲性问题。而这些讨论又是从道德的角度进行的,即国家的起源、功能及理想都是从道德的角度观察和立论的,其最终衡量标准也是作为道德边际约束的个人权利。可以恰当地把诺齐克的这本书称之为一本社会政治伦理学著作。诺齐克的这部书可与罗尔斯的《正义论》媲美,对美国和西方都产生了广泛的影响。1975年本书获得了美国国家图书奖,1988年新版的《不列颠百科全书》把这部书作为近年来最重要的理论成果之一予以专门介绍。

第8章

天地之美——艺术篇

8.1 艺术与美

8.1.1 什么是艺术

艺术的本质就是通过某种特定的媒介符号,如绘画、诗歌、音乐、舞蹈、小说、戏剧等来反映和描述事物及其价值关系的运动与变化过程,从而对人的情感、知识和意志进行交流、诱导、感化和训练。

艺术,是人们为了更好地满足自己对主观缺憾的慰藉需求和情感器官的行为需求而创造出的一种文化现象。艺术,是人们在日常生活中进行娱乐游戏的一种特殊方式,又是人们进行情感交流的一种重要手段,属于娱乐游戏文化的范畴。在娱乐功能的层面上,艺术与普通的娱乐游戏具有同等重要的存在价值和发展价值。然而,艺术与普通的游戏在文化形态上毕竟存在着本质上的差异,在文化的社会功能上也存在着明显的差异,这种差异无论从理论上还是实践上都有着被认真关注的必要。

什么是艺术,艺术与人类的其他文化有什么本质的不同?目前似乎谁也不能够明确地给予回答。本文从人的主观行为的功能范畴及其所创造出的文化构成入手,试图回答这一问题。

1. 人的主观行为的三种基本功能

在社会生活中,人的主观行为,可以根据其基本的功能范畴分为三种类型:第一类是为了获得最基本的社会生活资料所从事的基本生产劳动,如寻找、采摘、捕获和种植食物,修造居所,制作衣物和其他生活必须用品等等,都属于基本生产劳动,如果没有基本生产劳动所获得的基本生活资料,人的基本生命活动就无法维持。第二类是为了保障最基本的生命活动所进行的基本社会生活,如做饭和洗衣、生殖和养育后代,社会交往和维持社会生活秩序,日常其他所必须的活动等等,都属于基本社会生活。如果离开了基本社会生活,人的基本生命活动同样无法健康维持。第三类是为了消耗人体自身多余的体能和精力而进行的娱乐游戏活动,如唱歌、跳舞、写诗、听戏、踢球等等,都属于娱乐游戏活动,离开了娱乐游戏活动,人的基本生命活动仍能够正常维持。

2. 艺术是娱乐游戏的一种方式

艺术是人的一种主观行为，这种主观行为属于娱乐游戏的范畴，这似乎是人们的共识，因为离开了任何形式和内容的艺术活动，人类的基本生命活动都是能够正常维持的。那么，是不是人们所有的娱乐游戏活动都能够称为艺术呢？显然不是的，如小孩子掏鸟窝、摸鱼、斗蛐蛐等许多与之类似的娱乐游戏活动就不能称为艺术，而弹琴、作诗、画画、唱戏等许多与此类似的娱乐游戏活动就能够称为艺术了，这是人们的共识。尽管不能够把娱乐游戏活动都称为艺术，却能够把艺术确定为娱乐游戏的组成部分，确认为娱乐游戏活动的一种方式，这在逻辑上是不会有问题的，也似乎是不会有人提出异议的。

3. 什么是艺术

然而，对于人类所有的娱乐游戏活动，可以把其中的哪些明确地称为艺术，又把其余的哪些明确地称为不是艺术呢？目前似乎还没有人能够明确地回答。但是，问题还远不止于此，如对于画画这种娱乐游戏活动，人们一般都会认为能够称其为艺术，然而，是不是对于所有的画画活动都能够称为艺术呢？同样都是画画，老画家的绘画能称为艺术，这似乎是很多人赞同的，一个小孩子的信手涂鸦，似乎很多人就不赞同是艺术了。只有当小孩子的"信手涂鸦"达到了"一定水平"，人们才会称其为艺术。那么，小孩子"信手涂鸦"的水平达到了什么样的程度才能够称为艺术呢？这又是一个很难回答的问题。据说美国的一只黑猩猩会"作画"，人们给它纸和笔，它能够"饶有兴致"地作出很多"有意思"的"画"来。如果把黑猩猩的"作画"也称为艺术，似乎有很多人更是不赞同了。那么，我们在理论上应该怎样区分艺术和非艺术呢？或者从理论上讲，究竟什么是艺术？艺术的本质究竟是什么呢？

4. 人的主观需求

人的主观是以人的"自我"形态为根据的，人的"自我"形态是以人的观念文化形态为根据的。人以"自我"形态为根据所产生的对客观事物的需求行为，称为人的主观需求。当客观事物满足了人的主观需求时，人在主观上就会产生快乐的感觉；当客观事物不能够满足人的主观需求，或是损害了人的主观利益时，人在主观上就会产生痛苦的感觉。在现实生活中，人们经常会因为主观需求得不到客观事物的及时满足及经常被某些客观事物损害自己的主观利益而产生出许多痛苦的感觉。可以说，人们在日常生活中的全部行为内容，就是追求客观事物对自己主观需求的满足和避免客观事物对自己主观利益的损害。然而，这种追求或避免又经常会因为客观条件的限制而不能够如愿，这就使得在现实生活中人们的主观上总是因许多事不能够如愿而存在着许多缺憾，这种主观缺憾总使人持续地沉浸在痛苦感觉之中，令人总想解脱。

5. 人体的三大功能系统

人体有三大功能系统：一是基本功能系统，二是认知功能系统，三是情感功能系统。基本功能系统的基本功能，是负责完成人体正常的生理代谢、器官发育和个体生殖等最基础的生命活动任务的。组成此功能系统的所有器官,称为人体的基本器官。认知功能系统的基本功能,是负责完成人体对客观事物的"认知"任务的。组成此功能系统的所有器官,称为人体的认知器官。人的认知器官,目前普遍认为是集中于人的大脑。情感功能系统的基本功能,是负责完成人体由认知成果所引起的"情感行为"的发生和人的不同个体间的"情感交流"任务的。组成此功能系统的所有器官,称为人体的情感器官。情感功能系统的"中枢",被许多人认为在人体的"心区"。

人体的生命活动,是以人体器官与客观事物发生关系才能够进行的。人体器官与客观事物发生关系时所产生的机能现象,称为器官行为。人体的器官行为,是人体器官"天生"所具备的机能现象,是人体生命活动的基础,是人体器官的本能需求,在很大程度上也表现为人在社会生活中的主观需求。人体器官的许多行为,能够使人产生快乐的感觉,这种器官行为正是人在主观上所企盼和追求的。确切地说,人的主观需求,正是以人体的三大功能系统对客观事物的需求行为为基础的。可以说,人的社会生活的全部内容,就是主观上对一定形式和内容的器官行为的无休止追求。

情感器官通常所产生的行为内容,主要有喜、怒、哀、乐、悲、欢、思、恋、怨、恨、惊、疑、盼、烦、惧等等。情感器官的这些行为,都是人在主观上经常需要的,无论是在人们的基本生产劳动、基本社会生活或是娱乐游戏活动中,情感器官的这些行为都能够产生。然而,在现实的社会生活中,情感器官产生这些行为,通常都需要人在主观上付出许多代价,如劳动的过程和成果可以使人获得喜、怒、哀、乐,但劳动过程中长时间的辛苦通常让人们在主观上不愿意忍受。许多的娱乐游戏活动虽然能够使情感器官获得较为激烈的行为反应,但娱乐游戏活动通常又要消耗大量的生活资料。

在生活实践中,人们发现,有些娱乐游戏活动只需要花费较少的社会财富,就能够使情感器官产生足够多的行为反应,如说故事和听故事,就能够只花费很少的社会财富而使人的情感器官产生出现实生活中所有的器官行为反应。

6. 虚拟文化现象

在人们的社会生命中,现实生活中真实的客观事物满足了人的主观需求或违背了人的主观需求时,能够使人产生快乐或痛苦的感觉,并且能够引起情感器官的行为反应;人与故事中的虚拟的客观事物发生关系时,也同样能够使人产生快乐感或痛苦感,并且也同样能够引起情感器官的行为反应,而且,故事中的客观事物比起现实中的客观事物更容易引起情感器官的强烈行为反应,如现实生活中的"小芳"会让人觉得善良美丽,会让人朝思暮想,寝食难安;然而,故事里的"林妹妹"更会让人觉得柔情万种,更会让人为她失魂落魄,伤感万分。现实生活中的"小芳"经常不能够满足人的主观需求,而故事中的"林妹妹"却能够对人的主观缺憾产生非常好的慰藉作用。

情感交流,是人的情感器官经常性的行为需求。心里的缺憾向他人倾诉一下,内心的欢喜事向他人陈述一下,听听他人讲些新鲜的事情,或有新鲜的事情向他人讲述,都是人们在日常生活中必需的情感交流行为。然而,在现实生活中,并不是经常都会发生一些"有意思"的和"值得说说"的悲伤或欢喜事。实际上,人们相互交流的绝大多数内容,都是相互听来或看来的关于他人的事,尤其是采用夸张和虚拟的方法编造出的关于他人的情节曲折和内容精彩的故事。在现实生活中,说故事和听故事,具有非常好的情感交流效果和对主观缺憾的慰藉效果。自古以来,人们都非常喜欢听故事,也非常喜欢编故事。听故事的人总想听更精彩的新故事,编故事的人也总想编出更精彩的新故事。想听故事和编故事,早已成了人们生活中非常重要的主观需求,听故事和编故事也就非常自然地发生和发展成了人们社会生活中一种非常独特的文化现象。这种文化现象,其主要功能是专门满足人的主观缺憾的慰藉需求和情感器官的行为需求,其文化形态的本质特点是虚拟人们的现实生活,这种文化现象,称为虚拟文化。本文把这种专门为了满足人们的主观缺憾的慰藉需求和情感器官的行为需求而创造出的虚拟文化现象,称为艺术。一直以来,艺术的内涵没有过明确的界定,每个对艺术有所关注的人对艺术都有自己的界定,这是因为一直没有一个公认的界定艺术的客观标准。本文对艺术的界定,一方面给出了明确的客观标准,另一方面明确定义了艺术的本质,从理论上把艺术同普通的娱乐游戏行为严格地区分开来,从而能够明确指导人们的艺术实践。本文对艺术的界定,也许在很大程度上背离了"艺术"原来的词意,这并不要紧,因为类似的先例在理论界是有过的。

  为了人们的精神快乐而虚拟现实,是人类非常重要的一项文化创造。这种文化创造,为人类的社会生活生产出了非常丰富的精神食粮。人的梦境虽然也多是虚拟的生活现实,但梦境的创造不是人的主观行为,不能把梦称为艺术。编瞎话骗取他人财物或故意损害他人利益,所用的手法也是虚拟现实,但骗人财物或故意损害他人利益不属于娱乐游戏。所以,也不能把编瞎话称为艺术。

8.1.2　艺术的本质

  艺术属于娱乐游戏文化的范畴,是人们为了满足自己对主观缺憾的慰藉需求和情感器官的行为需求而创造出的一种文化现象,这种文化现象的本质特点是用语言创造出虚拟的人类现实生活。艺术是人们进行情感和思想交流的一种文化形式,人们进行情感和思想交流是以语言为基础的,所以,艺术的发生基础是人类的语言。在人们的艺术实践中,艺术的发生通常总是要完全借助于人类语言,人类有什么样的语言形式出现,就会有什么样的艺术形式产生。人类语言有许多种形式,如口头语言、文字语言、绘画语言、形体语言、音乐语言及现代的电影电视语言等等。书法家梅湘涵指出艺术的发生在形式上就相应地会出现故事、小说、诗歌、绘画、舞蹈、音乐、电影和电视剧等等艺术形态。没有语言,就没有艺术的发生基础,如果人们相互间语言不通,就不能够实现艺术的交流。

  艺术用语言创造出虚幻的事件,让他人通过对语言的理解来感觉虚幻事件的发生情景,在感受情景的过程中,人的相应的主观缺憾就会得到适当的慰藉,人的情感器官就会产生出活跃、激烈的行为反应。人的主观缺憾的慰藉及情感器官的行为反应,完全是以人在社会生活中对一定客观事物的主观需求为根据的。所以,艺术所创造出的虚拟事件,就必须以人在社会生活中的主观需求为根据,才能够发挥出显著的艺术效果。

  有句成语叫"画饼充饥",是对艺术的最形象的诠释:人由于饥饿想吃饼子,没有饼子,只好画一张大大的饼子来自慰,饥饿的人看到画中的这张饼子,主观上能够获得些许的满足感,情感器官也会产生出些许的喜悦。古人有赋:"说梅止渴,稍苏奔竞之心;画饼充饥,少谢腾骧之志"①。这实际上是对艺术的发生原理和社会功能的最生动和精辟的阐述。

8.2 美的本质

8.2.1 美是什么

美的定义：人对自己的需求被满足时所产生的愉悦反应，即对美感的反应。

美，是一个十分诱人的字眼儿，也是一个迷人的谜，古往今来，它与人们的生活密不可分地连在了一起。大概所有的人都会同意生活中不能没有美，所以人们说话、写文章也就经常要谈到美，于是，诸如"山河美"、"青春美"、"心灵美"、"语言美"、"行为美"、"环境美"、"成人之美"等等，便经常为人所道。这是否意味着人们对美已经十分清楚地了解了呢？不是的，正如19世纪俄国最伟大的作家列夫·托尔斯泰所指出："美"这个词儿的意义想来当然已经是大家知道和了解的，然而事实上这个问题不但没有明白，而且虽然一百五十年来——自从鲍姆加登为美学奠定基础以来——多少博学的思想家写了堆积如山的讨论美学的书，"美是什么？"这一问题却至今没有解决，而且每一部新的美学著作中都有一种新的说法。

正因为如此，"美是什么"的问题便被说成是一个难解的"斯芬克斯之谜"。一直到现在，这个问题仍在争论之中。然而，这是美学中的一个基本理论问题，是解决其他一系列美学问题的前提和基础，各时代、各流派的美学研究者，都无法绕开这一问题。

通过对古今中外关于美的本质研究的匆匆巡礼，我们既了解到在这个问题上千年聚讼、纷纭莫辨的历史事实，也看到了许多可资借鉴的成果。特别是近几年来，不少研究者在许多方面已取得共识（如美是人类社会实践的产物，美是一种社会现象，美具有形象性特点等等），在我们对这个问题发表意见时，已经有许多合理的论述可以为我们直接利用，从而减去我们不少重新探索的劳苦。

马克思主义的美学观告诉我们："劳动创造了美。"这就把美的产生第一次同人类的最基本的实践活动联系了起来，从而为我们探讨美的本质指示了历史唯物主义的途径。正如毛泽东《实践论》所说：马克思主义者认为人类的生产活动是最基本的实践活动，是决定其他一切活动的东西。人的认识，主要依赖于物质的生产活动，逐渐地了解自然的现象、自然的性质、自然的规律性、人和自然的关系……这是人的认识发展的基本来源。

审美也是一种认识活动。一切人的感觉，包括美感能力，都是在一定的现实社会关系中历史地形成的。它既不是抽象、神秘、超验的精神产物，也不是孤立、直观、动物式的本能。马克思主义认为，从猿到人的转变过程中，从人的各种智力和情感、感官的发展过程中，可以看到，劳动以及随之而来的交往和思维能力的进展，不仅最后"创造了人本身"，而且也创造了美。恩格斯指出：首先是劳动，然后是语言和劳动一起，成了两个主要的推动力，在它们的影响下，猿的脑髓就逐渐地变成人的脑髓；随着脑髓的进一步发展，人的感觉器官也进一

---

① 李清照《打马赋》"望梅止渴，稍苏奔竞之心；画饼充饥，少谢腾骧之志。""奔竞"：出自《南史·颜延之传》，原意是为名利而奔忙，这里是指不拘泥原意。"腾骧"：出自张衡《西京赋》，原为飞腾之意，这里是引申之意，都有稍有慰藉的意思。

步发展起来，随之，人的意识以及抽象能力和推理能力也相应地发展起来；而"脑髓和为它服务的器官、愈来愈清楚的意识以及抽象能力和推理能力的发展，又反过来对劳动和语言起作用，为二者的进一步发展提供愈来愈新的推动力"。

现代脑科学的研究证明，大脑这种奇异的物质，其结构功能单元是神经细胞，就是脑细胞，也称神经元，在总共一百亿到一百四十亿个脑细胞的大脑中，不仅其功能有着严格的分工和相应的部位（美国心理学家斯佩里，因确证了大脑两半球功能的高度专门化，而获得了1981年诺贝尔医学奖），而且这些脑细胞有四十多种生物化学物质，这些物质同记忆、思维、情绪、行为有直接关系。正是这种复杂的物质结构，决定了大脑具有统摄活动、转移经验、联想、记忆、思维、评价等各种能力。

这样一副完整的大脑，是任何其他动物所不具备的，加上灵巧的双手以及相互协同的能力，就使得人在大自然中日益获得把握客观必然性的自由。正如恩格斯指出的：由于手、发音器官和脑髓不仅在每个人身上，而且在社会中共同作用，人才有能力进行愈来愈复杂的活动，提出和达到愈来愈高的目的。人这个万物之灵，由于社会的因素，使得他们的劳动本身一代一代地变得更加不同、更加完善和更加多方面，正是在这一过程中，美和艺术被发展创造了出来。从某种程度上说，美和艺术正是一种达到了相当高的目的的劳动标准或境界。宗白华先生就曾指出："艺术是一种技术，古代艺术家本就是技术家（手工艺的大匠）。现代及将来的艺术也应该特重技术。然而他们的技术不只是服役于人生（像工艺），而是表现着人生，流露着情感个性和人格的。"简而言之，劳动者的高超的技能就已经与艺术相通，其产品本身就蕴含着美。

正是在这种意义上，马克思主义认为，人和动物根本不同。动物只是消极地、被动地适应自然，它们的一切有计划的行动，都不能在自然界上打下它们意志的印记；而人却能积极地、能动地改造自然，使之适应于人类生活的需要，与此同时，也改造着自身。恩格斯指出："人是唯一能够由于劳动而摆脱纯粹的动物状态的动物——他的正常状态是和他的意识相适应的，而且是要由他自己创造出来的。"唯其如此，我们才说，只有作为主宰自然的人，在与客观自然界的斗争过程中才表现出合目的性与合规律性相统一的能动创造性。这种能动的创造性表现在生活中，就不仅是人们改造自然的手段和过程，而且成为人们观照的对象，精神享受的对象，即美的对象。

随着变革客观世界的斗争实践的不断深入和扩大，人们的能动性和创造性愈来愈表现为一种自由、自觉的生产活动。这种自由、自觉的创造性活动，不但形象地直接表现在斗争实践的过程中，同时还以对象化的形态表现在劳动成果上，表现在对世界的总体改造上。恩格斯对此有生动的说明：大自然是宏伟壮观的，为了从历史的运动中脱身休息一下，我总是满心爱慕地奔向大自然。但是我觉得，历史比起大自然来甚至更加宏伟壮观。自然界用了亿万年的时间才产生了具有意识的生物，而现在这些具有意识的生物只用几千年的时间就能够有意识地组织共同的活动。不仅意识到自己作为个体的行动，而且也意识到自己作为群众的行动，共同活动，一起去争取实现预定的共同目标。现在我们已经差不多达到这样的程度了。观察这个过程，眼看我们星球的历史上还没有过的情况日益临近实现，对我来说，这是值得认真观察的景象，而且我过去的全部经历也使我不能把视线从这里移开。

与自然界相比，人类的历史虽然显得太短了些，但是这些具有无限创造潜力的自由、自觉的"有意识的生物",却只用了几千年的时间就创造了比大自然宏伟壮观得多的世界,创造了令人赞叹的美。这说明了人这一主体的万能,特别是他们组织起来的共同奋斗,这是创造人间奇迹、也是创造美的原动力。

从上面的论述中可以看出:美既不是人的心灵或意识,不是主观随意创造的,也不是可以脱离人类社会而独立存在的客观物质的自然属性。它是人类出现以后,在社会生活实践的基础上,逐渐地形成和发展起来的,它是一种社会现象。

而"任何现象都是主体和客体的产物",独立地发现了唯物主义辩证法的德国工人约瑟夫·狄慈根这样说:"我们能够看见事物自身吗?不能,我们只能看见事物对我们的眼睛所起的作用。我们不能辨别醋,只能辨别醋跟舌的关系。其结果就是酸这味觉。……正如万事万物都是一种现象,醋也是一种现象;但仅仅醋的本身却无从表现其为醋,永远只有跟别种现象相关联、相接触、相结合才表现其为醋。"这段话启示我们,对于美这种社会现象必须从主体和客体两方面去考察。

8.2.2 美的事物,作为客观的存在,既是审美的对象,又是美感的源泉

美的事物,作为客观的存在,既是审美的对象,又是美感的源泉。它不是与人无关的自然界或自然物,而是经过人们长期实践的产物。正如马克思所说:"动物和植物通常被看作自然的产物,实际上它们不仅可能是上年度劳动的产品,而且它们现在的形式也是经过许多世代、在人的控制下,借助人的劳动不断发生变化的产物。"即是说,连动植物所具有的现在的形式,都是经过许多世代的人实践活动影响的结果,都或轻或重地留下了作为实践主体的人的意志的烙印,更不用说其他各种劳动产品了。

但是,并不是所有留下了人的意志烙印的事物都是美的,只有那些充分体现了人类实践中的自由创造特性的事物,才是美的事物。所谓自由创造,是指人类劳动的两个特点:首先,人类的劳动生产表现为一种有意识有目的的自觉活动。"劳动过程结束时得到的结果,在这个过程开始时就已经在劳动者的表象中存在着,即已经观念地存在着。"在头脑中先形成物体的表象,然后再创造出这一物体,这种创造能力非常重要,这是人以外所有动物所不具备的特长。劳动生产之前心里已先有蓝图,有了观念("意象")和目的(生产品的功用),而这个目的就规定了劳动的方式和方法的法则(遵循一定规律)。人的主观能动作用、人的智慧、人的万能正是从这里表现出来的,唯其通过这种自由自觉的创造性的劳动实践,人们才能得到合乎理想的产品,而合乎理想的产品一经被创造出来,也就达到了合目的与合规律的统一,即"善"与"真"的统一。而且,随着社会实践的发展,随着人类对自然规律了解的增长,在生产中的目的性、自觉性也会不断发展。人们不仅能从眼前的局部的利益制定自己的活动计划,而且能从长远的整体利益考虑活动的目的计划,所以,在劳动实践的过程中,人类是作为一种自由创造的主体而出现的。其次,人类劳动生产的过程物化为产品,不仅能满足自己生活的需要,而且成为观照的对象。马克思说:"在劳动过程中,人的活动借助劳动资料使劳动对象发生预定的变化。过程消失在产品中它的产品是使用价值,是经过形式变化而适合人的需要的自然物质。劳动与劳动对象结合在一起。劳动物化了,而对象被加工了。在劳动者方面曾以动的形式表现出来的东西,现在在产品方面作为静的属性,以存在的形式表现出来。"这样,人的活动便物化为产品的静的存在形态。因为生产物的自然形态的变化,

是根据人的目的和要求进行的,所以它表现着人的目的和人改造自然的创造力量。生产物虽以静的存在形态出现,但其特征、状貌却成为表现人在劳动时动的形态中所表现的自由创造的力量、智慧与才能的感性存在。正因为如此,劳动产品在满足人类物质生活需要的同时,又是人类观赏的对象。人类正是在自己创造的世界中直观自身。当对象不仅是合目的、合规律的,而且以其特有的感性形式和状貌表现出人类自由创造的活力而令人愉快时,美就产生了。

另一方面,作为审美主体的人,其主观感受世界,其各种感觉器官,也不是天生的和一成不变的,也是社会实践的产物,是随着社会实践的不断深入和发展,逐渐地丰富和发展起来的。即是说,人在改造客观世界的同时,也改变了他的主观世界。人的审美感受能力是与客观存在的美同步发展的。正如马克思指出的:"消费对于对象所感到的需要,是对于对象的知觉所创造的。艺术对象创造出懂得艺术和能够欣赏美的大众——任何其他产品也都是这样。因此,生产不仅为主体生产对象,而且也为对象生产主体。"美是为人而设的,它必须通过人的感觉来把握,而人要把握到美,就必须有完善的审美感官,即必须有感受音乐的耳朵和感受形式美的眼睛。古人云:"珠玉不睹乎外,则王公不以为宝。"美的事物本身所具有的审美属性,只有在与人的审美感受能力、审美水平相结合的运动过程中才存在着。美是发展的、变化的,主体的审美能力、审美水平也是发展的、变化的。审美对象创造出具有审美能力的主体,而主体审美能力的提高和增强又可以创造出更高级的审美对象。美就是这样在与主体交互作用的过程中演变着、发展着。

综上所述,我们认定:美是在人类实践的基础上,主客体交互作用的产物,是反映人的自由创造和生命活力的生动形象。

8.3 艺术的价值

8.3.1 艺术的认识价值

艺术的认识价值是指艺术作品里通过艺术家对社会生活的真实描绘或真实体验的抒发使人们可以从中了解一定时代的社会风貌、人文习俗以及政治、经济、历史、道德等各个方面的状况,从而开拓眼界、增长知识,丰富人的社会经验,加深人们对于社会和历史的某些本质规律的认识。鲁迅先生认为艺术可以表现文化,实际上说的也就是艺术的认识作用,他在1913年写的《拟播布美术意见书》中明确指出了艺术的认识价值,鲁迅在这里所说的"美术"是包括文学、戏剧、绘画、雕塑、音乐等在内的广义的"美术",即艺术,他看到时代变了,艺术也会随之变化。如果一个时代的"武功文教"等都毁灭了,过去的时代一去不复返,但只要有艺术作品能够保存留传下来,后人就可以通过这些作品认识不同的时代。艺术的认识价值不仅可以使鉴赏者从不同的艺术作品中认识到不同时代、不同国家、不同民族的具体生动的生活情景,还可以从生活在那个时代中的各种人物形象中了解到他们的性格特点、思想感情和精神面貌。从而扩大自己的视野,认识现实、认识历史、认识真理。下面我们有选择地分别作重点介绍。

1. 远古岩画——原始艺术之门

岩画产生于文字之前,是人类最古老的绘画之一。岩画犹如文字记载,是人类历史非常重要的资料。这里所说的岩画,是指那些在未经人工修整的自然洞窟、崖壁岩阴、天井岩床或单个的巨石上进行绘、刻、雕制而成的艺术品,即所谓岩石艺术。人们把刻绘在洞窟深处的叫作洞窟艺术;把刻绘在岩阴处的叫作岩阴艺术。世界上著名的史前岩画有西班牙的阿尔塔米拉岩画;法国的拉斯科山洞岩画;中国的内蒙古阴山及广西宁明县花山崖;撒哈拉沙漠岩画;澳洲南部库纳尔达岩画等。

岩画的时间跨越三四万年,它最早出现在非洲、亚洲和欧洲,两万年前出现在澳洲,一万七千年前出现在巴西,一万年前到达南美洲大陆的最南端。这些史前的遗址以其相似的艺术风格和题材内容,以及大体相似的年代散布在世界各大陆。岩画的内容十分丰富,涉及当时人们生活的各个方面,有狩猎、游牧、战争、舞蹈、祭祀等活动,描绘有穹庐、毡帐、车轮、车辆等器物,还有天神、祖先、日月星辰、原始数字、族徽符号以及手印、足印、动物蹄印等图像,比较全面地反映了古代人们的经济生活、宗教信仰、意识形态、审美观念等方面的情况。除了具有审美情趣外,这些岩画还有很高的史料价值。如描写狩猎的岩画中,有的猎人身旁有狗相随,这说明当时狗已被驯养,成为家畜;另有描述牛群成行,或脖颈上套了绳索被拖拉的情况,表明当时已出现畜牧业;舞蹈场面有手拉手的圆圈舞,也有手持牛角的围猎舞和手持盾牌的战争舞;有一幅村落图,描写战争凯旋返回村落的情景,大约是一次重大战争的记录。

2. 古希腊的建筑

古希腊人的生活受控于宗教,理所当然地,古希腊的建筑最大的、最漂亮的非希腊神殿莫属。古希腊人认为,神也是人,只是神比普通人更加完美,他们认为供给神居住的地方也不过是比普通人更加高级的住宅。所以,希腊最早的神殿建筑只是贵族居住的长方形有门廊的建筑。希腊神殿建筑总的风格是庄重典雅,具有和谐、壮丽、崇高的美。

这些风格特点在各个方面都有鲜明的表现,有平民进步的艺术趣味而产生的崇尚人体美与比例的和谐。古希腊人崇尚人体美,无论是雕刻作品还是建筑,他们都认为人体的比例是最完美的,所以,古希腊建筑的比例与规范,其柱式的外在形体风格几乎完全一致,都以人为尺度,以人体美为其风格的根本依据,它们的造型可以说是人的风度、形态、容颜、举止美的艺术显现,而它们的比例与规范,则可以说是人体比例、结构规律的形象体现,所以这些柱式都具有一种生机盎然的崇高美,因为,它们表现了人作为万物之灵的自豪与高贵。

3. 古罗马建筑

如果说古希腊人崇拜人是通过崇拜"神"来体现的话,那么古罗马人对人的崇拜则更倾向于对世俗的、现实的人的崇拜,所表现的人的意识,也已从群体转向个体,偏重于对个人的颂扬和物质生活上的享受。古罗马的建筑理论家维特鲁威在其《建筑十书》中曾经指出:建筑的基本原则应当是须讲求规例、配置、匀称、均衡、合宜以及经济。这可以说是对古罗马建筑特点及其艺术风格的一种理论总结,古罗马的建筑最辉煌、最有艺术价值的则是为经济服务或为人的生活(物质、精神)服务的建筑。如广场、道路、桥梁、山泊、高架输水道、隧道、剧场、竞技场、浴场、住宅和别墅等等。这些建筑几乎全是直接为人的物质生活或精神享受服务的。如果说在古罗马之前,城市是神和人的城市,那么古罗马之后,城市就转变为君主的城市。当古罗马成为地中海霸主以后,古罗马的统治者就以空前的城市建设规模、形式众多的建筑炫耀其国力的强盛,罗马广场就是日益扩大的君主集权思想的表现,它地处城市的中心地带,通常位于两条交通干道的交汇处,是一片开阔的长方形空地。城市愈大,其广场规模愈宏大,在空旷的广场周边,分布着城市官方奉祀的神庙和与公众生活相关联的法院、市场等重要建筑和场所。

4. 哥特式建筑

公元5世纪,随着西罗马帝国的灭亡,欧洲进入了被史学家们称为"中世纪"的时期,此时的欧洲,意识文化与文学艺术一蹶不振,唯有宗教文化,特别是基督教文化一枝独秀,不仅成为中世纪精神的象征,也成了中世纪权力的象征。就在这块文化的沙漠里诞生了一种崭新的建筑文化——哥特式建筑文化,它那奇异、独特的形象,表露了中世纪精神文化的特征。最有影响的哥特式建筑,大多是教堂建筑,这与当时占统治地位的意识有关,中世纪占统治地位的意识是宗教意识,特别是基督教意识。哥特式建筑的总体风格特点是:空灵、纤瘦、高耸、尖峭,它们直接反映了中世纪浓厚的宗教意识,那空灵的意境和垂直向上的形态,则是基督教精神内涵的最确切的表述。高而直、空灵、虚幻的形象,似乎直指上苍,启示人们脱离这个苦难、充满罪恶的世界,而奔赴"天国乐土"。这种风格所表述的这些宗教意识以及所显示的技术成就,我们可以从两个方面具体地感受到:首先是外部造型,哥特式建筑特别是教堂,外观的基本特征是高而直,其典型构图是一对高耸的尖塔。中间夹着中厅的山墙,在山墙檐头的栏杆、大门洞上设置了一列布有雕像的凹龛,把整个立面横联系起来,在中央的栏杆和凹龛之间是象征天堂的圆形玫瑰窗。西立面作为教堂的入口,有三座门洞,门洞内都有几层线脚,线脚上刻着成串的圣像。所有墙体上均由垂直线条统贯,一切造型部位和装饰细部都以尖拱、尖券、尖顶为合成要素,所有的拱券都是尖尖的,所有门洞上的山花、凹龛上的华盖、扶壁上的脊边都是尖耸的,所有的塔、扶壁和墙垣上端都冠以直刺苍穹的小尖顶。与此同时,建筑的立面越往上划分越为细巧,形体和装饰越见玲珑。这一切,都使整个教堂充满了一种超俗脱凡、腾跃迁升的动感与气势。这种气势将基督教的"天国理想"表现得生动、具体。哥特式教堂的平面一般仍为拉丁十字形,但中厅窄而长、瘦而高,教堂内部导向天堂和祭坛的动势都很强,教堂内部的结构全部裸露,近于框架式,垂直线条统率着所有部分,使空间显得极为高耸,象征着对天国的憧憬。束状的柱子涌向天顶,像是一束束喷泉从地面喷向天空,有时像是森林中一棵棵挺拔的树干,叶饰交织,光线就从枝叶的缝隙中透进来,启示人们以迷途中的光明,每当阳光从布满窗棂间的彩色玻璃照射进来时,整个教堂的空间便弥漫着迷离与幽幻。

8.3.2 艺术的审美价值

艺术的审美价值是指艺术及其艺术作品,能促进审美主体在审美活动中,获得丰富的美感享受与满足的功效。首先,艺术能给予艺术创造者和艺术欣赏者以自我精神上的享受、满足与愉悦,并陶冶人的性情,提高人的审美判断能力。其次,艺术的审美价值还表现在艺术欣赏有助于欣赏者和创造者高尚人格的塑造,优秀的艺术作品能让欣赏者产生极大的审美心理震荡和情感激动,升华为对真、善、美的热烈追求,升华为对人类强大生命力的赞颂,从而提高自身的生存质量和存在价值。

1.《圣方济各向小鸟说教》——爱与慈悲的福音

作者乔托,意大利文艺复兴时期杰出的雕刻家、画家和建筑师,被认定为是意大利文艺复兴时期的开创者,被誉为"欧洲绘画之父"。乔托可以说是基督教圣者阿西西的圣方济各的历史画家,所谓圣方济各者,乃是1215年时,基督教圣徒阿西西的圣方济各创立的一个宗派,教义以刻苦自励、同情弱者为主,认为神圣的传说、庄严的仪式、圣徒的行述、圣经的记载都是对于人类心灵最亲昵的情感表现。以前人们所认识的宗教是可怕的,圣方济各却使宗教成为大众的亲切的安慰者,他颂赞自然、颂赞生物。相传他向鸟兽说教时,称燕子为"我的燕姊",称树木为"我的树兄"。他说圣母是一个慈母,耶稣是一个娇儿,正和世间的慈母爱子一样。他要人们认识充满着无边的爱的宗教而皈依信服,并将它奉为精神上的主宰。基督教的教义虽是唯心的,但它所宣扬的爱、仁慈、同情与宽容等却具有永恒的普世价值。

这幅画描绘圣方济各离开了他的同伴,走到路旁,头微俯着,举着手,他正在劝告小鸟们颂赞造物,因为造物赐予它们这般暖和的衣服,使它们可以借此抵御隆冬的寒冷,并给予它们枝叶茂盛的大树,使他们得以避雨,得以筑巢栖宿。小鸟们从树上飞下来,一行一行地蹲在他面前,仿佛一群小孩在静听"基督教义"的功课,有的格外信从地紧靠着他,有的较为大意、远远地蹲着。乔托绘画有热情的流露、生命的自白与神明之皈依者。

2.《最后的晚餐》深邃人心的呈现

作者达·芬奇。"最后的晚餐"是基督教传说中最重要的故事。画家选择的瞬间情节是耶稣得知自己已被弟子犹大出卖,差弟子彼得通知在逾越节的晚上与众弟子聚餐,目的并非吃饭,而是当众揭露叛徒。耶稣入座后说了一句:"你们中间有一个人出卖了我。"话毕,在座的众弟子一阵骚动,每个人对这句话都做出了符合自己个性的反映:有的向老师表白自己的忠诚;有的大感不惑要求追查是谁;有的向长者询问,整个场面陷于不安之中。过去的画家无法表现这一复杂的场面和弟子们各不相同的内心精神活动,达·芬奇从现实生活中对各种不同个性人物的观察,获得不同的个性形象,于是在画中塑造了各不相同的人物形象,观赏者可以从自己的生活经验出发,对画中人物做出不同的心理分析。

众门徒震惊的情绪不仅流露在脸上,也表现在手部。在画中,达·芬奇用了许多细致的手部动作:有人双手按桌上;有人竖指发问;有人扪心自问;而叛徒犹大则是双手紧握着钱袋,身体略微向后仰,下意识想要逃避。达·芬奇对这幅壁画人物心理变化的掌握极为传神,在此之前,从没画家为了表现人物而去研究人物的心理,所以达·芬奇被视为这种新观念的创始人,为世人证实艺术家也可以是沉思与创造的思想家,与哲学家一样,这也是《最后的晚餐》之所以被称为旷世杰作的原因之一。

3.《最后的审判》——用正义惩罚邪恶

作者米开朗基罗,画家已年逾60,教皇仍要他为西斯庭教堂祭坛后面的大墙绘制壁画。看过西斯庭教堂天顶棚画后,教皇兴奋异常,根本不顾艺术家年事已高,企图"让他显示其绘画艺术的全部威力"。这种疯狂的艺术剥削行为,使米开朗基罗身心俱悴。老艺术家从1535年末至1541年11月31日,用了近6年的时间,完成了这一幅体现着画家大无畏艺术魄力的多人物构图——《最后的审判》,在这块将近200平方米的祭坛后的大墙上,他绘出了数以百计的等身大小的裸体群像。

《最后的审判》是圣经的传统题材,在所有的教堂里几乎都有这个主题的壁画。它无非是宣传人死后凡行善升天、作恶入地的因果报应。基督教义说,耶稣被钉死后复活,最后升入天国。他在天国的宝座上开始审判凡人的灵魂,此时天和大地在他面前分开,世间一无阻拦,大小死者幽灵都聚集到耶稣面前,听从他宣谈生命之册,订定善恶。凡罪人被罚入火湖,作第二次死,即灵魂之死;凡善者,耶稣赐他生命之水,以求灵魂永生。画家借题表现了许多代表人类正义的呼声的精神形象:在画面最上端,即靠近天顶两个拱形下,左右各绘了一组不带翅膀的天使,他们围住耶稣的刑具,左面一组抱的是十字架,右面一组抱的是耻辱柱,两组人物在云端里向中央倾斜。下面占中心地位的是耶稣形象,这个形象与以往壁画上的耶稣均有不同,他是个壮年英雄,神态威严,不大像圣经上的救世主,倒像一个公正的裁判员。他高举右臂,宣告审判开始。在他右侧的圣母玛利亚,正蜷缩在耶稣身旁,用手拽紧头巾和外衣,不敢去正视这场悲剧——"世界的末日",对这位善良的妇女来说是太可怕了。在耶稣的左侧(画面的右方),有体形高大而年迈的使徒彼得,他拿着城门钥匙正要交给耶稣。在最右边,还可找到背负十字架的安德烈,拿着一束箭的殉道者塞巴斯提安,手持车轮的加德林,带着铁栅栏的劳伦蒂。在耶稣左侧的下面,有十二门徒之一的巴多罗买,一个脸上布满惊骇状的老人形象。他手提着一张从他身上扒下来的人皮,这张人皮的脸就是米开朗基罗自己被扭曲了的脸形,这是米开朗基罗有意这样添加上去的。这些人物都拿着生前被折磨死的用具,诉说着自己的痛苦。在耶稣的右边(画面的左侧)也有许多历史与神话人物:那个左手背小梯子的,通常被认为是亚当;后面围红头巾的女人,是夏娃;另一个体格壮实的裸体老人,是圣保罗。在这些使徒的下面,是一些被打入地狱的罪人,有的在下降,有的因为生前行善,正在渐渐上升,如画面左侧下部地面上有几个呈骷髅状的幽灵,由于他们的善良,骨骼上重新再长出肉来。在耶稣的中央下部,有一小舟,上载七个天使,他们受圣命之差,驾云来到地狱,吹起长长的号角,召唤所有的灵魂前来受审。在这只小舟的右边,有一个头身倒置、身带钥匙的裸体形象,人们都能指出这是教皇尼古拉三世的权力在下坠的象征,因他生前实行僧侣捐卖制,出卖教职,理应受到惩治。在画面的右下角,有一长着驴耳朵、被大蛇缠身,周围还有一群魔鬼的判官朱诺斯,这里暗指教皇的司礼官,即那个曾在教皇面前攻击米开朗基罗这幅壁画的比阿乔·切萨纳的形象。这幅气势磅礴的大构图,体现了米开朗基罗的人文主义思想,他要用正义来惩罚一切邪恶。"末日"意味着人类悲剧的总崩溃,所有这些形象尽管有的有名有姓,有的泛指一定的社会阶层,大体上仍未违背宗教公式的模子。艺术家以超人的勇气,全部采用裸体形象来展示,这又一次证实了他敢于肯定人的意义。

《最后的审判》于1541年圣诞节前"开光"了,整个罗马城为之沸腾。人民瞻仰它,视若神明,尤其是壁画中央的那个耶稣,简直是意大利人民的英雄形象。他有神的威力,他可以呼风唤雨,他的手势就能使无数裸体变成时代的旋风。艺术家的卓越的写实主义,使意大利人民倾倒了。人民从这个形象上似乎听到了真正的天庭惩罚声,他要惩罚那些使祖国忍受耻辱和出卖人民利益的显要人物。壁画完成后,连远在威尼斯的他的学生瓦萨里也赶来观看,这位美术史家后来是这样评述米开朗基罗的:我们已经看到,至高无上的教皇朱理二世、利奥十世、克里门斯七世、保罗三世、朱理三世和庇乌斯五世,都想把他吸引到身旁;同样,土耳其苏丹苏里曼、法国国王弗朗茨·瓦卢亚卡尔五世皇帝、威尼斯元老院、美第奇家族柯西莫公爵,都愿意向他提供荣誉津贴,原因不外乎企求分享他的艺术光辉。只有具备他这样崇高威望的人,才能受此厚待。世人都已目睹并且承认,在他那里,三种艺术都被提高到了完美无缺的境地,这种完美,无论是在古代大师那里,还是在近代大师那里,都不曾见过。

4.《1808年5月3日夜枪杀起义者》——爱国民众的悲歌

作者戈雅,作于1814年。这是一幅大型的历史画,反映的是1808年人民反抗拿破仑侵略的历史事件。1808年,拿破仑军队入侵西班牙,1808年5月2日,西班牙人民举行起义,受到法军的镇压。戈雅是这一事件的目击者,并站在人民起义一边,用自己的画笔热情歌颂了西班牙人民不畏强暴、英勇反抗的爱国主义精神。《1808年5月3日夜枪杀起义者》又称《1808年5月3日的枪杀》,是一幅描绘法军镇压起义者暴行的悲剧性作品,一幅英雄主义悲壮激昂的画面。在此画中,画家描绘了一个悲壮激昂的场面。起义虽然失败了,但画家并没有把人民画成失败者,而是表现为精神上的胜利者。起义者面对死亡,宁死不屈,法军却不敢正视起义者,内心怯弱,正义和非正义形成强烈对比。画家将要被杀害的起义战士置于画面上方的视觉中心,突出三个有代表性的典型人物:右边是一位僧侣,在就义前做最后的祈祷;中间是位农民,看上去有着一副饱经风霜的面孔,神情坚定地望着夜空,无惧无畏;画家着意描绘一位愤怒之极、高举双手的市民,义正词严痛斥敌人的暴行,这是人类英雄的伟大形象。画家以马德里的夜景作为画面刑场的背景,表现出黑暗笼罩着西班牙。画面聚光于起义者形象,而将法军置于暗部,形成强烈的明暗对比。又在地面置一灯笼,使一部分光由下向上放射,造成一种动荡不安的气氛。

戈雅作这幅画的时候,正是西班牙第一次革命失败后斐迪南七世复辟的第一年。戈雅创作这幅画,可能与他当时的苦闷心情有关,既表现了对起义者的怀念,也表现了对那些不关心民族命运的贵族的谴责。画作可以让我们了解当时西班牙马德里人民反抗侵略者的悲壮斗争生活,从而认识正义、认识真理。

5.《格尔尼卡》——法西斯暴行的愤怒控诉

作者毕加索。1937年初,毕加索接受了西班牙共和国的委托,为巴黎世界博览会的西班牙馆创作一幅装饰壁画。构思期间,1937年4月26日,发生了德国空军轰炸西班牙北部巴克斯重镇格尔尼卡的事件。德军三个小时的轰炸,炸死炸伤了很多平民百姓,使格尔尼卡化为平地。德军的这一罪行激起了国际舆论的谴责。毕加索义愤填膺,决定就以这一事件作为壁画创作的题材,以表达自己对战争罪犯的抗议和对这次事件中死去的人的哀悼之情。

于是这幅被载入绘画史册的杰作《格尔尼卡》就此诞生了。这幅画运用立体主义的绘画形式,以变形、象征和寓意的手法描绘了在法西斯兽行下人民惊恐、痛苦和死亡的悲惨情景。画面左侧,一位悲痛欲绝的母亲怀抱因战争而死去的婴儿仰天哭喊,她的身后立着一个恐怖的牛头,牛脸上流露出残忍的狞笑。根据毕加索曾在其他绘画作品中以牛头表示邪恶的习惯分析,这个牛头代表了法西斯的残暴和黑暗。画的中间部分,一匹被刺伤的马昂头张着嘴,发出哀鸣,据画家本人说,这匹马象征西班牙人民,它代表受难的西班牙。马的身下躺着一名死去的战士,他的右手握着被折断的剑,剑旁有一朵鲜花,这朵花是对死去战士的悼念。一个妇女从窗子里探出身体,右手举着一盏油灯,油灯的左上方有一盏像眼睛似的电灯,灯光像锯齿一样射向四周,这些象征揭露画家要将这一切罪恶和黑暗置于光照之下,让全世界都明了。画面右侧表现了由于轰炸,一个女人从楼上跌下,她举着双手,抬头向上呼救。整幅画用黑白灰三色绘成,错综复杂的黑白灰色块造成画面阴郁、恐怖,不规则的线条形成的角和弧的交错,给人一种支离破碎和动乱的感觉,画面沉重而压抑,充满了悲剧气氛。这幅画控诉了法西斯的罪恶,对战争给人民带来的灾难表示了悲哀和同情。

6. 向日葵——充溢生命的爱与热情

作者凡·高,凡·高是一位最令人怀念和感动的画家,他的悲剧性的艺术生涯,造就他那与众不同的传奇色彩。凡·高出生于农村牧师家庭,做过美术商和教员,在青年时期还当过牧师。如果说一生过得最充实的人,才能算是真正伟大的话,那么超越自我身心的最大界限,一生与苦恼斗争不懈,燃烧自己的一切而逝世的凡·高应是名副其实的伟人之一。他遭受过最深的苦恼,吃过最多的苦,事业上的失败、感情上的失恋、癫痫病的时常发作,使得他周围的人和亲戚都以为他是疯子,他的人生饱尝寂寞、孤独,他在痛苦的边沿挣扎。一次又一次工作,均遭到被辞掉的厄运,悲天怜人的仁慈心肠和孤傲,使他无法适应充满邪恶的社会,在遭遇困难而陷入生活不安的这个时期,他最敬佩米勒充满人道主义的绘画。在弟弟提奥的帮助和鼓励下,凡·高开始拼命画画。在他任牧师期间,他画了很多反映矿工们辛苦工作生活的素描,正式开始了他的画家生涯。

凡·高是一位天才型的画家,去世时才三十七岁。凡·高的画家生涯没有超过十年,但这位极端孤独、无比热情的艺术家,留下了大约八百五十件油画和几乎同数目的素描,以及洋溢情感的大批书简和寄给他弟弟提奥的亲笔信等。凡·高在他的书信里写道:"一个劳动者的形象,一块耕地上的犁沟,一片沙滩、海洋与天空,都是重要的描绘对象,这些都是不容易画的,但同时都是美的。终生从事于表现隐藏在它们之中的诗意,确信是值得的……"曾在凡·高画中出现的嘉塞医生说过:"凡·高的爱,凡·高的天才,凡·高所创造的伟大的美,永远存在,丰富着我们的世界。"凡·高是一位杰出的艺术家,他在自己的作品中,表现出自己的生活及内心感受。他的作品,不论是静物——《向日葵》、人物——《邮递员罗林》、室内画——《夜间咖啡馆》,还是风景画——《阿尔附近的吊桥》,都充满了他对生命的热爱,诉诸了他内心强烈的感情,不仅是他的投影、他的分身,有时候甚至赤裸裸地说明了他自己。他的画风,前期受印象主义和新印象主义的影响,注意提高色彩的明度、强度和张力,后期注意在自己的绘画中吸收日本浮世绘绘画的养料,追求单纯感和表现力,他把油画中色彩和线条的表现力提高到一个新的境界。我们透过凡·高的作品,可以更进一步地接近、了解他的全部人格,而他的灵魂之火更可使我们获得启示之光。

　　凡·高的艺术是伟大的,然而在他生前并未得到社会的承认。他作品中包含着深刻的悲剧意识,其强烈的个性和在形式上的独特追求,远远走在时代的前面,的确难以被当时的人们所接受。他以环境来抓住对象,他重新改变现实,以达到实实在在的真实,促成了表现主义的诞生。在人们对他的误解最深的时候,正是他对自己的创作最有信心的时候,因此才留下了永远的艺术著作。他直接影响了法国的野兽主义、德国的表现主义,以至于20世纪初出现了抒情抽象肖像,《向日葵》就是在阳光明媚、灿烂的法国南部所作的。画像闪烁着熊熊的火焰,满怀炽热的激情和运动感;旋转不停的笔触是那样粗厚有力;仿佛色彩的对比也是单纯强烈的。然而,在这种粗厚和单纯中却又充满了智慧和灵气。观者在观看此画时,无不为那激动人心的画面效果而感动,心灵为之震颤,激情也喷薄而出,无不跃跃欲试,共同融入凡·高丰富的感情中去。总之,凡·高笔下的向日葵不仅仅是植物,还是带有原始冲动和热情的生命体。

8.3.3 艺术的教育价值

　　艺术的教育价值,是指艺术作品能够对人们起到思想教育和道德教育的作用。这一点,在我国古代文论、史论和画论中历来都受到重视,例如,孔子曾经用绘画比喻"礼";用雕刻比喻教育;用诗和音乐来比喻他的政治理想,希望以艺术手段,通过诗教和乐教达到他的"克己复礼"的政治目的。荀子也说:"诗言是其志也,礼言是其行也,乐言是其和也。"(《荀子·儒教》)在荀子看来,礼要求人们在行动上,诗要求人们在思想志向上,音乐要求人们在性情上符合社会道德规范。这些文论、画论作家都非常强调艺术的政教和德教价值,主张艺术作品要有思想性,要能教育人们服从本阶级的道德规范。无产阶级和各个时代一样,也非常重视艺术的思想教育和道德教育作用。鲁迅等名人曾多次指出艺术的教育作用,周恩来也曾多次强调指出:艺术家作为人类"灵魂的工程师",应当使自己的作品起到教育人民、教育后代的作用,要使人民从艺术中得到鼓舞、受到激励、奋发起来。

　　优秀的艺术作品,总是在帮助人们认识生活的同时,也教育人们对生活采取正确的态度和看法,培养人们美好的道德情操,促进人们奋发向上。艺术之所以能产生教育作用,是因为艺术家们在创作过程中,不仅反映现实,而且还会对现实生活做出评价,由此提出自己的理想和愿望,表达自己对人生与世界的体验和感受。因此,艺术家往往也是思想家,他总是要用自己的思想去影响欣赏者的思想,用自己的道德观念去改造欣赏者的道德观念。无论他是否自觉地这样去做,他作品所具有的这种思想教育或道德教育价值却是客观存在的。

　　艺术的教育价值在不同的艺术种类和形态中有不同的侧重和表现。从整体和最根本的意义上来说,艺术作品的教育价值,体现在它能使人们对自然、社会、人生、他人与自我采取一种伦理态度。这种态度首先意味着对人类社会中美好的事物与正义的事业的热爱,对进步的信仰,对真理的追求;其次,这种态度包括对生命的崇敬,对苦难的同情和对罪恶的愤慨。

8.3.4 艺术的三种价值之间的关系

我们说艺术具有认识价值、教育价值和审美价值,但并不是说艺术中的某一类作品是以认识价值为主,另一类作品是以教育价值为主,第三类作品则是以审美价值为主。我们说艺术中有真、善、美,也并不是说在艺术中真、善、美是相互分割的、互不相关的,如果那样看待问题,就割裂了真、善、美三者的关系,割裂了艺术的认识、教育、审美三种价值之间的关系。实际上,艺术的认识、教育、审美三种价值的关系,正如艺术中的真、善、美三者的关系一样,是一个辩证统一的关系。我们只有在进行理论分析时才可以暂时把它们分开来加以说明,而实际上在每一件具体的艺术作品中它们都是统一的、密不可分的。

艺术的认识价值基于对现实生活的真实反映,真实性是艺术作品的基本要求,缺乏真实性的作品也不可能帮助人们正确地认识生活的真理。但艺术的真,既不同于普通实际生活的真,也不同于科学的真,它既是现象的真,又是本质的真;既是形象的真,又是典型化了的真。这种显现着真理的、本质的现象或典型的现象,也就是艺术的美。而美在一定条件下总是要引起人们的美感,所以,艺术的认识价值,总要通过审美价值才能得以实现。一件枯燥无味、不能引起人们美感的艺术作品,也不可能帮助人们认识任何生活真理,起到艺术的教育作用。但反过来说,艺术的审美作用又都包容着认识价值与教育价值,艺术的思想教育作用和道德教育作用也必须通过艺术的审美作用来完成。一件艺术作品,要影响人、教育人、改造人,必须首先感染人的情绪,打动人的心灵,陶醉人的精神,艺术不是单纯的说教,政治报告代替不了艺术。另一方面,如何看待抒情诗、山水画、花鸟画或轻音乐呢?有人认为山水画、花鸟画的艺术社会价值主要是审美价值,而认识价值和教育价值是不重要的,在这种情况下,艺术的审美作用有其独立的审美意义。这种理论上的偏差根源在于对美和美感的片面看法。事实上,一切好的、健康的或者说美的艺术作品,除能给人以美感之外,同时又都对人们有一定的认识作用和教育意义。一幅好的山水花鸟画,不但能使人悦目,而且会给人以理智的满足,使人更好地认识自然的美,领悟艺术家在美的艺术形象中所要表达的纯真的思想感情,并在美的享受中受到教育。人们在欣赏齐白石的作品时,除了欣赏那鲜明的色彩和简洁的笔墨(形式美)之外,也欣赏那栩栩如生的花鸟草虫的神情和动态(自然美),更欣赏画家在作品中所倾注的对生活强烈的爱和淳朴的思想感情(艺术家的个性美),在欣赏艺术作品的同时,欣赏者的艺术情趣和生活情趣也受到影响,从中受到了教育。好的艺术能够培养和提高人们高尚的艺术趣味和对美的认识能力,在这个意义上讲,审美作用同样也是艺术对人们起到的认识作用和教育作用。

培养青少年的艺术鉴赏力的课后延伸

1.《欢乐颂》——自由、平等、博爱的赞歌。作者贝多芬。这首乐曲来源于德国伟大的戏剧家、诗人席勒的诗歌《欢乐颂》。席勒一生贫病交加,时时陷于窘迫,命运坎坷。席勒的好朋友柯尔纳,在经济上和精神上都给予他大力的支持。两人之间诚挚的友谊,使席勒感受到了人世间的温暖。欣慰之余,情感上自然也流露出激情。创作了歌颂人世间真挚友谊的颂歌——《欢乐颂》。这首生活的赞美诗,超越了时间和空间的界限,蜚声寰宇、气贯长虹、历久不衰。这首大气、宽广的诗篇,触动和启发了很多艺术家的灵感,德国大作曲家贝多芬就是其中的一个。贝多芬19岁的时候，就有想用音乐来体现席勒这首颂歌的思想冲动，他的构思酝酿长达30多年之久。直到1822年，已经是晚年的贝多芬才开始创作《第九交响曲》，并决定把席勒的《欢乐颂》作为整部作品的核心。

《第九交响曲》一共四个乐章：第一乐章是不太快的略呈庄严的快板，d小调，2/4拍子，奏鸣曲形式。第一主题严峻有力，表现了艰苦斗争的形象，充满了巨大的震撼力和悲壮的色彩，这一主题最开始在低沉压抑的气氛下由弦乐部分奏出，而后逐渐加强，直至整个乐队奏出威严有力、排山倒海式的全部主题。作曲家一上来就用一种严肃、宏大的气势表达出了整部作品的思想。其实这是贝多芬很多作品中反复表现过的主题——斗争，也折射出斗争的必然过程——艰辛。旋律跌宕起伏，时而压抑、时而悲壮，我们似乎看到的是勇士们不断冲击关口，前赴后继企盼胜利的景象。紧接着的第二乐章，按照传统通常应该是慢板，但是贝多芬打破了这一惯例，居然用了极活泼的快板，d小调，3/4拍，而且是庞大的诙谐曲式。整个第二乐章主题明朗振奋，充满了前进的动力，似乎给正在战斗的勇士们以积极的鼓励，似乎让人们一下子在阴云密布的战场上看到了和煦的阳光和蓝色的天空。同时主旋律中带有奥地利民间舞曲"连德勒"的特征，和谐而具有舞蹈性。但是仔细品味，大家不难发现，到了乐章最后，旋律重新开始急促起来，隐约透露出非常不安的气氛。第三乐章是慢板乐章，如歌的柔板，降B大调，4/4拍，不规则的变奏曲式，可见贝多芬有意在编排上做了创新。这个乐章相对前面两个乐章显得宁静、安详了许多，旋律虽然平缓，但是不失柔美。法国著名作曲家、乐评家柏辽兹评价此乐章是"伟大的乐章"。第三乐章共两个主题，其中第一主题充满了静观的沉思，具有强烈的抒情性和哲理性。在前两个乐章表现出激烈的战斗场面之后，第三乐章似乎是大战中短暂的平息。第四乐章是整部作品的精髓，急板，D大调，4/4拍。通常划分为两个部分——序奏以及人声。在唱片中，第四乐章单独占据一个轨道。也有一些唱片把序奏部分和人声独唱、重唱、合唱部分分为两轨，但其实上两者都属于第四乐章这个整体。其中的人声部分所演唱的也正是德国诗人席勒的诗作《欢乐颂》。但在人声部分上台之前，音乐经历了长时间的器乐部分演奏的痛苦经历，含有对前三个乐章的回忆。这个序奏部分是坚强刚毅、惊心动魄的。接着木管徐徐地引出了"欢乐颂"的主题，好像一缕阳光突破浓密的云层洒向大地，整个欢乐的主题渐渐拉开序幕，贝多芬真正的理想王国就在眼前。伴随着激情澎湃的唱词和急速雄壮的旋律，《欢乐颂》唱出了人们对自由、平等、博爱精神的热望。在激动人心的歌词和贝多芬超人般旋律的相互烘托下，在四个不同声部人声的独唱、重唱以及大合唱团的合唱下，《欢乐颂》得到了升华，欣赏的人们得到的是无与伦比的奋进力量和精神支柱。乐章的最后，这种气氛被表现到了极致，整部作品在无比光明、无比辉煌的情景下结束。《欢乐颂》表现了"只有当所有的人都成为兄弟的时候，人类才可能获得幸福"这样的中心思想。有人认为，这首颂歌就本来意义而言，也可以称为《自由颂》。席勒的豪迈语言与贝多芬的雄壮旋律结合之后，实际上已经达到了古典人道主义的顶峰，成为真正的自由之歌。

1824年5月7日，维也纳凯伦特纳托尔剧院，贝多芬《第九交响曲》的首演音乐会隆重举行，这次演出可谓盛况空前，久违的欢呼、久违的热烈重新回到贝多芬的周围。当整部作品演奏完毕之后，出现了很多令人惊异的场面，或许这是我们这代人一生都难以看到的音乐会场景——观众们近乎疯狂地鼓掌、欢呼。很多人留下了激动的泪水，人群不住地朝着舞台的方向拥去,人们被这恢宏的旋律所打动,已经顾不得礼仪。而作曲家本人虽然因为耳聋已经听不到任何欢呼声和掌声,却依旧被这超乎寻常的热情场面激动得晕厥过去,一度不省人事……如今 1824 年的首演盛况已经过去近两百年了,但是贝多芬的《第九交响曲》和《欢乐颂》却成了长盛不衰的经典作品。在这两百年岁月中,几乎所有的后辈音乐家、作曲家都被这部宏伟的作品所倾倒;更有无数业余的听众被这部作品所带来的音乐哲理、音乐气度所感染! 因为这部作品,贝多芬成了神一样的人物,《欢乐颂》成了人类历史长河中永远不灭的自由、和平之明灯。

2.《梁祝小提琴协奏曲》——凄美的爱情绝唱,创作于 1959 年。乐曲内容来自于一个古老而优美动人的民间传说:4 世纪中叶,在我国南方一个村庄祝家庄,祝员外之女祝英台,冲破封建传统的束缚,女扮男装去杭州求学。在那里,她与善良、纯朴而贫寒的青年书生梁山伯同窗三载建立了深挚的友情。当两人分别时,祝英台用各种美妙的比喻向梁山伯吐露内心蕴藏已久的爱情,诚笃的梁山伯却没有领悟。一年后,梁山伯得知祝英台是个女子便立即向祝英台求婚,可是祝英台已被许配给一个豪门子弟——马太守之子马文才。由于得不到爱情,梁山伯不久即悲愤死去。祝英台得到这个不幸的消息,来到梁山伯的坟墓前,向苍天发出对封建礼教的血泪控诉。梁山伯的坟墓突然裂开,祝英台毅然投入墓中,他们遂化成一对彩蝶,在花丛中飞舞,形影不离。

这部作品以浙江的越剧唱腔为素材,按照剧情构思布局,综合采用交响乐与中国民间戏曲音乐的表现手法,深入而细腻地描绘了梁山伯祝英台相爱、抗婚、化蝶的情感与意境,用奏鸣曲式写成。

(1) 呈示部

在轻柔的弦乐颤音背景上,长笛吹出了优美动人的鸟鸣般的华彩旋律,接着,双簧管以柔和抒情的引子为主题,展示出一幅风和日丽、春光明媚、草桥畔桃红柳绿、百花盛开的画面。主部,独奏小提琴从柔和朴素的 A 弦开始,在明朗的高音区富于韵味地奏出了诗意的爱情主题。在音色浑厚的 G 弦上重复一次后,乐曲转入 A 徵调,大提琴以潇洒的音调与独奏小提琴形成对答(中段)。后乐队全奏爱情主题,充分揭示了梁山伯祝英台真挚、纯洁的友谊及相互爱慕之情。在独奏小提琴的自由华彩的连接乐段后,乐曲进入副部。这个由越剧过门变化来的主题,由独奏小提琴奏出(包括加花变奏反复),与爱情主题形成鲜明的对比。第一插部为副部主题机动的变化发展,由木管与独奏小提琴和弦乐与独奏小提琴相互模仿而成。第二插部更加轻松活泼,独奏小提琴用 E 徵调模仿古筝、竖琴与弦乐模仿琵琶的演奏,作者巧妙地吸取了中国民族乐器的演奏技巧来丰富交响乐的表现力。这段音乐以轻松的节奏、跳动的旋律、活泼的情绪生动地描绘了梁山伯祝英台三载同窗,共读共玩、追逐嬉戏的情景。它与柔和抒情的爱情主题一起从不同角度上反映了梁山伯祝英台友情与学习生活的两个侧面。结束部,由爱情主题发展而来,抒情而徐缓(B 徵调,2/4 拍子)现在已经是断断续续的音调,表现了祝英台有口难言,欲言又止的感情。而在弦乐颤音背景上出现的"梁山伯"、"祝英台"对答,清淡的和声与配器,出色地描写了十八相送、长亭惜别、恋恋不舍的画面。真是"三载同窗情似海,山伯难舍祝英台"。

(2) 展开部

突然,音乐转为低沉阴暗。阴森可怕的大锣与定音鼓,惊惶不安的小提琴,把我们带到这场悲剧性的斗争——抗婚中,铜管以严峻的节奏、阴沉的音调,奏出了封建势力凶暴残酷的主题。独奏小提琴以戏曲散板的节奏,叙述了英台的悲痛与惊惶。接着乐队以强烈的快板全奏,衬托小提琴果断的反抗音调。它成功地刻画了英台誓死不屈的反抗精神。其后,上面两种音调形成了矛盾对立的两个方面。它们在不同的调性上不断出现,最后达到一个斗争高潮……强烈的抗婚场面。当乐队全奏的时候,似乎充满了对幸福生活的向往与憧憬,但现实给予的回答却是由铜管代表的封建势力的重压。楼台会B徵调,缠绵悱恻的音调,如泣如诉;小提琴与大提琴的对答。时分时合,把梁山伯与祝英台相互倾诉爱慕之情的情景表现得淋漓尽致。哭灵控诉音乐急转直下,弦乐的快速的切分节奏,激昂而果断,独奏的散板与乐队齐奏的快板交替出现。这里加了板鼓,变化运用了京剧倒板与越剧嚣板(紧拉慢唱)的手法,深刻地表现了英台在坟前对封建礼教的血泪控诉的情景。这里,小提琴吸取了民族乐器的演奏手法,和声、配器及整个处理上更多运用了戏曲的表现手法,将英台形象与悲伤的心情刻画得非常深刻。她时而呼天嚎地,悲痛欲绝,时而低回婉转,泣不成声。当乐曲发展到改变节拍(由二拍子变为三拍子)时,英台以年轻的生命,向苍天做了最后的控诉。接着锣鼓齐鸣,英台纵身投坟,乐曲达到最高潮。

(3) 再现部

长笛以美妙的华彩旋律,结合竖琴的滑奏,把人们带到了神话的境界。在加弱音器的弦乐背景上,第一小提琴与独奏小提琴先后加弱音器重新奏出了那使人难忘的爱情主题。然后,色彩性的钢琴在高音区轻柔地演奏五声音阶的起伏的音型,并多次移调,仿佛梁山伯、祝英台在天上翩翩起舞,歌唱他们忠贞不渝的爱情。

这首绚丽多彩、抒情动人并带有浓郁的生活气息的交响作品,在民族化、群众化方面,做了大胆的创新与成功的尝试,在国内外演出均受到热烈的欢迎。在欧、亚、美各大洲演出时,以其中华民族的鲜明风格与特点,得到国际公认。如今《梁祝》已飞进世界音乐之林,成为活跃在国际乐坛上的彩蝶了。

3.《断臂的维纳斯》——人体美的典范。它是大理石雕像,高204厘米,作者是亚力山德罗斯,创作于约公元前150年左右。现收藏于法国巴黎卢浮宫。从雕像被发现的第一天起,就被公认为是迄今为止希腊女性雕像中最美的一尊。

《断臂的维纳斯》整座雕塑由一块半透明的云石雕塑而成。主体立在鸡血白纹的底座上。维纳斯是古希腊神话中美与爱的女神,在她身上集中地体现了古希腊人的审美理想。首先,她虽然是神但其形象却是按照人来塑造的,让人感到和蔼可亲、容易接近。维纳斯的面孔有希腊妇女的典型特征:鼻直、脸椭圆、额窄。其次,她的外形与表情反映了古希腊人审美的标准,即外在美与内在美的统一。她外在的健康、匀称、丰腴、大方,与内在的心灵平静、高雅稳重形成了和谐的统一。她的眼睛安详自信,嘴唇稍露微笑,给人一种矜持而富有智慧的感觉。她不娇艳、不羞涩、不造作。无论是外在的身体比例,还是内在的神韵,都体现了古希腊人的审美理想:纯洁与典雅,形体美和精神美的统一。

这件作品表达了古代最了不起的灵感,她的肉感被节制,她的生命的欢乐被理智所缓和。半裸的维纳斯,躯体和半落的衣衫所构成的仪态,既展示了肉体的美,又通过遮蔽表达了节制的内涵。它使人们的注意力集中于人物的内在神韵,而不是外在的肉体。她的表情恬静而自然,脸上露出一丝淡得几乎让人察觉不到的微笑,不张扬也不羞报,让人们感受到一种超凡脱俗的美。而她的躯干和多重衣纹的对比,更产生了一种微妙流动的韵律,使她的姿态庄严而崇高,典雅而优美。她的腿部被富有表现力的衣褶遮住,露出精心雕刻的脚趾。雕塑的下半身显得厚重、稳定,使裸露的上半身更加秀丽多姿。

4.《掷铁饼者》——力与美的展现。它高约152厘米,作者是米隆,作于约公元前450年。雕像选取运动员投掷铁饼过程中的瞬间动作,这正是铁饼出手前一系列瞬间万变动作中的暂时恒定状态,运动员右手握铁饼摆到最高点,全身重心落在右脚上。左脚趾反贴地面,膝部弯曲成钝角,整个形体有产生一种紧张的爆发力和弹力的感觉。形体造型是紧张的,然而在整体结构处理上以及头部的表情上,却给人以沉着平稳的印象。这位在奥林匹克竞技赛场上的运动员,在即将掷出铁饼的一瞬间充分表现出男性的青春美、健劲美、智慧美。雕塑家造型之准确、运动感与节奏感把握之贴切,使两千多年来的观赏者无不赞叹。《掷铁饼者》代表了奥林匹克精神,代表了古希腊人对美与力量的追求,是古希腊雕塑艺术的典范之作。

5.《拉奥孔》——化丑态为美。它是大理石群雕,高约184厘米,作者是阿格桑德罗斯等,创作于约公元前1世纪,收藏于罗马梵蒂冈美术馆。希腊神话中特洛伊战争的故事讲道:希腊人攻打特洛伊城十年,始终未获成功,后来建造了一个大木马,并假装撤退,希腊将士却暗藏于马腹中。特洛伊人以为希腊人已走,就把木马当作是献给雅典娜的礼物搬入城中。晚上,希腊将士冲出木马,毁灭了特洛伊城,这就是著名的木马计。拉奥孔是当时特洛伊城的一个祭祀和预言家,他曾警告特洛伊人不要将木马引入城中。这触怒了雅典娜和众神要毁灭特洛伊的意志,于是雅典娜派出了两条巨蛇将拉奥孔父子三人咬死。

雕像中,拉奥孔位于中间,神情处于极度的恐怖和痛苦之中,正在极力想使自己和他的孩子从两条蛇的缠绕中挣脱出来。他抓住了一条蛇,但同时臀部被咬住了;他左侧的长子似乎还有受伤,但被惊呆了,正在奋力想把腿从蛇的缠绕中挣脱出来;父亲右侧的次子已被蛇紧紧缠住,绝望地高高举起他的右臂。那是三个由于苦痛而扭曲的身体,所有的肌肉运动都已达到极限,甚至到了痉挛的地步,表达出在痛苦和反抗状态下的力量和极度的紧张,让人感觉到近乎痛苦流经了所有的肌肉、神经和血管,紧张而惨烈的气氛弥漫着整个作品。雕刻家在作品构图上有着精心的安排。作品呈金字塔形,稳定而富于变化,三个人物的动作、姿态和表情相呼应,层次分明,充分体现了扭曲和美的协调,显示了当时的艺术家们非凡的构图想象力。作品中人物刻画非常逼真,表现了雕塑家对人体解剖学的精通和对自然的精确观察,以及纯熟的艺术表现力和雕塑技巧。这是一组忠实地再现自然并善于进行美的加工的典范之作,被誉为是古希腊最著名、最经典的雕塑杰作之一。

德国戏剧家莱辛写过一本论述诗歌与造型艺术的书,其灵感就来自《拉奥孔》,他把书命名《拉奥孔》,书中探讨了这座雕像所蕴含的美学价值。莱辛注意到,雕像中的拉奥孔面孔所表现的痛苦,并不如诗歌所写的那样强烈。莱辛的解释是,在古希腊,艺术家把美看作艺术的最高准则,在创造《拉奥孔》的时候,他们为了避免痛苦时的丑态,就把身体的痛苦冲淡,把哀号化作轻微的叹息,因为哀号会使面部扭曲变丑。这是古希腊雕刻美的一个法则,化丑为美,显示出"静穆的光辉"。

6.《兰亭集序》——天下第一行书。作者王羲之,全作共28行、324字。《兰亭集序》书法本身的艺术魅力:点画注重提按顿挫,精到而多变,同一点画,写法多样,无法而有法,能寓刚健于优美。结构强调欹正开合,生动而多姿,同一字形,绝不重复,能尽字之真态,寓欹侧于平正。章法疏密有致,自然天成。总览全篇,行笔不激不励,挥洒自如,收放有度,点画从容而神气内敛。自始至终流露着一种从容不迫,潇洒俊逸的气度,给人以高雅、清新、华美、蕴藉的艺术感受,从形质到神韵均成为后人学习行书的典范。《兰亭集序》书文并美,表现了晋人特有的超然玄远的深情与风采。这种深情与风采为晋人所独有,为后人称慕与景仰。

《兰亭集序》是世人公认的瑰宝,始终珍藏在王氏家族之中,一直传到他的七世孙智永,智永少年时即出家在绍兴永欣寺为僧,临习王羲之真迹达三十余年。智永临终前,将《兰亭集序》传给弟子辩才。辩才擅长书画,对《兰亭集序》极其珍爱,将其密藏在阁房梁上,从不示人。酷爱王羲之书法的唐太宗,遍求兰亭真本,终于了解到它的藏处,于是想方设法谋取,但辩才始终不透露真情。唐太宗无奈,便派御史萧翼专程赶到越州设计骗取真迹。萧翼扮成一个穷书生,带着二王(即王羲之和王献之)的一些杂帖拜访辩才,同他交了朋友。两人经常饮酒赋诗,评论二王的书画,在酒酣耳热之际,辩才终于透露出他藏有《兰亭集序》的真本。终于有一天萧翼得知辩才外出,便潜入僧房盗走了兰亭真迹。萧翼偷走兰亭真迹后,来到地方官处,命令地方官传辩才来叩见朝廷御史。辩才知道真相后,气昏在地,惊悸痛惜而死。唐太宗得到《兰亭集序》后,如获至宝,并命欧阳询、虞世南、褚遂良等书家临写。以冯承素为首的弘文馆拓书人,也奉命将原迹双钩填廓摹成数副本,分赐皇子近臣。唐太宗死后,侍臣们遵照他的遗诏将《兰亭集序》真迹作为殉葬品埋藏在昭陵。从此人们再也看不到它的真面目了。难怪诗人陆游诗曰:"茧纸藏昭陵,千载不复见",为此叹息不已。

7.《韩熙载夜宴图》——五代人物画的杰作。作者顾闳中,画中的主人公韩熙载是一位具有远大抱负的政治家,具有多方面的才能,诗、文、书、画乃至音乐,无所不通。曾任南唐中书侍郎、光政殿学士承旨等官。韩熙载有政治才干,但他眼见南唐国势日衰,痛心贵族官僚的争权夺利,不愿出任宰相,把一腔苦衷寄托在歌舞夜宴之中。此卷共分五段,分别为"听乐"、"观舞"、"暂歇"、"清吹"、"散宴",各段之间用屏风、床榻等相隔,但构图却是连续的。第一段讲述韩熙载与宾客们谛听状元李家明的妹妹弹奏琵琶的情景,画家着重表现刚开始演奏时全场气氛都凝注在琵琶女的手上。第二段写韩熙载亲自为舞伎王屋山击鼓。第三段写宴会进行中间休息的场面,韩熙载在侍女们的簇拥下躺在内室的卧榻上,一边洗手,一边和侍女们交谈着什么。第四段写女伎们吹奏管乐的情景。第五段写宴会结束,宾客们有的离去,有的还与女伎们谈心调笑的情状。作为主要人物的韩熙载,在五个场面中以不同的动作和服饰反复出现,但他的形貌和性格则是完全一致的。即他始终不纵情欢笑,相反地却处处流露出一种沉郁寡欢的心情。揭示了他怀才不遇又怕遭人暗算,而不得不故意沉湎于享乐生活的苦闷。

《韩熙载夜宴图》在刻画人物和用笔的工细劲健、设色的富丽匀净等方面,已达到了很高的技巧。例如图的第四段中对五个乐伎的描绘,画家所用的线描,既有粗细、轻重、疾缓之分,又充分表现了衣衫的质感。在用色上,五个乐伎服装的主色调是浅色,由于用红、绿两色相互穿插,有对比又有呼应,显得丰富而又统一。至于服装上那些细如毫发的织绣纹样,则更是极尽工细之能事。特别是画韩熙载的浓浓的胡须,笔法非常精细,不仅画出了胡须的质感,而且使人感到与其说是画出来的,不如说是自然地"长"出来的。其高度的用笔技巧,令人叹为观止。

8.《虢国夫人游春图》——诗情画意丽人行。作者张萱,唐代宫廷画家,以盛唐宫廷贵族妇女生活为题材创作的作品。画的是杨贵妃姐妹三月初三游春的场景。秦国夫人、虢国夫人和韩国夫人都是杨贵妃的姐妹,都在唐玄宗的浪漫生活中占有重要的地位。这幅画在表现出当时豪贵的骄纵生活方面富有概括的意义。画中人物造型各具其态,线条匀畅细腻而富有弹性,是仕女画中取材较为别致的作品。画面中前面有三人单骑开道,依次分别为男装仕女乘坐的黄色、黑色骏马。中间并列二骑,即虢国夫人和秦国夫人并辔而行,均骑浅黄色骏马,虢国夫人居全画的中心位置,身穿淡青色窄袖上襦,肩搭白色披帛,下着描有金花的红裙,裙下露出绣鞋上面的红色绚履。秦国夫人侧面朝向着虢国夫人诉说什么,两人的脸庞丰润、雍容华贵,神情悠闲自若。最后并列有三骑,中间的人为保姆,她一手执缰、一手搂着怀中的小孩。保姆右侧为一男装仕女。左侧为一红衣少女。整个行进中的行列,人马疏密有度,以少胜多。作品着重人物的内心刻画,通过劲细的线描和色调的敷设表现手法,使画面浓艳而不失其秀雅,笔工精细而不滞板。全画的构图疏密有致、错落自然,人与马的动势舒缓从容,完全呼应与突出了游春的主题,真实地再现了唐代上层社会妇女闲散享乐的生活。该画题为"游春",但画家却没有表现背景的环境,画面上没有鲜花、草木、春水微波,只是简单地以湿笔点出斑斑草色,有力地连出人物那从容而又向往的神态,启发观者的联想。通过人物轻薄艳丽的服饰,给人一种花团紧簇的感觉,其意境也更显得空濛、清新。这种以虚代实表现主题的衬托手法,产生了耐人寻味的效果。图中作者用笔纤细、圆润俊秀,在劲力中透着一股妩媚,设色也非常典雅富丽,具有很强的装饰意味,让画面的格调活泼明快,更加洋溢着雍容、自信、乐观,让人们不难从画面中感受到鸟语喧闹、花香袭人的春天气息。

9.《天王送子图》——吴带当风。作者吴道子,唐代画家,被后世尊称为"画圣",亦尊吴道子为"百代画圣"。在历代从事油漆彩绘与塑作专业的工匠行会中均奉吴道子为祖师。吴道子活动的时代,正是唐代国势强盛、经济繁荣、文化艺术飞跃发展的时代。他吸收民间和外来画风,确立了新的民族风格,即世人所称的"吴家样"。就人物画来说,"吴装"画体以新的民族风格,照耀于画坛之上。吴道子主要从事宗教壁画的创作,他曾在长安、洛阳寺观中作佛教壁画四百余堵,作品题材广泛,其中佛教、道教题材最多,还有山水、花鸟、走兽等,情状各不相同。落笔或自臂起,或从足先,都能不失尺度。写佛像圆光,屋宇柱梁或弯弓挺刃,不用圆规矩尺,一笔挥就。他用状如兰叶,或状如莼菜的笔法来表现衣褶,有飘动之势,人称"吴带当风"。

《天王送子图》描绘佛祖释迦牟尼降生为悉达王子后,其父净饭王和摩耶夫人抱着他去朝拜大自在天神庙时诸神向他礼拜的故事。此作图写异域故事,而画中的人、鬼神、兽等却完全加以中国化、道教化,当是佛教与中国本土变化至唐日趋融合之势所致。此图意象繁富,以释迦降生为中心。天地诸界情状历历在目。技艺高超,想象奇特,令人神驰目眩。图中天王按膝端坐,怒视奔来的神兽,一个卫士拼命牵住兽的缰索,另一卫士拔剑相向,共同将其制服。天王背后,侍女磨墨、女臣持笏秉笔,记载这一大事。这是一部分内容。净饭王抱持圣婴,稳步前行。王后拱手相随,侍者肩扇在后,这是又一部分内容。就这两部分来看,激烈与平和、怪异与常态、天上与人间、高贵与卑微、疏与密、动与静、喜与怒、爱与恨,构成比照映衬又处处交融相合。天女捧炉、鬼怪玩蛇、神兽伏拜是另一部分内容,则将故事的发展表现出了层次,通过外物的映衬将主要人物的内在心态很好地表现出来。画卷中人物神情动作、鬼怪、神龙、狮象等都描绘得极富神韵,略具夸张意味的造型更显出作者"出新意于法度之中,寄妙理于豪放之外"的艺术追求和艺术趣味。此图技法首重线条和用笔,笔势夭矫,行于所当行,止于所当止,故线条流转随心,轻重顿挫合于节奏,以动势表现生气。具有"疏体"画的特性,是典型的"吴家样"。《天王送子图》构思独到,气势磅礴,功力深厚,物象纷繁,给日后的宗教题材绘画尤其是佛道壁画带来深刻的影响。

10.《蒙娜丽莎》——神秘的微笑。作者达·芬奇,这幅名画以神秘的微笑而举世闻名,许多人第一次见到这幅画时,都会被她的笑容所征服。它代表了达·芬奇的最高艺术成就,是达·芬奇花了四年时间,苦心经营的传世名作。

多个世纪以来,这幅杰作一直被谈论的是她那神秘的微笑,它似乎会随着观赏者的不同而变化。有人说她的微笑有时舒畅温柔,有时又显得严肃,有时略带哀伤,有时显得讥嘲和揶揄。关于神秘的微笑,有下面一个故事:达·芬奇请了一位优秀的乐师在她的旁边弹奏,以使这位高贵的妇人能像模特那样耐心平静地坐着。她眼中的神情似乎在告诉观赏者她正在倾听。把她那双美丽的手与她的脸联系起来欣赏,你就会觉得她的神情诚挚、轻松和坦然。她的右手轻轻地放在左手上,中指没有任何依托,显得很放松,一点拘谨都没有,仿佛正伴随着音乐的节奏轻轻地打着拍子。背后的景色:山峰、道路、小桥、流水都梦幻般漂浮不定,蒙娜丽莎的思绪仿佛沉浸在梦的世界里。

达·芬奇的这幅画淋漓尽致地发挥了达·芬奇奇特的烟雾般的迷幻笔法。他把人物丰富的内心世界和美丽的外表完美地结合,对眼角、嘴唇等表露感情的关键部位予以细致的刻画,使"神秘的微笑"达到妙不可言的境界。而且,许多人已经指出,这幅画的成功得力于画家力图使人物丰富的内心感情和美丽的外形达到巧妙的结合,所以对于人像面容中的眼角、唇边等表露感情的关键部位,也特别着重掌握精确与含蓄的辩证关系,达到神韵之境,从而使蒙娜丽莎的微笑描摹进含义无穷的画家感受,具有一种神秘莫测的千古奇蕴。

下篇

理工科学生人文素养教育研究

第 9 章

当代理工科学生人文素养现状探讨

9.1 当代大学生人文素养现状分析

9.1.1 现状分析

近几年,在对理工科学生实施素质教育的过程中,高校注意加强对学生人文素质的教育和培养,在进行学校人文素质教育的过程当中,也确实取得了一些成绩,但从目前的现状来看,在高校理工科专业中,仍不同程度地存在着重技能、轻人文;重专业、轻基础;重智育、轻德育的倾向,学生人文素质的教育和培养在一定程度上受到了忽略,与此相对应的是,理工科学生人文素质状况却不容乐观,他们专业技能不错,但人文精神缺失,过于关注物质,急功近利。

在一次长三角地区高校中文教学座谈会上,专家们说理工科学生"有知识、没文化"的现象十分普遍。由于高中阶段过早地实行文、理分科,大学时代又忽视提高中文素养,加上传统语文教学的偏差,人们往往误以为:"是个中国人,还不会中文?"因而从迈进大学的门槛起,他们就开始全力以赴地忙乎"英语四级"、"计算机二级"等与毕业证书相关的科目,特别是对外语的热情早已远远超过了母语。结果是他们可以在专业成绩上拿满分,外语考试应付自如,却连最起码的自我表达都有问题,电脑高手面对人文软件竟束手无策。复旦大学中文系副主任汪涌豪称这些学生"词汇量贫乏":"表达程度的副词,学生们只会用'非常';需要表达悲伤或沮丧时,就剩下一个'郁闷'。"

在专业化教育理念无限扩张的大前提下,教学的工具化、功利化色彩越来越浓厚,还有多少年轻学子自觉地重视人文素养的提高?过去那些有成就的自然科学家、工程师,包括负有盛名的李四光、丁文江、竺可桢、茅以升等人都有很高的人文素养,写得一手好文章,不仅在自己的专业领域有非凡的造诣,而且对人文科学也有许多独特的见解,真正是文理贯通、学究天人。这种良好的传统为什么没有能很好地保存下来,这与我们在相当长的一个时期里,大学教育的导向有密不可分的关系。过分地强调专业分工,只关注工具价值、技术教育的实用主义倾向愈演愈烈,忽略甚至放弃"无用"的人文教育,技术取代了一切,实用心理、职业技能本身几乎成了最高的价值诉求,其结果只能是产出大批白字连篇、有技术无人文的大学生、硕士生、博士生。

研究发现,理工科学生人文素质现状不容乐观,严重地制约着人才的健康成长,甚至背离"人的全面发展"教育目标。主要表现在:

(1) 知识结构不合理,导致高校理工科学生文化素养薄弱。受实用主义思潮的影响,理工科高校专业设置往往过紧、过专,学生缺乏对出自己专业之外的其他专业的了解,这就导致高校理工科学生人文知识面普遍偏窄,知识结构单一。尽管部分高校也开设了各类人文学科选修课程,但相对于重头的专业课来说,少量的课时却无法满足学生对人文知识的需要。学生文、史、哲、法、艺等知识的贫乏这样往往导致一些学生人文文化知识缺乏,审美情趣偏低,对一些基本的历史文化知识缺乏了解,对现实世界、现实社会的认识肤浅,还有一些学生语言文字功底较为薄弱,甚至缺乏基本的对语言文字的理解与表达能力。

一些理工科学生缺乏高尚的道德指引,生活品位低,行为不文明,精神相对文科生空虚;因思维单一,爱钻"牛角尖";较容易以自我为中心,不自尊及不尊重他人,对别人、集体以及对社会问题的关注不够。

(2) 一些理工科学生专注于专业学习,未能全面拓展能力,人格品质不健全,社会适应力较低。这些学生书本知识多而社会生活常识少;业务知识学得多而为人处事的道理懂得少,突出表现在逆境中心理承受能力和自我控制能力低、情绪上抑郁寡欢、性格孤僻、遇事容易走极端、不善人际交往和合作,甚至个别理工科学生因根本不懂得如何与人交往而导致严重自我封闭。

(3) 一些理工科学生价值观念庸俗化,人文价值较模糊。具体表现在不少理工科学生重物质轻精神,重利轻义,缺乏文化修养,科学上、学术上独立思考能力不足。部分理工科学生法律意识淡薄,由于不学法、不知法、不懂法而导致违法犯罪案件时有发生。由于缺乏必要的爱国主义教育,"诚信"约束,校园内崇洋意识、国家助学贷款不还或拖欠等现象也不在少数。

(4) 由于心里素质不佳导致高等院校理工科学生缺乏正确的自我认识。良好的心理素质是一个人能更好地适应环境的重要前提,稳定的情绪、健全的意志和良好的适应性是优秀心理素质的外在反映。然而,这些本应具备的良好素质却往往是高校理工科学生比较缺乏的。高校学生进入学校后普遍缺乏普通本科学生的自信心和自豪感,特别是在一些刚刚升格进入高职高专层次学校,由于各种原因,常常让学生感到缺乏大学氛围,甚至学校的环境和设施还不如自己的中学。在这样的环境中,学生大都觉得没有"上大学"的感觉,而由这种情绪状态导致的悲观、失望、冷漠等情绪波动,更易导致学生心理失衡,从而无法正确认识自我,产生深深的自卑感。

(5) 一些理工科学生逻辑思维能力较强但形象思维较差,有的学生工程设计能力较强但文字表达能力欠缺,以至写不好一份条理清楚的实验报告、一篇完整的科研论文。许多理工科大学生毕业后在文学艺术修养、语言文字表达能力、文字书写质量等方面,可以说没有达到应有的水平。理工科学生除了在课余时间参加一些社团活动之外,很少接触有关人文学科方面的知识和受到中华优秀传统文化的教育,不少学生对人类的文化遗产知之甚少,对中华民族的悠久历史文化缺乏应有的了解,特别是缺乏中华民族所特有的文化艺术和情操品格的熏陶。

(6) 社会适应性不佳,缺乏奉献精神。高等院校理工科毕业生进入社会以后,由于人文修养的缺乏,存在着如无法正确处理和同事之间的人际关系、无法及时适应进入社会以后角色转变等问题,也因此直接导致其社会适应能力较为低下。如果再遇到所从事工作与所学专业差距较大的情况,就更加无法适应了。另外,当今的物质社会也让学生在学校所接受的专业教育在不知不觉中带有了复杂的功利色彩,实用主义和物质化的心态在高校理工科学生心中不断蔓延,导致学生在进入社会以后容易表现出注重眼前既得利益而缺乏内心人文关怀的心态,对他人、对单位、对社会缺乏奉献精神,在某种程度上容易丧失个人对自我和社会的责任感。

9.1.2　当代大学生人文素养的缺失原因分析

当代大学生人文素养的缺失状况令人担忧,重视提高大学生人文素养这一问题,直接关系到个人的全面发展和国家现代化建设。重构思路和举措;丰富知识储备;增强人文底蕴;建设一支高水平的师资队伍;加强大学人文教育建设;加强大学生人文素养的重构,成为高等教育改革的重要方向。

理工科学生中人文素养差的现象较文科学生突出,原因有以下几个方面:

1. 历史影响

我国50年代受前苏联影响,在办学体制上机械地照搬苏联模式,教育观念上片面强调高等教育是培养"高级专门人才",因此,将文、理、工科等人为地分隔开来,各自封闭,自成体系。这种教育体制和观念培养出来的学生,知识虽然学得深,但专业知识面较窄,理工科学生的人文、社会科学的基础薄弱,对法律、经贸、管理、环保等方面的知识更是知之甚少,尤其50年代初期存在着"四重四轻"的倾向:即重理轻文、重专业轻基础、重知识轻能力、重技术轻素质。这种状况有悖于科学技术的发展和综合国力的提高。现有的高教模式因循50年代初期适应高度集中的计划经济的需求而形成的。在相当长的时间里,高等教育推行的是专业教育,过分重视大学生的业务素质教育而忽视文化素质教育的现象在理工科院校尤为突出。自1952年院系调整后,我国高等学校基本上是按科类设置院校,文、理、工分别设立学校,实行行业办学,科类结构单一,行业性过强、单科性高校较多。由于一些单科性院校的学科单一性,所培养出来的学生知识面狭窄,科类单一的意识很强,谈不上实行人文教育与科学教育的结合。

在"文化大革命"十年中,我们的教育曾一度废除招生考试制度且不说,到1968年7月21日,《文汇报》发表本报记者和新华社记者的调查报告《从上海机床厂看培养工程技术人员的道路》并同时在本报编者按中转载了毛泽东7月21日的重要指示:"大学还是要办的,我这里主要谈的是理工科大学还要办,但学制要缩短,教育要革命,要从有实践经验的工人中间选拔学生,到学校几年后,又回到生产实践中去。"[①]从此以后上海机床厂的经验竟然成了把学校交给工厂、街道办的代名词(7·21大学旧址现仍然保留,坐落在杨浦区军工路1100号),有的学校的改革方案中提出:学校克服理工科脱离无产阶级政治的倾向,还须参加工农业生产劳动。在学校的改革方案中,仅有的几所文科大学教学改革的内容是:以社

---

① 冯先知:《中国近代历史大事详解》1969—1976,吉林文史出版社,2006年版,第35—40页。

会为工厂,组织师生参加三大革命实践,到阶级斗争、生产斗争、科学实验中认真改造世界观,校外实践要占学制的一半以上。但文科的改革新方案中有一条:必须把"毛主席著作"作为必修的教材,造就一专多能的革命通才。这一条似乎符合我们今天所撰述的人文素养提高的一项,用毛泽东思想统领了当时的年轻人的世界观。在这一时期中大学人文教育的缺失由此可见。

20世纪80年代末至90年代初,人们认识到这一局限性后,我国教育行政部门在国务院的直接领导下,按照"共建、调整、合作、合并"的方针,对高等管理体制进行了大规模的改革,减少了单科性院校的数量,组建了一部分学科更加综合的大学。与此同时,又把原来行业办的、结构效益不高的、学科单一的院校进行了调整,实行中央和地方共建,以地方管理为主,并且与地方院校进行了学科调整,突破了原来行业办学的框框,适应了地方需要,扩大了这些高校的学科范围。管理体制的改革和学校结构的调整,使高等学校的学科综合性加强了,为我国推行文理渗透,人文与科学结合的人才培养模式的改革奠定了基础,创造了良好的运行机制。

但真正有效的人文教育与科学教育结合的教育体系还远未形成,需要我们作长期的努力。在建设和谐社会的今天,我们教育界的专家、学者都在探讨造就全面发展的接班人的话题,即所谓的全人教育:教育不但是造就掌握精确理、工、科技知识的"机械"人,而是要培养出有着较高的人文素养的"协调"的人,具有较高境界的社会主义的合格的建设者和接班人。

2. 社会上的功利性评判标准的影响

中小学教育中普遍存在片面追求升学率,重教书、轻育人,高分低能者比比皆是;中学教育过早地实行"文理分科",片面地"重理轻文",高等教育中同样重理轻文,使学生片面追求科技知识、基本技能,而忽视世界观、人生观的改造。几十年来,社会上广泛流传着这样的话:"学好数理化,走遍天下都不怕",随后又有"学好外语计算机,走向21世纪"[①]。目前,我国不少理工科院校仅仅把人文社会科学课程作为素质教育的一种点缀。另外,社会生活环境中存在着不良因素影响着理工科学生心理的健康发展,如社会生活中的政治腐败、以权谋私、权钱交易;经济生活中的假冒伪劣、坑蒙拐骗,还有大量的社会犯罪。这些社会弊端在很大程度上不是因为缺乏科学知识、基本技能,而是人生价值观的扭曲,思想品德、道德水平低下所致。这些功利性评判标准直接影响并导致理工科学生人格的非理性化、价值观念的庸俗化,他们在现代社会情况复杂、竞争激烈、快速高效的情况下,缺乏人文素养、缺乏适应环境变化、缺乏迎接挑战的生存能力以及缺乏在较长的时间内有效工作和自我发展的能力。

3. 学校在教育实践中对人的价值理解的肤浅,即仅仅把人当成一种工具

人的价值可分为伦理价值和功用价值。"德"是标志人的伦理价值的价值标准,"才"是标志人的功用价值的价值标准。一个道德品行低下的人,照样可以具有某一方面的特殊才能,具备一定的功用价值;而一个没有多少知识、没有什么特殊才能的人,也同样可以达到高

---

① 腾大春:《杜威和他的"民主主义和教育"》,[J]. 瞿葆奎主编,《教育目的》,人民教育出版社,2007版,第103—105页。

尚的道德境界,具有他人所不具有的伦理价值。大学阶段是学生世界观、人生观、价值观形成和发展的重要阶段,理工科院校教育实践中,缺乏学生健康人格的形成、发展机制,仅仅把学生当成一种工具,简单理解为把理工科学生培养成"工程师"、"专门人才"。理工科学生整天埋头于科技理论知识的学习,强调了人的功用价值而忽视了伦理价值,扼杀了学生的个性、成长及发展。学生缺乏对社会历史、现实人生和人际关系等方面的了解和认识,不注意伦理道德修养和文化礼仪修养,缺乏公德意识的培育,导致行为失范。(例如:近几年的高校出现的高分低能的学生;硫酸泼狗熊事件;马加爵杀死同学案件等等,都说明他们的伦理价值和远大理想追求的缺失。)

4. 学校、学生、家长等方对教育目标理解的偏差

教育目标有两个基本组成部分:第一是对培养何种社会成员的规定;第二是对教育对象形成何种素质结构(思想、道德、心理、知识、能力、体质等)的规定,这两部分相互联系。人的社会角色决定了它的社会功能,因而要求具备相应的素质结构;而人的素质结构又制约着社会功能的性质和水平。杜威说过"教育本身并无目的,只有人,即家长和教师等才有目的;教育这个抽象概念并无目的,教育的目的在于使个人能继续他们的教育;学习的目的和报酬,是继续不断生长的能力"。教师和学生双方,或者学校、教师和学生三方,再广而言之,学校、教师和学生、家长四方,如果没有合力是不可能达到法定教育的目的。理工科院校从学校、教师和学生、家长四方,在对教育目标的理解上都产生一定的偏差。学校和教师对学生思想、道德、心理、知识、能力、体质等方面素质的教育要求和规定不一,他们偏重知识和能力的培育,放松对思想、道德的培育甚至忽略对心理、体质的塑造。家长、学生自觉不自觉地遵循及实践着校方的要求,导致学生人文素质的相对缺乏。如康德的"发展人的各种自然禀赋";席勒的"促进鉴赏力和美的教育,培养我们感性和精神力量的整体达到尽可能的和谐";乌申斯基的"使人的体力的、智力的和道德的力量得到广泛的发展,罗素的四种特性即:活力、勇气、敏感和智慧"。这些素质在理工科学生那里从理解到培育都相对文科学生欠缺。

9.1.3 当代大学生人文精神的内涵

当代大学生人文精神的内涵是依据人文精神的内涵、社会发展的需要、教育的内在规律、人自身的发展规律以及当前大学生人文精神的现状来确定的,包括了完善的人格、全面的文化素质、正确的价值观念、高尚的道德情操,这四个方面互相联系、互相依存,体现了人文精神由低到高、从具体到抽象的渐进提升过程。只有正确而全面地认识大学生人文精神的内涵,才能在实践中有效地发挥其作用,真正培养出符合社会需要的人才。

1. 完善的自我人格

人文精神是对人性的确认和追求,而完善的人格是人性的基本特征。教育的终极目标是实现人的全面、和谐发展,这也是大学生人文精神培育的基本内容、前提和基础。人格完善是高校教育的主要目的,不断追求人格完善是高校教育永恒的立足点。大学生人文精神之所以倡导人格完善,其目的就是要使其在当代科技进步和经济高速增长之时,具备崇高的理想、积极乐观的人生态度,自强不息,不断超越自我,在立志为社会做贡献中自觉达到自我人格的完善。

2. 全面的文化素质

人文精神的培养建立在深厚、全面的文化素质基础上。科技、文化知识是社会进步最重要的推动力量，人文精神的核心是人的全面发展，而文化素质是人类认识世界、改造世界的基础条件。在大学生人文精神的构建中，全面的文化素质是基础，它对于大学生人文精神的形成和发展具有很强的渗透力和影响力，文化素质的高低优劣，决定着大学生人文精神的高下。

3. 正确的价值观念

价值观念是指人们对道德伦理关系的看法和观点。在人与世界的关系中，人与人、人与自然、人与社会的道德关系折射出与现代社会相适应的价值观念。大学生掌握了一定的科学文化知识，应该树立运用科学技能为更大的社会目标服务的价值观念，培养历史使命感、社会责任感和人道主义精神。正确的价值观念实质上是对社会的一种庄严的道德感、责任感和使命感，是自身尊严和生命质量在社会生活中的体现。

4. 高尚的道德情操

经过三十多年的改革和发展，我国的经济体制、社会结构、利益格局和人的思想观念都发生了深刻变化，大学生的世界观、价值观、道德观也经受着强烈的冲击和考验。国家的发展、社会的和谐需要高尚的道德力量作保证。大学生需要注重社会责任的培养，培养全心全意为人民服务的精神、尊重社会规范和法律法规的精神，用健康向上的道德风尚和与时俱进的道德准则来规范自身的行为。

竺可桢先生做过13年的浙江大学校长，对高等教育有许多真知灼见，通才教育就是他的重要主张之一。他认为"大学一二年级中，工学院自宜打定数理良好基础，文法等院自宜重视文学、经济以及中外历史，以备专精"。1936年，他走马上任，第一次召开校务会议就提出大学各学院一年级不分系的建议，进行讨论，目的就是避免学生过早地进入专业学习而忽视基础，最后决议成立一个公共科目课程分配委员会。为了加强数、理、化、国文、英文等基础课教育，他要求"第一等的教授"亲自到教学第一线，而且鼓励学生跨院、跨系选修课程。在他的倡导下，那个时代的浙江大学理工科学生选读唐诗宋词，文学院学生选读微积分、地学通论、物理等课程都不是什么罕见的事。他本身作为杰出的气象学家、地理学家，在中国古典文学、历史等方面都有很深的修养，否则我们就无法想象他在气候研究、物候学研究中常常将古诗词信手拈来、恰到好处。他常常说，大学教育主要不是传授现成的知识，更重要的是开辟基本的途径，提供获得知识的方法，培养学生研究批判的和反省的精神。因此基础学科要比细密的专业知识更加重要。他认为，大学如果只是侧重于应用科学，而对纯粹科学、人文科学置之不理，"这是谋食不谋道的办法"。他谆谆劝告大学生，你们到大学来，千万不要存心以为懂了一点专门技术，作为日后谋生的地步就算满足。

与竺可桢差不多同时代的那些最优秀的大学校长，从清华的梅贻琦、南开的张伯苓到北大的胡适、燕京的司徒雷登等，无论他们本身的专业是理工科还是文科，在办学的方向上几乎都没有太大的分歧，归根结底他们都是有着深厚的人文修养、具有世界眼光的知识分子，他们身上没有那种鼠目寸光、急功近利者的短视，他们的目光始终看得很远，他们把大学看作社会的灯塔、文明的堡垒，大学不是为社会输送一般的职业技术人才，而是要培养社会各界的未来精英人才，造就一个民族的中坚力量。

9.2 上海电机学院大学生思想品德、心理状况调查报告

上海电机学院大学生的思想品德状况调查报告

前言：大学生的思想品德素养、心理状况调查是一个庞大的工程，由于时间条件所限，在此谨以我院学生为目标，作一调查，调查的方式是以答卷的形式进行，包括思想品德、法律意识、心理状况调查三部分。分别在2005—2007届本科新生中和二年级以上老生中进行。到2006年11月底历时半年之久的大学生的思想品德状况调查，在学院宣传部牵头，在学工部及各系部、班级大力配合下顺利完成。（由于操作性方面的原因涉及文史哲等人文教育方面的内容未作调查）

本次调查有近2 000名学生参加。调查项目分为九大类（对共产主义态度、对思想理论课开设的情况、思想道德素养、法制观念、自我行为能力、大学生婚姻问题、网络道德问题、业余生活情况及对贫困学生态度问题等）40个题目进行调查，共64 000计数据（学生回答问题可以进行单项或多项选择）。

从调查总的情况来看，当前我校大学生思想状况是处于健康发展、信仰坚定、积极向上的状态。思想品德、法律素养调查状况良好但也存在一些偏差。现仅仅将思想品德、法律素养调查状况汇总如下：

9.2.1 思想品德素养方面

这个方面的题目最多，共有17项，从八大方面阐述：

(1) 对人生价值目标问题的回答，在对人生追求价值目标的1 617个答案中，有38%的学生认为应该追求高尚的精神价值目标；15%学生认为奉献应该大于索取，两者共占53%，说明大学生有明确的人生价值观。具有功利价值观的有31%，这一部分所占比例也较大，成为不可忽视的部分。（应在平时的思想道德修养的教育过程中不断加以引导）

(2) 在对人生应该怎样度过的1 545个答案中，54%的学生提出要挑战人生，化逆为顺；但有27%的学生希望在自己一生中处于一帆风顺，没有挫折，他们不能正视自己前进道路中会出现挫折这一现实。甚至有10%的学生产生偶遇挫折就会一蹶不振的回答。看来，加强青年学生的人生观教育和挫折教育，以增强学生的意志品质，还是非常必要的。

(3) 在大学生怎样对待"勿以善小而不为、勿以恶小而为之"的美德态度2 018个答案中，52%学生认为是应该的，对美德教育应该从小事抓起，从现在抓起；33%的学生认为道德教育应该是抓大节，可以忽视小节。这种抓"大"放"小"的人生态度，易使他们对自我言行控制能力减弱，形成"大错误不犯，小错误不断"的恶习。看来加强大学生的思想道德教育，特别是"慎独"教育是十分必要的。

(4) 对大学生当义务兵的1 521个答案中，52%的学生认为是值得的，是青年人应该做的；23%的学生认为是不值得，是浪费青春。看来主流是好的。

（5）对当今社会是否需要强调"无私奉献"的1 528个答案中，53％的学生思想境界十分高，认为当今社会应该发扬光大"无私奉献"精神；20％学生认为当今社会没有必要强调"无私奉献"精神；还有20％学生没有考虑过这个问题。

（6）对集体主义精神、个人与集体、团队精神及合作的问题回答中：

第一，关于集体主义的1 511个答案中，66％的学生认为是需要的，认为不需要的只有11％，而没有考虑的有18％。

第二，在处理个人与集体关系问题中，1 518个答案中，55％坚持集体主义第一，个人第一的只占18％，没考虑的占17％。以上几个答案中可以看出，多数学生能正确考虑社会、集体利益，从个人利益角度考虑问题的只占少数。

第三，在处理团队和个人关系问题的1 761个答案中，能正确处理团队与个人关系的答案占47％，具有团队合作精神的占27％，两者共计74％。以个人为中心，注重个人能力发挥的只占17％，可见拥有集体团队精神的学生在学院学生总人数中是占多数的。

第四，在当代大学生身上应具有的素质的2 209个答案中，选择排名第一位的是乐于竞争、善于合作，占36％；第二位的是勇于创新，占31％；20％的学生认为要保持艰苦奋斗，13％的学生认为还要无私奉献。说明我院学生已深深认识到了合作精神和团队精神建设的重要性。

（7）对待"保尔"和"盖茨"两个不同类型人物的看法的1 571个答案中，37％的学生崇拜"盖茨"，29％的人崇拜"保尔"。从中可以看到，在当今社会主义现代化建设和市场经济的大环境中，追求实惠、追求财富、讲究科学、提倡创新是学生追求的。"保尔"是革命战争中的英雄人物，他的精神是可敬的，是要学习的，但毕竟时代不同，因此只有29％的学生认为要学习；而回答不清楚的和其他的要占36％（他们另有自己崇拜的"英雄"对象）。

（8）关于大学生基本道德素养方面的问题回答：

第一，对于"诚信"问题的看法的1 676个答案中，认为是一种道德上的美德占52％；认为对诚信还要看具体对象的占30％；认为讲诚信在当今社会是过时的也占了13％，可见诚信在近三分之一的学生眼里已经产生了严重的危机感。加强学生的诚信教育是十分必要的。

第二，对社会道德的作用看法的1 542个答案中，54％的学生认为道德是促进社会生产发展的一种精神力量；而认为道德决定一切与道德无用论各占17％，这两种极端看法说明有些学生还不能辩证地、全面地看待社会道德的作用。

第三，对"大错误不犯、小错误不断"行为问题的看法的1 574个答案中，33％的学生认为这是很正常的行为；22％的学生认为无所谓；甚至有20％的学生认为这种观点是活得潇洒的表现。但在回答当代大学生是否应坚持科学文化与加强道德修养的统一问题上，1 483个答案中，认为很有必要的占66％；认为没有必要的占13％；认为只要学习好，道德修养无所谓的占14％，后两者共占27％。从前后两题的答案来看，虽然学生在个人自律问题上还存在着模糊认识，但在回答科学文化与思想道德修养的关系问题上却明确认为加强思想道德修养教育还是很有必要的。说明加强大学生的道德自律和"慎独"教育还是十分必要的。

9.2.2 法制纪律素养教育方面

在法制纪律方面共出了五道题目，从问题汇总情况看，学院在法律教育方面还需要加强。

从对游行、结社是宪法规定的公民基本权利,但行使这些权利时不得违反法律规定的问题回答来看,在参加测试的学生中,认为这个观点是正确的占63%;11%的学生却认为这是不正确的;甚至有17%的学生不知道这个观点对于一位当代大学生来讲,不能明确宪法中规定的公民的基本权利与义务是不应该的,所以我院加强法制教育的任务还是任重而道远。

在"当你与他人发生纠纷时,首先想到解决的方法是什么"的答案中,有44%的学生认为是自己协商解决;25%的学生认为是用法律、找有关部门解决。可见多数学生认为自己有解决纠纷的能力,自信心还是很强的。占1/4的学生还是依靠组织和法律来解决问题。

同上一问题,在校园内,同学之间产生矛盾的解决方法中,45%的学生认为会依靠自己协商解决;找老师或其他长者解决的有30%;而主张采用武力解决的占15%;用法律(诉讼)方式解决的占10%。

在讨论"学生发现违法违纪案件时,应采取的态度是什么"的答案中,40%的学生认为应该首先拨打110;39%的认为只要力所能及,协助群众解决;但有13%的学生认为与己无关,能逃就逃;只有8%的学生认为要奋不顾身,勇敢制止。尽管这是占少数,但他们是代表学生中见义勇为的行为方向。

在"如何看待对在校学生发生违规违纪现象进行处理"的答案中,43%的学生认为学生应该有申诉权;31%的学生认为至少应该有申诉渠道;20%的学生觉得应该接受学校处理,说明学生的法律意识、权利和义务意识还是比较强的,学生意识到维护自己的权益的重要性。

9.2.3 自我行为能力方面的问题的回答(涉及心理素养方面)

对这个方面共出了三道题目:1. 最关心自身的问题是什么? 2. 对自己组织协调能力是否满意? 3. 当好班干部的最大障碍是什么?

对第一题回答的答案中,40%的学生认为最关心的是渴望有所成就;36%的学生关心的是如何施展自己的才能。

对第二题回答的答案中,48%的学生对自己组织协调能力不满意,需要不断提高;而对自己协调能力满意的只有33%;从没有考虑这方面问题的要占15%。当前在校学生大都是独生子女,一路走来,除了学校和家庭之外,与社会接触很少,接受锻炼的机会也很少。在学校里担任干部的学生毕竟是少数,多数学生并没有担任过干部的经历,因此,在学生中进行如何处理人际关系的教育是十分必要的,也是学生迫切需要的。学院组织学生在业余时间进行社团活动,开展各项文体活动,另外在思想道德修养课上,专职和兼职老师均利用各种机会锻炼学生的组织协调能力(组织学生演讲、讨论、课堂发言),学院各管理层也在加大力度以各种方式尝试培训学生干部,增强学生的组织协调能力和他们的团体与集体合作意识。

第三个问题的答案中,30%的学生认为当好班干部最大的障碍是组织协调能力不够强;另外30%的学生认为最大障碍是心理素质和自信心程度不够好;还有14%的学生认为最大的障碍是人际关系。可见如何提高学生组织协调能力,增强学生干部心理素质也是学院思想工作的重要方面。学院领导很有必要对学生进行专门的组织协调能力和如何搞好社会工作的培训(大学生是今后整个社会管理层的后备军,每个大学生都有接受这种心理素质教育培训的必要)。

上述问题仅是代表上海电机学院的最近几届在校大学生的道德、法律以及其他人文素养方面的调查,总体情况良好,但也存在一些不足,这些存在的问题也正是我们在本篇中所深刻阐述的理工科学生人文素养提升的重要部分。

从2006年开始,学校针对部分调查结果,有的放矢地采取了一系列整改措施,同学的道德、法律素养和心理素质方面都得到了提升。近几年,学校为提高理工科学生的人文素养特别开设有关选修课,例如:《人际交往与成功》、《大学人文教育导读》、《社会心理学》等,并加大人文教育方面的学术报告比例,学生的人文素养得到了明显提高。

9.3 加强理工科学生人文素质教育的必要性

人文素质教育是以彰显人性、完善人格、实现和促进学生身心和谐健康发展为目标的教育,它以实现人的全面自由发展为宗旨。人文素质教育的主要目标是对学生人文精神培养。人文精神集中反映了人的世界观、人生观和价值观。在对人持久而深远的教化中,人文精神能够起到不断提升个人素质的作用。可以说,人文素质教育对于学生知识、能力和精神品格的完善具有不可替代的功能和价值。

9.3.1 加强人文素质教育,是我国社会主义社会发展进步的客观需要

我国社会主义社会的发展和进步,关键不在资金和技术,归根到底,还是一个人素质的问题。提高国民的文化素质和文化品格,才是决定社会经济发展的根本要素。就理工科学生而言,其合理的知识结构中必须同时包含专业知识和人文学科知识。两者互相依存、共同发挥作用。知识结构中的人文素质和实践中体现的人文精神,不仅可以促进他们从更高的文化品位上观察与理解社会现象、明确自己的责任,更有利于他们学习科技知识,增强对科学的兴趣,运用正确的思维方法在科学技术方面进行探索和创新。

9.3.2 加强人文素质教育,是我国高等教育发展的必然趋势

《中共中央、国务院关于深化教育改革全面推进素质教育的决定》中指出:"高等教育要重视培养大学生的创新能力、实践能力和创业精神。普遍提高大学生的人文素质和科学素质[1]。"21世纪是科学技术高度发展的世纪,科学技术的综合发展要求多学科交叉融合,自然科学和社会科学的融合趋势越来越明显,这样的融合需要具备综合素质的高质量人才,也给我国高等教育发展提出了新的要求。高等院校理工科学生的教育更需要适应这种现代教育体制转型,培养出具有复合型综合素质的人才。理工科院校培养出的人才不但要具有丰富的专业知识,而且要拥有宽泛的人文社会科学知识和深厚的文化素养。只有加强人文素质教育,才能使理工科学生走上工作岗位后,更好地适应社会现代化建设发展需要。

---

[1] 教育部网站:中共中央国务院关于深化教育改革,全面推进素质教育的决定,1999年6月13日发布。

9.3.3 加强人文素质教育,是高等院校理工科学生实现全面发展的重要途径

马克思、恩格斯的辩证唯物主义和历史唯物主义,提出了人的全面发展的思想。全面发展既包含了个人的身心的全面发展,还包含了个体和社会的协调统一和全面发展。人文素质的提高,不仅是个人的全面发展的重要内容,还是社会进步与协调发展的重要条件。也可以说,人文素质是人的全面而自由发展的标志。

教育应该把人作为社会的主体来培养。成功的教育不仅要使学生"学会知识",更重要的是学生"学会为人处事"、"学会分享感恩"、"学会在社会中找到自我"。对于理工科大学生来讲,加强人文素质教育有利于提高自身修养、完善人生价值,进而获得自我发展和自我实现的可能。其人文文化底蕴越深厚,视野才越开阔,融会贯通的能力也才可能越强,创造力才会更强。以往的高等教育过分强调学生的专业知识、专业技能,淡化了人文教育,忽视学生的全面发展,因此,必须加强人文素质教育,为培养大学生的综合素质创造条件。

第 10 章

人文教育与科学教育关系演变
——从西方大学谈起

科学教育与人文教育具有对立统一的特性。在西方历史上，人文教育以人的心性完善为目标，注重理智的培养，率先在历史上确立了自己的地位。近代科学的发展促成了科学教育的形成，它的实用性和针对性适应了社会的发展，并逐渐取代了人文教育的社会主导地位。然而，科学教育的过度膨胀带来了对文明社会的破坏，人们重新呼唤人文教育的复归。回顾西方大学人文教育与科学教育关系演变钩沉，科学教育与人文教育出现了从相互排斥走向相互融合的过程。

10.1 古典自由教育：人文教育与科学教育的结合

10.1.1 古典自由教育

在人类社会的早期，教育与生产劳动同样重要，劳教不分，教育渗透在生产劳动过程中，技能的形成与信仰、戒律的习得都是在实际生产劳动中进行的。随着生产力水平的不断提高和社会的不断进步，教育才逐渐从生产活动中分离出来，并随着自身的发展不断分化，宗教信仰、社会规范和艺术于是从生产劳动中分离出来，在专门休闲的场所，通过专门的机构，由经验丰富的长者来传授，而关于生产和生活方面的知识与技能则仍然是在实际生产劳动或活动中进行的。但无论对社会还是个人，这两种教育都是必须的和必要的。在这两种教育中，前者就是初始的人文教育，后者则是朴素的科技教育。历史的进一步发展使人类社会产生了分化，从事脑力劳动的统治集团和宗教集团从生产劳动中脱离出来成为专门的统治机构，随着文字的产生和文化的不断积累和发展，部分教育也发生了质的变化，从生产劳动和其他活动中分离出来，成为一种专门的活动。于是，专门的学校教育诞生了，这主要表现在社会的上层，由寺庙学校、宫廷学校等从事培养统治阶层子女的读写训练和文学、艺术、宗教、道德及修养，当然他们也需要懂得一些关于生产方面的知识(但不是技能)；另一方面，部分教育仍延续过去的劳教不分的传统，社会下层仍在劳动中向下一代传授生产技能，在一定意义上可以说，这就是原始的科学和技术教育，此外还需接受信仰、戒律、习俗、道德的教育，古代埃及、巴比伦的教育就是这样的，在一定程度上也可以说这是朴素的科学教育与初始的人文教育的结合。

1. 古希腊的教育

古希腊的教育无论在理论和实践上都揭开了教育史的新篇章,古希腊开启了科学(古代朴素的科学)教育与人文教育结合的先河。希腊文化更是人类的宝贵遗产,希腊的教育和文化很难说孰因孰果,在功能上它们是相互促进的。"希腊人在文学艺术上的成就是大家熟知的,但是他们在纯粹知识的领域上所做出的贡献还要更加不平凡。他们首创了数学、科学和哲学;他们最先写出了有别于纯粹编年表的历史书;他们自由地思考着世界的性质和生活的目的,而不是为任何因袭的正统观念枷锁所束缚。"① 希腊人常常为他们实施了培养演说家的教育方式而引以自豪,而这种演说家的教育方式实质上就是人文教育与科学教育有机地结合,这种人文教育与科学教育的有机结合就是自由教育。约公元前431年,在希腊与斯巴达之间所爆发的战争初期,雅典大政治家及雄辩家培里克里斯就曾将胜利归功于雅典之独特性。在为歌颂战争初期身死沙场的战士所作的葬礼演说中说道:"在教育方面,我们的敌手从摇篮时候开始,就以严厉痛苦的训练方式来培养他们坚韧勇敢的习性;而我们雅典人却以我们愉快的方式生活着。但在遭遇该有的危险中,我们仍然努力以赴,毫不畏缩。……我怀疑这个世界上的其他地区,也能培养一种与雅典人相同的人士,在唯有自我依赖的情况中,在面对许多紧急事件时,仍能屹立不摇,并生活得幸福、优美且多才多艺。"② 他又说:"我们日常生活中的人际关系,一如我们的政治生活,也是自由、开放的,我们绝不干涉邻人自行其乐……我们在私生活上是自由而容忍的,但是在公众事务上,我们则依法行事,每当工作完毕,我们就可以享受各种娱乐身心的活动……我们家里有使我们天天快乐,并为我们驱除忧愁的美雅事物。我们爱美,却不流于铺张浪费,我们爱好心灵活动,却不流于怯懦……至于贫穷,这是不足以为耻的,真正可耻的是不设法去避免它。我们交友之道不在于求人施惠,而是要善待别人,如此我们的友谊就更可靠……每一位公民做自己的主宰,而且很得体、很干练地处理日常生活的诸多问题。"③ 由此可知雅典人崇尚容忍、相信个人之实现、重视合作与宽容及自立自信之理想,这就是古希腊实施自由教育的结果或见证。希腊人创造的文学艺术、纯粹知识的第一个受惠者就是他们自己,在希腊培养自由和谐的公民的教育目标下,这些文学艺术、数学、科学和哲学都成为希腊教育不可或缺的课程。不论在智者派那里,还是在阿卡德米和吕克昂的学园,这些科目都被传授和研究着。但知识传授并不是希腊教育的根本目的,他们实际上是要借此培养适应希腊政治生活的、社会生活的公民;希腊,特别是雅典,民主政治和自由生活需要有智力、文化发达和有政治生活的理论修养的公民。④ 发展人的理智和政治才能的希腊教育既是希腊民主政治的产物,也保证和促进了希腊的社会制度和文化生活、教育目标和社会目标、社会需求的一致性。所以智者派就教人从事政治活动的本领,普罗泰戈拉说,在他那里求学的人,将学到"私人事务以及公共事务的智慧。他们学到把自己的家庭处理得井井有条,能够在国家事务方面作最好的发言与活动。"⑤ "实践生

---

① 罗素:《西方哲学史》,商务印书馆,1965年,第24页。
② 林玉体:《西洋教育史——教育问题的历史发展》,教育文物出版社,1992年。
③ 林玉体:《西洋教育史——教育问题的历史发展》,教育文物出版社,1992年,第93页。
④ 文德尔班:《哲学史教程》,商务印书馆,1987年,第96页。
⑤ 北京大学哲学系:《古希腊罗马哲学》,三联书店,1957年,第132页。

活的需求,特别是对政治生活的需求决定了教学的科目,民主政体首先要求政治家们具备公开演讲的能力;其结果是,为参加政治生活作准备,特别需要智者们的教诲,而智者们的教诲越来越集中在这个目的上。"①雄辩术因此成为智者派的重点传授科目,专门的文法学校和修辞学校也随之出现了,文法和修辞都是自由教育的重要内容。这对当时生产力水平不高,生产劳动的科技含量十分低下的状况而言,是不无道理的。但自然科学的教学也是不可或缺的,不过它不像近代专业教育那样具有很强的专业性和技艺性,而是人文性的,旨在理智的训练与理性的培养。正因为希腊教育不是落在知识的传授上,而是落在公民的理性智慧和精神气质的塑造上,所以就不限于学校的课程,国家政治活动、社会公共生活——公民集会、节日庆典、奥林匹克大会都让青年参加,神庙、法庭、剧院、体育场等皆为教育的场所,以这种社会氛围和文化环境陶冶公民的灵魂,这可以说是科学教育与人文教育的最初结合的尝试。

为什么说古典自由教育就是人文教育与科学教育的结合?

首先应该追问,古希腊时期有科学教育吗?此外还必须追问,古希腊有没有科学教育赖以存在的合法性因素——科学知识?科学,作为一种文化,有着深远的历史渊源,当然它上升为人类社会的一种主导性文化,却是较晚近的事,正如英国著名的科学史家贝尔纳这样说道:"我们现在所说的科学是比较晚近的产物。它在16世纪才具体形成,但是他的根源可以一直追溯到文明的萌芽时期,甚至可以进而追溯到人类社会的起源期。"②古希腊时期,除了人文教育兴盛以外,科学教育也在一定程度上得到了发展,当然这种科学教育与今天所说的科学教育是有严格的区别的,它当时只是一种朴素的科学教育。这可以从三个方面来理解:一是希腊人相信世界存在一种秩序、一种联系、一种支配性法则的观念,这种观念对科学研究和科学教育的存在和发展非常重要。"秩序与规则观念的最早形式是古希腊神话的'命运',它一直在冥冥之中起着作用,连宙斯也对此无法抗拒。另外还有逻各斯的学说,该观念认为世间万事万物受逻各斯支配。"③赫拉克利特认为世界万物是一团按一定规律燃烧着的永恒的活火,柏拉图认为世界万物都是理念的模本,亚里士多德也以善为最高理想和最高目的,从而构建了一个等级世界。古希腊人的观点各种各样,但在相信世界存在某种秩序方面并无二致。正是这种信念推动从古至今的科学家探索不已,把握自然的法则、世界的规律、事物现象的前因后果与内在联系,从而推动认识的深化与科学的发展。正如怀特海所说:"我们如果没有一种本能的信念,相信事物之中存在一定的秩序,尤其是相信自然界中存在着秩序,那么,现代科学就不可能存在。"④秩序和法则是科学的灵魂,古希腊时期人们重视秩序与法则,就说明他们重视科学研究与科学教育的事实存在。二是具备了科学研究与科学教育赖以存在和发展理论的传统与工艺的传统。科学的发展历来有两大传统:理论的与经验的,或书本的和工艺技术的。工艺技术的传统把人类在漫长社会实践过程中产生出来的经验技能积累保存下来,理论的传统则使之上升到理论、见诸文字,从特殊有限的经验中概括出较为普遍的东西,以解释世界或指导行动,这两个传统正是理性主义与经验主义

---

① 文德尔班:《哲学史教程》,商务印书馆,1987年,第97页。
② J.D.贝尔纳:《科学的社会功能》,商务印书馆,1982年,第49页。
③ 陈刚:《西方精神史》(下卷),江苏人民出版社,2000年,第281页。
④ 怀特海:《科学与近代世界》,商务印书馆,1959年,第4页。

生长的强大基础。从考古学材料,如从远古先民的石器、葬仪和洞内壁画看,这两种传统似乎从文明诞生一开始就存在,后来,一种传统由工匠发展,一种传统由祭司、书吏集团保持了下去。这两种传统交互影响、相互渗透,时而分化、时而会合,从而推动科学的不断深化和发展。在古希腊,毕达哥拉斯、亚里士多德、欧几里得都是理论传统的代表。欧几里得的《几何学原理》先设公理,再推导出定理与整个体系,环环相扣,非常完美。亚里士多德有两种传统:一方面,他以达至善为最高价值构筑理论体系;另一方面,他后期的动物学著作也包括大量的观察资料。他至少解剖过50种不同种类的动物以研究它们的生理结构,并把540种动物按照其形状进行分门别类。在他的影响之下,许多学者转向经验考察,重视实验和搜集材料,从而产生了一大批具有出色技术和才能的科学家、工程师和医生,如天文地理学家托勒密、医学大师希罗费克斯、血液学家盖仑、神经学家何洛菲拉斯等,都为科学研究和科学教育奠定了方法论基础。我们知道理性是科学精神的本质体现,古希腊时期无论是人文教育还是科学教育都比较注重理性的训练。由此可以推断古希腊时期不仅科学教育存在,而且两种教育的结合也是存在的,当然应该承认古希腊时期的科学教育与人文教育都是一种初始的、朴素的教育。

另外,从古希腊的哲学家、教育家的重要论述和理论中也能说明自由教育是人文教育与科学教育的结合。柏拉图和亚里士多德都提出了均衡发展的教育理论,这种均衡教育理论就是古典自由教育的思想。在柏拉图的教育计划里,课程内容囊括了当时所有的学科:音乐、体育、数学、几何学、天文学、声学和辩证法(或哲学)——关于善的科学。他对当时流行的修辞教育进行了严厉的批判,他以为此种修辞教育虽然基本上重视说服力量,但此说服力量不是基于哲学之真理,哲学真理乃是个人与社会生活的重要基础。柏拉图认为苏格拉底所强调的演说家或政治家,只不过是具有较低情欲及暴民之仆人而已,而更危险的是,这些演说家或政治家没有原则与理想。他在批判的基础上,建构起涵盖实在的知识,特别是数学、辩证的自由教育。他认为只有这种教育才能增进说服力量,而且也能增进文雅、高尚以及优美的表达风格。可是,当柏拉图将社会分为统治者、卫国者、劳动者三个阶层并给以相应的适合其身份的教育时,实际上为近代教育的分化作了理论准备,也可以说是人文教育和科学教育分裂的哲学和社会学渊源,为近代及以后的人文教育与科学教育的分裂埋下了"伏笔"。虽然如此,当时学校教育并没有显示出科学教育与人文教育的任何隔阂和矛盾之处,恰恰相反,"七艺"教育中各科在学校教育中都紧紧围绕演说家这个目标和培养具有理性的完整个性的人的目的相互协调地展开。

亚里士多德的自由教育的目的在于训练社会所需的公民,这一点与柏拉图强调的教育的社会性目标相同,不过亚里士多德着墨最多的还是关于教育的个人方面,他认为教育是人的内部发展的一种自我实现的过程,所以教育要依据人的本性来安排,实现其本有的天赋。他说,人是由身体和灵魂两个不同的部分构成,灵魂又分为理性和非理性及其对应的理智和欲望状态,良好的教育应顾及人的各个方面并使之和谐均衡地发展。因而,亚里士多德的教育理念就包括身体、品格和理智的训练。身体训练的目的是为了灵魂;品格训练是针对人的灵魂中的感情、欲望等非理性的部分,其教育的目标是既使欲望、感情受到理性控制,又使之得到合理的满足,从而合乎中庸之道。理智教育的对象是灵魂的理性部分。由此我们发现亚里士多德的自由教育理论实际上开创了人的身心及心灵各部分全面均衡发展的理论,几乎当时所有学科的教育都包含在内。不仅亚里士多德本人是个百科全书式的学者,吕克昂学园进行的也是百科全书式的教育,逻辑学、修辞学、物理学、形而上学、数学、伦理学都是必须学习的课程。事实上,他已把教育的重心由培养国家的公民转向了个人的人生幸福。

教育是为了美好的生活,"教育的最高目的,是为正确享受闲暇作准备,确保当生活的实际事务受到适当的注意时,灵魂能看到神的幻象,并从中得到最大的幸福。这是一个著名的结论。"①在他的这一理论框架下,所有人都应该接受完整的教育,而不是为了某种特定目的的狭隘教育,如政治的、职业的、宗教的教育。他说:"应教授儿童那些真正必需的有用东西,但并不是教授一切有用的东西,因为职业可分为自由的和偏狭的。应教给儿童对他们将来有用的知识,而不致使他们鄙俗化。任何职业、艺术、科学,凡是足以使自由民的身体、灵魂、心理不适应于实践或无法运用其德行者,即为鄙俗的。所以我们称那些导致人体畸形的艺术为粗鄙的,并且所有付酬的工作都消耗和降低了心力,所以对之亦有同样看法。有些自由艺术,也很合于自由民修习,但须有限度。倘若为了达到艺术的完善而过分致力,也将导致同样的恶果。"②

由此便知,亚里士多德的自由教育的意蕴在于:首先,自由教育应该是非常广泛的普通教育,而不是狭隘的专门教育。自由教育的理想意味着个体身体、道德和智慧的和谐发展。为了确保这种和谐的发展,希腊人开发了一套课程,即七艺:文法、修辞、辩证法、算术、几何、天文、音乐。其次,理性的培养是自由教育的根本目标。他主张事物的价值取决于它的特殊性或该事物最突出的性质,而人的独特的价值就在于他的智慧、他的思维能力,即理性。理性是人的灵魂的高级部分,人真正说来就是理性,在人的生活中,理性生活是最高级的生活。他在《尼各马可伦理学》里充分表达了他的这种偏好,他说:"我们应该尽力使我们自己不朽,尽力按照我们里面最好的东西来生活;因为即使它在量上很微小,但是在力量和价值上,却远远胜过一切东西。这东西似乎就是每个人的本身,因为它是人的占统治地位的和更好的部分……因此,对于人,符合理性的生活就是最好的和最愉快的生活,因为理性比其他任何东西更加使人是人。因此这种生活也是最幸福的。"③此外,自由教育还是以自身为目的的教育。他说:"一个人所持的目标大有关系。假如他从事或学习某事物,是为自己、为朋友或为事业本身之完美,则其行动显然便不是偏狭的。但是如果是为他人而工作,则同样的行动,将被认为是下贱的和奴役的。"④在亚里士多德看来,为了达到真正的自由,教育必须以自身为目的,为教育而教育。如果它是达到其他目的的手段,如道德、政治或其他方面,那么教育只是达到了一种奴隶性的阶段因而也是较低级的阶段。相反,如果教育把它本身作为追求的目的,而没有其他的目的,那么它就真正地自由了。直言之,亚里士多德的自由教育的真义是:自由教育是适合自由人的教育;其根本目的,一方面是要促进人的身体、道德和智慧的和谐发展,另一方面是要促进人的理性的充分发展,从而使人从愚昧和偏狭的束

---

① 亚里士多德:《政治学》,转引自博伊德·金著,任宝祥、吴元训译:《西方教育史》,人民出版社,1985年,第40—41页。
② 张法琨:《古希腊教育论著选》,人民教育出版社,1994年,第293—294页。
③ 张法琨:《古希腊教育论著选》,人民教育出版社,1994年,第325页。
④ 张法琨:《古希腊教育论著选》,人民教育出版社,1994年,第294页。

缚中解放出来;为了达到这样的目的,教育的内容必须以自由学科为核心,应避免狭隘的专门教育。亚里士多德自由教育思想的提出,标志着西方教育的一个重要理想——人文教育与科学教育结合传统的形成。

可以这样说,古希腊时期的教育对人类的知识做了统一的、有系统的记述。学校教育中的七门学科或课程语法、修辞、逻辑(又称三学科)和算术、几何、天文、音乐(又称四学科)的设置是人文教育与科学教育的比较理想的结合模式。它奠定了西方文明的一个伟大的假设,即可以用教育来塑造人的个性的发展。而且古希腊教育始终坚信:人的优越性是它要发展的一个概念,它在其中还包括了能言善辩和领袖群众这些要在公共事物中扮演活跃的角色所必备的品质。这就证明了在人类教育史开始阶段,人文教育与科学教育本身就是结合在一起的,或者说理想的教育就是人文教育与科学教育的结合。

2. 罗马文化与教育

后来,希腊被罗马帝国所征服和吞并,随着希腊的陷落,希腊文化和教育受到罗马文化与教育的冲击,教育进入了罗马时代。众所周知,希腊文化的特点在于注重纯理论,相形之下,罗马文化则偏重于实践,所以希腊的教育理想并没有被罗马人所接受,罗马教育的特点表现为较强的专业性和实践性,"甚至在各种文学学科上也还有一种功利主义精神。这种精神所沁润的各种知识和技巧都用来培养优秀公民和杰出的演说家,并且把文法和修辞的专业性质吹捧到不适当的程度,这正好说明了这种实用目的。"[①]所以,罗马时代不但有文法学校、修辞学校,还有法律学校、医药学校、建筑学校等,这类学校专业性质比较明显。虽然如此,但在理论上,罗马教育还是向往希腊教育理想。

就像希腊时期一样,罗马时代,由于缺乏媒介的交流,公共事务一般是在议会和法院里面对面地进行,因此谙熟与掌握演讲术是获得权势的钥匙。这并不仅仅需要一般表达能力,而且还必须具备相当的逻辑推理和批判性思辨能力,这势必要求学生接受各种学科的完整教育。这种完整教育,就是我们现在所称的百科全书式的教育。西塞罗所遵依希腊人的教育理想,提出一个多才多艺的雄辩家必须拥有"各种重要的知识和全部自由的艺术"。所谓全部自由的艺术,指文法、修辞及柏拉图的算术、几何、文法、音乐等学科;所谓各种重要的知识,指政治、各国政治制度、法律、军事、哲学等,除此之外,"有关人生与人的行为的哲学"——伦理学也是雄辩家所应具备的。[②] 显而易见,西塞罗所主张的教育理想依然是自由教育,这种自由教育实质上就是人文教育与科学教育的结合。而后,昆体良又秉承和发展了西塞罗所强调知识的广博性和文法的优雅性的传统,其视野更放在雄辩术之外的能力和素质,他说:"我们要造就完美的雄辩家,他必须是一个善良的人,否则就不能生存;因此,我们要求雄辩家不仅要有尽善尽美的语言表达能力,而且要有美好的心灵。"[③]因此,昆体良不断强调哲学的重要性,其哲学包括了辩证法、物理学、伦理学,而有关雄辩的任何题材都会涉及道德问题。由此可以看出,罗马时代无论是西塞罗还是昆体良,其教育理念实际上就是古希

[①] 博伊德·金,任宝祥、吴元训译:《西方教育史》,人民出版社,1985年,第68—69页。
[②] 戴本博:《外国教育史》(上),人民教育出版社,1989年,第170—176页。
[③] 克伯雷:《外国教育史料》,华中师大出版社,1991年,第43页。

腊时期亚里士多德自由教育思想的后续与发展,也是一种人文教育与科学教育结合的理想。

通过考察古希腊罗马时期的人文主义教育理想与实践,我们发现在这个时期的自由教育的理念渗透于学校教育中,科学教育与人文教育在培养人的理性方面是一致的,因此它们的关系相互融洽、协调,互不矛盾。这主要在于当时教育目的的功利性不强,教育不是为了谋生,完全是一种闲逸的事业。两种教育的目标的一致性,决定了两种教育之间不存在冲突与矛盾问题。

古典自由教育以人为中心,以善为导向,以人性的完整、和谐、全面发展为目的,去实现那一时代所理解的人性的丰富与圆满,即通过教育而使人获得完整、圆满的人性,也用这个词来表示具体的课程体系,古罗马时代成为人——"公民"或"自由民",所必修的科目包括哲学、语言、修辞、历史和数学等。古典人文学科把有关自然科学和社会科学的知识涵括于一身,共同服务于一种人文教育的理想。研究算术,是为了观察、思考数的性质,"唤起思考的能力,引导心思去面向本质与实在",使得心灵"超然于变幻的世界之上而把握着本质","把握真理"[①];学习几何学是为了引导灵魂接近真理和激发哲学情绪,以便了解"关于永恒存在的知识"进而"掌握""善"的本质的形式[②];天文学是为了思索宇宙的无限,学习天体的和谐运动,使得"思考的主体和思考的对象依照本性相象"[③];学习辩证法是为了把"零星学习的科目融会贯通"、"找出事物的关系"、"探究事物的本质"[④],使人的智慧和能力更趋完善,"最后能用纯理性来掌握'善'的本性"[⑤]。各门学科总的指向是人性的"善",在"善"的实现中逐步获得人性的圆满。这就是古典自由教育的本义,也是人文教育与科学教育的有机结合。

10.1.2 中世纪:人文教育继续发展,科学教育流于障蔽

1. 中世纪人文教育继续发展

"中世纪"这个概念的提出,是十四五世纪的意大利人文主义者发展了古代"复兴"的想法,创造了"中世纪"一词来称呼他们与那个他们自称要恢复的古代世界之间的鸿沟。其实在中世纪与文艺复兴时期之间,并没有遽然的断裂或容易划分的界限。除了经院哲学以外,中世纪的其他思想习惯也在欧洲的许多地方流传到了16世纪,反过来,在中世纪时期,也有用像文艺复兴时期那样的思维方式看待人类和人类世界的先例。毕竟,作为教会的语言和受过教育人的语言的拉丁文已有上千年的历史传统,古希腊时期的成就那么辉煌,中世纪人是不可能等闲视之或视而不见的。他们的许多知识,从罗马法到欧几里德的数学再到托勒密的天文学,都依赖古希腊思想与学问。在中世纪的欧洲,没有哪位诗人比奥维德和维吉尔拥有更多的读者,但丁的巨著《神曲》就是选择维吉尔为其第一部开路的,这部作品中所流露出来的思想就是中世纪人生观的浓缩与最好见证。中世纪的教会不得不与希腊哲学达成妥

---

① 《柏拉图论教育》,人民教育出版社,1958年,第49页。
② 《柏拉图论教育》,人民教育出版社,1958年,第31—33页。
③ 《柏拉图论教育》,人民教育出版社,1958年,第35页。
④ 《柏拉图论教育》,人民教育出版社,1958年,第37页。
⑤ 《柏拉图论教育》,人民教育出版社,1958年,第43页。

协,尝试这么做的远非一次,最著名的一次是托马斯·阿奎那的《神学大全》,这是将基督教教义与亚里士多德理论相调和的又一尝试,为经院哲学的产生与发展铺垫了基础,后虽历经了文艺复兴的洗礼,但仍旧保存了下来。据考证,在阿奎那之前,就有两次 12 世纪的所谓原始文艺复兴。[1] 此外,我们还可以从爱因斯坦在《论古典文学》中所讲的一句话推断出中世纪人继承过古希腊文明——"我们要感谢古代的少数作家,全靠他们,中世纪人才能够从那种曾经使生活黑暗了不止五百年的迷信和无知中逐渐摆脱出来。"[2]这么说来,中世纪在某些方面是继承和发展了古典人文主义教育理想和成果。

但是,这并不是说中世纪基督教所倡导的精神与古典人文主义理想是别无二致的。古希腊、罗马教育倡导并光大了自由的人文精神,而中世纪基督教在根本上是禁锢了这种精神,罗素认为,中世纪世界与古代世界对比具有不同形式的二元对立——僧侣与世俗人、天国与人间、灵魂与肉体等,而影响整个中世纪精神活动的天国与人间、灵魂与肉体的二元对立思想,就是在奥古斯丁的《上帝之城》中首先被系统化和理论化的。既然上帝是绝对的统一体,包括一切真理,是最高的存在、最高的善、完全的美,一切理性的认识归根结底都是上帝的认识,那么认识只能是启示,追求客观真理、自然科学是虚妄无用的,并因其远离了上帝,所以是危险而有害的。既然《圣经》是上帝的金玉良言,是一切知识的源泉,那么所有的教育就应是引导学生对《圣经》文本进行真实的理解;既然人类已经犯下原罪,人天性邪恶,那么禁欲就是必然的选择,反映在教育上,对受教育者的严格管制和体罚就是天经地义的事,而且具有合法性和正当性。这表明奥古斯丁的人文教育思想与古希腊罗马时期的自由教育思想是有很大区别的。

正是基于此,所以大家都有一种中世纪是"黑暗时代"之感,甚至有人干脆用"黑暗"作为中世纪的代名词,其实这种看法是片面的。中世纪人文教育虽曾一度沦为宗教的注脚,但是它也获得一定程度的发展。我们知道,中世纪欧洲由于没有一个统一的权威力量,哲学、艺术、科学和教育的发展是极不均衡的,因而很难做出准确的估计。虽然"人们对哲学和科学不再感兴趣,除非诈这些学科能用来为宗教宗旨服务","尽管这样,当时人们的思想还不是绝望地淹没在黑暗之中。古代知识的光亮从来也没有泯灭,甚至一些最虔诚的教会作家也承认古典文学的价值。"[3]实际上人文学科作为人类文化发展的集中体现和载体,始终具有永恒的价值,它需要在人类活动中表现出来,因此作为异教文化与世俗文化,人文学科曾一度受基督教的挤压,但人文教育在中世纪仍然是有所作为的。

一部中世纪教育史实际上就是人文教育与宗教的互相牵制、互相利用的发展史,并且以人文教育的最终胜利而告终。而在基督教内部,对人文教育和异教文化又有两种不同的态度。基督教在兴起之初,追随者大都是穷人和文盲,但在后来,它吸引了越来越多的受过教育的社会各阶层精英。这些精英们希望其子女至少受到与他们自身一样良好的教育,但当时只有异教的希腊罗马文化的文法和修辞学校,在面对要么受异教教育要么不接受教育的两难困境的时候,基督教领袖们产生了分歧。亚历山大的基督教柏拉图主义者们认为基督

---

[1] 阿伦·布洛克,董乐山译:《西方人文主义传统》,三联书店,1997 年,第 9—10 页。
[2] 爱因斯坦:《论古典文学》,《大学活页文库》,华东师范大学出版社,1999 年。
[3] 爱德华·麦克诺尔·柏恩斯等:《世界文明史》,商务印书馆,1987 年,第 414 页。

教的宇宙观是与希腊思想相容的,甚至认为基督教是希腊哲学的顶点,其所持之道是自由研究,如果没有自由教育,基督徒虽也能过一种诚信和服从的生活,但不能指望其对诚信的不可思议之境达到理智上的理解,也不能指望其了解并欣赏作为希腊文化和犹太教交汇点的新约圣经四福音书的意义;另一方面德尔图良则对异教文化持怀疑态度,但即便如此,他也承认利用可得到的教育设施的必要性。① 部分是形势所迫,部分是基督教中部分教士的努力,人文教育在中世纪终于得以延续并获得某种程度的发展,中世纪人文教育的进行和发展是离不开其基础人文学科的发展的,人文学科的价值,即使是奥古斯丁也不能不承认的,教会发现,如果不给信徒特别是教士以一定人文学科的教育,他们就不能理解圣经的意义,也就不能很好地履行教会的职责。

在中世纪,人文学科的经典科目是"七艺"。七艺的最初蓝本在罗马教育家那里,如法罗的《教育九卷》就专门讨论了文法、修辞、辩证法、几何学、算术、天文学、音乐等学科。七艺之名也曾出现在6世纪克修都若斯的《神学和世俗教育的选择》中,该文"第一部分写宗教文学。第二部分写自由艺术"②。克修都若斯并把七艺与"智慧建造了她的住宅,她劈成了她的七根支柱"的经句联系在一起,从此确立了七艺在中世纪教育的神圣不可侵犯的地位。但基督教利用的七艺只是这些学科的知识和技能,而不是希腊罗马那里蕴含的理性和自由精神,也就是说,中世纪的人文教育的目的不是培养理性、人性张扬、自由、解放的人文精神,而是为学生理解《圣经》或基督教教义打下起码的文化基础,只要看一下中世纪人是怎样"理解"七艺的便可想而知,如拉班认为:文法"是一门学科,使人学会解释诗人和历史学家的作品;它是一门艺术,使人能正确地写作和说话,人文科学之本就在文法。各个基督教学校应教文法,这是因为正确写作和讲演的艺术是通过文法而取得的"③。没有文法,就不能理解《圣经》,所以"文法虽是世俗的,但无不有价值,对文法宁可学而且娴熟不已"④。"为了训练僧侣使之获得最必需的技能,不得不逐步地允许受到辩证法的教育。""古代的学校逻辑已被用来为严格地、有条有理地阐述基督教教义服务。"⑤窥一斑可见全豹,中世纪大学人文教育中的修辞、算术、几何、音乐、天文学的价值就在于其对《圣经》和基督教教义进行注脚,其他别无二意。

2. 中世纪的最重要的贡献是城市的兴起和发展

中世纪的最重要的贡献是城市的兴起和发展,城市的发展为现代意义的大学的产生创造了条件,而大学在起源上与行会类似,它最初是由那些侨居国外的同胞在研究和学习的所在地所组成的教师和学生团体。与行会学校类似,"中世纪大学的基本目的是职业训练。时代需要一批经过很好训练的人,大学热心接受这个挑战。法律、医药、神学和文艺等都是需要有能力的和受过学校教育的人。而大学正是提供这种经过很多训练的人的地方,"大学提供的是职业资格,其开办之初也是单科性的,波隆那大学一开始先是法科,后来又增设医科、

---

① 博伊德·金,任宝祥、吴元训译:《西方教育史》,人民出版社,1985年,第81—84页。
② 博伊德·金,任宝祥、吴元训译:《西方教育史》,人民出版社,1985年,第68—69页。
③ 克伯雷:《外国教育史料》,华中师大出版社,1991年,第119页。
④ 克伯雷:《外国教育史料》,华中师大出版社,1991年,第120页。
⑤ 文德尔班:《哲学史教程》,商务印书馆,1987年,第361—362页。

神学;巴黎大学首先是文学院、神学院,后又设法学院、医学院。拉什达尔在评价欧洲中世纪大学的价值时有极深刻的洞见,"皇帝和诸侯在大学中录求他们的政治家和管理人员——毫无疑问,他们常常是从在法律实用科学方面受过训练的人们中间去寻找……十四五世纪期间大学的急剧增加,在很大程度上是由于受过高等教育的法学家和管理人员的直接需要。在某种意义上,中世纪的学术训练是过于注重实际了,它训练纯智力、操作技巧的习惯,英雄式的勤奋和热情的应用,同时想象、情趣、审美感则仍处于被忽视的状态。一句话,一切精神文明的修养和享受仍处于被忽视的状态。它训练人们去思考、去工作而不训练人去欣赏。我们对'文化'的理解,大部分是亚里士多德对'正确利用闲暇'的理解,是不受中世纪的理智所欣赏的。从更实际的观点看来,它们的最大贡献就是把人类事业的管理——简单地说就是世界的管理——交给受教育的人,实际统治者——国王或贵族——和现在的民主主义者可能同样或更加缺乏教育,因而他不得不借助于受过高等教育的阶层进行统治。"[①]中世纪具有行会性质的大学所实施的专业教育建制,是大学人文教育与科学教育分裂的直接原因。

中世纪大学提供职业资格的职能并没有改变人文学科在大学中的基础地位。大学的基础课程仍是七艺,同时亚里士多德等古代作家的作品也逐渐占据了大学的课堂。而在大学里展开的经院哲学内部唯名论与唯实论的斗争最后也诉诸亚里士多德,而当阿奎那试图用亚里士多德论证上帝存在,即当信仰需要理智来证明时,信仰的权威就丧失了,理智再次突显出来,一个新的时代也随之而来。

与人文教育相比,中世纪的科学教育始终处于边缘地位,或者说科学教育被障蔽了。这主要在于:首先,中世纪整体生产力水平低下,科学技术落后,劳动力不需要接受教育就能完成生产劳动任务,所以导致科学教育需求不足,科学教育发展迟缓;其次,中世纪的学校按行会的惯例,采取专业建制设置大学,大学大都是专门学科的大学,如法学、神学、医学、文法等,这些大学没有自然科学的课程,只有为宗教服务注脚人文内容,这样自然科学在大学中没有一席地位;最后一点也是最重要的一点,因为中世纪是一个教会统治的世纪,宗教与科学的矛盾,使得科学屡遭排挤甚至是迫害,这主要在于:科学依赖于人的求知活动而起,其目的是扩大已知世界,而宗教则在超越人所知的现实世界的精神要求上立根。在宗教精神里,科学标准根本不存在,宗教精神中所谓超越的圆满与悠久的可能与否,也只当在宗教精神、宗教经验中去证实,不能由外在于宗教精神和宗教经验的科学精神、日常经验去评判。如此而来的结果是在宗教占统治地位面前,科学发展受到限制,科学教育在中世纪处于受压抑的尴尬境地,在教育中处于边缘的地位。古典人文主义者们在教会的统治下,其教育理念走向形式化乃至极端化,对科学和科学教育极力予以抵制。比如在英国,一些主张实施科技教育的先驱者如培根关于建立新型的高等教育机构——所罗门王会馆(包括天文台、地下实验室、发动机、熔炉、解剖学、实验园地等)的设想遭到强烈反对,根本无法付诸实践。著名教育家托马斯·阿诺德曾说:"与其让它(科学)成为我儿子思想中的主要部分,我还不如让他认为太阳是围绕地球转的……毫无疑问,对于一个基督教徒和英国人来说,唯一要紧的是学习基督教哲学、伦理哲学和政治哲学。"法国历史最为悠久的巴黎大学,在中世纪时被称为基

[①] 佛罗斯特:《西方教育的历史和哲学基础》,华夏出版社,1987年,第159页。

督教世界的"知识之都",其神学教育最为著名,直到18世纪,神学以及神学教育仍被视为众学科及学科教育之冠。大学教育思想建立在托马斯·阿奎那等人的学说基础上。大学教育虽然受到科学发展的冲击,但对科学的主动接纳迟缓。

10.1.3 文艺复兴时期:复兴古典自由教育理念

文艺复兴已被用来作为欧洲现代史初期阶段,或者称作前现代化运动时期,也就是从1350—1600年这么一个广阔而又多样化的历史时期的标签,因此无法赋予它一个单一的特征。以前把文艺复兴时期的特征概括为人文主义,这已不再为大家所接受。在这250年间,欧洲发生了许多事,非一个人文主义可以概括的,例如,中世纪经院哲学和对亚里士多德的研究,不仅维持了下来,没有被人文主义的研究所取代,而且还在大学里得到了繁荣和发展,并对从哥白尼和伽利略开始的科学思想的革命性变化做出不少的贡献(有人甚至认为比人文主义的贡献还大)。当然,这并不是说,作为文艺复兴时期的人文主义的核心,重新发现已经湮没的古代世界的尝试是不重要的。"文艺复兴时期的人文主义者最不愿作的事,是用另一种哲学思想体系来代替经院哲学。他们的目标是:把经院哲学所忽略的一个作用复活起来。"[①]古代世界思想的一朵奇葩便是古希腊罗马思想,它们最吸引人的地方在于:它是以人为中心,而不是以上帝为中心。苏格拉底之所以受到特别的尊敬,是因为他把哲学从天上带到人间。人文主义者反复要求的,就是要使哲学成为人生的学校,致力于解决人类的共同问题。

文艺复兴的一大功劳就是产生了新的文学、哲学和科学,但从一开始,首先是古典作品的发现、搜集、抄写、编纂,接着是各种学园、拉丁学校、文法学校的建立和发展,这些学校皆以古典课程为宗旨,这就是文艺复兴的人文主义教育。人文主义的思想核心是人尊主义和人性论,人文主义者以此为武器反抗和否定中世纪的精神。而"人性的源泉是古典文学。在重新发现和新译出的(古典作家)手稿的洪流中得到的希腊罗马思想,为人文主义提供了基本的结构和方法。对于文艺复兴的人文主义者,柏拉图、西塞罗等没有什么东西是过时的或陈腐的,与中世纪基督教的古典作品相比,这些异教徒的著作有一种新鲜的、激进的、几乎是标新立异的情调。确实,揭示古典与对人文主义者揭示现实有同等的价值,古典哲学、修辞学和历史被看作是正确方法的模型"[②]。回到古代本身不是目的,其真正旨趣在于批判中世纪传统。人文主义教育的复苏既是时代发展的产物,也是现实需要使然。文艺复兴的教育运动在意大利和西欧、北欧的表现是不一样的,时间上也有先后差别,但它们存在着一条共同的线索和倾向,那就是对中世纪传统的反对。他们反对宗教迷信、反对压抑人性、反对禁欲主义,而肯定人性、肯定现世生活、追求自由、崇尚个人主义、歌颂人的智慧和创造性。显然,在教育中他们就追求个人的完善与和谐发展,同时复兴古希腊罗马也必然地导致自由教育的复兴。当时第一个表达文艺复兴教育思想的弗吉里奥秉承了昆体良的完人教育理想,在其《论绅士风度与自由学科》中就将教育表达为和谐或均衡的思想,并强调身体和精神教育同样重要。他的自由艺术集中在雄辩、历史和哲学,但也包括科学(数学、天文学和自然科

[①] 阿伦·布洛克,董乐山译:《西方人文主义传统》,三联书店,1997年,第14—15页。
[②] The new Encyclopeadia Britannica, Vol. 20, 1993, P665.

学)和医学、法律、形而上学和神学。随后维多利诺、格里诺等都表达了相似的看法,并将之付诸于实践,伊拉斯莫斯、拉伯雷、蒙旦等更进一步完善和发展了人文主义的教育理想。文艺复兴的人文主义教育是教育史上的重要华章,它虽然标榜复兴希腊罗马理想,但与希腊罗马所强调的教育社会性目标不同,它追求教育的个人目标——个人的自我完善和全面发展,"人成了精神的个体,并且也这样来认识自己。"文艺复兴的文学、艺术、哲学对人的发现、个性的高扬、天才的崇拜在教育中表现为强调教育要顺木之天,适应儿童的天性、兴趣、爱好并自由成长。弗吉里奥指出,教育是"唤起、训练和发展使人趋于高尚的身心、最高才能的教育。"蒙旦反复强调人的自由发展。正是在这样一种理念和社会氛围之下,文艺复兴孕育了一大批"百科全书式"的人才,如但丁、达芬奇、米开朗基罗等等。然而人文主义教育与城市市民的需要仍相差甚远,它满足的仅是宫廷和城市上层的需要,到了文艺复兴后期的人文教育逐渐远离现实生活,最后走向僵化、教条和形式主义。

　　文艺复兴时期复兴古典教育理念,促进了人文教育与科学教育的结合,这种两者结合的一个成果是促成了近代科学的诞生,由此导致人类知识体系的变化。虽然人文主义奉古典文学为基础,但古希腊"纯粹理论精神的复活"才是最具本质的,又"因为人文主义哲学运动内在的推动力也就是对崭新的世界知识的迫切要求。此种需求最后在自然科学的建立和自然科学按原则而扩张的过程中获得了实现"。这印证出了一个规律:人文是科学的酵母,科学是人文的女儿。人文与科学结合,不仅人文之花怒放,而且科学之果累累。"因此,文艺复兴时期的哲学史主要是从希腊哲学的人文主义的复兴开始逐渐形成自然科学世界观的过程史。"虽然近代自然科学的新成果并没有立即在教育中反映出来,但与中世纪相比,教育的内容无论在广度和深度都远远超出了七艺的范围,而随着科学技术的进步并进入人类的生产和生活,特别是城市的发展、机器大生产和商业贸易的需要,新知识就在教育中愈来愈迫切地被要求了。

10.1.4　近代:科学教育走进中心,人文教育走向边缘

　　如前所述,文艺复兴时期人文主义教育改革也有不足之处,这个不足在宗教改革时期得到了弥补。宗教改革时期教育一方面承继了意大利人文主义教育的传统,另一方面与人文主义教育侧重于古典文学不同,更偏重于道德和宗教教育。但是,宗教改革的一大功劳是推动了教育的世俗化进程,因为"当时不仅急需一种适于市民的和政治的首领与牧师的教育,而且急需一种适于一般民众的教育。同样,为满足日常生活和对新的宗教概念所涉及的圣经和教义问答手册的直接了解的要求,也必须有一种新秩序的学校"[①]。马丁·路德的本意是以教育促进宗教,但他的民众教育思想以及关于国家和市政当局对教育的责任的主张一直影响了此后几个世纪的教育的改革和发展。随着教育的权力由教会转到国家的手中,新的教育制度也就逐渐建立起来,这个新教育就是大众的、专业的教育。

　　教育的世俗化和近代科学的兴起催生了近代教育的产生,这个进程既艰难又缓慢,它历经了17世纪、18世纪,直至19世纪才告完成。17世纪、18世纪是思想和理论准备的孕育

---

① 博伊德·金著,任宝祥、吴元训泽:《西方教育史》,人民出版社,1985年,第186—187页。

期,19世纪是实践和制度的形成阶段。近代教育一开始就形成了人文教育与普通教育、专业教育的分离。18世纪、19世纪资本主义工商业取得了长足的发展,这对工人的技术和基本的科学知识提出了相应要求,为此,初等教育的普及被提上议事日程,实科中学、中等技术学校、职业学校也因之发展起来,与此相对的是另一种教育,即为上层阶级而设立的公学、文科中学和大学,其教学内容虽然在演变过程中因时代的变化而不断调整,但其核心内容始终是人文学科,其终点是大学,这样就形成了近代教育的双轨制。双轨制反映出人文教育与专业教育、普通教育、职业教育的分离,因此,人文教育与专业教育的分离在近代中等教育就此开始。高等教育表现为独立设置的专科技术学院、大学按学科专业建制设置学院或学系。这种建制使高等教育充满了工具理性主义的色彩,工具理性主义的高等教育将具有创造的灵性和激情、具有丰富的德性和人格、内心涌动着无限生命活力的完整的人,片面地转化为认知精神能力的人,致使人的发展偏离了完整、和谐与圆融的轨道。这样,人的发展的动力源泉被无情的堵塞了。

高等教育成了机械的训练和外在的规范,成了成批量复制人的生产加工线,人成了技能型的动物。导致近代教育对立和分离的最深刻的根源是:科学和技术的巨大进步及其在生产中的应用,科学技术在生产上的应用又促进科学技术进入和改变了人类生活,由此又导致人类生产和生活对科学技术的依赖,这种依赖则又激起人类对科学技术的要求——对科学技术的认识和发现、掌握和控制、开发和利用,而这又必然地使科学教育占据越来越突出直至压倒一切的地位。一部近代教育史可以说是科学教育发展史,而普及教育、职业教育、专业教育等实际上都是科学教育的不同表现形式和实现方式。因为近代国家的实力决定于工业的强弱,工业竞争与科学技术、掌握科学技术的国民数量和质量直接相关,所以需要国民教育(普及教育)和专业教育,因为机器大生产需要大批的熟练技术工人,所以需要职业技术教育。科学教育是与科学的发展分不开的,正如我们上文指出的,近代科学是人文主义的女儿,文艺复兴以后,近代科学就逐渐进入教育中,尽管这个过程是极其缓慢和艰难的。科学革命、启蒙运动、实证主义思想潮都推进了科学教育的开展,培根的《新工具》对近代科学的贡献是不言而喻的,而他唤醒人们对知识力量的注意极大地影响了近代教育的走向。孔多塞的教育计划也把科学和科学的实际应用放在学校和学院课程的最前面。斯宾塞的《教育论》极力推崇科学知识的价值,提倡科学教育。

这些思想家、科学家所宣扬的教育主张慢慢地渗透在教育中,并在19世纪产生了广泛而深刻的影响。17世纪60年代英国成立的"以促进自然知识为宗旨"的皇家学会不仅进行科学研究,而且通过各种讲座、讲习所传播科技知识,促进职业技术教育。与此同时,大学也在改革和创新,剑桥、牛津相继设立数学、医学、天文学、几何学、自然哲学等近代科学的讲座;新型的进行近代自然科学教学和研究的理工大学也创立并获得迅速发展。德国奥古斯特·赫尔曼·弗兰克创立的哈勒学园引入数学和自然科学以及历史和地理等学科。1821年建立的柏林中央工业学校几经发展后来成为著名的柏林工科大学,其他一些高等工业学校也相继发展为工科大学。欧美其他国家科学教育的发展与英、德相似,不过科学教育对人文教育的挤压是直到20世纪才出现的。

与科学教育在近代的长足发展相比,人文教育的发展当然不能相提并论,但是人类追求完整性、和谐性与圆通性的教育理想永远也不会从教育生活中消失,它永远守望着作为人类

第10章 人文教育与科学教育关系演变——从西方大学谈起

的福祉之一的教育领地——为教育而导航。近代人文教育在衰微不振的情势下,18世纪末至19世纪初,却在欧洲,尤其是在德国出现了"复兴",达到一个新的高潮,这就是新人文主义运动。在思想上,新人文主义强调将不同的元素合一而成为新的教育理论,其最高原则仍然是发展个体的自由。莱布尼茨的形而上学,芬克曼的伦理学、美学、卢梭的教育思想,康德的批判哲学共同形成了新人文主义教育理想,即偏重人类精神能力的和谐发展,对个性、民族和历史的尊重,重视爱的结合,希望凭借古典希腊文化之研究将人陶冶成名副其实的人。与当时盛行的理性主义、科学主义、主知主义不同,新人文主义则有几分浪漫主义情调,其原则是主情主义。[①]

因此在新人文主义思想的影响下,近代人文教育在科学教育大踏步前进过程中也有所发展,这首先表现为人文精神和人文学科的新发展。启蒙运动所倡导的理性、自由、民主、平等、博爱等成为现代社会新的人文精神,而科学革命中所带来的科学精神无疑也是新人文精神的一部分。人文学科的分化和发展尤为迅猛,近代语言学、历史学、哲学、文学、人类学、神话学、宗教学和艺术进入到一个与古典学术完全不同的新境界,而当自然科学显示出其解释世界和征服世界的优势和力量后,就试图进入人文社会科学,一个实证主义思潮便在人文社会科学中弥漫开来,它用机械论世界观解释人文社会问题,用自然科学的方法研究人文社会科学,以期望把人文社会科学改造成与自然科学一样的"精密科学"。对此,一些人文学者作了深入地思考和探索,帕斯卡尔、维科、赫尔德、狄尔泰等通过他们的研究肯定了人文学科不同于自然科学的独特的价值、问题和方法。这一思想线索在20世纪以前并没有产生重大的影响,20世纪以后,特别是当代科学展示出对人类的全部意义时,它就凸现出来。因为人文精神和人文学科的新变化,人文教育因此发生相应的变革。

当人文主义学校在16世纪丧失活力后,一种新的人文教育在时代的要求下产生了。欧洲北方教育领域内人文主义和新教的结合产生了新的学校体制,这就是文科中学。梅兰克顿和斯图谟执掌下的文科中学虽仍是古典主义的,但很快风靡全欧,成为此后"三个多世纪人文主义学校的共同类型"[②],然而进入17世纪,这类学校因脱离现实社会生产而遭到批评,于是不同于中世纪的骑士教育和绅士教育出现了。从意大利到法国、英国、德国,新的骑士学校、公学和文科中学为满足贵族和新兴资产阶级文雅教育的需要从古典学术转向绅士风度的培养,和现实生活相连的实用知识占据显著地位,现代语言和自然科学是必不可少的课程。古典主义的人文教育因此向功利主义的近代人文教育过渡,洛克的《教育漫话》向我们展示的正是这样一种近代人文教育。

到了9世纪,这些公学、文科中学面对实科中学的挑战仍保持着优越的地位,但时代(教育民主化等)正迫使它进一步改革,只是到了20世纪初才日益向普通学校靠拢。大学也在改革与创新中,1694年创办的哈佛大学第一次奠定了近代大学的人文教育精神,这就是学术自由,1737年成立的哥廷根大学鼓励和支持真正的科学研究,随后所有的德国大学都以此为楷模进行改革,其结果是:"现代哲学和科学的精神侵入所有系科","科学研究自由和

[①] 转自杜时钟:《科学教育与人文教育》,华东师范大学出版社,1998年,第68页。
[②] 博伊德·金,任宝祥、吴元训译:《西方教育史》,人民出版社,1985年,第194页。

教学自由的原则普遍地受到承认,而且政府承认为大学的基本法。"①这种思想也通过洪堡在柏林大学的教育改革得以贯彻和推广。他主张一切教育都是普通教育,各种职业教育只能是普通教育的补充。1810 年,洪堡在《关于柏林高等学术机构的内在组织与外在组织》一文中,旧瓶装新酒,彻底改制,摆脱中古的学术传统,树立新人文主义理念,提出了建立大学的四项原则:研究与理论结合、精神的自由、学生的学术自由、学术公开。他把大学视为培养完全人格与知识传授的场所,而不是职业训练所。英国历史最悠久的古典大学如牛津和剑桥,在 18 世纪及 19 世纪上半叶以前,都秉持纽曼的自由教育理念,都以技术不登高雅之堂,而长久地加以拒斥,一直固守人文教育的传统,重视博雅教育。

其次是表现在两位思想家、教育家对复兴自由教育的呼唤和赋予自由教育新的内涵上。

1. 纽曼的自由教育思想

纽曼的自由教育思想体现在他的大学观中,他说,"大学就是传授普遍知识的场所","大学的教学范围……从最普遍意义上而言,大学应当教授普遍知识。""传授普遍知识"是大学的本质,是大学区别于其他教育机构的典型特征。他从发生学的视角,认为大学是一种"普遍性的学术机构","大学的这一称谓包含着许多互不相识的人从各自不同的地域而来,聚在一处的意思"。"不同地域"为大学提供了教师和学生的多元选择,使大学的存在和发展有了人员的保障;"聚在一处"则意味着有相对固定的场所,为大学作为一种机构存在提供了环境保障。这样,大学作为一种机构存在便具有了人员和场地的保障。据此,纽曼认为"从大学的简单与原始的形式上看,它乃是包括所有各部门知识的学校,拥有来自各地的教授与学生。"从这个定义出发,纽曼强调了大学内部师生间的互动,强调大学内部的交往。正是这种互动或交往促进了思想的沟通与交流,这是大学与其他教育机构相区别的本质特征所在。同时,纽曼还引用了历史学家默什埃姆关于大学起源的论述来佐证"大学是传授普遍知识场所"的观点,"巴黎大学的诞生,不单在教师和学生数量方面大大超越了以前的大学机构,而且更为重要的是其教学内容囊括了几乎所有的艺术和科学,正是在此意义上,巴黎大学首先成为了真正意义上的大学。"由此出发,他认为,传授普遍知识是大学的本质特征和典型标志。

正是基于他的知识观,所以才有了纽曼的"传授普遍知识"的自由教育思想,他说:"大学首先应承诺讲授任何一门人类知识,应包容人类思想中所有高尚的思想观念。""相对于大学而言,没有任何一门知识是因太大或太小,因太遥远抑或太具体、太细微而不值得去关注。"相反,"大学应吸纳人类所有的艺术、科学、历史和哲学等方面的知识,并赋予每门学科以合适的定位。"这一见解的深刻之处在于,大学作为一种制度性的存在,它对普遍知识的传授具有重要的意义,大学是一种"保护性力量",是"真理的仲裁者"。"大学是所有知识、科学、事实和规则,研究与发现,实验与思索的制度性保护力量;大学描绘出智力活动的范围,每一领域的疆界都值得如宗教虔诚似的加以尊重;大学犹如真理的仲裁者,通过考查真理自身的特性及其主要意义,而确定各自在大学真理序列中的优先秩序;大学不因某一学科的伟大或显贵而排斥和牺牲其他学科;根据各个学科范围不同的重要性,大学尊重并忠实于文

---

① 博伊德·金,任宝祥、吴元训译:《西方教育史》,人民出版社,1985 年,第 281 页。

学、自然科学、历史、形而上学和神学等学科的各种要求;大学公平地对待所有的学科,把它们提升到与其目的相符的位置序列中去……"这就是说,作为机构和制度存在的大学,其公平性、包容性和统一性等特征,是人类所有知识得以传授、各种知识和谐共处的重要的保证。大学的伟大与统一,使大学成为"智慧的首府,人文的亮光,宗教的传播者,下一代的文明之母"。

这样,智慧、人文、宗教、文明的传承与教化构成了大学追求的永恒目标,而所有这些要素涵括了人文的和科学的教育内容。因此,纽曼的自由教育理念实质上是人文教育与科学教育结合的早期思想,他所强调的大学内部的"交流"与"交往",如果没有人文教育和专科学教育的结合为基础,恐怕是无法实现的,为此他特别强调大学是传授普遍知识的机构,大学教育必须是自由教育。纽曼的大学观以及他的自由教育思想,对于协调人文教育与科学教育、职业教育在人们观念与实践中的矛盾和冲突,既有重要的理论价值又有重大的现实意义。

2. 赫胥黎的自由教育观

19世纪中叶的英国仍然崇尚古典教育(古罗马文学教育),小视科学教育。赫胥黎针对这种流弊,提出了不同于当时英国所流行的自由教育理念,其内涵有两层:"首先,从广义来说,这种教育不受限制,他涉及到所有领域中必须认识的事物,锻炼人的全部官能,而且对人的全部活动的两大方面——艺术和科学给予同样的重视。其次,这种教育适宜于全体自由公民,他们可以选择任何一种职业,国家要求他们能够胜任各种职务。"[①]知识无好坏之分,科学和艺术同等重要,都是人类生活所必需的。人无贵贱之分,每个人都有接受教育的资格和权利,自由教育就是给每个社会成员以他们所需要和适合的教育。

科学教育是赫胥黎的自由教育不可或缺的组成部分,他说,自由教育的主要目的之一就是要增长学生多方面的知识。而科学知识是这些知识中最重要的一种。"现行教育体制阻碍科学教育的严重性是不能低估的。学生养成了只会通过书本学习知识的习惯,这种习惯不仅使他们不懂得如何观察,而且导致学生厌恶对事实的观察,迷信书本的学生宁可相信他在书本上学到的东西,而不愿相信他亲眼目睹的东西。"他批判古典教育是一种华而不实的教育,不考虑一个人的生活需要,也不能使一个人为参加实际工作作准备。大部分学校所提供的教育仅仅是一种狭窄的、片面的和实质上无教养的教育。在一个自然科学普及的历史条件下,传统的大学已失去了它们的现实价值,因此应该使科学进入学校课程之中,科学教育应成为新教育的重要组成部分。

在赫胥黎的视野里,自由教育是一种全面和谐的教育,他虽然针砭英国传统古典教育的流弊,但不反对在大学开展人文教育,也不否认人文教育的价值。他说"一首莎士比亚和哥德的诗歌作为纯艺术,虽然它也许没有理智方面的内容,但它是极其美好的。附有文字解释的一组画面在你的心灵面前掠过,所产生的感觉就是一种思想旋律"[②]。通过文学教育,人们不仅能了解古代和现代国家的文学,看到艺术原理的典范和对艺术原理的评论,而且还可

---

① 赫胥黎,单中惠、平波译:《科学与教育》,人民教育出版社,1990年版,第159页。
② 赫胥黎,单中惠、平波译:《科学与教育》,人民教育出版社,1990年版,第121页。

以了解到很多诸如道德、政治、历史、地理等方面的知识。他还看到了音乐和美术教育的价值,历史、地理教学也在教育中有其独特而重要的价值,伦理和神学教育也是必要的,他们能使学生熟悉基本的行为准则,培养他们的道德感情,适应社会生活并能忍受生活的压力。

他还说,假如古典学科在可能教的时候教;假如对男女儿童进行教学时所使用的希腊语和拉丁语,不仅仅作为一种语言而且作为语言学的例证;假如一幅关于两千年前地中海沿岸生活的逼真的图画,引在学生们的脑海里;假如古代史不是作为一系列令人厌烦的世仇争斗来教,而是追溯处在那样环境下的人类事业;最后假如古典学科的学习采取这样一种方式,以便学生们牢记它们对人类生活中各种长期存在的问题的简明扼要的论述,而不去死记它们在词句和语法上的特点,那么,古典著作作为自由教育的一部分是颇为适合的。在他看来,单纯的科学教育确实与单纯的文学教育一样,将会造成理智的扭曲,必须使自然科学与人文科学在学校教育中保持平衡。"这不是一个这一类学科还是另一类学科应该占据支配地位的问题,而是一个你们将选择什么样的教育课程,把所有必要的组成部分以这种适当比例结合起来的问题。"[1]因此,赫胥黎的自由教育是科学教育与人文教育和谐统一的教育。

尽管人文教育在近代教育的历史序列里是发展和前进了的,而且这个时期的教育家也怀着人文教育与科学教育结合的自由教育理想,但是从近代后期起,西方大学教育在总体上开始以科学技术教育为主要内容,表现出一种功利主义的要求。这种功利主义的教育精神,加强了教育与社会经济生活的结合,促进了科学技术的繁荣与经济的发展,是人类教育史上的一个进步,无疑有着不可磨灭的历史功绩。但它所引发的一个严重后果是用教育的社会直接功用,掩盖了教育更为深刻的促进人的全面、和谐发展的功能,使人文教育的基石受到严重冲击,以至相当多的西方学者认为,高等教育在某种意义上,已经"变成另一种形式的企业培训",大学教育培养出来的人正在"成为一种有用的机器,但是不能成为一个和谐发展的人"。

10.1.5　20世纪:人文教育与科学教育从排斥到结合

在20世纪教育发展过程中,科学主义与人文主义在总体上处在一个相互排斥、相互对抗的势态中,科学主义在总体上占据着主导地位。然而,人文主义在与科学主义的较量中不断地改造着自身,并且从来没有放弃过自己的根本主张。由于人文主义的存在,科学主义的膨胀受到了牵制,并在一定程度上遏制了人文社会的失衡发展。

在人文主义教育思想走向衰落的同时,占据20世纪上半叶主导地位的基于科学主义的实用主义教育思潮不断扩大自己的势力,逐渐将教育引向了注重职业性和专业性训练的实用主义轨道。在这一过程中许多大学忽视了人文素养的训练,教育质量严重下滑。西方教育史上在这一时期出现的永恒主义、新托马斯主义、存在主义的教育哲学就在科学主义思潮泛滥和在教育实践造成偏颇和失误上找到了可资攻击的目标;同时在某些方面找到了呼唤和捍卫人文教育观的根据,如永恒主义者指责和抨击大学教育的专业化和职业化倾向把高等教育导入了困境,他们认为教育应当帮助人们探寻和接受永恒真理,而不是适应不断变化的社会环境而为未来作准备。有鉴于此,大学在教育内容上主张开设古典人文课程、传授真

---

[1]　赫胥黎:《在哪里能找到一种自由的教育》。

理性内容、培养学生理智美德；又如新托马斯主义者认为，教育者的责任之一就是维持人文主义教育要素。教育的目的在于塑造人和造就社会有用的公民，其中塑造人是第一位的，属于第一性的价值等级；造就社会有用的公民属于第二位的，必须服从教育的第一位目的。应该说，在一个科学主义教育思想（经常表现为实用主义）充斥的背景下，永恒主义、新托马斯主义和存在主义的教育理念为大学人文教育与科学教育融合的理念的形成和推进打下了基础，这一趋势使得科学与人文融合的科学人文主义日益成为一个普通的概念。在科学人文主义的思想影响下，当今世界各国大学都在致力于人文教育与科学教育的结合，有许多大学都在实施通识教育、全人教育、完人教育。

10.2 西方大学人文教育与科学教育关系演变的特点

10.2.1 钩沉西方大学教育发展史的规律

第一，自由教育并非学术界通常认为的那种单向度的人文教育，而是人文教育与科学教育的结合。虽然直到 19 世纪末，人文教育始终具有不可动摇的绝对优势，这主要与人类的知识体系的发展有关，但与此同时，人们也要接受一定的科学教育。当时的科学教育纯粹是为完善人性服务的，不带任何功利性。虽然历史上不同的教育家对自由教育的界说不同或是理解不同，但是对什么是"自由学科"的理解上是没有什么争议的，那就是指希腊罗马时代所谓的"七艺"。七艺又分成"三艺"（文法、修辞、逻辑）和"四科"（算术、几何、天文、音乐）。霍恩说，"自由教育不仅仅只是读书；不仅仅只是学习数学、科学、历史和文学。"从他的话中可以知道，自由学科涵括了人文学科和自然科学。布鲁贝克也指出"自然科学当然是经验性的。但它远远不只是缺乏理论说明的原始经验的堆积。科学中经验主义的作用是把理论付诸经验的检验。由于科学的假说阶段是高度理论性的，因此，必须承认科学具有无可争议的理智内容，并因此有资格成为自由教育的重要组成部分。"因此可以说自由教育理想实质上是科学教育与人文教育的结合，或者可以说自由教育就是建构在人文教育与科学教育结合的基础上的全人教育。

第二，人文教育是西方大学教育的基石，人文教育与通才教育密切相关，追求人的全面和谐发展。正是因为这样，所以人们把古代教育理解为全人教育，全人教育实质上是科学教育与人文教育的有机结合。然而，在全面发展的目标下，西方历史上的人文教育无论在理论和实践上又都有所偏向，或指向社会一方，或指向个人一方。希腊教育目标是培养社会公民，其教育则重在人的个性完善；柏拉图是教育社会本位思想的发端者；亚里士多德则开启了个自我发展的理论源泉，从总的趋向看，人文教育是更注重个性成长的闲暇教育。但近现代教育则更多地表现为社会本位，科学教育、人力资本理论等着眼的都是教育的社会功能。由此，我们可以发现自古以来教育的发展不可能是人文教育的单向度发展，而是人文教育与科学教育在张力中的发展，它是人文教育与科学教育相协调的发展。正如前文所述，近代自然科学是人文主义的女儿，第一批伟大的自然科学家都是人文主义者，正是人文主义的世界观和现世热情，才使得他们对一切自然和社会做出客观的探索成为可能。大学教育必然是科学教育与人文教育的结合，任何单一的人文教育或孤立的科学教育都不是大学教育主题中的应有之义。从根本上说，大学人文教育与科学教育的紧张与冲突，不是科学与人文知识本身的紧张与冲突，而是近代社会发展中人类生产方式的分工和知识分化发展趋势的使然。

第三，人文教育的发展具有一定的时代性特征。人文教育具有典型的崇古性的特征，文艺复兴时期人文教育崇尚古希腊罗马传统；19世纪新人文主义推崇古希腊古典人文教育；德国文化教育学派视古代文化为重要的"文化财富"，永恒主义更是崇古，他们甚至认为古典学问是现代学科得以生存的土壤，其名著课程运动开列了160多部名著课程，其中130多部名著是18世纪以前的作品，古希腊时期的作品就有40多部。雅斯贝尔斯明透过古代那种纯朴而深邃的伟大，"我们似乎达到了人生的一个新境界，体验到人类的高贵以及获得做人的标准"[①]。但是，我们不能因为人文教育的这种崇古性特征就以为人文教育不具有时代性特征。事实上，人文学科和人文教育既受社会变革的影响，同时反过来又影响了社会变革，每一次重大的历史事件都对人文教育带来冲击，从而使其在观念、制度、课程和教育方法上都发生新的变化。与古希腊罗马相比，中世纪附加在人文教育上的宗教色彩是不言自明的。文艺复兴则把人从神的桎梏下解放出来，从而开启了人文教育的新篇章，宗教改革、启蒙运动、科学革命也都赋予了人文教育新的内容。但是，变革并非意味着对过去的全盘否定，而是在原有基础上的进步——罗马时代与希腊时期的人文教育虽有不同，但它们是一脉相承的；仅就七艺便能觉察中世纪对希腊罗马的继承，虽然它是宗教的婢女、是为宗教服务的；文艺复兴是对希腊罗马学术文化的复兴，但是，人文主义者们都是怀着对宗教的虔诚和热情投入到新世界的创造中，中世纪后期对希腊罗马古典文献的搜集、整理和研究，恰恰是开启文艺复兴的原初动力和思想资源；启蒙运动、科学革命中所蕴含的理性精神更是古希腊的遗产。另一方面，人文教育也给社会以影响，在中世纪，正是人文教育打破了宗教的沉闷迷雾，迎来了文艺复兴的新时代。今天，如何肯定传统的价值，继承人类文化的成果，并进行文化转化与创新，理应是我们在建构人文教育时特别值得珍视和深入思考的问题，而这恰恰是人文教育本身所要求的。但是，人文教育并不等于传统教育或古典文化的教育，真正的人文教育总是与时代、社会和现实生活紧密联系的。只有从时代精神中汲取营养，人文教育才能青春永葆、生命常驻，一旦脱离现实生活，就必然丧失活力并为时代所抛弃。希腊的人文教育和社会生活是互为因果、相得益彰的。意大利人文主义所取得的巨大成就和影响就在于它的现实精神以及迎合了现实生活的需要，而后期，当它沉迷于纯粹的古典研究时，因远离现实生活而走向形式主义变得僵化，从而导致人文教育走向衰微。历史传统和现实生活是统一的，当代的时代精神也是人类的文化继承和创造，同时也会积淀为新的人文传统，成为下一代乃至再下一代人们进行人文教育建构的重要资源；下一代又通过教育而得以掌握既往的人文食粮，进行更新的人文文化创造。教育通过人文而不断进步，人文凭借教育而生生不息，人文与教育的内在本质是一致的。

第四，人文教育的基础是人文学科，但它还包括其他学科，比如自然科学，其核心是培养人文精神。人文教育始终随着人文学科和人文精神的进步而发展，从三艺到四艺再到七艺，虽然都是古典自由教课程，但人文教育的内容却不断地得到了丰富和扩展。古典人文教育

---

① 雅斯贝尔斯，邹进译：《什么是教育》，三联书店，1991年，第56页。

的核心,在古希腊罗马是道德、理智与人的和谐发展;而在中世纪则是对宗教的虔诚、敬畏和信仰;文艺复兴是人性的自由发展;近代教育则是自由民主精神的凝练。时代不同,人文精神的内涵不同,人文教育在教育内容方面相应地有所变动。人文教育不仅仅是单纯的人文学科的学习和人文知识的传授,而是人文精神的涵养与凝练,而人文精神的涵养与凝练,也可在人文学科以外的其他学科教育中进行。没有人文精神,人文教育就会流于形式,或变成技艺教育、专业教育,我们在中世纪、罗马和当代教育就不止一次地看到这种情形。但离开人文学科,人文教育也就成了无源之水、无本之木。如果没有七艺,希腊、罗马中世纪的人文教育也就无从谈起,如果离开古典文学的研究和传授,文艺复兴的人文主义教育也就无法进行。

第五,人文教育与科学教育的结合一直是西方大学教育致力的理念,也是世界大学教育现在乃至未来的发展趋势。通过对世界大学教育发展的历程的梳理,我们发现:在人类教育的发展史上,人文教育与科学教育作为两种重要的教育思想曾经在不同的社会历史时期分别占据主导地位,两种教育在张力中又统一与结合着。在古代,人文教育占主导地位,在两种教育的张力之中,又统一在自由教育之中;近代,科学主义盛行,人文主义衰微,科学教育占据主导地位,人文教育处于边缘的地位,但在这两种教育张力之中,出现过两次结合与统一:一是文艺复兴时期复兴古典自由教育;二是19世纪纽曼发起的自由教育运动与赫胥黎重新阐释自由教育。现代,在两种教育的张力中,又出现永恒主义、要素主义、存在主义、新托马斯主义的复兴人文教育运动和在科学人文主义思想影响下的通识教育运动。并且随着社会的进步和发展,人文教育与科学教育表现出更加融合的趋势,在科学教育保持其稳固地位并继续发展的同时,人文教育受到普遍的关注并迅速复兴。也只有这样才更有利于培养全面发展的高素质的人才。这正如有的学者所言,科学教育是未来教育的基础,人文教育是未来教育的价值取向。人文教育与科学教育的结合是人类教育发展的永恒的主题,也是人类教育发展的未来趋势。

第六,西方大学人文教育与科学教育的结合首先从复兴人文教育、提高人文教育的地位开始。20世纪二三十年代西方永恒主义、要素主义、新托马斯主义教育哲学的兴起就是呼唤人文教育,强调人文学科的重要性。1984年,美国人文科学促进会发表了《挽救我们的精神遗产——高等教育人文科学报告书》,对美国人文社会科学受到的冷遇和衰落状态深感忧虑。报告认为,在美国这样的国家里,人文科学具有与自然科学和社会科学同等重要的意义。《报告》指出,"人文科学所提供的那些古老的思想与学术,乃是人类先哲先贤们曾经思考探寻过的一切最有价值的精神财富。人文科学告诉我们,在自己的文明或其他地区的文明中,以往时代的人们是怎样执着地探讨那些关于人生基本问题的永恒命题。"[①]同年,美国全国人文科学基金委员会主席、里根政府教育部长威廉·贝内特曾邀请美国数十位大学著名人士进行了一项关于美国教育的调查,在其完成的报告《必须恢复遗产应有的地位——关于高等学校人文学科的报告》中,明确提出人文学科在现代教育和保护人类文明遗产方面所具有的特殊意义。《报告》认为,"名副其实的大学教育必须建立在人文学科的基础上",《报告》建议"美国高等学校必须对每一个受过高等教育的人,不论其专业是什么,所具备的

---

① 崔相录、方正淑:《迎接21世纪的发达国家教育改革探索》,湖南教育出版社,1990年,第101页。

常识有一个清晰的看法,并以历史、哲学、语言和文学的学习为基础,重新布局大学生必修的课程"。

前苏联20世纪上半叶的大学教育深受功利主义思想的影响,推行专业教育、过分强调专门化,教育内容过分注重知识技能和技巧的掌握、科学与人文发展失衡,以致学生存在道德和社会责任感等方面的问题。80年代的大学教育改革明确地提出教育内容应当涉及的基本领域包括:人(个性活动、个性形成)、社会(树立祖国、人类、民权、民主主义、公民责任感等观念)、自然界(认识自己是自然界的一部分,掌握生态学文化,懂得在与自然环境的相互作用过程中对子孙后代的责任感)、智力圈(形成使用科技成果的道德责任感,掌握文化改造活动的方法)[①]。英国历史上的科学与人文之争异常激烈,曾深受科学与人文分裂之苦,英国政府于1987年发布了《高等教育——应付新的挑战》白皮书,明确地把增进人文学科学术成就作为高等教育目标之一,"鼓励人们在文艺、人文学科与社会科学上获得高水平的学术成就"。苏塞克斯大学文理渗透项目的主席麦克尔·布朗认为,从"斯诺之争"[②]以来,文理隔阂的现象非但没有缓解,而且日趋严重。他指出,"让理科学生选一些人文学科或社会学科的课程,这关系到我们未来的科学家能否肩负对社会乃至整个人类的责任的重大问题"。日本非常强调人文精神的重要性,日本教育界认识到,科技的发展导致了环境恶化,也致使人的素质逐步退化以及人与人相互间的接触和关注减少,惊呼日本"忽视了另一半教育",即伦理道德教育。因此提出要加强人文教育,以克服因缺少人文教育而产生的负面影响。

由此可见,加强人文教育,重视大学生人文精神培养,已成为全球性高等教育发展的趋势。可以这样说,西方大学在促进人文教育与科学教育融合的问题上,首先是从加强人文教育,提升人文教育在大学中的地位开始的,至少是同步进行的。

[①] 崔相录、方正淑:《迎接21世纪的发达国家教育改革探索》,湖南教育出版社1990年,第82页。
[②] 斯诺的"两种文化"之争:即科学文化(science culture)和文学文化(literary culture)。

第 11 章

理工科学生人文素养的提升策略

11.1 坚持科学与人文融合的理念

教育的精神力量最终体现在人文素养的底蕴中。人文素养具有多方面的支撑作用,宽容的心胸、高尚的情操、良好的沟通、合作能力等都是人文素养作用的表现。人文素养的缺乏直接影响了学生的思维深度与广度,以及对问题的洞察力和对事物发展的前瞻能力,因此,寻找有效对策提高理工科大学生的人文素养具有重要的意义。

11.1.1 从理工科的角度看待科学精神与人文精神

科学精神与人文精神是人类两种不同的内在精神,如何对其进行理解,是近年来引起人们重视的一个重要的理论问题。这一方面是由于科学技术在现代社会中对经济、社会发展的巨大推动作用日益受到人们的普遍重视;另一方面是在现代社会中,人们过分强调科学技术的功利价值,忽视其精神价值,由此而导致了人们在享受科学技术发展成果的同时,出现了很多负面问题,特别是面对技术应用给社会所带来的大量负面影响,人们对科学的价值和人类的未来产生了怀疑,悲观失望甚至否定的情绪,这在一定程度上影响了社会的发展。因此,正确认识科学精神与人文精神和处理二者的关系,对于正确发挥科学的社会功能、推动社会协调发展具有重要的意义。

科学精神和人文精神都是在近代社会形成的两种精神文化,正确界定它们的含义是正确理解二者关系的重要前提。对此,人们曾提出了不同的见解,但目前还没有形成完全一致的意见。从一般意义上说,科学精神和人文精神应是贯穿在科学研究和人文探索中的精神实质,是展现科学和人文活动内在意义的东西,就其实质而言,表现为一种价值观念以及建立在这种观念基础上的行为规范。因此,科学精神和人文精神可以说是两个内容丰富且又相互对应的概念,它们表现了两个系列的价值观念,各由其相应的观点、追求、信仰、理念、态度以及行为准则、规范和方法构成。

科学精神是人们在科学活动中形成的,体现于科学知识、科学思想、科学方法中的一种观念、意识和态度,在本质上它表现为约束科学家及其活动的价值和规范的综合。从文化渊源上看,科学精神的形成源于西方文化传统中理性思维的发展以及重视经验和自然的哲学传统。科学认识过程是以人与自然的对立为前提、以对象性的自然界作为指向和尺度,其目标是如实地反映人之外的客观世界。科学认识往往借助于逻辑、数学和实验等理性手段,以求达到对自然世界的严密把握。科学认识尽量排除认识过程中主观性因素的干扰,即使是发挥人的主观能动性也要严格地以客观规律为前提。因此,科学精神首先表现为一种求真务实的理性精神,不仅如此,科学的根本是获得关于自然界的真理性的认识,是一种求知精神。科学在求知的过程中,贯穿着强烈的批判精神和创新精神,体现着科学工作者永不衰竭的创造意识和进取精神,这种对真理的追求以及在此过程中独立怀疑的批判精神和创造精神构成了科学精神的实质和核心,是科学得以发展的精神动力和源泉,因此,科学不仅是对"物的研究",更是一种"理性的启示"。在近代,正是自然科学的诞生才把人从"神"的统治下解放出来,真正的科学精神融人文精神于一身,科学活动的最终目的和归宿是为了促进人类进步、个性完善和自我解放,科学以追求真理为最高价值目标,真理不是教条而是过程,追求真理首先要有独立思考的精神。科学发现具有独创性,科学精神体现出时代精神。正是开放的心态、创新的冲动、权利的意识、效率的观念等科学意识,使现代人具有不同于传统观念的精神风貌,从而适应现代化的多方面需要,这是科学精神的永恒魅力。

  前面讲过,人文精神作为一种以人为主体、以人为对象的思想,是人对自身命运的理解和把握。由以上讨论我们可以发现,科学精神和人文精神作为人类两种不同的内在精神,共同构成了人类把握世界的两种基本方式,成为人类认识世界和观察世界的两种基本方法及角度,成为现代社会的文化基础。即使从近代科学精神与人文精神的形成来看,它们也是相互促进、相互补充的。它们都产生于对宗教神学蒙昧主义进行批判的欧洲文艺复兴运动中,这场运动的实质是价值观念的变化,这种转变首先发生在人文文化领域,它呼吁人性的解放,尊重人的价值和权利。在这种思想的基础上,提倡科学实验、反对迷信、重视科学技术的科学精神才得以形成。但是,随着科学技术在近代的发展以及西方社会现代化进程的加快,科学知识与人文知识的分离倾向开始滋长。当培根的"知识就是力量"的口号在西方得到响应,人们对科学知识的追求、对自然的不断探索就成为近代以来一股强大的洪流,滚滚向前。当休谟以"是"与"应当"的区分来取代苏格拉底"美德即知识"的观念时,科学与人文的对立就逐步展现开来。这种分离在其发展过程中呈现为两种文化的对峙,以科学知识及科学操作为内核的文化领域,与围绕人文研究所展开的文化领域,各自分别构成封闭的文化领地,二者之间无法进行交流,逐渐形成了一种文化鸿沟。这种对立随着科学技术的发展和工业文明程度的提高愈演愈烈。两种文化对峙最终导致科学精神与人文精神的公开对立,导致人的内在精神世界的单一化和片面化,造成了人类精神世界的严重失衡。科学主义与人文主义两大对立思潮的泛滥,就是这两种精神对立的必然结果和体现,其发展又进一步加剧了这种对立。近代以来,随着以机械力学为基础的近代科学的兴起,自然科学逐渐占据了人类思维的中心,导致了科学主义和唯科学的倾向。在对人与自然的关系的认识上,出现了科学的霸权。作为人类认识自然和改造自然的主要手段的科学技术被过度强化,似乎成为无所不能的工具。

  这样,科学技术在人类文化生活中就占据了至高无上的地位,它不仅成为物质生产的决定者,同时也成了人类精神的主宰者。在这种思潮的影响下,科学精神被极力张扬以致扭曲,科学理性和原则被看作人类唯一的理性原则,科学规范、科学思维模式和科学方法无条件地渗透到人文社会科学的一切领域,排斥了文学、艺术等人文学科所倡导的普遍价值观,工具理性逐渐取得了对价值理性的胜利。这样一来,作为主体的人反倒成了对其对象认知结果的奴隶,人自身的主动性、创造性和个性逐渐丧失。由此在许多方面导致了真理与德行的分离、价值与事实的分离、伦理与人的实际需要的分离。科学精神与人文精神的严重分裂直接导致了20世纪的人类文化危机,使人生活在普遍的意义失落和价值危机中,人们感到焦虑不安、迷茫不解。20世纪以来大规模的战乱,意识形态的对抗,周期性的经济危机,人口、资源、环境危机等诸多全球性问题,都构成了作为人类生存方式的科学文化对人类的严重异化。因此在科学技术取得巨大进步,全球经济获得辉煌成就的同时,人类的生存和发展也面临着空前的挑战。

由于科学主义对科学精神的无限张扬和对人文精神的排斥而导致的人类文化的危机,导致了与科学主义相对立的人本主义的产生与发展。但人本主义基于人们对科学理性的悲观失望,无限夸大人的非理性一面,过分强调人的意志、情感、生命、潜意识以至本能的作用,将人文精神无限地发扬光大,同样造成了科学精神与人文精神的分裂。特别是20世纪60年代以来,西方一大批人文学者公开对科学采取敌视态度,他们都将战争的残酷、机械文明的非人性、核武器的恐怖、环境的恶化等归罪于科学技术的发展,以致出现了一股反科学的极端思潮。这种以人文精神否定科学精神的倾向,同样是一种不健全的文化精神,对人类社会发展的影响也是消极的。

科学精神和人文精神从根本上说是互补的,只有二者并重,才能保证实践的正确取向和成功。重视一方、贬低一方或强调一方、忽视一方都是十分有害的。科学精神和人文精神的互补性主要表现在科学精神能保证人文精神得到真正的实现,事实证明:科学精神不仅能够通过科学知识的创造、普及与传播来提高人的理性思考的能力,推进社会的文明化;而且能够注入社会,推进人的思想和行为的道德化,特别是科学的发展,对人的世界观、人生观和价值观的形成具有重大的影响,人文精神则能为科学精神指明正确方向,人文观念为科学活动提供指导性的原则。"人是目的"作为一种基本的人文信念,在很大程度上对科学的工作方向具有规范作用,使科学的发展同人的目标要求相一致。要想真正地认识世界,必须将人文精神和科学精神结合起来,使用综合交汇的方法和视线,这样才能达到追求真理、讲究价值的完美统一。

科学与人文的分裂和对立是当今时代不可忽视的一大严重问题。理性主义科学观把科学视为理性的化身,将科学等同于真理,因而使科学获得了特权和至高无上的地位,并由此傲视和否定其余一切文化。

11.1.2 科学与人文融合理念及其指向性要求

一定的理念支配着一定的行为,教育也不例外。现代教育发展的一个重要特征,就是以理念的突破和更新为先导,在教育实践上引起巨大的变革。[①] 没有科学的教育理念,教育的行为是短期的,教育的目标是片面的,教育的发展是被动的。[②] 要想使学生接受高质量的人文教育,提升学生的人文素养,坚持科学的教育理念是前提和保障。

[①] 卢晓中:现代素质教育:理念的更新,《江西教育科研》,2000年第6期。
[②] 李萍、钟明华:教育的迷茫在哪里:教育理念的反省,《上海高教研究》,1998年第5期。

教育理念是人们在教育实践过程中形成的、对教育发展的指向性的理性认识。[①] 也有学者认为,教育理念是人们追求的教育理想,它是建立在教育规律基础之上的一种"远见卓识",能够"科学地指明教育的前进方向"。因此,必须很好地领悟教育理念且在教育教学的实践中坚决地予以遵循。领悟和遵循的前提是对教育理念的"指向性要求"的准确把握。

坚持科学与人文的融合指向性要求是:既要培养学生的科学素养,也要善于营造一种精神氛围,一种追求真理、崇尚学问的精神氛围,让学生在这样一种氛围中,接受人文精神的熏陶。

科学与人文融合理念的核心是科学与人文并重。它要求教育教学应能够在科学与人文之间创造更好的联系,重视科学与人文知识领域的整合与融会贯通,把二者整合为一种"以科学和人文学科为基础又不削弱任何一方的广泛的人文主义"。科学与人文融合,应当力求避免将科学和人文的因素简单配置在相应的科学教育或人文教育之中,也不能采取简单地"配比"科学与人文比例的办法,而是力求科学与人文的均衡与整合,人文素养与科学素养提升并举。

"教育的精神力量最终体现在人文素养的底蕴中。对于人的可持续发展来说,人文素养的培养比数理能力的培养更基础。"[②]从这个意义上看,理工科学生在更高水平上受到人文熏陶的意义深远而重大。人文素养的缺失已成为制约工程师成长的最大因素,一般认为,未来的工程师人文素养可根据如下四个方面的标准来衡量:一、是否具备较为广博的人文知识,如文学知识、历史知识、艺术知识、哲学知识等;二、是否理解以基本的文化理念为核心的人文思想;三、是否掌握和体验人文方法;四、是否能够在工作中遵循人文精神。虽然提升学生人文素养的重要性已取得广泛共识,但由于基础教育过早的文理分科,大学教育中过窄的专业教育、过强的功利色彩和工具意识,使得人文素养的培养更多地停留在专家呼吁而缺少应有实效的窘境当中,在课程层面上对提升学生人文素养水平的关注很不充分。由于人文素养教育未真正落到实处,学生人文素养状况不容乐观。人文素养的缺乏,使理工科院校的学生在走上工程师工作岗位之后缺乏应有的创造性和想象力,同情心、道德感、审美感得不到启迪。缺乏人文素养的工程师不可能真正成长为优秀工程师,更不用谈成为优秀的专家。据来自理工科学生工作一线的调查报告显示:一个人职业生涯是否顺利既取决于个人的专业知识和技能,也取决于个人的人文素养,一些人就业之后发展缓慢甚至受到大的挫折,大多是出自于个人的人文素质不够高。

学生的人文素养不是自发形成的,而是建立在各种各样的影响基础之上的,加强人文素质素养方面的课程建设,是施加有效影响的重要方面,这就要求通识教育课程设计必须考虑如何提升学生的人文素养这一重要命题。其中,以丰富学生的人文知识为基础,合理选择和配置人文思想、人文方法、人文精神的相关内容,形成相应的教学体系和通识课程体系是一条可行的路径。这种教学体系应以丰富学生的人文知识来增强其人文底蕴,进行人文思想的渗透以使其思维更加灵动,领悟人文方法以增强其对问题的洞察力,进行人文精神的教化以促使其人格完善为取向。

[①] 蔡克勇:以学生全面发展为本,《高等教育研究》,2000年第5期。
[②] 上官子木:人文素养比数理能力更基础,《南方周末》,2004年2月26日。

在当代社会,科学和科学的思考方式正以前所未有的影响力广泛影响着人类活动。用科学和科学的思考方式给教育教学带来积极的影响,应当是高质量教育的重中之重。

基础教育阶段的教师肩负着启迪科学兴趣、传播科学知识、引导科学方法、弘扬科学精神的重要职责,其科学素养的水平将直接影响到对学生科学素养培养的质量。我们应当看到,由于基础教育阶段过早的文理分科,以及应试教育的影响,学生的科学思维的训练、科学精神的熏陶、科学态度的培育、科学世界观的养成受到极大地限制,极大地影响到大学生特别是文科学生的科学素养水平。这需要高水准的本科通识教育加以矫正和弥补。

着眼提升学生的科学素养,抓住科学的思维方法和科学精神这两个核心要素,"以理性为基础,以怀疑为起点,以批判为武器,以求真为指向,以创造为目标,在宽容的氛围中自由地探索,在公平的制度里独立地思考。从而有意识或无意识地养成求真的意识、质疑的态度、宽容的心态与独立人格"[①]。统筹设计教育教学活动是一条可行的路径。

11.2 管理就是设计并保持一种良好的环境

11.2.1 柔性管理的内涵及其特点

哈罗德·孔茨认为,"管理就是设计并保持一种良好的环境,使人在群体里高效率地完成既定目标的过程"。大学管理就是大学管理者在特定的环境下对其可调动的组织资源通过计划、组织、指挥、协调和控制等行为活动进行优化配置,以达成有效实现学校目标的动态创造性活动。

从管理的性质上来看,大学的管理分为"刚性"和"柔性"两种。刚性管理本质上是一种"以规章制度为中心",依靠成文的规章制度和组织职权,凭借制度制约、纪律监督、奖惩规则等手段进行的、以外界约束力为主的管理。长期以来,我国大学在师生管理、人才培养、教学监控等方面一直沿袭"刚性"的教学管理模式。"刚性"教学管理模式在当时也确实发挥了积极作用,确保了学校办学秩序的稳定和教学质量的提高,但是由于这种管理制度具有明显的刚性、统一性、标准化性,因此在"刚性"管理中缺乏"人本性"、"情感性",刚性管理追求量化管理,缺乏灵活性,容易导致功利色彩。刚性管理带来了重技能、重应用、轻人文教育的倾向,一些学生的心理、人格发生扭曲或产生障碍。

柔性管理是以严格规范管理为基础,突出人的自我管理、尊重人的价值、发挥人的才能、承认人的劳动价值的一种管理。柔性管理是一种全新的管理理念,究其本质是一种"以人为中心"的"人性化管理",采用非强制性方式。与"以规章制度为中心"的刚性管理不同,柔性管理在管理对象心目中产生一种潜在的说服力,从而使意志变为人们自觉行为的一种"以人为中心"的管理。此种管理方式主要从人的心理、行为等诸方面去实施,具有情感性、亲和力和人文色彩,具有明显的内在驱动性、激励性特征。

---

① 刘德华:西方科学教育价值取向,《教育探索》,2003年第10期。

1. 柔性管理的文化性

文化是由一整套的共享理想、价值观和行为准则而形成的使个人行为能被组织所接受的共同标准、规范和模式的整合。无论是专业知识还是大学制度都包含着文化的因素，受到文化的影响。柔性管理就是依据组织的共同价值观和文化、精神进行的人格化管理。它主要体现在依靠精神氛围和尊重人格来激发人的主观能动性，借助管理者自身高尚的人格魅力来感召人，使管理者的良好形象和高尚人格潜移默化地影响着被管理者的思想和行为，而不是仅仅依赖于"命令"和"服从"的关系被动驱使人的行为。

2. 柔性管理的驱动性

柔性管理的最大特点，在于它主要不是依靠权利的影响力，而是依赖于管理对象的心理过程，依赖于从管理对象内心深处激发的主动性、内存潜力和创造精神。因此它具有明显的内在驱动性，只有当组织规范内化为管理对象的自觉认识，组织目标转变为管理对象的自发行动，自我约束力才会产生。

3. 柔性管理的激励性

根据马斯洛的需求层次理论，可将人的需求分为：生理需求、安全需求、社交需求、尊重需求及自我实现需求。赫茨伯格的双因素理论指出，为维持生活所必须满足的低层需求，如生理需求、安全需求、社交需求，这相当于保健因素；被尊重和实现自我的高层需求则属于激励因素。而柔性管理是一种为了满足人的高层次需要而进行激励与影响的一种管理。

11.2.2 实施柔性管理的基本策略

1. 实施柔性管理要体现人文关怀

在现行的大学教育中，以政治说教、权利与服从为主，缺乏人文关怀、缺乏对人的尊重，漠视学生情感形成与发展。"感人心者，莫先乎情"。管理者应通过自身真挚的感情，增强与学生的交流和沟通，以满足学生的心理需要，激发学生的内存潜力，从而提高管理效率。情感管理是一种非强制性和非权力性的柔性管理方式，能够最大限度地开发学生的潜在热情，充分调动学生的主动性和积极性，从而在和谐愉快的氛围中把学校组织的意志转变为自觉的行动；同时通过情感管理，可以促进大学生的认知发展，完善大学生的品德，促进良好人际关系的建立，促进大学生社会化发展。

2. 实施柔性管理要凸显对学生管理的主体性

人的发展是大学管理的终极目标，大学管理以培养人为宗旨。教育要以人为本，以学生为主体，以学生为主体就是坚持一切着眼于学生，依靠学生的内在积极性，促进学生积极主动地得到发展。

大学生人本管理是以大学生为管理对象，通过创造特定的条件和环境，以实现大学生全面自由发展的管理活动过程。人本管理的核心是把人置于管理的中心地位，把学生作为一个主体性的人。尊重人、理解人、关心人、激励人、教育人、保护人,充分开发人的潜能,调动成员的积极性、主动性和创造性,以实现人的全面自由发展。要实现人本管理,首先要强调一切管理工作始终坚持为学生发展服务的精神,把学生的切身利益放到首位,充分保护和培育学生的个性,坚持人的自然属性、社会属性、精神属性的辩证统一;其次,要采取各种措施影响和激励学生;再次,要尊重和信任学生,给学生一个比较宽松的空间,引导学生进行自我学习、自我管理、自我约束,提高学生自主学习的能力,加强创新精神和实践能力的培养。

11.3 提升理工科学生人文素养的原则

11.3.1 理工科高校提升学生人文素养的原则

1. 人文素质教育与思想政治教育相结合的原则

人文素质教育和思想政治教育都是高校社会主义精神文明建设的重要内容。马克思主义理论课和思想品德课是高校思想政治教育的主渠道,开设"思政课"的目的是要对学生进行热爱社会主义祖国,拥护党的领导和党的基本路线教育,使之树立正确的世界观、方法论和为人民服务的思想,具有良好的道德品质和健康的心理素质等。而人文社会科学课程的目的一方面要给学生关于人类、关于社会的基本知识,提高学生的文化素质;另一方面要建立一种价值体系和伦理体系,培养学生正确的世界观、人生观和价值观。两者在教育功能上既有联系又有区别,但最终目的是一致的,都是为了培养合格的社会主义建设者和接班人。因此,高校应围绕培养目标,把思想政治教育与人文素质教育有机结合起来,相互促进,共同为培养合格的社会主义建设者和接班人服务。

2. 课内与课外相结合的原则

课内教学是将人文素质教育纳入理工科专业的人才培养计划,确立人文学科教育在课程体系中的基础性地位,形成适合国情的理工科专业人文社会科学教育体系,通过必修课和选修课的讲授,使学生获得比较系统的关于人类社会的基本知识,提高学生的文化素养。为了使人文知识内化为学生的人文精神和文化素养,还要通过课外开展健康的社团活动和丰富多彩的文化活动等人文实践活动来实现。因此课外实践的重要性不亚于课内的知识传授。课内是传授人文知识的主渠道,课外文化活动与实践则是课内教学的必要补充,课内与课外结合,才能构成完整的人文素质教育体系。

3. 民族性与国际性相结合的原则

中国文化源远流长,在五千余年的历史长河中,我们逐渐形成了一个融会国内各民族优良传统的多元一体的文化格局。在改革开放、推进和完善社会主义市场经济体制的当下,建设民族新文化显然是极为紧迫和重要的事情。但建设社会主义新文化总离不开传统文化,这就决定了社会主义新文化必然与中华民族的传统文化有血肉相关的联系。因此,对大学生进行人文素质教育首先必须立足本民族文化,把传统文化中的精华部分传承给学生。与此同时，我们也应该看到，在经济全球化和世界一体化的今天，闭关自守显然是不可能的事情。因此，我们的国家、我们的青年必须加强与世界各国、各民族的文化交流。大学生应该广泛接触世界各民族的文化，虚心学习各民族的长处和优点，只有这样，我们培养的人才才能真正做到"胸怀祖国、放眼世界"，我们的国家和民族在激烈的国际竞争中实现"赶超"才有希望。

4. 导向性与综合性相结合的原则

人文社会科学教育是向学生传播比较系统的关于人类社会的基本知识的教育，因此，在对理工科大学生进行人文社会科学教育时，应通过人文知识教育，让学生有选择地吸取人类一切优秀的文化成果，引导学生树立正确的世界观、人生观和价值观。与此同时，在科学技术迅猛发展的推动下，新兴学科、交叉学科不断涌现，学科综合化、整体化日趋加强，这势必要求高等教育摒弃那种专业划分过窄、知识分割过细的观念。因此，在文化综合和学科融合的理念指导下，构建包括专业课程、人文社会科学课程有机组合的理工科大学生课程体系已势在必行。

11.3.2　科学教育与人文教育融合是高等教育发展的必然趋势

随着科学技术的发展，人们获得了极大的物质财富，但在富裕的生活中，人们并没有感到幸福。相反，常感到孤独、无助和迷茫；感到了与自然、社会和信仰的疏离；感到价值、文化和意义的危机，人们开始思索和反省：科学教育和人文教育是什么关系？我们应该怎么办？人们开始认识到，仅仅依靠科学文化是不能给我们带来完整幸福的，我们要获得完整的幸福，还必须要有人文文化和人文精神。科学文化和人文文化犹如两翼，缺其一，人类社会和人类个体就都是畸形的、不健全的、不幸福的。科学教育与人文教育融合是现代教育发展的必然结果，也是社会进步、发展和人类生存、发展与自我发现等对现代教育提出的客观要求。

首先，科学教育与人文教育相互联系、相互影响，具有一定的互补性。

科学教育是指以征服和改造自然、促进物质财富增长和社会发展为目的，向人们传授自然科学技术知识，启迪人的思维，开发人的智力的教育。是以培养人文精神为目标，把人类优秀的文化成果通过知识传播、环境熏陶等方式使其内化为受教育者做人的基本品质和基本态度。它能使人洞察人生、完善心智、净化灵魂、理解人生的意义与目的，找到正确的生活方式。由此看来，科学求真，人文求善和美，真善美是相互渗透的。人们在对科学价值追求的同时体现着人文价值取向，同样，在对人文价值的追求中也包含着科学价值的取向，两者相互渗透。

其次，科学教育与人文教育的融合是社会发展的必然要求。

自20世纪以来，人类社会的发展更多地依赖科学技术的进步。但片面重视科学技术所引发的弊端也日益暴露出来。各种危机或潜伏、或暴露，人类不得不对科技的发展和人自身的发展予以反思。科学技术是一把"双刃剑"，如果只推崇科技进步，片面地发展科技教育，忽视人文、社会科学教育，其结果必定是不仅不利于人与自然、人与人的冲突以及人内心的不平衡等社会问题的缓解，反而有可能使这些矛盾和冲突加剧。正是基于对这种警示的思考和认识，有识之士发出强烈呼吁：提高全人类所有成员，特别是那些掌握科学技术的人的人文素质,以消除世界范围的人文精神危机。

  再次,科学教育与人文教育融合是个体全面发展的需要。

  个体的生存、发展和完善需要满足多种条件。衣、食、住、行等是维持生存所必需的需求,人们要具有一定的获取和创造物质财富的能力,通过系统的科学教育,个体可以获得这种能力。除了物质方面的生物需要,作为社会化的人,个体还需要真、善、美,需要爱和尊重等精神需要,而这些需要则要通过接受人文教育才能获得。前面谈到美国心理学家马斯洛的人类需要层次理论包括:(1)生理的需要;(2)安全的需要;(3)归属与爱的需要;(4)尊重的需要;(5)自我实现(实现人生价值)的需要。因此,个体需要的多元性和整体性也必然要求科学教育与人文教育融合,使科学与人文在相互协调和补充中促进人与社会在物质和精神方面均衡发展。

第 12 章

全人教育策略

12.1 全人教育

12.1.1 全人教育的提出

过去,我国理工科大学在实行课程教学中往往把人才培养与社会、文化、自然等背景割裂开来,结果是培养出众多唯"科技"、唯"利"、唯"己"的人,他们往往个性偏执,对社会与自然环境漠不关心,缺乏职业伦理道德、缺乏对他人的理解和对自然的尊重,有的甚至发展成从事高科技犯罪活动的人。

针对这些问题,传统的理工科大学进行了通识教育课程改革,强调学生个体的主体地位,但对学生主体性的认识主要局限于个体广博知识的获得和创新能力的形成。在课程领域进行的则是一种弥补式的教育,让"学理工的学点人文课程,学文科的学点科学课程",由于通识教育的理论基础较薄弱,探讨层面不够深入,尤其较少关注人的精神层面、缺少全人的视角与生态的视角,使得理工科院校所培养的学生在个性、心理和精神等方面发展远不够完善,依旧"专深有余,博通不足"、"知性有余,灵性不足",不能适应和谐社会发展的需求。面对此种困境,理工科大学要真正实现以人为本,培养全面、自主发展并能与社会、自然和谐共处、互动的人才,可以从一种新的视角——全人教育的角度来探究课程的开发。

12.1.2 全人教育的含义与特点

1. 历史渊源

全人教育并非一种关于课程目标、内容和方法在内的单一的教育范式,事实上,发展到目前为止,它主要表现为一种处于发展中的开放式、多元化的教育理念。

无论在我国还是在西方,全人教育都有深厚的历史渊源。在我国古代,教育注重完整人格,尤其是人的道德品行的形成。"礼"(德育)、"乐"(美育)、"射、御"(仁育)、"书"(人文教育)、"数"(科学教育)等古代"六艺"教育就是注重人的全面发展,可以说是全人教育思想在我国的最早萌芽。在古代西方,先哲苏格拉底曾论到"人的发展的整合精神",认为教育的目的是培养道德和知识兼具的"完人",提出"美德即知识"的论点。后来,亚里士多德继承和发展了这一思想,提出对儿童实施体、德、智、美全面和谐发展的思想,其中特别强调德育的重要性。至欧洲文艺复兴时期,以卢梭为典型代表的新人文主义者充分肯定并提倡解放"人性",把人的身心或个性的全面发展作为教育的培养目标,这成为近代全人教育思想的直接来源。

当代西方全人教育思想直接来源于以罗杰斯和马斯洛为代表的人本主义学派。罗杰斯从人本主义出发,提出教学的目的在于培养"整体的人",而整体的人的学习被其定义为"以人为中心的,包含了认知、情感和需要的一种统一性的学习"。另一个著名人本主义代表人物马斯洛认为,人本化教育的目的是"人的自我实现",即达到人所能及的最高境界,也就是完美人性的形成。人本主义者的核心观点在于将教育目标定位于培养"自我实现"的人,尊重学生的自由、道德、理性、情感、价值观,把学生看作整体的人、形成过程中的人。当代全人教育基本承袭了西方人本主义的教育理论,有时它也被看作西方人本教育学派的分支。

2. 当代全人教育的目标

过去,西方以"whole person education"一词表达全人教育,旨在表达个体本身(人的身体、心理、精神)的全面发展。到上世纪70年代,荣·米勒(当代全人教育的主要倡导者)提出新的名词"holistic education"(整全的教育),这一新名词与广义的通识教育(狭义的通识教育对应的是专业教育)概念较为接近,其内容既包括专业教育也包括非专业教育。相比较而言,通识教育主要局限于促进学习者全面发展的层面,而新的全人教育概念是通识教育概念的提升,它的内涵更为广泛,更具有宏观性与指导性。

全人教育理念前所未有地从全面的、系统的、多元的角度阐述了人的发展目标。

首先,全人教育理念目标主要体现在"人的内在发展"的维度。全人教育理念认为,把人作为个体来看,其内在的发展(健全人格的发展)包括体格、认知、情感、道德、审美、精神等方面,代表着对人的内在生理、心理、精神发展需求的满足。由于人的精神层面问题涉及对人的最终价值与终极意义的探究,而人的价值观与世界观正是人之所以为人的根本依据,全人教育追求"精神自我"的提升,认为实现自我超越是个体发展的最高目标,因此"鼓励学生自我实现"的思想在整个全人教育目标体系中占据了引导性地位。

从"人与社会"的维度来看,人之所以为人,关键在于人是生活在相互联系的有机社会群体之中,这种联系不是机械化的,而是鲜活的人际交往,人性的体现不在于竞争而在于合作。全人教育理念认为,教育的一个重要目的是要让学生在其中加深合作精神的体验,培养人与人相互理解、相互关心的素养,促成学生"群"性的发展。同时将生活中的人际交往进一步深化为人类跨文化、跨种族的理解与信任,强化学生的全球意识。在有关学生社会性、全球性素养的培养过程中,全人教育侧重对学生如下具体素质的促成:"尊重他人的意识"、"理解、沟通、合作的能力"、"社会责任意识"、"维系和谐人际关系的能力"、"跨文化理解和交往的能力"等。

从"人与自然"的维度来看,全人教育强调"人与自然的统一","尊重万物的存在",追求"天人合一"的境界,因此侧重对学生环境保护意识和相关职业伦理道德的培养。

3. 当代全人教育理念的特点

当前,针对包含了人、社会和自然相互关系在内的全人教育理念具有三方面的特点:(1) 它是一种整合性(wholeness)的教育,即关乎人的整体发展的教育,包括人的知(知识面)、智(力)、体(体格)、美(审美)、群(人际交往能力)、情(感情)精神等方面的协调发展。而从全人的本质来看,人的个性、精神性比物质性更重要,也就是说教育应更着重于人的内在素质(创造力、想象力、同情心、好奇心、意志力等),而精神层面(追求自我超越的自由自主精神)的发展是全人教育所特别关注的核心内容。这一特点在一定程度上体现了当前东西方通识教育的思想以及西方宗教教育的思想。(2) 它是一种发展性教育,关乎人一生的发展并体现于人一生的发展中,这在一定程度上体现了终身教育、开放教育的思想。(3) 它是一种人与自然、社会和谐统一的教育,探索人与自然及社会共融、和谐发展的问题。这在一定程度上体现了生态教育、环境教育、社会伦理教育的思想。全人教育在突出以人的整体发展(身体、心理、精神等层面)为核心的基础上,强调对个体精神教育的关注,强调对人所处的社会文化与自然生态的尊重,倡导人与社会、自然的融合。这些主张是我国目前理工科大学的通识教育所无法涵盖的。

12.2 全人教育理念指引下的理工科大学课程开发

在理工科大学课程开发中引入全人教育理念,目的在于帮助学生形成良好的个性和坚定的生活信念,培养学生自我超越、提升、自我实现的精神素质和良好的职业伦理道德素质。

理工科大学推动全人教育所面临的严峻挑战,首先在于全人教育理论的提出与完善,全人教育的最大特色就在于"全",这不仅仅意味着培养人的全面素质,更蕴含着一种广阔而博大的世界观。全人教育者所关心的不是单个人和单个组织机构的发展,而是从更宽广的角度将整个人类、整个地球甚至整个宇宙联系在一起。这意味着课程开发必须超越个体与小群体,将万事万物联系起来,将人与自己、人与自然、人与社会交织在一起。课程体系及内容应该反映关于人类灵性的、自然生态的、全球文化的、甚至宇宙的观点及问题,在专业课程、通识课程、校园文化、社团活动、教师发展等方面都需要渗透和体现上述全人教育的主要观点。

12.2.1 理工科大学全人教育课程开发的原则

在全人教育实施过程中,理工科大学要实现全人教育课程内容的合理开发和教学方式方法的有效运用,需要体现如下重要原则:

1. 整体性原则

全人教育提倡全面整体的教育,关注学生全面发展,反对片面发展。全人教育的整体性原则旨在追求人性的完整,即课程的目标是培养包含了体、智、德、情、精神等因素在内的学生个体。理工科大学课程体系必须以系统、联结、转化的方式组织课程门类的内容,全人教育课程内容应是包括了各类学科知识,体现人、自然与社会相互间关系的整合式内容。体现人与环境之间、学科之间、问题之间的联系和互动。基于全人教育重视人的完整发展,所以涉及自然世界、人类世界以及宇宙世界等各种人类精神文明和文化成果都应该被包容进理工科大学课程体系中来。

2. 多样化原则

全人教育从全人类与全球的视角思考问题,所以课程要特别强调人类文化的平等与多元,要注重在不同的文化背景下衍生出不同的课程方法。在学习理论上,全人教育强调多样化的学习方式,根据连结、互动与转化的观点,归结出三种学习方式:单向直线式的互动(transaction)学习、系统式的交替(transmission)学习和网络式的转化(transformation)学习。理工科大学应该根据自己实际情况推行有自身特色的全人教育课程和相应的学习方式。

3. 平衡性原则

指各种相关的课程要素(德育课程、智育课程、体育课程、美育课程、人格教育课程与人际关系教育课程之间,逻辑性教育课程与创造性教育课程之间,课程内容、教学过程、课程评价之间等)要保持动态的平衡,实现协调发展。

4. 关联性原则

指对不同的学科课程知识、课程学习者、课程教育者之间要以相互关联的视角看待,以非线性的形式进行教学。

12.2.2 理工科大学课程开发中需要关注的方面

1. 关注全人教育课程目标的核心——学生"自我超越"精神的激励

全人教育提倡为人类的发展而教。人最基本、最重要的特质在于自我超越、自我实现。理工科大学的学生只有在不断超越自我的精神激励下,才会获得终其一生的持续发展。理工科大学的课程体系能否帮助学生获得其作为完整的人所具有的不断自我超越、提升和自我实现的自由自主精神,这是衡量课程体系价值的核心标准。相比而言,学生学习课程的多寡或者范围的大小只是衡量全人教育的次要标准。

2. 关注全人教育课程内容的重点——人文社会科学课程的开发

在对人文社会科学的认识上,过去很多理工科大学局限于政治意识形态范畴的认识,不能从文化和学术自身发展的角度以开放和自由探究的方式来考虑与全球文化和人类文明长远发展相关的问题。事实上,在对科技问题进行合理价值判断的过程中,首先需要对包含人类情感在内的各种人类需求有充分的了解。剑桥之子罗素也曾指出:"科学能处理手段,但不能处理目的,目的必须依赖感受。但由于理工科大学普遍充斥着急功近利的气氛,常常过于偏重科技,忽视文学、艺术等人文课程,导致学生未能形成正确的世界观和人生价值观。理工科大学生毕业后从事科学和工程研究开发,在解决问题时往往缺少关注长远的、广泛的社会价值,从而导致全球范围内出现严重的环境、经济和社会问题。

人文社会科学以追求真、善、美为目的。理工科大学引入人文和社会科学课程,在课程设置中把科学技术知识与追寻人类希望的文化、艺术和各种社会价值观念结合起来,让学生具有独创性、发散性、模糊性的人文思维活动,以开放、分析、探讨的方式(而非封闭、灌输的方式)提出并研究与人类生活各方面紧密相关的问题,可以很好地为理工科学生提供有关个人、社会以及文化的广阔视野,使学生学会选择重要的价值(如美、公正、理性、自由等),并能完善学生的心理个性,提升学生的精神素质。

理工科大学应该跳出传统意识形态思维的限制,开发出门类多样、内容丰富、重视陶冶精神、完善个性的人文艺术及社会科学类课程,帮助学生认识到自己在生态环境和社会环境中的角色和所应担负的责任,帮助学生跳出国家、民族、团体的局限,理解全球范围的各类重要的发展问题,鼓励学生参与重大问题的研究并寻求解决现实问题的对策。

3. 关注全人教育课程教学的方式——经验与意义学习

全人教育重视经验和意义的关键作用,强调学生通过经验和构建意义进行学习。理工科大学课程在提供完整人类经验(科学的、技术的、文化的)的基础上,应该开发出以当前人类所面临的重大现实问题(如环境恶化问题、生物伦理问题、文化冲突问题等)为中心的跨学科课程和实践性课程,注重学生对知识情景的体验(经验),注重课程内容中意义的呈现而不是提供单纯的学科知识和信息,课程教学要为学生创造有意义的学习经历,并鼓励学生自己建构意义。

12.2.3 理工科院校专业课中的人文教育探讨

人文素质与专业研究是相通的,前者是精神的支柱、追求真理的动力;后者是探索自然奥秘的实践,二者相得益彰。专业课程的教学时间长,一般要占理工科大学总学时的一半或更多。对绝大多数学生来说,将来在工作中都要从事所学的专业。因此,在专业课中渗透人文素质教育将使学生受益终身。专业课的教学应当成为人文素质教育的主阵地,使人文素质教育能够持久、深入地进行。我认为在专业课中应从以下几个方面加强人文教育:

1. 提高专业课教师的人文素质

学生在四年的本科学习期间,有近三分之二的时间是在学习专业课,与专业课老师打交道。专业课教师无论是在课上还是在课下,他们的一言一行,对学生专业知识的学习、对科学真理的追求、对人生的感悟都会产生深刻的影响。一项调查表明,大学生在毕业多年后,对学校里面印象最深的老师通常是专业课老师,专业教师的人文素质状况,在一定程度上影响着学生的人文素质。健康高尚的教师文化和教师形象对学生文化的形成和发展所起的作用是直接的,是教育指导所不能替代的,它更容易使广大青年学生产生价值的认同,从而自觉培养与效仿。教师的人品、学问、胸襟、气质以及创造力,潜移默化地影响着学生,因此专业课教师应以高尚的人格魅力使专业教育与人文教育相融合。

教师首先要懂得做人的道理,处理好与他人、自然和社会的关系,既要把自己掌握的科学知识传授给学生,又要把行为规范、做人的准则教给学生;既要善于做老师,还要善于做人师,使学生既有学问,又有德性。其次,教师要有高度的敬业精神和严谨的科学作风,很难想象一位缺乏科学精神和敬业精神的教师能培养出具有高度社会责任感和科学献身精神的学生来。教师在专业课的教学中要表现出对科学的极大热情,敢于提出自己的独到见解,并参与学生的讨论;与学生平等相待,并且也要鼓励学生勇于质疑,大胆发表自己的见解,自由进行辩论;既要勇于放弃自己不成熟的想法,又要坚持自己合理的见解。在教学过程不断地提高自身的修养,如坚持真理、修正错误、实事求是的科学精神,以及谦虚谨慎、和而不同、相互尊重的人文精神等,使教师真正成为学生的良师益友。

教育家第斯多惠说过:教学艺术不在于传授本领,而在于激励、唤醒和鼓励。我们的教育的最大障碍是教师无法看到任何明确的奋斗目标,无法引领学生投身于自己认为有意义的活动中,不能把生命的生存信念注入到学生的生命和灵魂中,成为他们生活的义务和习惯。这是我们高等教育改革的重中之重。我们的教学必须冲破传统的教学方法,摆脱传统的师道尊严的教学方式,要确立一种朋友式的融洽的师生关系,让学生成为学习主体,教育动力应该来源于学生自己。

2. 在课堂教学中使专业教育和人文教育相融合

在专业课教学中,课堂教学是学生获取知识最主要的途径。在课堂教学中,我们可以从以下几方面来进行探索:

首先,我们要善于挖掘专业课本中的人文精神。任何一门科学知识的产生和发展都离不开一定的社会背景,都离不开科学家的执着追求。因此,担任理工科专业课教学的教师如果能善于发掘教材,讲出自然科学的人文内涵,那么这种人文素质教育可能更为深刻具体、更具说服力。例如在《信号与系统》这门专业课中,傅里叶变换是频谱分析的基础,把法国数学家傅里叶的探索精神和他在数学方面的伟大贡献贯穿在付里叶级数及变换的讲解中,提高了学生的兴趣和对科学的执着追求精神。

其次,把专业课教学与人文科学相结合。现今的社会是科学技术高度发展的社会,科学技术的发展推动着社会的发展,尤其是电子领域的发展日新月异,使人们的生活也发生着潜移默化的改变。在专业课教学中,可以把抽象的理论和社会发展理论充分结合起来,例如在讲傅里叶变换的性质时把频谱搬移特性和大家熟悉的调试解调器联系起来、把时频两域关系与互联网的发展联系起来,让学生在学习枯燥的理论知识时,不但能体会到它们在生活中的作用,而且也能充分领会到科学技术是第一生产力。

最后在专业课教学中要培养学生的民族自豪感和社会责任感。根据本专业的特点,结合时事及时培养学生的民族自豪感和责任感。例如:我把神州六号的成功发射及时地引入到专业课课堂中来,让学生看到中国高科技技术的发展。神州六号的成功发射不但树立了五千年文明古国的历史形象,证明了中国是一个科技强国,同时也振奋了在电子科学技术领域默默工作的科技人员和在校学生。我们的学生平时接触更多的是国外的先进技术和电子产品,在他们的意识里,中国的电子领域技术远远的落后于美国、日本等国,借此机会让大家产生强烈的社会责任感。

3. 在实验课中培养学生的人文素质

在专业课教学中,实验教学是学生理论知识和实践相结合的主要方式。在实验课教学中,我们可以从以下几方面来进行实践:

首先,在实验课中不但要培养学生的实验能力和动手能力,还要努力培养学生经受挫折、百折不挠的顽强毅力。学生的亲身体验和感知有利于获得感性经验,从而实现其认识的内化,促进理解力和判断力的发展,进而上升为理性认识。实践教学使学生得到观察和操作实践方面的训练。但是现在的大学生大多数是从学校到学校,身处顺境、经历单纯,没有经过失败和挫折的考验,心理素质比较脆弱。因此,每一个实验的反复调试,使学生在经受失败和挫折之后获得成功的快乐,有助于培养学生健全的心理素质和顽强的毅力。

其次,培养学生的创新意识。人文素质本身不仅是一套知识体系,而且还是一种精神,在自然科学领域,最重要的体现为一种创新精神。知识获取是知识创新的基础,教学实践是知识及时应用的前提,这两者都离不开创新。为了在实验中培养学生的创新意识,在实验课环节增加了创新实验的内容,鼓励学生把所学过的基本理论应用到实验中来,每学期把学生的创新实验汇编成册,作为实验成果展示,极大地激发了学生的创新热情。

最后,培养学生的团队精神。因为科技的攻关,不仅需要大学生具有较好的个体素质,而且要有较强的合作协调能力。当今许多重大科学技术问题的解决有赖于多学科的共同协作才能顺利完成,不同单位、学科、行业的研究人员之间的交流与合作对完成科技活动是非常重要的。在实验课中,分小组进行实验,两人一组或者四人一组,大家分工合作,互相配合,荣辱与共。实验成绩以小组为单位,一个小组一个成绩。分组合作就会存在这样的问题:有的同学认真做实验,而有的同学却在等现成的结果,最后的成绩还是一样,从而造成学生心理的不平衡。针对这种情况,我们在实验报告中增加一项,得失体会。让学生自己通过亲身经历去认识在合作过程中的得与失,自己调整付出与所得之间的关系,取得很好的效果。经过训练可以使学生在今后的工作中能更好地处理与他人合作的关系。

4. 课后继续渗透人文精神的教育

课后答疑以及作业批改是专业课教学中不可缺少的环节,在答疑及作业批改过程中给予学生适当的激励和关怀可以激发学生学习热情,并且可以融洽师生关系。对学生要给予信任和期待,用发展的眼光看学生。心理学研究表明,期待值与成功率成正比,期待的话语能更好地帮助学生正视自我、调整自我、完善自我。教育的艺术不在于传授的本领,而在于激励、唤醒、鼓舞,学生会在教师的期待和鼓舞中获得信心和力量。所有的学生都希望得到赞赏、信任和鼓励。教师对学生的关怀有助于学生的成功。

12.3 理工科课堂与人文精神培养

培养"完人"一直是教育不懈追求的目标。"完人"是"适应变动社会(未来社会)的'新人'。"①教育是为一个新世界培养新人。就目前而言,教育培养人仍然是采用"学科教学"的方式,形式上看似乎是一种"组装"式,但这其中的本性及其观念应该是"生成"式。然而,今天所见到的事实告诉我们的是:从整个人类角度来说,自斯宾塞的"什么知识最有价值?一致的答案是科学"之后,科学教育日渐被重视,在一定的意义上,致使"科学"发展到了与"人类"相冲突的地步——克隆,要不要克隆人等等;从个体角度来说,因科学的"精确性"、"规律性"、"客观性"的影响,使得一些受科学教育的人在日常生活中多多少少表现出遇人遇事都是"认理不认人"、"得理不饶人",把"科学性"领域的东西照搬到"日常性"领域的人与事上来,使"科学"与"人文"相冲突。这其中尽管没有绝对的必然,但"人是社会关系的总和,人的精神品性无不映射着他的生长环境、教育背景、职业生涯等等,人的科学精神也不例外,它必然是人的某种实践和认识活动(即科学和技术活动)在人身上的凝结和表现"②。

理工学科作为科学,由于有着比其他科学更脱离"日常"的特性,往往使受教育者表现得有过之而无不及。素质教育呼唤人的全面发展,培养既有科学知识又具人文精神的新时代公民。鉴此,科学教育界呼吁"科学教育应该与人文教育相通相融,相通相融则利,相割相离则弊"③。人文精神既可以从人文学科出发培养人文精神又可以从科学学科自身的教育教学中得到培养,这样还有利于克服科学教育中的科学主义思想,防止培养出"单向度的人"。

12.3.1 理工学科中的人文精神

如果说"科学精神"的核心是"对事实的尊重",那么"人文精神"的核心则是"对人的尊重",尊重他人也尊重自己。但"事实"只是对"人"才有意义,没有"人"也就无所谓"事实","事实"是"人"的事实,"人"是"事实"中的人。然而许多情况下却出现了二元对立,主客观世界分离,致使理工学科学习成为学习者的一种异己的力量,这其中的原因也不难在课堂中找到,因为一切都在课堂上发生,一切都在课堂上生成,尤其是理工学科课程。理工学科可以从这样三个方面来考察:(1)活动论。从活动论的角度看,理工学科活动是一种社会活动,理工学科专家(数学家、工程师们)是活动的主体,数学家、工程师们研究出的新理工学科成果是为社会所拥有,不属于数学家、工程师们个人,任何人都可以获得和使用。(2)认识论。从认识论的角度看,理工学科活动是对真理的认识和探求,理工学科是认识和探求我们周围的"客观世界"中的"数量关系"和"空间形式"。(3)价值论。从价值论的角度看,"理工学科"是一种潜在的生产力,尤其是在当今的信息时代,理工学科一旦被社会成员掌握就可以间接或直接成为生产力。认识论、活动论、价值论都与"人"有着密不可分的关系,都应该包含有"对人的尊重",否则"认识"无法进行;"活动"无法展开;"价值"无法实现,因此都有着丰富的"人文精神"。

从活动论的角度看,数学家、工程师们进行理工学科研究首先是作为个体进行活动。理工学科研究在外人看来是与枯燥的数字、符号、机械、制图打交道,但研究者却乐此不疲,这需要对理工学科有兴趣,这种兴趣是靠意志和忍耐支撑的,有些理工学科问题的解决还需要

---

① 陈桂生:《教育原理》,华东师范大学出版社,1995年版,第233页。
② 肖峰:科学精神的语义问题,《哲学研究》,1998年第7期。
③ 杨叔子:是"育人"非"制器",《高等教育研究》,2001年第2期。

有为科学献身的精神。理工科专家具有一种严谨、朴实的科学态度,因为理工学科中的概念、命题、定理、机械、动力原理等的表述必须准确简明,"任何修饰性的词汇都是多余的,没有人认为理工学科计算的结果可以进行'艺术加工'","也没有一位稍有科学修养的人认为这些证明可以借助于生动形象的描述来完成。"① 理工学科专家必须具有不屈不挠、不记功利、专心致志的精神,才能攻克学科堡垒中一个个难关,例如,英国数学专家维尔斯(A. wies)八年如一日,"从 1986 年开始竭尽全力但却默默无闻地投入了证明费尔马大定理的努力。"② 中国数学家陈景润十多年如一日证明了"1+2",终因积劳成疾,英年早逝。另一方面,理工学科专家作为"理工学科共同体"成员,必须虚怀若谷且不盲从。理工学科中的权威是"规则",是逻辑上的合理性,在规则面前人人平等,不能因为自己在某一命题上的成功而藐视一切,因为还有更多的问题等待着被征服。专家身上所具有的这些精神,我们可以叫它"数学家精神"(spirit of mathematician),它是一种科学精神,显然也是一种"人文精神"。

从价值论的角度看,当人类已进入信息社会时,人们的日常生活已经科学化了。从来没有像今天这样,人们需要进行科学—工具式的思维。90 年代初美国劳工部的一份报告中说:"美国高中毕业生不能胜任蓝领工作,不具备一个现代工人所需的思维技能。"哲学家、数学家怀特海曾预言:"在人类思想领域里,具有压倒性的新情况将是科学—理性地理解问题占统治地位。"③ 也正是在这种意义下,西方资本家喜欢雇佣学习理工学科的人。据说牛津大学法律系的学生要学习高等数学,原因并不是英国的法律中要用到很多理科知识,而是考虑到作为一名法律工作者唯有了"数学知识"才可以更好地进行法律工作。因此,数学成为当今社会中的每一个成员工作、生活离不开的学科,科学素养成为人的精神面貌中的一部分。"所谓人文精神,应当是整个人类文化所体现的最根本的精神,或者说是整个人类文化生活的内在灵魂,它以崇高的价值理想为核心,以人本身的发展为终极目的。"④

从认识论角度看,理工学科具有严谨性。这些学科一般都是以公理体系作为建立概念和推证命题的基础,而公理体系自身又必须满足独立性、相容性和完备性;各种命题和定律、原理的推证过程必须符合推理规则的要求;各种表述的安排上必须符合理工学科内在的逻辑顺序。理工学科具有抽象性,理工学科的抽象性是舍弃事物的其他方面属性而保留理工学科活动所需要的理工学科方面的属性。从理工学科作为探索知识和真理的认识活动这个角度看,它对于人类自身发展的意义至少包括两个方面:首先是给人以知识的修养。所以,学科的严谨性能使掌握它的人养成严谨的思维习惯,获得缜密、有条理的思维方式,这有助于培养学习理工学科的人一丝不苟的工作态度、兢兢业业的工作精神和强烈的社会责任感。理工学科的抽象性能熏陶学习的人在工作中抓住解决问题的重点,理清工作思路,提高工作效率等等。其次,学科知识能促进人类智力的发展,永远向着"更快、更高、更强"的方向迈进。这既是人类崇高的理想之一,又是理工学科作为一项智力活动所体现的最根本的文化精神。这就是"科学精神"(spirit of science),是由理工学科(当然也包括其他更多的学科)

---

① 曹一鸣:《数学教育中科学人文精神》,2001 年第 5 期。
② 李文林:《数学史教程》,高等教育出版社,2000 年版,第 358 页。
③ 杜洵:《现代数学引论》,北京大学出版社,1996 年版,第 12 页。
④ 孟建伟:科学与人文精神,《哲学研究》,1996 年第 8 期。

在其中凝结和提升出来的文化精髓和价值观念体系,这种"理工学科精神"是一种"科学精神",它是人文精神不可分割的重要组成部分。

12.3.2 理工学科课堂中的人文精神培养

尽管教育材料中包含着丰富的教育价值,但是若不有意识地进行培养,教育价值是不会全面地实现的。理工学科中尽管包含着科学精神、科学家精神、社会生产力价值等人文精神,但若不采用恰当而相应的教学组织形式,这些人文精神并不会"自觉"地迁移到学生的身上,成为学生的人文精神风貌,成为学生的个性品质。理工学科课堂一方面要深挖理工学科所蕴含的"人文精神";另一方面,尤其在理工科大学课堂中,要增设理工学科与人文学科相交叉的课程。

1. 理工学科知识的教学

没有理工学科的知识精神和思想方法,理工学科对外表现的解决实际问题的威力和后劲等将无从谈起。但是,在理工学科教学实践中,尤其在基础教育数学、物理、机械、电气教育实践中,理工学科知识的教学常常异化成"理工学科符号"的教学,既不能培养理工学科所具有的"理工学科精神",也不能培养出"科学家精神",理工科的学习演变成做"理工学科符号"游戏,游戏中的这种"符号"更不具有生产力的价值,理工学科中所蕴含的精髓全然抛弃。若要把理工学科知识的教学放在培养人的高度上,放在培养全面发展的人的高度上,那么应该采用"过程式教学",把静态的理工学科变成动态的学科,让一切是"当着学生的面发生"(弗赖登塔尔语)。"过程"是一个动态概念,反映了"过程"中的所有要素的积极主动以及他们进行参与的全面性。理工学科教学过程中,宜穿插理工学科史,例如数学演变、发展、工业革命发展史知识的教学。理工学科史分为"内史"和"外史"。理工学科"内史"的学习可以让学生了解理工学科理论成果的历史演变和形态以及创立者的贡献等,可以激发学生的学习兴趣,更好地掌握理工学科知识。理工学科教学中还可以介绍理工学科"外史",介绍某些理工学科理论形成的社会原因,以及理工学科家主观的原因等。因为外史可以更全面更细致地展示前人科学思维发展的实际情况,而这些情况恰恰是理工学科教育所急需的。[①] 理工学科中包含着丰富的哲理,结合学科的教学有意识地培养和训练学生的哲学思维以及进行辨正的思考问题的习惯。教学形式可以采用合作学习,这有利于培养学生合作精神,与他人共同合作解决问题,培养尊重他人,善于与人交流等品性。可以开展项目合作学习,一个小组联合在一起去解决一个实际问题(一个项目),从实际问题中学习新的理工学科知识,巩固已学的理工学科知识;可以从中学习其他学科的知识;还可以通过小组合作要求小组成员用已知的科学知识去解决一个实际问题,小学、中学都可以成立数学建模小组,大学更应该成立数学建模小组。

2. 外烁的人文精神培养

理工学科作为一门学科有它自己的研究侧面。从教育意义上看,尽管它可以全面地辐

[①] 徐利治、王前:数学哲学、数学史与数学教育的结合,《理工学科教育学报》,1994年第1期。

射人的各个发展方面,但某些方面毕竟有其不足,尤其在理工科大学里,大学生学习时间灵活性不是很大,对理工学科院系大学生可以开设"理工学科文化学"、"科学哲学"、"科学与社会"、"经济数学"、"数学美学"、"机械制图与美学"等理工学科与文史哲艺相交叉的边缘学科来作该类大学教育的一种全面性的补充。

12.4　推广大学通识教育　引发育人模式之变

　　通识教育是一种使学生通过对知识的广博的、普遍意义的了解,形成内心统一的认识观和世界观,并通过理性和感性均衡发展,使之形成完善的人格,以适应现代社会生活所必需的解决问题的能力、生活态度、道德和政治修养等广泛的教养要求的具体教育形式。[①]

　　2009 年交大、复旦研究生辩论邀请赛的主题:"现代大学应该实行通识教育还是专才教育"就是围绕通识教育问题展开,两所大学均是通过尝试通识教育育人模式来进行教学实践的,交通大学除了课程体系改革以外,又对近几年刚入校的新生进行语文测试,根据成绩决定在今后的选修课中是否必须选修语文课。

　　清华大学校长(1931—1948)梅贻琦先生曾有过对"大学"内涵的精彩言论:"大学者,非谓有大楼之谓也,谓有大师之谓也。"(《国立清华大学校刊》第 341 号,1931 年 12 月 4 日)确实如此,大学之所以为大,不仅在于大楼林立、招生扩大、学校合并等,更在于学术水平越来越高、教学质量越来越好、名师名课越来越多等等。对于任何一所以高质量教学为发展目标的综合性大学来说,若要谋求更加广大壮阔的发展前景,就要在提高教学质量、巩固师资力量、加强人才培养、提升综合实力、赢得国际声誉等各方面下功夫,争取获得持续而稳定的进步。而在这一过程所需要作出的相当大的努力中,有一个重要的方面不可忽视,那就是增强文、理、工、医等各门学科之间的广泛交流和相互借鉴,并通过这种渠道寻求每门学科各自更加广阔的发展空间,提高学生的人文修养、打开学生的思想视野、增强其独立思考的能力和学术创新的能力,以便为其日后在某一专业领域中做出创造性成果提供可能性。

　　关于这样的人才培养目标,结合目前日益凸现的大学教育弊端,现在及以后的大学教育不能只专注于进行本门学科的封闭式的教学,导致学生的思想囿于一种狭窄的思维定势,而是更应该开阔眼界,在大学初级阶段就应该进行本科教育教学改革,打开学生的思路,在进行最开始的专业教学的同时,也必须尽力给学生提供更多的思维空间,使学生在以后的专业学习中也能够用更多的角度、更多样化的思维方法研究和解决问题,为专业研究提供更多的可能性,也为学科知识在社会问题上的具体应用增加独创性和合理性提供帮助。在这种情况下,学校必须增强学科间的交流,通过借鉴其他学科的长处和研究方法,使学科在社会上的具体应用能够融合各种复杂的问题,符合社会发展的需要和学科研究的意义。为实现这一目标,越来越多的国内高校开始在本科教学中实施通识教育,比如北京大学的元培班、清华大学的大学生素质教育基地、复旦大学的复旦学院、南京大学的匡亚明学院、浙江大学的竺可桢学院等等。因为越来越多的高校几乎都逐渐形成这样一种共识,那就是:通识教育

---

① 杨颉:《大学通识教育课程:借鉴与启示》,上海交通大学出版社,2009 年版,第 1 页。

在增进学科交流方面有着潜移默化而又持续重大的作用,对大学的发展、学科的进步、人才的培养有深远的意义。复旦四年教改引发育人模式之变,现以复旦大学通识教育核心课程为个案,谈一下全人教育过程中的跨学科交流。

本文结合国内外大学开展的通识教育,特别考察了复旦大学通识教育的具体实施情况,试图通过总结和分析,探究通识教育尤其是通识教育核心课程在文、理、工、医等多门学科之间的交流上所起的作用,并提出观点,为通识教育在今后如何更好地促进跨学科之间的交流提供借鉴。

12.4.1 复旦大学以成立复旦学院为契机,在本科教育中全面实施通识教育

复旦大学通识教育核心课程的设置以不同学科的有效融合、相互渗透为基础,以打破分门别类的学科壁垒、夯实学问与知识的共同基础为宗旨,有利于实现"提高学生的人文修养、打开学生的思想视野、增强学生的独立思考能力和学术创新能力"的人才培养目标,同时也有利于促进学科间的交流。

2005 年,复旦大学以成立复旦学院为契机,在本科教育中全面实施通识教育。在推进通识教育的过程中,复旦学院致力于推广通识教育理念、创新通识教育理论、推进通识教育实践。在"了解历史、借鉴西方、认识中国、自作主张"(此观点由通识教育研究中心秘书长、复旦学院副院长王德峰教授提出,见复旦校内刊物《青年》中"通识教育"专题《2006,复旦核心课程元年:转折与碰撞》一文,《青年》第 10 页)思想的指导下,复旦学院设计并推出符合复旦教育教学实际的通识教育核心课程共六大模块:"文史经典与文化传承"、"哲学智慧与批判性思维"、"文明对话与世界视野"、"科技进步与科学精神"、"生态环境与生命关怀"、"艺术创作与审美体验",其主导原则是突破单纯的"专业视域"和单纯的"知识视域",从培养新时代中华民族的一代新人的角度出发,为学生提供能够帮助其形成基本的人文修养、思想视野和精神感悟的课程。

"复旦大学通识教育,旨在打破分门别类的学科壁垒、贯彻人类学问与知识的共同基础,并展示民族文化精神对于一个民族的学问创新能力,具有根基性的意义;通识教育的有效实施,应该提高学生的人文修养、打开学生的思想视野、增强其独立思考能力和学术创新能力,从而为其日后在某一专业领域中做出创造性成果提供可能性。(上述引自复旦大学通识教育研究中心:《关于在复旦大学建设"通识教育核心课程"体系六大模块的设想》,2006 年 5 月,该文由通识教育研究中心秘书长、复旦学院副院长王德峰教授执笔。)因此,通识教育核心课程在通识教育中具有基础性地位,其设置和教学绝不是多种不同学科不同专业的简简单单、毫无选择、毫无联系的大杂烩,而是经过认真挑选,通过合理的安排组合,在考虑学科间能有效融合并相互促进的前提下进行配置的。

以 2006—2007 年第一学期复旦大学通识教育核心课程开设情况为例,下表是六大模块开设课程中所涉及的院系。其中,各模块中所涉及的院系都相对较多,而且相关院系之间的知识体系也多有相通之处,容易实现学科交叉、融合,这些都非常有利于在现有课程的基础上,集合更多跨专业的教师,开设出更多符合通识教育的课程。

模块课程中涉及院系

模块名称	涉及院系
文史经典与文化传承	中文系、历史学系、思想史研究中心
哲学智慧与批判性思维	哲学学院、思想史研究中心
文明对话与世界视野	历史学系、国际关系与公共事务学院、历史地理研究中心
科技进步与科学精神	哲学学院、现代物理研究所、物理学系、化学系、信息、科学与工程学院、材料科学系
生态环境与生命关怀	医学院、药学院、公共卫生学院、生命科学学院、环境、科学与工程系、社会科学基础部
艺术创作与审美体验	社会科学基础部、艺术教育中心

　　大多数通识教育核心课程在以本专业为主体的基础上，有意识地融合进其他学科的知识和精神，例如《生命科学中的伦理问题》一课程，以生命科学的基础知识为依托，以伦理学的观点分析其中的问题；有的课程则是不同专业比较大范围地互相融合，例如"物理与文化"一课程，则是物理学与人类文化并重，将物理学与文化全面结合起来观察和分析。

　　学科交流不是表面的简单组合，而是根据学科之间内在的联系，从本质上把握学科的性质，从彼此之间的关联点入手，才能达到融会贯通的目的。例如，自然科学中本身就包含着一定的人文精神，在其知识结构中分析人文内涵，可以比较准确地提炼学科发展的根本性方向，这是有积极意义的。因此，通识教育核心课程设置的把握准则中最重要的是每门课程的开设都注重传达学科的根本精神，以具体知识的传授提供思考的具体材料和基础，通过班上来自不同学科的同学们的积极讨论达到交流的目的，让学生们自己认识到应对同一问题的多种方法，为思维空间的扩展提供多种可能。

　　通识教育核心课程的设置要契合学生的学习要求，不能想当然地盲目开设。只有注重将自然科学知识的实用性和社会科学知识的内涵相结合，才能吸引学生的注意力，才能在学生的积极主动的配合下，有效地传授知识，达到良好的教学目的。例如，《材料科学与社会》这一课程，讲授时就十分注重材料科学在社会生活中的具体运用，同学们结合日常生活的需要，能够体会到上这门课的意义，很容易在课堂上积极互动，避免了教师讲授的单向性；在此基础上，教师在课堂讲授中有意识地融合进物理、化学、生物等多种其他学科的知识，扩展本门课程的宽广度，也容易引起学生的共鸣，激发他们运用各自的专业知识了解这门课程内容的兴趣，从中体会多向度的知识系统之间的区别和联系，探索新的研究视角，达到学科交流并相互促进的目的。

12.4.2　复旦大学通识教育核心课程

　　复旦大学通识教育核心课程通过对大学低年级学生进行多学科相互交流式的教育教学，为学生日后的学习研究提供了广阔的发展空间，为跨学科交流提供了充分的可能。

　　通识教育核心课程一开始就是为大学低年级学生设置的，这种考虑主要源于教育教学规律的需要。刚刚接触大学教育的学生思维方式还没有形成，还没有受到传统的有一定成规的专业教学方法的局限，因此易于激发多方面的学习兴趣和开发多途径的思考路线。大学低年级学生在这种可以被正确引导的时机,广泛接触通识教育核心课程中多种专业的基础知识,在他们了解并学习多种专业的思考和研究方法的过程中,无疑会引发头脑中对于各种全新领域的知识的认可、接受、理解和消化这一系列有益的学习过程。正是在他们对各种专业都抱有强烈的好奇心和浓厚的热情探索新知识的时候,他们的思维被豁然打开,看到了多种前进方向,在日后的学习、研究和工作中,其他方向的基础知识和相应的针对性的思考同样会影响到专业化的学习和研究。因此可以说,通识教育核心课程的跨学科性质,给予大学低年级学生的是学习潜力的发掘和思想境界的拓展,不仅能开发他们的思维空间,使他们在综合思考不同学科领域的知识结构和影响范围的时候产生新想法、提出新问题、建构新知识,而且,也为各门学科的全新发展创造了潜力和动力,使不同学科的知识融会贯通。

大学低年级学生刚刚入校,一开始他们对各种专业并没有确切的认识,正是通过通识教育核心课程的学习,才了解到丰富多样的大学学科的具体面貌。每门学科都有自己的知识结构、研究领域、社会效用和发展前途,学生们在通识教育核心课程中学到的正是每门学科最基本的知识。通过这些基础的充实,通过积极主动的思考和探索,得出对学科独立的认识和独特的见解,并在这个过程中,接受并见证了各门学科所具有的不同特色的思维方法和研究手段。由此,为他们打开了很多思维的窗口,为日后的学习提供了不同的方式和方法。在日后进行专业化的研究时,通识教育核心课程的学习也会不时地发挥作用,避免研究视角的狭窄、研究方法的单一或知识含量的单薄。从这个意义上说,通识教育核心课程有利于培养具有综合性研究能力的学生,同时为学科本身的发展注入了新鲜的血液,把学科导向更加宽广的前进道路。

12.4.3 复旦大学通识教育核心课程的制度

复旦大学通识教育核心课程采用助教制度,并开设了小班讨论的教学模式,鼓励不同学科的学生在课堂上积极讨论交流,通过教师的引导和总结,获得多学科和多领域的学习体验。

复旦大学通识教育是面向大学新生开展的,无论从通识教育的理念精神还是对学生群体的教学效果来看,都提倡和鼓励不同专业的同学积极交流、互相讨论。不同学科、不同专业的学生在同一门课程上针对同一个问题常常用不同的视角看待,有不同的观点和理解。同学之间多多交流各自的想法,可以有效地避免学习的单一性,使其打开眼界,了解知识的复杂性。同学们可以在课堂交流和讨论中将自己的看法表述出来,通过其他学生的观点改进和修正自己知识结构中的不足,得到启发,更深入地思考问题,打开思维的空间。同样,认真听取他人的意见并结合自己所学,打通不同学科的知识,常常能获得封闭式教学所不能达到的新奇的结论,对同学们自身的学习不无裨益。例如,文理科学生在思维方式上有很大的不同,在理性思维与感性思维上有比较明显的偏向性,独立思考问题时常常受到固定思维的局限,而他们在交流中将会对对方的思考方式由陌生到好奇,进而尝试对方的思考角度,从而对问题进行全新地和比较全面地思考,无疑会促进他们对知识的整体上的把握。

复旦大学的通识教育,其目的在于帮助学生提高人文修养、拓宽思想视野,养成批判的精神和创新的勇气。核心课程讨论班的开设,是实现这一目标的重要教学形式之一。讨论班以激发兴趣、促进思辨、拓展知识为教学目的,以启发、阅读和交流为主要方式,强调师生合作、生生合作,并强调学习的过程。通过这一教学形式,不但可以充分发挥主讲教师的学习引导作用,更能使学生初步养成探究性学习所必需的研究能力、创新能力和批判思维能力。按照目前的做法,复旦大学通识教育核心课程的讨论班以小班教学为主,每班人数不多于20人,每次不少于2个学时。从现有情况看,复旦大学小班讨论的开设,不但是通识教育核心课程的特色,更是本科教学组织形式的一次创新,受到了师生普遍好评。

当然,学生之间的交流如果没有很好地引导,会陷于盲目和事倍功半的错误境地,此时就需要授课教师和助教的积极引导,在这方面,复旦大学采用了助教制的模式。

通识教育核心课程具有课程容量大、课程体系新、课程互动性强的特点,主讲教师面临比传统课程更为繁重的教学压力,为了切实保证核心课程的教学质量,充分发挥研究生在通识教育教学工作中的积极作用,复旦大学为每门通识教育核心课程设立了1至2名助教。通识教育核心课程的助教一般由成绩优异、思想端正并选修过相关课程的在读本专业硕士或博士研究生担任。他们接受主讲教师的指导,在主讲教师的安排下随堂听课、协助教学管理、对学生进行辅导与指导、批改作业、协助组织实践活动并组织讨论等等。与以往的课程助教不同,通识教育核心课程助教制度不仅促进了核心课程的教与学,而且也是培养研究生的重要方式,使他们在协助教学的过程中学会自我定位、与人合作、妥善处理问题的方法。

教师可以提供给学生讨论的材料,让学生针对这门课程所要传授的知识作出自己的思考,形成一定的看法后,再与其他同学进行交流。这样在各自思考的基础上进行讨论,就比较有深度和针对性,避免了讨论流于表面化,增强讨论的实际效果。教师在组织讨论时,注意讨论方向与本门课程内容的相关性,不任由学生擅自发挥,避免违背课程教学的初衷。在讨论中引导方向和进程,针对学生的发言提示更深层的意义,才能将讨论和学科交流深入下去。

12.4.4 通识教育的教学理念

通识教育有赖于主讲教师适时调整授课内容和方式,逐步形成通识教育的教学理念,教学过程中有意识和有效地增进学科交流,防止本专业过于突出或不同学科生硬组合。

通识教育主要是通过课程的讲授达到教育学生的目的,授课教师在这里发挥着重要的作用,如何正确地传达通识教育的教学精神,如何运用通识教育的教学理念指导教学,就是授课教师必须认真考虑的问题。

在复旦大学推出的核心课程中,大部分课程是由名师带头、课程小组共同研讨教学内容的方式组织授课的,因此,教师在准备教案、组织教学的过程中,积极采取措施改进教学,有的教师非常重视对通识教育的学习,力求使课程的开设最大限度地符合通识教育的理念与精神;有的教师在教学过程中,及时听取学生对教学质量的反馈意见,根据部分学生基础知识储备不足,听课较吃力的情况,在与教学小组成员协商后,及时调整教学进度和教学方式,保证课程能够适应学生的学习水平和学习能力。

《复旦青年报》报社和《青年》编辑部于2009年第一学期初发放的问卷调查显示,60%的核心课程教师认为他们的备课、授课方式与以前相比有变化,其中33%的教师认为变化很大。教师们普遍认为更注重科学思想,增加了与学生的交流,扩充了课程内容,教学形式更多样化。

通识教育课程的教学必须在一开始就形成正确的认识,要在教学内容上有意识地关注不同学科之间的联系,通过与其他学科的广泛交流增加宽度和广度,不能因为想要突出本课程的独特性和重要性而排斥其他相关知识和学科,也不能随便在教学中加进无意义的其他知识,给人生搬硬造的印象,降低学生对本门课程的期待值,挫伤学生学习的积极性。

通识教育倡导学科交流,但授课教师在教学中却容易过分突出本专业的地位,希望引导学生对本门学科发生更多的兴趣、学习到更多。这是因为教师对自己的学科有偏好和比较深入的研究,对其他学科的认识相对而言理解较浅,这样的倾向不利于学生的全面发展和大学整体实力的提高,也不利于各个学科的发展。因此,通识教育要注意避免这种情况,防止走向学科交流融合的反面,在学科交流中更要注重技巧,只有在成功把握不同学科内涵的基础上,才能自然地获取全面的发展。

学科间交流的重要形式就是教师在课程内容中有意识地融合进不同学科的研究方法和探索精神,扩展课程内容的宽广性,激发学生的学习兴趣,引导学生进行有效地讨论和交流,让学生在更深入地理解本门课程内涵的同时,还能运用更多的视角和观点审视自身、发展自身,达到通识教育的目的。

学科间的交流和沟通,无论是对各门学科本身的发展还是学校的整体发展都有重要意义。对学科而言,通识教育带来的是更多的考察视角、学习方法、研究途径,学科启发和更广阔的发展空间;对学校而言,是更平衡的进步、更全面的巩固和更多向度的综合实力的提升。最重要的是对大学生而言——学生们得到了更丰富的知识、更多元化的思维空间和更广阔的发展前景。当然,从上文的个案分析可知,通识教育在促进学科交流上需要成熟的技巧和相应举措(如小班讨论、助教制度等),才能最大程度地发挥作用,因此对通识教育实施情况考察和分析总结,并做出相应地改进,是必不可少的。

总之,通识教育是大学本科教育教学改革的一项重大举措,它的意义不止在于多学科、跨学科交流这一方面,而且将对大学本科的教育教学产生多方面的影响,正确看待通识教育,将会为大学教育带来更多的发展契机。

第 13 章

以经济学科为例，体现科学与人文的融合

经济专业是理科、文科兼收的专业，经济学科内容兼跨自然科学与社会科学的特点为科学与人文的融合提供了条件。

13.1 经济学科中的"科学与人文"融合的基础

在经济学科教学中体现"科学与人文"的融合不仅有其必要性，而且具有一定的现实性和可行性。我们将从教育理念的更新、科学文化与人文文化的一致性、经济学科涵盖文理的特点等视角论证经济学科中"科学与人文"融合的路径。

13.1.1 现代教育理念为经济学科中"科学与人文"融合指引方向

现代教育理念强调一切以学生发展为本，尊重学生的个性发展及兴趣爱好，发挥学生的主体性、主动性，增加学生在学习过程中的体验与交流。以学生发展为本，是以学生发展为主、以学生发展为中心及以学生发展为基础的综合含义。以学生发展为本，就是要使学生对教育享有"参与性"与"选择性"，注重学生的"全员发展"、"全面发展"、"全程发展"和"个性发展"。

具体来说，学生的全面发展必须具备以下基本品质：第一，崇高的科学品格，具有创新精神和勇于为科学献身的精神；第二，扎实的基础科研能力，能独立思考，具有高尚的人格；第三，较高的道德水平，具有强烈的社会道德感和责任感；第四，具有驾驭科学成果的能力，能理智地运用科技为人类造福，使科学成果向有利于人类的方向转化。换句话说，就是要实现科学素养与人文素养的协调发展，并在此基础上实现学生的个性张扬。以学生发展为本的价值定位为实现经济学科中"科学与人文"的融合奠定了理论基础。

13.1.2 科学文化与人文文化的一致性是科学与人文融合的内在基础

爱因斯坦曾经说过："科学和艺术的本质是一致的，它们都源于对真善美的共同追求，它们又是互补的，互相之间都可以以想象而激发对方的灵感。"华中科技大学原校长杨叔子认为：从最深的层次看，科学与人文是相通的，人文为科学导向，科学为人文奠基，人文中有可贵的科学基础与瑰宝，科学中有丰富的人文。可见，科学文化与人文文化并非相互排斥、

互不相容,它们之间存在着内在的一致性,主要表现在两者的出发点、归宿、思维方式和价值体系等方面。

1. 科学文化与人文文化的出发点和归宿都是人

有人说,人生有三大问题:人对物的问题、人对人的问题和人对自身生命的问题。在这三大问题中,科学关注的是人对物的问题,人文关注的是人对人和人对自身的问题。因此,科学和人文从本质上说都源于人类生存发展的需要,只是由于人们面临的直接生活课题的不同,才产生了科学和人文这两种不同的文化精神。换句话说,科学与人文是人类生存发展问题的两个侧面,只不过科学侧重解决现实问题,人文侧重解决伦理问题。但科学并不能涵盖和取代人文,因为科学的发展需要人文来引导;同样人文也不能涵盖和取代科学,因为人文的发展需要科学来奠基。

2. 科学文化和人文文化在思维方式上具有一定的互补性

人的大脑由左半脑和右半脑组成。两半大脑各司其职,各施所能。大脑左半球主要从事严密的逻辑思维,与科技活动密切相关;大脑右半球主要从事开放的形象思维,与文艺活动密切相关。但研究表明:大脑左半球的发展程度和水平将严重影响大脑右半球的发展程度和水平,反之亦然。从表面上看,以上研究表明,人的大脑两个半球是相互影响、相互促进、共同发展的,但实质上表明人的思维是一个整体,逻辑思维与形象思维相互补充、相互支持、相得益彰。因此,科学文化和人文文化在思维方式上具有一定的互补性,若想促进个人思维的全面发展,两者不可偏颇。

3. 科学文化与人文文化共同构成了完整的价值体系

人们往往将人文视为一种精神文化,一种价值系统,而将科学视为一种纯粹的知识体系。实际上,人文是在"人"的基础上生长出来的精神价值系统,而科学则是在"物"的基础上生长出来的精神价值系统。从价值追求的本质看,科学求真,人文求善、求美,而真善美则是相互渗透的,人们在对科学价值的追求中体现着人文价值的取向,同样,在对人文价值的追求中也包含着科学价值的取向,两者相互渗透,共同构成了完整意义上的人类价值体系。综上所述,科学文化和人文相互依存、相互促进,没有科学的人文是残缺的人文,人文中有科学的基础与科学的精髓;没有人文的科学是残缺的科学,科学中有人文的精神与人文的内涵。科学与人文的内在统一性是实现经济学科中"科学与人文"的融合的内在基础。

13.2　经济学科的特点为科学与人文融合提供了条件

经济学科内容的特点兼跨了自然科学与社会科学的特点,为科学与人文融合提供了条件。经济学是现代的一个独立学科,研究的是一个社会如何利用稀缺的资源生产有价值的物品和劳务,并将它们在不同的人中间进行分配。经济学主要进行三点考虑:(1)资源的稀缺性是经济学分析的前提;(2)选择行为是经济学分析的对象;(3)资源的有效配置是经济学分析的中心目标。其首要任务是利用有限的地球资源尽可能持续地开发成人类所需求的商品及其合理分配,即生产力与生产关系两个方面。

经济学专业业务培养目标:熟悉现代西方经济学理论,比较熟练地掌握现代经济分析方法,知识面较宽,了解经济学的学术动态;具有运用数量分析方法和现代技术手段进行社会经济调查、经济分析和实际操作的能力;具有较强的文字和口头表达能力,能熟练掌握一门外语。并具有向经济学相关领域扩展渗透的能力,能在综合经济管理部门、政策研究部门、金融机构和企业从事经济分析、预测、规划和经济管理工作的高级专门人才。由于对经济管理工作的高级专门人才的特殊要求,需要学习理论经济学与应用经济学,还包括其他许多门类和分支,还需要掌握研究各种经济活动和各种经济关系及其规律性的具体方法。

13.2.1 经济学与自然科学

从自然科学角度看经济学各门学科在研究方法上出现的一个新趋势,是大量运用现代数学方法和现代计算机技术进行经济数量关系的分析。这是由于现代经济发展日新月异,在此过程中出现的新情况、新问题需要运用这些新的方法进行精确地描述和解释。经济学各门学科依据本身的特点,适当运用现代数学和计算机技术的新方法和新成果,对于增强经济科学的精确性,具有重要的意义。

经济学家使用的方法在很多地方和自然科学家们相同,两者都试图建立用于解释和预测的理论或模型。例如,一位天文学家建立星体运动模型来解释星体为什么在它所在的位置和预测它未来的位置,同样,经济学家也建立经济模型。

为了解释和预测,经济学家建立了一些经济模型,用以表示各种经济现象背后的经济关系。例如,市场供求模型表明需求、供给和价格之间的关系。尽管大多数模型也能用文字加以描述,但在经济学中一般用图表或数学的形式描述更为直观。

经济模型是通过对经济现象的原因做出一些相关假定之后建立起来的。例如,经济学家通常假定消费者收入增加时需求会增加。这些假设一般是基于对现实经济生活的观察,根据对特殊现象的观察做普通论述的过程称做归纳。在做出有关假定的基础上,经济学以图表或数学函数把相应的关系表示出来,这就是经济模型。

建立模型的目的是为了解释经济现象,人们可以使用模型来说明经济现象发生的原因。例如,经济学家可以通过模型说明发生通货膨胀的原因,指出是工人的工资上涨太快还是进口的原材料价格上涨所致。

经济模型的另外一个作用是预测。例如,某商品的需求增加,它的价格会上涨;人们的收入提高多少,对某种产品的需求会增加多少等。预测过程事实上就是一个推理过程,在推理过程中,经济学家不得不设想其他因素保持不变,例如,对某种商品的需求增加会导致商品价格上涨,这是基于该商品的生产成本没有下降的假设做出的推理。

当然,一个经济模型的有效性还要接受实践的检验,经济学家要根据模型是否能成功地解释和预测现实经济现象而对其作出评价。如果预测是错误的,首先要检查推理是否正确;如果推理正确,那就必须对模型进行改进或用其他预测更为准确的模型来代替。有时尽管模型的预测不准确,经济学家也想把这个模型保留下来,因为它有助于深入考察经济的运行。例如,可以实现效率、增长和公平目标的理想化经济模型在现实中几乎是不存在的,但通过它却可以对现实世界有更多地认识,比如认识它的不足等。

13.2.2　经济学是社会科学

尽管经济学和自然科学使用的模型相似，但经济模型并不像自然科学中的模型那样可以作出准确地预测，主要有以下两个原因：

经济学不可能做有条件控制的实验。物理学家建立模型后可以用严格控制条件的实验室实验来验证，然而经济学家在研究经常变化的环境和个人、团体、机构等之间复杂的关系时，为了建立合理的简单化模型，他们不得不做简化的假设，比如一个常用的假设是"其他情况保持不变"。然而，与物理学家不同，经济学家事实上不能让那些被假定为不变的有关条件保持不变。

从这个意义上说，经济学与气象学等一些自然科学类似。由于众多因素影响气象系统的过程和发展，气象学家不得不做出各种简化，以便得出较为简单的预测。不过，随着近年来卫星和计算机的使用，天气预报越来越精确。经济学也是这样，在计算机协助下，经济学家建立了更复杂的模型，从而增强了经济学的预测能力。

人的行为之间的差异是经济模型面临的又一个严重的困难。虽然在相似情形下人们会做出类似的反应，但这些行为却时常会有一些差异。例如，做投资决策时公司对膨胀率会怎样做出反应，这依赖于公司商业信用状况等不可预测的因素。在经济模型中，人们的行为往往被假定为相同，这就导致模型不可能得出精确地预测。

由于这些原因，经济学中不同的模型之间差别很大，假设不同，得到的结论也不同，所以经济学经常存在着争论。在现实社会中，不同的政党可能和不同的经济学思想相结合，左派政党所借用的模型认为要减少失业，政府必须进行干预；右派政党所持模型则认为如果政府减少干预，更多地依赖于自由市场经济，就可以减少失业。

13.2.3　经济学与政策

经济学家在帮助政府制定经济政策中起着很大作用，为了考察这种作用，有必要区别实证和规范的观点。

实证的观点是对事实进行描述，它要说明的是有关现象是什么的命题。实证命题可能对也可能错，不过可以通过事实来加以检验。"失业在增长"，"明年通货膨胀率超过6％"，"政府降低税收，会增加进口"这些都是实证命题。

规范的观点是对价值判断的一种描述，它要说明有关应该是什么的命题，比如该做什么和不应当做什么；关于事情是好还是坏，值得赞赏还是不值得赞赏的观点。"对富人比穷人收更多的税"，"政府应当减少通货膨胀"，"老龄养老金应随通货膨胀率增加而增加"这些都是规范命题的例子。它们不能简单通过事实证实或证明结果是正确还是错误。

经济学家通常用实证的方式对政策起作用。他们可以分析特定政策的影响，指出两种政策中的哪一个更可能达到目的，但他们作为经济学家不说哪一个政策目标更可取。例如，经济学家可能会争论增加政府开支是否会减少失业、增加通货膨胀，但他们不能说政策是否值得赞赏。也就是说，经济学家也不能做规范的判断，与其他人一样，经济学家也不比他人有更多的精神权力。

社会科学是研究人类各种社会活动和各种社会关系的理论以及历史的多种学科的总称。社会科学的研究对象,除了经济活动和经济关系之外,还有政治、法律、军事、教育、道德、语言、艺术、民族、宗教、家庭等方面的活动和关系。从马克思主义的观点来说,在所有的社会活动和社会关系中,具有决定性作用的是经济活动和经济关系。经济活动是其他一切活动的物质基础,经济关系也是其他一切社会关系的物质基础。因此,除了哲学之外,经济学,特别是作为理论经济学的政治经济学,就成为社会科学中的基础科学,成为人们认识社会、改造社会必先掌握的思想武器。

经济是社会的基础,政治、法律等是社会的上层建筑。一个社会的政治、法律等归根结底都是由经济基础决定的,都是为维护自己的经济基础服务的。资产阶级的国家制度、法律等是根据资本主义经济发展的要求而确定的,是以维护整个资产阶级的私有制财产和经济利益作为任务的。社会主义的国家制度和法律等则是根据社会主义经济发展的要求而确定,是以维护人民的整体利益、维护生产资料的社会主义公有制的主导地位和促进社会主义建设事业的发展作为任务的。这种经济基础与作为上层建筑的国家制度、法律等之间的作用与反作用,使研究人类社会的经济基础的经济学和研究国家制度、法律等的政治学、法学等紧密联系起来。经济学要联系国家制度、法律等上层建筑来研究各种经济活动和经济关系;政治学、法学等要联系所要维护的经济活动和经济关系来研究各种国家制度、各种法律等。这种相互联系、相互作用的关系,也同样适用于经济学与以其他的社会上层建筑作为研究对象的社会科学学科之间。

13.2.4 经济科学新学科

上世纪30年代以来,特别是第二次世界大战后,经济科学新学科发展很快,传统学科分支衍生,许多富有时代气息的新兴学科纷纷脱颖而出。从近年来不断涌现的经济科学新学科来看,有着相对于经济科学中的传统学科(如政治经济学、经济学说史、工业经济学、会计学等)等学科的不同特点,不断为现代经济科学这棵大树增添新的枝叶。据统计,仅近30多年来由经济科学派生出来的新兴学科就多达100门。诸如生态经济学、技术经济学、经济控制论、信息经济学、能源经济学、资源经济学、旅游经济学、文化经济学、教育经济学等。这些新的学科都兼有文理科学的特点。

综合性是经济科学内容的显著特征,这里的综合除了指研究对象、研究方法等方面,还包括经济科学内容兼跨文理的双重属性。因此,文理兼容也是经济科学综合性特征的重要表现。

经济学内容本质上是兼容的。经济学以经济活动与人类活动的相互关系为主线,介绍了人类在研究经济活动中的种种问题;反映了人类活动必须尊重经济活动本身规律的基本思想。

综上所述,经济学科内容的自然科学与人文教育的兼容性,特别是研究内容及方法的多样性,有助于个体科学文化修养的提高和人格的完善,为人文素养的回归提供了保障,从而也为实现经济学科中"科学与人文"的融合提供了客观条件。

13.3 经济学科学生人文素养的提升策略——经济伦理的提升

从事经济学专业的个体,其科学文化修养的提高和人格的完善依赖于很多方面,其中道德水平的提高尤为重要,本篇着重从经济伦理的提高方面进行阐述。

13.3.1 什么是经济伦理

20世纪初,德国著名社会学家、历史学家和经济学家马克斯·韦伯致力于考察"世界诸宗教的经济伦理观",首先提出了"经济伦理"的概念。20世纪70年代以后,由于政治经济等原因,经济伦理问题成为世界公众关注的焦点之一,经济伦理学作为一门学科开始走上学术舞台。

那么,什么是经济伦理学呢?在英语中,与经济伦理学相对应的是"Economic Ethics"和"Business Ethics":前者使用得较少,而后者使用得较为普遍。为了全面把握经济伦理学的概念,必须对"Business Ethics"中的"Business"作词源学上的考证。根据陆谷孙主编的《英汉大词典》有关条目的解释,"Business"有生意、工商企业、事务等含义。国内许多学者将"Business Ethics"译为"企业伦理学"、"商业伦理学"、"工商企业伦理学"都是有一定根据的,但都难以全面表达"Business Ethics"的含义。近几年来,致力于此项研究的学者们倾向于将"Business Ethics"译为"经济伦理学"。从当代中国的国情分析,市场经济的发育还不够完全,企业作为完全独立的经济实体还有相当长的一段路要走。企业的决策和行为要进行伦理评价,但这种评价不能离开国家的宏观环境。单独研究企业伦理,要想获得突破是困难的。对企业的决策和行为进行的伦理评价,要放在国家宏观环境中。这样对国家经济体制、经济政策的伦理评价和论证也是研究的重要内容,必须给予充分的重视。在社会经济活动中,个体作为微观经济活动的主体,在研究内容中也应有一席之地。从学科发展分析,只有多层次、多侧面的研究,学科才能长足进步,对社会产生较大影响。因此,将"Business Ethics"译为"经济伦理学"更符合中国的国情,更合适些。当然,在经济伦理学学科中,企业伦理是非常重要的研究方向。换言之,从狭义上表述,"Business Ethics"且即企业伦理学也无不可,但从广义上表述,应为经济伦理学。经济伦理学的狭义和广义之分也可从国外的资料中获得支持。在欧洲,有的学者已将经济伦理学分为两类:涉及消费者、股员、股东伦理规范的为狭义经济伦理问题;涉及国家、社会、环境和经济制度伦理规范的为广义经济伦理问题。考虑到当代中国政治社会的背景和经济伦理学在中国的更好发展,本书以广义经济伦理学立论。

近几年来,不同的学者从不同的角度对经济伦理学进行了界定。有的学者认为,"经济伦理指人们在经济活动中的伦理精神或伦理气质,而经济伦理学则是这种精神、气质和看法的理论化形态";有的学者认为,"经济伦理学是研究经济活动中的伦理规范的学科"……尽管个人表述的侧重点有所不同,但在实质上完全可以加以统一。

1. 所谓经济伦理学,是一门研究经济制度、经济政策、经济决策、经济行为的伦理合理性,并研究经济活动中的组织和个人的伦理规范的学科。

经济伦理学的内容可分为三大层面的问题:

第一,宏观层面上的伦理问题。(1)研究和阐述经济制度、经济体制、经济政策的伦理评价。例如市场经济的伦理评价问题,社会福利政策的伦理评价问题。(2)研究整个社会经济活动的道德价值导向问题。例如公正和效率、道义和功利等问题。

第二,中观层面上的伦理问题,其实质是企业中的伦理问题。

(1)企业社会责任问题。这是企业伦理的核心问题。(2)企业内部的管理伦理问题。例如国有企业中厂长经理和职工关系中的伦理问题,民营企业中雇主与雇员关系中的伦理问题等。(3)企业外部关系中的伦理问题。例如广告伦理、公关伦理、商务谈判伦理、国际商务伦理等。

第三,微观层面上的伦理问题。(1)个体在社会经济活动中承担的职业角色的伦理问题。例如经营管理者的道德人格问题,雇员的职业道德问题等。(2)个体对消费的伦理评价及消费道德规范。

以上三个层面在经济伦理学的体系中有着不同的地位和作用。宏观层面上伦理问题的研究是其他两个层面研究的前提和理论基础。由于我国正处于传统的计划经济向社会主义市场经济的转型过程中,迫切需要建立和完善我国的经济制度、经济体制和经济政策,因而它们的伦理论证成为首要加以探讨和解决的问题。只有解决了这一问题,才能更好地厘清中观层次和微观层次的伦理问题。中观层次即企业的伦理问题,是经济伦理的主要问题。企业是经济活动的"细胞",搞活企业才能搞活经济。在当前中国,国有大中型企业的健康发展关系着中国经济发展的命运。企业伦理特别是研究国有大中型企业的伦理问题,是当代中国经济伦理的中心任务。微观层次的伦理问题在经济伦理学的体系中也有着重要地位。经济的发展是整个社会个体共同努力的结果,企业和社会要采取各种手段调动个体的积极性,激发个体的活力;但作为个人来说,应当按照职业生活中的角色,自觉履行职业道德义务,恪守职业道德规范。改革开放后,中国将"发展生产力,实现共同富裕"作为经济活动的价值目标,必然提出正确引导消费、提高人民生活水平的问题。因此,消费的伦理评价和新的消费伦理观念是微观层次中的重要内容。

经济活动从其运行的过程分析,有生产、分配、交换、消费等环节。从研究其每一个环节中的伦理问题入手,进而构建经济伦理研究的框架,也不失为一条研究思路。但经济伦理学研究的具体进程表明,以宏观、中观、微观三个层面建立框架,与当前经济学的研究框架相吻合,各研究方向范围清晰,更利于学科的发展。

2. 经济伦理学是一门交叉学科,它从伦理学角度对经济提出问题。这些问题并不以经济的合理性为满足,并进而追究它们是否具有伦理的合理性。这就是说,对人们的经济行为的评价,不仅要问"它们是否具有高效率和高效益",而且要问"它们是否合乎人道原则、公正原则和其他道德原则"。在现实的经济活动中,经济行为的选择并不总是和伦理原则相一致的,必须通过经济伦理学的研究和实践,使两者沿着尽可能统一的方向前进。将经济和伦理割裂开来,只讲其中一个方面,忽视、否定甚至取消另一方面,都是违背经济伦理学基本要求的。经济伦理学的原则不仅应同一般伦理学原则相一致,而且应得到经济学的支持,接受经济实践的检验。同时经济实践是在社会中实现的,因此,它又必须同社会伦理规范相一致。经济伦理学作为一门交叉学科,其基本目标是实现经济与伦理的尽可能统一,基本任务是寻找伦理学与经济学的结合点,由此找到解决两者冲突的基础和原则。

13.3.2 经济伦理学与经济学的关系

在中国古代,经济有"经邦"、"济民"之意。"经济"两字连用,首先出现于隋王通《文中子·礼乐》中。在印欧语系,此词源于希腊语,在古希腊色诺芬的《经济论》中,原意是家庭管理术,亚里士多德又赋予该词以谋生手段的含义。19世纪,日本学者借用古汉语中原有词汇,把此词译作"经济"。它通常指社会经济制度和物质资料的生产、分配、交换和消费的活动。

(1) 经济活动是在一定的社会制度下进行的,经济问题涉及到社会各阶级和各阶层人们的利益。因此,经济学作为一门社会科学是无法摆脱价值判断问题的。现在越来越多的经济学家承认经济学既是实证的,又是规范的。当然,在经济学研究中,既可以从实证角度研究,也可从规范角度研究,从而形成实证经济学与规范经济学两大派别。将两者比较一下不难看出,它们研究的根本出发点不同,实证经济学研究"是不是"的问题,而规范经济学研究"应该不应该"的问题。既然涉及了"应该不应该",那么规范经济学本身就不可避免地带有伦理分析的性质。正如1982年诺贝尔经济学奖得主、著名经济学家施蒂格勒所指出的:"经济学家在争论经济理论和经济行为时很少提及伦理问题。……但是,伦理问题当然是无法回避的,因为在人们对各种政策进行评判时,必须要有一定的宗旨,这些宗旨就肯定会包含着伦理的内容,不过这类内容可能会藏而不露。"

(2) 规范经济学以经济规范为研究对象,经济规范不仅包括道德规范,而且包括法律规范。规范经济学通过包括伦理分析在内的方法确立经济规范,保证经济的健康运行。经济伦理学与规范经济学在内容上部分重叠,但又有所不同。经济伦理学从伦理学角度对经济进行系统的研究,不仅提出规范问题,而且对经济制度和经济政策进行伦理论证,并提供经济活动中个体的精神动力。经济伦理学在研究中必须注意与经济法规的联系,为了有效地规范人们在经济活动中的行为,仅仅诉诸于伦理规范即软性约束是不够的,还必须诉诸于法律规范即硬性约束。美国经济伦理学教学指导委员会在其通过的经济伦理学教学指导原则中提醒人们注意这两者之间的联系,甚至认为,有的学校经济伦理学课程"不需要与企业法课程分开上"。

(3) 经济伦理学与伦理学的关系是个性与共性的关系。伦理学研究整个社会生活中的道德现象,提出社会生活中的道德原则和规范;而经济伦理学研究经济生活中的道德现象,提出经济生活中的特殊道德原则和规范。伦理学道德原则是经济伦理学道德原则的指导,而后者是前者的具体化和补充;在经济伦理学的理论研究体系中,必须阐述一些最有影响的伦理学理论并就这些理论对于解决经济生活中的问题的适用性作一定的评述;例如功利论和义务论。这两大理论对于经济伦理学有重大意义,它们在经济生活中如何运用是必须认真研究的。

13.4 经济伦理学的道德理论基础

经济伦理学研究的重要内容是对经济活动进行全面的评价,不仅要论证经济上的合理性,而且要论证伦理上的合理性。这种论证必须有大量的、真实的、第一手的事实材料,同时还要以一定的理论为指导,才能得出富有说服力的结论。伦理评价涉及价值观问题,具有复杂性。同一经济事实运用不同的道德理论,可能得出截然相反的结论。为了对经济活动进行正确的伦理评价,我们必须研究和掌握经济伦理学中涉及的道德理论,例如功利论、道义论、美德论等。

13.4.1 功利论与经济伦理学

功利论,亦称"功利主义"、"功用主义",是以实际功效或利益作为道德标准的伦理学说。从狭义上说,主要是指以边沁、穆勒为代表的西方功利主义;从广义上说,它不仅包括以边沁、穆勒为代表的西方功利主义,也包括中国古代的功利主义、革命的功利主义。在所有的道德理论中,功利主义与经济学的联系最密切,相互影响也最大。研究经济伦理学的道德理论基础首先分析功利主义,特别是西方功利主义。

在功利论、道义论、美德论三大道德理论中,数功利主义与经济伦理学关系最密切。马克思指出,功利论表明了"社会的一切现存关系和经济基础之间的联系",他还认为,功利论在功利主义的代表人物穆勒的学说中甚至"和政治经济学是完全结合在一起了"。功利主义与经济伦理学的密切关系,不仅要从它形成和发展的历史条件分析,而且要从内容和实质上分析。

首先,功利主义论证了经济动机在道德上的正当性问题:人是有目的、有意识的社会动物,在从事任何活动中,都追求着一定的目的,受一定的动机的驱使。在经济活动中,经验明白无误地揭示了一个重复千万遍的事实——人们的经济动机是建立在求利基础上,离开了利益,经济活动是难以想象的。对求利的经济动机如何进行道德评价,一直是道德生活中的重要课题。古希腊的思想家柏拉图和亚里士多德区分了两种经济动机,一种是"符合身份的维持生计"的求利动机;另一种是超出"符合身份的维持生计"的求利动机。他们认为,前者是正当的、善的;后者是不正当的、恶的。中世纪基督教的思想家们围绕利息的正当性问题进行过争论,后来以放宽传统教义对利息的谴责而告终。新教伦理继承了基督教伦理中禁欲主义的道德信条,认为人应当吃苦耐劳、勤俭节约、清心寡欲。它告诫人们:努力工作并不是为了享乐,而是要获得被上帝拯救的信心。这样赚钱和发财不再是道德的对立物,人们在现实生活中谋求利益的经济活动及其取得的成就视为被上帝选中的标记,这就使经济的动机在一定的程度上取得了正当地位。边沁、穆勒的功利主义继承了法国唯物主义思想家"利益支配着我们一切的判断"的观点,在自然人性论即感觉论的基础上系统全面地论证了求利的经济动机在道德上的正当性。边沁认为,追求功利是趋乐避苦的人本性的表现,是合乎人性的,因而是道德的。否定经济活动中的功利动机与人性相悖,因而是不道德的。他痛斥那些"企图对这一点提出疑问的伦理学体系",是"徒事空谈,不究义理;只凭臆想,不顾理性"。边沁对经济动机在道德上的正当性的论证在理论和实践上有其合理之处,这些合理之处为后来的思想家所肯定并被继承。马克思说:"人们奋斗所争取的一切,都同他们的利益有关",他还认为:"思想,一旦离开'利益',就一定会使自己出丑。"这是对边沁功利主义中合理成分的肯定和继承。

在中国改革开放的实践中,经济动机的道德正当性问题曾引起过较大的争论。邓小平高举革命的功利主义旗帜,坚持物质利益的原则,反对只讲牺牲精神的唯心主义。他在集体主义的基础上肯定了经济动机在道德上的正当性,以按劳分配、多劳多得的原则调动劳动者的积极性,极大地推动了中国经济的发展。随着社会主义市场经济的建立和发展,经济利益呈现出多样化的状态,经济动机在道德上的正当性问题成为社会普遍关注的问题。面对社会现实的挑战,经济伦理学必须对此在理论上作出科学的分析,给予经济活动和经济动机以恰当的评价。在这方面有两个重要课题,一是经济动机的正当性限度问题。道德对经济主体追求自身利益增值的经济动机的肯定决不是无限度的,如何划清正当和非正当的界限。二是经济动机带来的道德和人际关系上的负面效应问题。在肯定利益驱动作用,发展经济的同时,如何避免人的精神价值的失落、人际关系的疏离。经济伦理学必须科学地运用有关功利的理论,研究和解决这些课题。

其次,功利主义提出了经济行为的道德规范问题。边沁、穆勒的功利主义以"求最大多数人的最大幸福"为最高原则,他们将公共利益归结为个人利益的"合成",并以此为基础,将公共善作为最高的道德原则。他们试图回答,在经济活动中,人们出自个人的经济动机的行为何以能纳入道德的轨道,使个人利益的追求同反映公共利益的普遍的道德规则相协调。边沁、穆勒认为,用"最大多数人的最大幸福"的道德原则来规范人们在经济活动中的行为是可能的,因为公共利益是由个人利益合成的,同时也是可行的。因为可以建立一整套道德制裁的理论。穆勒提出了用法律的、行政的、舆论的手段作为外在的制裁,同时通过教育等方法培育道德良心,形成内在制裁机制,使人们在经济活动中恪守道德规范。

为了保证经济活动的有序进行,必须确立相应的行为规范。例如,在市场交易中讲究信用,尊重当事人的权益等等。经济活动内在地需要伦理原则规范人们的行为,指导人们应该做什么和不应该做什么。而这种需要由于实践与理论的发展,变得更加迫切。在实践中,经济丑闻的不断出现,使越来越多的人们呼吁社会必须加强规范企业的经济行为,而在经济理论中,制度主义学派认为人们的经济动机即主流经济学家所重视的"偏好"是在伦理反省中形成的,也是在社会的行为之间形成的。为使经济正常发展,必须用伦理来规范"偏好"。许多学者从宏观上论证信任和道德所导致的社会整合,有助于降低"交易成本",因而有助于经济的发展;从企业角度分析,企业内部的团结和忠诚无疑推动了企业的经济发展。从这些论证和分析中不难看出,学者们对经济行为的道德规范所内含的伦理前提依然是功利主义的伦理原则。

再次,功利主义对经济制度的道德辩护。英国著名经济学家罗宾逊夫人指出:"任何一种经济制度都需要一套规则,需要一套意识形态来为它们辩护,并且需要一种个人的良知促使他们去努力实行这些规则。"换言之,任何经济制度都需要道德辩护,特别是一种新的经济制度在产生和发展过程中,只有在伦理上得到了辩护,使社会成员认同其合理性和正当性,才能在现实生活中真正运行。英国古典政治经济学家亚当·斯密在阐述自由放任的市场经济理论的时候,力图证明在分工和市场的条件下依靠"看不见的手"的作用,单个的私人活动变成了公益的活动。边沁的功利主义主张社会利益"合成说",即社会利益"就是组成社会之所有单个成员的利益之总和",增进了个人利益、个人幸福,也就是增进了社会利益、社会幸福。显而易见,边沁的这一理论为自由放任的市场经济作了明确的伦理辩护。

功利主义的这种伦理辩护是将"效率"作为一种经济体制在伦理上的合理性的根据,与经济发展的内在要求相吻合。它在近几百年来产生了广泛的影响,不但是西方主流经济学的伦理前提,而且成为经济决策的一个主要的理论依据。但在近几十年来,功利主义的效率论受到了各种批评。这些批评集中到一点就是功利主义基于效率论的伦理辩护,漠视甚至取消了公正的原则。西方功利主义的代表人物穆勒在《功用主义》中断言:"社会和分配的公正已包含在功用原理,即最大幸福原理的本义内。"但理论和实践昭示人们:功利原则、效率原则并不必然地包含公正原则。片面地追求效率,不可避免地会产生社会的两极分化,违背人类的公正原则。经济不是社会的全部内容,作为一个理想的社会,不仅应该是高效率的,而且应该是符合公正原则的,是为绝大多数人谋利益的。只讲效率原则,不讲公正原则,事实上是用经济学代替了伦理学,经济伦理学也就不复存在了。20世纪70年代以后,罗尔斯的《正义论》从功利主义的对立面——道义论的立场出发,对功利主义提出了责难,并提出了自己分配正义的理论,在国际上产生了巨大的影响。尽管罗尔斯的观点与功利主义是从两种不同的价值前提出发的,但他的责难值得深思。

13.4.2 道义论与经济伦理学

道义论,又称"义务论",主要指人的行为必须遵照某种道德原则或某种正当性去行动的伦理学说。与功利论相反,它强调道德义务和责任的神圣性及履行义务和责任的重要性,强调人们的道德动机和义务心在道德评价中的地位和作用。西方的神诫论和康德的伦理学都属于道义论的范畴,中国的儒家学说具有明显的道义论倾向。

道义论与功利主义在道德价值观上是截然对立的,但在经济伦理学的理论与实践中它们几乎具有同等重要的意义。在一个健全的社会生活中,经济活动应当实现经济合理性和伦理合理性的统一,实现效率与公正的统一。功利主义促进效率的提高,而道义论推动公正的实现。经济伦理学的研究不仅要重视功利论的作用,而且要重视道义论的作用。

首先,以康德为代表的道义论,为"以人为中心"的经济伦理学提供了理论基础。企业管理中"以人为中心"的管理理念,包括三方面的内容:强调企业是以人为主体组成的、企业依靠人进行生产经营活动、企业为人的需要而进行生产。康德为代表的道义论从两个层面为其作了论证:在人与自然的关系中,应以人为中心;在人的感性生活与理性生活、物质追求与精神追求中,应强调理性生活与精神追求。

以康德为代表的道义论,强调"人是目的"、"人为自然立法",是思想史上的一次"哥白尼革命"。边沁以"苦乐是人类的主人"的感性主义观点作为其功利论的前提,后人曾讽刺他的功利论混淆了人与动物的区别,是"猪的哲学"。而康德认为人是理性的动物,不能以因果律作为道德价值判断的根据,突出了人的主体性。在企业管理中,突出人的主体能动性,强调"以人为中心"是时代的潮流。随着新的工业革命的到来,机器在越来越大的范围里代替人工,电脑也代替了一部分人脑的功能,但是设计、使用、维修机器及电脑的仍然是人。因此,在机器管理、电脑管理的背后是人的管理,只有抓住了人的管理,才能搞好机器、电脑的管理。企业在市场经济活动中的竞争,实质是科技竞争,而科技竞争又是围绕人才问题展开的。国际经济学家在分析21世纪市场经济模式的角逐时,认为在未来的经济格局中,人力相对优势将取代传统的经济发展优势。绿色革命与材料科学革命的兴起已降低了经济发展过程中的自然资源的重要性,今后只有掌握技术和拥有人才才是真正的优势。企业管理必须以人为中心,调动人的积极性、发挥人的聪明才智才能增强企业的竞争实力。企业只有关心人、尊重人、理解人,才能使员工产生信任感、成就感、舒畅感、温暖感,增强企业的凝聚力。

功利论以利益作为激励个体经济活力的手段,但在企业管理中,物质激励与精神激励是相辅相成的,因为人的需求是多方面的,不仅有生存、享受等物质生活条件的需求,而且有事业感、荣誉感、自尊感、自我实现的精神生活的需求。康德的道义论完全排斥功利,有失偏颇,但其强调理想和精神生活的价值却有深刻的理论价值和现实意义。调动经济活动个体的积极性,不仅要用物质的手段,也要用道德的手段,用理想教育、指导、示范、激励人们,以帮助人们形成良好的精神状态。从企业层面分析,企业内部人际关系的协调需要有共同的目标和高尚的境界,理想精神对于创造良好的企业文化,对于增强企业凝聚力的作用是不可低估。反之,一个企业人心涣散、理想精神缺失,必然会影响企业的团结,对企业的发展产生不利的影响。

其次,以康德为代表的道义论、强调"人是目的",要尊重人,这对于经济伦理学的理论与实践有着重要意义。"人是目的"是康德道德律令的重要内容,从中引申出不能把人仅仅当作工具和尊重人是基本原则的结论。在现实的经济活动中,企业的管理者和被管理者或雇主和雇员的关系,不但是经济关系,而且是伦理关系。企业的管理者或雇主要尊重员工的人格,是企业伦理的基本要求。把员工仅仅当作实现经济效益的工具,甚至不顾最起码的人道原则,侵犯他们基本的人身权利,是道义论所坚决反对的。例如,有些企业主为了获得超额的经济效益不惜随意延长劳动时间,不惜让工人在有毒、有害的环境里工作,有些企业主甚至以"防盗"为借口,将窗户全部用铁条焊得像动物园的铁笼子一样坚固,大部分厂门也被封死,一旦发生火警,可怜的打工者只能在绝境中葬身火海。随着科学技术的发展,尊重人的原则也遇到了新的课题,面临着更为复杂的情况。例如,如何尊重员工的隐私权;用现代电子技术监控员工在工作中的一举一动,是否侵犯了员工的人身权利;未经许可,管理者或雇主是否有权阅读员工的电子邮件。尽管内容不尽相同,但"怎样在企业关系中体现出对人的尊重"是企业伦理和企业管理在任何一个时期都不可回避的问题。从以上分析可以看出,这个问题的焦点常常集中在如何界定员工的权利上。员工作为人力资源,与某种资金、土地、机器一起构成了生产要素,但员工是人,不同于资金、土地、机器等物质产品及其转化形态,主体的人有其基本的权利与义务。员工基本的权利与义务的实现又离不开一定的经济组织,这样经济伦理学就必须研究如下问题:"用什么方法才能解决职业需要和人的其他义务之间的矛盾?道德原则对个人的要求又怎样体现?怎样让个人在大型组织中既能保持他或她的道德尊严,同时不会造成某种无政府状态,使得组织人心涣散、效率低下呢?"这里,就必须强调角色道德,而国外有的学者甚至把角色道德作为经济伦理学理论大厦的基石。从"人是目的"、尊重人、员工的权利与义务到角色道德,循着这一思路,我们可以清晰地了解道义论的"人是目的"的观点在经济伦理学中的意义。

再次,以康德为代表的道义论,强调道德自律,这对于经济伦理学的理论与实践也有着重要意义。"自律"是康德哲学的专用术语,与他律相对。它要求道德主体按照自己的善良意志行事,而不受外在利益的影响和约束。尽管这种道德自律有着浓厚的理想主义色彩,但它在经济活动中的作用不可低估。从社会层面分析,中国正在建立和完善社会主义市场经济制度,一批批法律条文和经济政策相继出台,为规范企业和个人的经济活动制定了基本的框架。但法律规范不能调节经济生活的所有方面和过程,它的制定和完善也需要一个过程。

法律规范体系属于"他律"的范畴,而道德规范属于"自律"的范畴,只有两者相结合才能使社会主义市场经济健康、有序地运转。从企业层面分析,市场经济条件下的企业要"自主经营、自负盈亏",同时也要"自我约束"。"自我约束"的实质是"自律"。有些企业重视自律,在企业经营活动中注意建立自身良好的信誉和道德形象,因而获得了持久的发展。也有些企业忽视自律,败坏了企业的信誉和形象,有时虽然能获得暂时的发展,但最终只能自食苦果。从个体层面分析,良好的职业态度和精神需要道德自律的支持,企业管理的规章制度转化为员工内在的、自觉的需求,才能更好地得以贯彻执行。

13.4.3 美德论与经济伦理学

美德论与功利论、道义论都是道德理论的重要组成部分。功利论、道义论着眼于行为或原则的善恶上,而美德论则着眼于那些履行行为的、具有动机的、遵循原则的行为者上,即道德主体上。我们判断行为主体的道德价值,不仅要对他是否履行义务或他的行为是否产生了善的效果作出判断,而且要对他的"意愿性"作出判断。例如,行为主体做出了正确的道德选择,并履行了义务,这并不是必然地说明他是具有美德的。也许尽义务的人蔑视这个义务,并在不情愿的情况下履行他的道德责任。也就是说,功利论、道义论不能替代美德论。功利论、道义论解决我们应该做什么的问题,美德论解决我们应该成为什么性质的人的问题。美德论在道德理论中占有重要一席,是应有之义。美德论的最重要的代表人物是古希腊的亚里士多德,而当代英美著名哲学家麦金太尔阐述了在亚里士多德美德论现代生活条件下的意义,在国际上产生了重要影响。

美德论着眼于道德主体的品行,把人的道德素质放在研究的中心位置,这在经济伦理学的理论与实践中有重要意义。它主要表现在:

首先,美德论强调道德的践行,把主体对善的追求与具体经济工作联系起来,使它在经济活动中有很强的操作性。美德论所说的善是一般与特殊、具体与抽象相统一的善。在亚里士多德看来,各种技艺活动的目的就是生产各种物品,它的善就是生产各种物品。主体对善的追求,是落实在具体活动中的。从事经济活动的人们,努力做好本职工作,追求具体的善,才能达到至善。在现代经济活动中,经济组织内部工作日益精细,各个岗位的员工承担着不同的职责和任务,立足于本职工作的努力,才能使经济活动良性循环。美德论对于激发经济组织中员工的敬业精神,提高他们的职业道德素质,推动经济的发展有着重要意义。

其次,美德论追求卓越,是激励经济发展的伦理动力。美德论有着浓厚的理想主义色彩,它从"内在利益"上调动人的积极性,具有"外在利益"不可替代的优点。中国在从传统的计划经济转向社会主义市场经济的过程中,用"外在利益"调动经济活动主体的积极性,曾经起过重要作用,但随着实践的发展,用"外在利益"作为激励的唯一手段,日益显示出其弊端。要将"外在利益"的激励与"内在利益"的激励结合起来,将物质手段与精神手段结合起来,才能更持久地调动人的积极性,推动经济的发展。市场经济需要卓越的产品,但卓越的产品是由人设计生产出来的,只有不断追求卓越的人才可能不断生产出卓越的产品。卓越产品的设计和生产也许在短期内并不一定会给设计者和生产者带来物质利益,但追求卓越的理想主义精神是他们的伦理动力。

再次,美德论对于提高当代中国企业经营管理者的素质有着重要意义。中国有众多的企业经营管理者,但其中高素质的却不多,这与中国经济的发展是不相适应的。作为优秀的企业经营管理者,不仅要有经济决策能力、管理能力,而且要有良好的道德素质。这事关企业的道德形象和企业的发展,甚至社会的风气和市场经济的健康发展。美德论着眼于从整体意义上提高人的素质,这对于中国建设高素质的企业经营管理者的队伍有重要的理论意义和实践意义。

13.5 经济活动伦理——公关、契约、谈判伦理

经济伦理的内容侧重于经济活动伦理,而在经济活动伦理内容中我们以公关、契约、谈判伦理为例。公关、契约、谈判是经济活动的必要环节,伦理规范和原则是经济伦理的必要组成部分,它们构成了经济伦理规范体系中又一层面,本节将逐一展开叙述。

13.5.1 公关伦理

现代公共关系(Public Relation)产生于欧美,已有近百年历史。现代公共关系理论权威——英国著名的公共关系学者弗兰克·金斯在为伦敦工商会进行公共关系高级证书考试撰写的《公共关系》一书中,对公共关系所作的定义是:"公共关系由一个组织和它的公众之间为了达到事关相互理解的特定目标,在组织外部和内部进行的全部信息传播方式所组成。"事实上,自2000年以来,"公关"成为中国市场上最红火的行业之一,有调查显示,公关公司眼下仍然是注册率最高的公司类别之一。因此,公关伦理是研究交换伦理中一个具有重要现实意义的课题。在交换过程中,作为市场交换主体的企业,一方面需要让社会了解自己的信誉,取得社会的理解;另一方面又需要收集社会公众的各种反应,接受他们对企业的间接管理和监督,从而实现企业与社会的沟通,以取得企业盈利和社会效益的统一,这就需要企业建立良好的公共关系。而良好的公共职业道德则是建立良好公共关系的基础。

13.5.2 我国的公关伦理

我国很早就有"和气生财"、"信义经商"的民谚,可见当时尚无"公共关系"一词,但公关的基本精神已存在于民间了。进入改革开放新时期以后,公共关系的重要性逐渐为人们所认识,我国的公关事业也随之蓬勃发展起来。各地都先后成立了公共关系协会,企业的公关部如雨后春笋一般涌现,不少大学还开设了公关专业。由此,公共关系工作人员的行为准则、公关伦理也愈来愈引起人们的关注。

经济领域的公关活动应遵循哪些伦理原则呢？首先,必须正确处理公关伦理与交换伦理的关系。前述的关于交换主体、交换客体、交换过程、交换手段等方面的道德规范和伦理原则,是妥善处理各交换方(供货方、经销方、批发商、零售商、生产商等等)的关系的行为规范。就广义的交换过程而言,公共关系只是交换过程中的一个环节,公关工作就是以树立我方良好形象,为我方创造一个良好的外部环境,促进交换活动的顺利开展为工作目标的。因此,经济活动中的公关伦理应以交换伦理为核心,应围绕这一核心形成更为具体的公共关系工作的职业行为规范。所有的交换主体只有从树立自己良好的商业道德和商业信誉入手,

才能赢得合作方和消费者的信誉,从而建立稳定的贸易关系或顾客关系,保证经济活动正常和高效运行。

其次,必须正确处理公关伦理与一般社会伦理的关系。公共关系从业人员是生活在社会之中的,公关人员要为企业树立良好公众形象,其自身必须首先有良好的个人形象,正如国际公关协会的章程中所指出的那样:"由于公共关系人员的职业与公众之间所存在的关系,他的行为,甚至是私人行为,将会通过这样的方式产生影响,即人们会把这些行为作为整个公共关系职业加以评价。"可见,公关人员自身的道德形象关系到其职业的信度及信誉。因此,公关伦理应以一般社会伦理为基础,要求社会上一般人做到的道德规范,公关从业人员必须首先做到,他必须首先是个有道德的人,然后才是个有道德的公关人员。

在上述伦理原则的基础上,公关伦理应更强调以下行为准则:

(1) 公正诚实。公共关系就其本质而言:"就是为了建立和保持组织与它的公众之间的相互理解而作的缜密的、系统的、持续的努力。"[1]因此,公共关系的责任在于取得公众对某企业、某组织的理解,在此,公正和诚实是基本前提,只有公正,才可能诚实;只有诚实,才可做到公正,二者缺一不可。向公众提供虚假信息可能使公众一时被误导,但不可能长期或永久被误导。公正与诚实,是由公关工作的本质所决定的对公关行为的道德准则。正如杰夫金斯先生所说:"'道德即有效的经济'。这不是一句油嘴滑舌、愤世嫉俗的话语,而是'诚实总会得到'的另一种说法。如果一件事情为人所信,那么它就可能取得成功。公共关系意在增进理解,它能带来由信任而生的好名誉、好声望。因而我们可使用另一种表述:'诚实是最好的策略',这一认识所遵循的是,除非能取信于人,公共关系决不做任何事情。"[2]因此,在英国公共关系协会章程所制定的16条职业行为准则中,有8条谈到了公正诚实。在国际公共关系协会的雅典章程中有13条行为准则,每一条都与公正诚实有关。就是在发展中国家——非洲尼日利亚公关协会的章程中,也明文规定:"将真实和目的的正当置于其他一切考虑之前。"[3]

(2) 平等待人。平等待人是公共关系人员职业作风的另一重要组成部分。相互理解是建立在相互平等的基础之上的,只有平等待人,公关人员才能与公众进行有效的沟通,才可能与公众之间建立起相互信任与相互尊重的良好关系。因此,英国公共关系咨询会的咨询实践章程的第1条就规定:"每个会员公司有责任平等对待自己过去的或现在的客户、协会的其他会员和公众。"英国公关协会制定的职业行为准则的第1条也规定:"会员在其职业活动中,应尊重公众利益和个人尊严。"其基本要求就是平等待人。用杰夫金斯的话说,就是"一个身穿斜纹布工装裤的学生有着一个穿都市服装的银行家一样多的生来就有的人的尊严。"

经济活动中的公共关系极易会被误解为广告行为或推销,实际上,公共关系与广告和销售是有区别的,两者的不同点在于:公共关系必须进行一个组织的总体的信息交流,而广告限定于一件特定的事务,如推销某种商品、征聘工作人员等。公共关系工作包含比广告更为

---

[1] 弗兰克·杰夫金斯:《公共关系》,陆震译,高惠珠校,甘肃人民出版社,1989年版,第1页。
[2] 弗兰克·杰夫金斯:《公共关系》,陆震译,高惠珠校,甘肃人民出版社,1989年版,第15页。
[3] 弗兰克·杰夫金斯:《公共关系》,陆震译,高惠珠校,甘肃人民出版社,1989年版,第38页。

广泛更为全面的内容,它只是偶尔使用广告。广告通过接受那些欲在刊物或电视、广播等处登广告者的委托而赚取酬金,而公共关系咨询机构是通过出售其人员工作时间和专业知识,并根据所完成的任务量收取酬金。公关工作与售卖推销的不同点在于:售卖推销是为了将商品从商店中"搬运出去",可以用长期计划和短期推销两种办法,长期计划如定期的产品示范表演、产品介绍等;短期推销则是采用五花八门的促销手段,如漂亮的包装、赠送免费礼品、低价提供佣金等。销售只是一种商业功能,而公共关系具有财政和生产的功能,公共关系可用于或体现于销售的每一环节、每一部分,从给商品取名、包装、调查、售卖、推销和售后服务,所有这些环节都不同程度地事关信息传播与商业信誉,都与公共关系有关,销售指导可以说是公关工作的一个重要方面,但公关工作不是销售本身。正因为上述区别,平等待人是公关工作的道德要诀。

（3）廉洁自律。公共关系工作就其工作对象而言,涉及社会生活的各方面。从处理与公众、与传媒、与政府、与各种组织的关系到出版刊物、搞展览会、拉赞助以及作销售调查等等,每一个环节都与经济利益有关,因此,公关人员的廉洁自律就成为其职业道德的另一重要方面。在各国及国际公关协会制定的职业行为准则中,都将廉洁自律作为重要道德准则。英国公共关系咨询者协会的咨询实践章程中,对公职人员的行贿、受贿问题有明确的规定,该章程第5条规定:"每个会员公司对第6条中所说的担任公职却不是协会的理事、执法委员及雇聘的咨询人员的人们既不能自己向他们提供或给予,也缺乏促使客户向他们提供或给予任何意在使自己或客户获取更多利益诱惑,如果这种行为与公众利益不一致的话。"第6条规定:"每个会员公司不应从事任何会腐蚀大众传播媒介系统或立法系统的诚实性的实践。"第11条规定:"每个会员公司不能口头上声称为某一公开宣布的事业服务,在实际上却谋取某种特殊的或私人的利益。"欧洲公共关系协会在1978年通过的里斯本章程中也明文规定:"严格禁止任何欺骗舆论及其代表人物的尝试。禁止任何形式的敲诈勒索、贿赂或不适当地行使权力,在与情报信息传播媒介的关系上尤其是这样。新闻必须无偿提供,而不能以个人的友好关系为转移,也不能隐瞒因这些新闻的用途或它们的发表而得到的报酬。"可见,廉洁自律是由公共关系工作的特殊性质而引申出的对公关工作人员的道德要求,反映了公关伦理较之一般社会伦理、生产伦理和交换伦理不同的特点。

13.5.3 契约伦理

市场经济实际是契约化的经济,或者说经济关系市场化就是契约化的过程。自改革开放以来,作为契约化经济的法律表现形态——经济合同从几乎没有到有;从个别到全体地迅速发展、完善起来;从起初的个别购销合作发展到包括加工承包、技术合作、技术转让、联产经营、不动产租赁、企业承包、拍卖投标、中外合资合作经营等广义的经济交往活动,表明了我国经济契约化的发展势头。为适应这一改革开放的新形势,我国又陆续出台了大批与经济合同有关的法规,如《经济合同法》、《涉外经济合同法》、《专利法》、《商标法》等,并在经济法规的制定和实践的基础上,颁布了《民法通则》,反映的是社会经济关系,民法准则以法律的形式表现了社会经济生活条件。如此,随着经济生活契约化以及法制建设的完善,契约伦理作为道德建设的重要内容被日益提到了议事日程。

1. 契约伦理的道德原则

契约,是现代经济活动一个必不可少的环节,从某种意义上讲,现代市场经济是契约经济,一般说来,人们对能否确保契约得到有效履行的信心是市场经济能否正常运行的关键所在。因此,市场经济的完善程度往往是与契约制度和契约道德的完善程度同步。在确保契约得到有效履行的手段中,道德手段是除法律之外最重要的手段之一。契约伦理是契约从签订到履行乃至履行后的全过程中契约双方所应遵守的道德规范。适应社会主义市场经济的契约伦理,以诚实信用原则为核心,由合约自愿原则、公平正义原则、损害赔偿原则所组成。

2. 合约自愿原则

契约就其基本含义而言是一种合意。契约作为一种合意,早在罗马法时代中就已被明确指出。当时的法学家盖尤斯(115—180)在其《法学阶梯精选》第二篇中说:"契约之债,或以要物方式、或以口头方式、或以合意方式成立。"[①]而对于什么是合意,他解释道:"我们说,以上述形式设立契约之债时需基于合意,这是因为上述契约之债的设立并不要求有任何表达方式或文字上的特别之处,只要求缔约双方的一致同意。"由此可见,合意即是指相互同意。此后,在《法国民法典》中,也指出契约是以合意为基础的:"契约作为一种合意,依此合意,一人或数人对于其他一人或数人负担给付、作为或不作为的债务。"被誉为实证主义法学全面胜利标志的《德国民法典》虽然进一步发挥了合意的含义,即把合意进一步区分为当事人的意思与意思的表示两部分,认为内在的意思必须通过外部行为的表示才能变得真实可见,但其把合意作为契约的基本含义的观点仍是显而易见的。正因为契约是一种合意,因此,合约自愿就成为首要的道德原则。契约作为当事人双方自由意志的合致而形成,应既不是出于外界的强迫,也不是出于一方的一厢情愿,而是双方自愿自觉地联手共事。因此,如果契约是由于受到外界压力、对方的胁迫或欺诈而订立,则该契约可以被撤消,上述行为则是不道德的契约行为。同样,如果契约当事人不具备做出正常意愿表示的能力,如患有精神疾病或未达法定年龄不能作出正确判断,那么他所订立的契约可以因合意的欠缺或称瑕疵而被宣布无效,与上述人员立约的行为也是不道德的契约行为。因此,在我国1999年3月15日颁布的《中华人民共和国合同法》中,就明文规定了签订合同要遵循平等原则、自愿原则、公平原则、诚实信用原则和合法原则。指出:"合同当事人的法律地位平等,一方不得将自己的意志强加给另一方。""当事人依法享有自愿订立合同的权利,任何单位和个人不得非法干预。"

3. 公平正义原则

对市场经济而言,契约实质上是保障分配正义的手段。因此,公平正义原则作为经济伦理的重要原则自然也是契约伦理的重要原则。在契约伦理中,公平正义原则具体表现为:(1)是契约动机的正义,即立约动机不得违反社会正义,契约中个人意思的自治及立约双方

---

① 傅静坤:《二十世纪契约法》,法律出版社,1997年版,第172页。

的"合意",需建筑在正义与合理的基础之上。要求契约动机的公平正义,是从源头遏制违法契约的产生。以胁迫订立或以欺诈订立的合同,或基于无权代理而订立的合同,均源自契约动机的非正义。(2)是契约内容的公平正义。契约所涉及的交易内容不得违反法律、违反"公序良俗"、违反社会利益。所谓公序良俗,是指良好的社会秩序及优良的民风民俗,社会利益是指社会各方面的利益,如社会自然资源与人力资源的利益以及社会经济、政治和文化进步方面的利益。(3)是履约过程的公平正义。这是交易的安全保障,包括履约手段的正义、当事人在交易过程中的诚实守信以及当事人需遵守、允诺后不得翻供原则。因为允诺就是一种约定,允诺人由于这个允诺而自愿引起了这个约定,其结果是接受允诺的一方有权期待允诺得到履行实现,而允诺者本人则应当遵守这个约定。从根本上说,契约之所以存在,正是因为它是由当事人通过本人的允诺而主动设定的。所以,允诺是契约的基本概念与功能。"允诺后不得翻供原则",也是维持契约公平正义的基本原则。当然,这里所谈的允诺,必须是一个理智正常的人在没有外界压力下所自愿作出的允诺。在履约过程中,作为"允诺后不得翻供原则"的另一种表述,即违约责任原则。由于该原则是对契约中违反诚实信用原则和公平正义原则的不道德行为的"罚则",是从反面对以诚实原则为核心的契约伦理的坚持,其在契约伦理中具有重要地位。

4. 违约责任原则

一般说来,违约分为理性违约与非理性违约,非理性违约是指契约当事人在合同债务到期时,因客观不能(如不可控力、意外事件)、经济不能(如因经营不善导致失去履约能力)、经济不合理(主要指情势变更引起的履约对当事人经济不合理的报复而产生的违约)。而理性违约主要指契约当事人在合约债务到期或临近到期时,有能力履约,但由于经过经济分析、得失权衡认为违约比契约更能实现利润最大化而经理性选择作出的违约行动。它包括机会主义违约和效率违约两大类。所谓机会主义违约是指一方在接受对方的对价物——主要指贷款后不向对方履约,而把钱或物用于其他商业机会了。所谓效率违约是指契约当事人经计算认为违约的收益将超出履约的预期收益而作出的违约选择。显然,在以上两类违约中,理性违约主观恶意性是十分明显的。理性违约人不但无视对方的利益和社会利益,而且故意玩弄法律,造成的社会后果极为严重。

就违约责任原则而言,无论是非理性违约还是理性违约,首先是他们都对契约对方造成了损害,因此违约责任原则的具体表现则是实行损害赔偿。美国法学家查尔斯·弗雷德在他1981年出版的《作为公度的契约》一书中指出:"如果我向你作出了允诺,那么我便应按我允诺的那样去做;如果我没有遵守诺言,则要我向对方交出相当于履行的等量物是公平的……在契约原理中,这表现为对期待的衡量……它给予违约的受害人的人既不多于也不少于如果没有发生违约他所能得到的。"弗雷德在这段话中既指出了损害赔偿的必要性又指出了赔偿的"度"。

13.5.4 正确对待理性违约与非理性违约道德上的重大区别

我国法学界与伦理学界认为,对理性违约的责任应补偿与惩罚性并重,而且这里的惩罚不仅是民事责任意义上的惩罚,还有公法意义上的惩罚,因为经济合约中的理性违约,它不仅具有民事责任而且具有经济责任的性质,所以它不仅是对当事人的责任,也是对社会的责任。而对社会利益的损害,在法律上是应当给予惩罚的。从责任形式上看,不仅让违约人承担违约金责任、赔偿契约当事人的损失,还要对其处以没收、罚款等其他惩罚:这是合乎道义的。因为如果只强调补偿性而轻视惩罚性,那么当违约的收益大于赔偿时,则会起"激励人违约"的反作用,从而使违约责任在原则上一文不值。我国经济生活中曾经存在大量的违约现象,这与我们长期以来忽视了违约责任的惩罚性,特别是社会惩罚性不无关系。目前,随着我国社会主义市场经济的发展,面对大量的理性违约,我国许多单行法规在确定违约责任时强调了惩罚性。比如《农副产品购销合同条例》第17条规定:"如因违约自销或因套取超购加价款而不履行合同时,应向需方偿付不履行合同部分货款总值5%至25%的违约金,并退回套取的加价款和奖售、换购物资;违约自销多得的收入,由工商行政管理部门没收,上缴中央财政。"这样做将对提高经济合约履行中的道德水平产生积极影响。实际上,某种违约行为是否要受到惩罚,主要取决于违约人的主观动机是否恶意及客观上违约行为是否造成了损害(包括是否进行了积极补救),对理性违约的惩罚性赔偿,正是对契约伦理中诚实信用原则与公平正义原则的维护与坚持。

13.5.5　商务谈判伦理

1. 商务谈判中道德实践的复杂性

商务谈判一般可以划分为个人间、组织间和国家间三个层次。任何一个层次,都离不开谈判手出面的活动。

当一个人在代表他所属的组织与对手打交道时,人们可以发现,这里有两个层次的需要在起作用:一个是该组织的需要,另一个是该谈判者个人的需要。比如对于一项中外合资谈判来说,当某甲代表中方厂家与外方谈判时,促使他在谈判中积极主动、据理力争,往往有两类原因:一类是他所代表的组织(中方厂家)的利益,中方需要引进外方先进的技术设备和投资以提高工厂产品的竞争力与市场占有率;另一类是他个人利益,他也许希望通过这次谈判成功,来证明自己的才能或赢得同行、同事与领导的赞赏。第一类原因是普遍都如此的,第二类原因会因人而异。例如,也许某甲并不在意让领导赞赏,而在意他的父母兄弟、亲朋好友赞赏,以提高他在家庭中的地位。这种状况,使谈判手在商务谈判中处于双重要求的辖制之下,这就产生了行为的价值取向问题,即谈判者能否以组织需要为主、个人需要为次。心理学中关于自居作用的研究表明:个人往往会超越自身需要的结构界限,在精神上成为组织层次上的某个较大群体的一部分。因此,在某些情况下,这个群体的某种层次的基本需要,会高于他个人另一种更基本的需要,或者群体的无论什么需要,都被他置于其个人需要之上。这种情况,表现在道德实践准则上,就是集团利益高于个人利益。如果反其道而行之,把个人需要凌驾于集团或组织需要之上,那就成为各种不正之风或腐败行为的根源之一了。

在商务谈判实践中所涉及的谈判伦理,不仅有内容上的多层次(即社会道德、商业道德、职业道德),还涉及谈判主体的道德实践原则,即将何者置于上,何者置于下。有的谈判者深感自己是某一群体的一员而时时处处以该群体的要求为己任。而群体历来又是分层次的,有车间、班组类,也有阶层、阶级、民族类大群体。由于市场经济使各个商贸、生产单位与企业成为相对独立的商品生产者,经营权和所有权的分离使经验者有了很大的活动处方权,由此使商务谈判中的伦理实践更具复杂性,谈判者将面临着多种道德取向的考验,除了上述在本集团需要与其个人需要之间把何者置于前的问题之外,还有一个如何处置集团利益与国家利益、民族利益的关系的问题。例如在广交会上,有的企业通过竞相削价的办法挤掉国内同行,换得了与外商交易的机会。从小集团利益看,是一次成功的需要满足,对具体的谈判手来说,他也做到了废寝忘食为本单位争利,而将个人的疲劳及报酬置于一边,似乎是很道德的,但是从国家与民族的全局看,这样削价、压价、降价搞外贸的办法是损害了中国人的利益,而让外商在其中捞到了实惠。身为中国厂商,通过运用不正当手法打败自己的本国同行,把本不该有的超额利润拱手让给外商,扰乱自己国家的外贸秩序,这又能算道德吗?所以,商务谈判中的道德实践归根到底是要科学处理两类关系:一是个人、集团、国家三者利益之间的关系,二是经济效益与社会效益之间的关系。国家利益高于集团利益,集团利益高于个人利益,三者应统筹考虑、相互协调,这是一条道德实践准则。另一条准则是经济效益、社会效益需两头兼顾,不可偏废。

谈判伦理并不是谈判实践中进取的障碍,而恰恰是谈判取得成果的前提条件。因为它给谈判手提供了行为规则,这些规则就像体育运动所提出的竞赛规则一样,不只对某一方有约束力,而是约束双方。对参与的各方来讲,谁也不应有更优越、更特殊的地位,这便保证了在伦理实践上的"起点平衡"、"约束平衡",这种平等是谈判的必要前提。在具体谈判过程中,谈判伦理作为一种职业道德可发挥积极作用。正是伦理上的"平等约束",才可以使谈判者利用它来保护自己或回敬和约束对方,正如运动员研究和熟悉竞赛规则,尤其是禁区的界限之后,会运用"合理犯规"去追求比赛的胜利一样。

在商务谈判中,使谈判无效、使合同无效或撤销的犯规,以及被起诉、被迫索损害赔偿的犯规,都属于谈判伦理禁区,那是不能明知故犯的。谈判伦理的存在使人们在谈判中的行为有所趋避,有所选择。

2. 谈判中道德行为评价的分类

一般说来,对谈判中道德行为的评价也可像一般道德评价一样,分为失当、正当和应当三类。失当,是对不道德行为的评价;应当,是对高尚行为的评价;正当就是在这两极之间的合理合法行为。

在商务谈判中,人们的行为既受伦理的约束,也受法律的约束,在一定范围内是伦理的问题,在一定条件下超过了伦理的范围就有可能是违法的问题了。所以,对商务谈判中"合理犯规"的问题是需要慎重对待的。有的谈判者利用谈判的犯规往往是事后罚的所谓"时间差",把伦理犯规作为一种谈粗略来使用。例如,标的物的特性在开始谈判时故意在禁区内犯规——陈述有伪——将旧商品说成是新的。而当全局谈判进入尾声,价格条件、交货期均已谈妥时,再以"原物描述有误"或"自己原先不知晓","根据谈判了解贵方不需这种特性的商品,换一种为宜"作为借口,对原先说的标的物特性予以纠正,同时对其他相应的条件也作出修正,以使自己从禁区犯规中拔出脚,企图利用双方此时因交锋较长时间,彼此已经熟悉的有利条件,而获得自己如在开始阶段就讲实话所不能获得的对方让步。这种行事方法以严格的意义上讲是不合乎谈判道德的,因而是不能提倡的。

3. 商务谈判的伦理原则

在此重点谈谈涉内商务谈判。在商务谈判中,商业往来的法律义务与道德义务的内容基本是相同的,两者的根本区别在于实施手段不同。法律义务是国家以法律的形式规定的,并且内容具体精确,人们几乎可以"对号入座",对凡不履行这些义务的行为,法律将以强制手段使其就范。道德义务却是靠公众舆论监督,靠个人自觉遵守的,往往是对行为的一种原则性要求,因此,涉内商贸实务必须遵守以下原则:

(1)是国家、集体财产不得侵犯的原则。我国全民所有制和集体所有制企业的财产,都属于社会主义的公有财产,受到国家政策、法令的保护。为防止国有资产的流失,国家已颁布了具体法令。因此,谈判人员在经贸合同谈判中,必须严守这些政策法令,坚决抵制以低价竟销,诋毁他人信誉,单方毁约,以及转嫁自己损失于他人等唯利是图、侵害国有资产的种种有害现象。

(2)是坚持当事人必须具有独立活动能力和资格的原则。经贸合同的签约人必须具有法人资格和诉讼能力,如谈判人是当事人或当事人的受托人,谈判手必须事先验明资格,如在谈判前,可运用适当方式要求对方出具"授权证书",对原授权证书上未明确"可以签约"的现象,可要求再出示"授权签约的证书"。解决此类"能力与资格"问题,既是对谈判双方的尊重,又保证了"谈判结果和合同的法律效力"。

(3)是遵循法律规范要求的原则。法律规范代表了国家、社会以及谈判当事人的长远利益与根本利益。遵守法律规范是公民的义务,因此,谈判当事人的一言一行均要符合法律、法令和政策等的规范要求,只有当事人的意志和言行与法律相符时,法律才保证当事人的行为所引起的法律后果,经贸谈判也才能在正当、有序的范围内顺利进行。

在我国,《中华人民共和国经济合同法》第六章第五十三条已对不法经贸合同作了具体描述,如"订立假经济合同,或倒卖经济合同,或利用经济合同买空卖空,转包渔利,非法转让,行贿受贿……"

(4)是权利义务一律平等的原则。没有无义务的权利,也没有无权利的义务,相应的权利总是与相应的义务联系,这就是权利和义务的平等性与一致性。合同的当事各方既然享受了权利,就必须履行该尽的义务;同样,既尽了义务,就有享受的权利,二者不可分割。据此,在谈判中就不允许依仗权势或优越地位强迫对方服从自己的不合理的要求,坚决反对以大欺小,搞"不平等条约"和"霸王合同"。

(5)是贯彻等价互利的原则。等价交换与等价互利,是商品经济的基本运行规则。贯彻等价有偿,也就是坚持公平合理,这是权利与义务的另一侧面。在经贸活动中,购销、承包工程、加工、租赁、借贷、运输、仓储、供电用电、保险等业务必须坚持以一对一交换为基本精神的等价互利的财产流转原则,坚持权利与义务对等,所得与所支等价。

(6)是坚持正大光明、诚实经商的原则。社会主义市场经济,不仅在交易本质上,而且在谈判过程中,都要坚持正大光明、诚实经商的原则,不允许坑蒙拐骗,也不允许挂羊头卖狗肉式的虚假广告、名不副实的宣传和以此为前提的谈判、交易手法。法律规定,"采取欺诈"

手法签订的合同不仅无效,而且还要赔偿已造成的损失。

(7) 是反对不正当竞争,坚持正当竞争的原则。商业竞争是一种调节和激励机制,可以推进商业活动主体素质的提高,有利于市场繁荣、降低费用和节约劳动力,提高流通领域的经济效益,使消费的需求得到满足,利益得到保护。坚持正当竞争,反对不正当竞争是每个商务谈判者应尽的义务。上文提及的"合理犯规"问题即属不正当竞争手段。

4. 商务谈判的基本伦理规范

商务谈判伦理原则与伦理规范的关系是:原则是规范的展开,规范是原则的浓缩。当我们把上述原则概括为简约的伦理规范时,就是著名的"礼、诚、信"这一商务谈判道德三规范。

(1) "礼"即礼貌待人,待人接物有修养、有分寸。"礼"的表现是多方面的,守时守约是经济谈判中最基本最重要的礼貌,是对对方的友好与尊敬。因此,参加谈判中的各种活动,都应按约定时间到达,不要过早,也不要迟到。过早,会使主人未准备完毕而觉难堪,但迟到会让主人和其他客人等候过久而失礼。如遇特殊情况不能按时赴约,应设法事先打招呼,因故迟到而又未及时向主人打招呼,则应主动及时地向主人和其他客人表示歉意。同时,言谈举止、接待规格、座次及时间等都充满关于"礼"的学问。比如,讲话的用语与口气,无论是客座谈判还是主座谈判,从接待的礼仪、会谈的程序、接待人员的身份、起居的条件(即使对方是自费的)、住宿的安排,都给人一种"宾至如归"的感觉,或"受尊重与友善"的印象。尤其需注意的是,在谈判交锋中要注意倾听对方意见,哪怕是反对自己的不同意见,摆事实、讲道理,以理服人。

(2) "诚"即光明正大,诚心诚意地谈判。谈判是协商,而不是"竞技比赛",在协商的情况下,双方的利益关系是一种互助合作的关系,我方在帮助对方达到目的的同时,对方也在帮助我方实现我们的目标。在双方的利益都能得到满足的情况下,互相之间就能建立起一种友好的贸易关系,并能使之不断得到巩固和加强。"诚"就是在谈判过程中,始终以坦诚态度对待谈判对手,在谈判动机上,不含有不可告人的目的;在谈判运用的依据上,应是"存在的事实",而不应是"虚构的或者是歪曲的事实";在谈判态度上,能注意对方的各种意见,也从行动上响应其真正合理的意见与要求。主动了解事实、正视事实、放弃或纠正自己无理的或过分的要求使谈判能顺利进行。

(3) "信"即指谈判人言而有信,信守合同条文。从广义看,"信"具体反映在以下四个方面:第一,在债权与债务关系上讲信用,能获得金融机构或其他经济组织的信任;第二,信守合同,履约率高,获得贸易对象的好感和工商行政管理部门的好评;第三,在购销业务中,获得对方信任,经过长期业务往来,建立起良好的关系,使购销单位乐于与企业进行交往和交易;第四,在与消费者与顾客的关系上,企业的服务是信得过的,它的经营活动或行为也是信得过的。在具体的实践中,"信"的突出表现是说话前后一致,出口即有凭据,言必信,行必果。那种信口开河,说话不算数或主谈人与谈判组长朝令夕改等都是不可取的。致使谈判对手失信的原因有很多,但最能使其推脱责任的是己方的失信,尤其对严肃的有声望的公司代表来说,谈判中的"失信"或"食言"是一大忌讳。

在"礼、诚、信"三规范中,"信"是基本之点,因为"礼"与"诚"都通过"信"来检验,如果不守信用、言而无信，那么再周到的"礼"与再地道的"诚"也变为虚情假意。"经商信为本"是市场交易规范化的内在要求，也是商务谈判伦理的关键内容。

13.5.6 国际商务谈判伦理

大陆法系与英美法系是世界上两个主要的法律体系，这两个法律体系在本质上是相同的，但在形式、编制体例以及某些具体的法律原则方面，又各有其不同的特点。在这两个法系的商法及合同法中，集中体现了国际商务谈判的伦理规范与伦理原则，其主要表现为：

(1) 合同必须合法

虽然两个法系的各国都主张"契约自由"和"意思自主"是合同法的基本原则，但对契约自由都有一定的限制，即英美法系和大陆法系的国家的法律都要求当事人所订立的合同必须合法，并规定凡是违反法律、违反善良风俗与公共秩序的合同一律无效。根据某些英美法系学者的分类，非法的合同可以归纳为三类：第一类是违反公共政策的合同。这是指那些损害公众利益，违背某些成文法律所规定的政策或目标，或结果将妨碍公众健康、安全、道德以及一般社会福利的合同。显然，这类合同将损害公众利益。有些国家（如美国等）对这方面的要求还很严格，他们把冒充公职和妨害司法的合同也归为违反公共政策的合同一类，例如贿赂公职人员，或出钱出力帮助他们进行诉讼，为的是胜诉后分享利益一类的合同都属于非法。大陆法系中，则把违法、违反善良风俗与公共秩序的问题和合同的原因与合同的标的联系起来加以规定。在《法国民法典》第1128条、1131条、1133条中规定，"如原因为法律的禁止，或原因为违反善良风俗或公共秩序，此种原因为不法的原因。"所以，大陆法系构成合同非法主要指两种情况，一种是交易的标的物是法律不允许进行交易的物品，例如毒品和其他违禁品，另一种是合同的原因不合法，也就是说合同追求的目的不合法。例如，甲与乙相约，乙肯为甲去做某种犯罪行为，甲即允诺给予报酬若干，这种允诺在法律上是无效的，因为他所追求的目的是驱使他人犯罪，而这种行为是法律所禁止的。

第二类非法合同是指不道德的合同。按英美法系的解释，所谓不道德的合同是指那些违反社会公认的道德标准，那些假使法律予以承认会引起正常人的愤慨的合同。第三类非法合同直接指违法合同。这种违法合同包括的范围很广，例如以诈骗为目的的合同、同敌人进行贸易的合同、赌博合同等都是违法的。此外，凡法律要求有执照才能开业的专业人员，如医生、律师、药剂师、设计师等，如没有执照就擅自与别人订立合同从事业务活动，也属于违法的。

上述三类非法合同，既不产生权利，也不产生义务。当事人不能要求履行合同，也不能要求赔偿损失。法院原则上也不允许以无效合同提起诉讼。由此可见，合同必须合法，不仅是法律要求，也是一条商务伦理的原则。

(2) 合意必须真实

合同是双方当事人意思表示一致的结果，所以各国合同法中都强调"意思表示必须真实"，如果当事人意思表示的内容有错误或意思表示不一致，或是在受欺诈或胁迫的情况下订立的合同，虽然当事人双方达成了协议，但这种合同的合意是不真实的。这一交易中的伦理原则，在谈判中是很强调的。为此，无论是英美法系还是大陆法系，对"错误"、"欺诈"、"胁迫"都作了规定与要求。例如《法国民法典》第1110条规定，错误只有在涉及合同标的物的本质时，才构成无效的原因。一是关于合同标的物的性质方面的错误，这一性质自然不是指那种可有可无的一般性质,而是指"基本品质"、"决定性的考虑"或"买方非此不买的品质"。例如买方以为他所买的是毕加索的画,但后来却发现并非是真迹,他可依法主张合同无效。二是关于涉及认定谁是订立合同的对象上产生的错误。例如承包合同、雇佣合同或借贷合同等,因为在这些合同中,当事人的身份、能力、技能和品格对当事人决定是否同其订立合同具有重要意义。

关于欺诈,以英美法系中《美国合同法》为例,以下四点是可以构成欺诈的因素:① 对重要事实的错误陈述;② 进行错误陈述时即已知道其虚假性;③ 怀有欺骗的意图;④ 给另一方造成损失。《美国法》认为,只要具备这四条,即已构成了欺诈。凡是虚假的陈述,自然也是错误的陈述,这就违反了合意必须真实的伦理原则。英国在1976年的《正确说明法》中把不正确说明分为两种,一种叫非故意的不正确说明,另一种叫欺骗性的不正确说明。所谓不正确说明,指的是一方在订立合同之前,为了吸引对方而对重要事实所作的一种虚假的说明。它既不同于一般商业上的吹嘘,也不同于普通地表示意见或看法。按英国法的解释,如果作出不正确说明的人是出于诚实相信真有其事而作的,那就属于非故意的不正确说明;而如果作出不正确说明的人并非出于诚实地相信有其事而作的,则属于欺骗性的不正确说明。英国法律对于欺骗性的不正确说明的处理是相当严厉的,蒙受欺诈的一方可以要求赔偿损失,并可以撤销合同或拒绝履行其合同义务。这些都体现了对欺诈行为在道义上的谴责。

胁迫的非法性与不道德是十分明显的。胁迫是指以使人发生恐怖为目的的一种故意行为。各国法律都一致认为,凡在胁迫之下订立的合同,受胁迫的一方可以主张合同无效或撤销合同。因为在受胁迫的情况下所作的意思表示,不是自由表达的意思表示,不能产生法律上意思表示的效果。

(3) 合同必须按条款严格履行

合同的履行是指合同当事人实现合同内容的行为。各国都认为,合同当事人在订立合同之后,都有履行合同的义务,如果违反应履行的合同义务,就要承担相应的责任。各国法律都对此作了详细的规定。在德国民法中,把违约区分为"给付不能"与"给付延迟"两类。而给付不能又区分为自始不能与嗣后不能两种情况。如属于自始不能这一种情况的,合同在法律上就是无效的。如果一方当事人在订约时已经知道或可得知该标的是不可能履行的,则就要对合同有效而蒙受损失的履行延迟和有过失的履行延迟两种情况承担责任。如果是违约的一方有过失时,它就应赔偿对方因其违约所造成的损失。在与大陆法系有所不同的英美法系中,规定了如果一方当事人违反了合同的主要条款,对方就有权解除合同,并可要求赔偿损失。具体讲,在商务合同中,关于履约的时间、货物的品质及数量等项条款,都属于合同的主要条款,如果卖方不能按时、按质、按量交货,买方有权拒收货物,并可请求赔偿损失。这些条文既是法律的也是伦理的,作为伦理原则,它要求谈判手们自觉遵守;作为法律条文,它对违反者强制实行。

上述三条,是国外商务谈判伦理的基本原则,是以"信"为中心的伦理行为准则,也是合法与非法商务行为的界限。超越这一界限便超越了合法的界限,将被绳之以法。但是,在合法的界限以内,法律还是给伦理留下了许多空间使其找到回旋的余地。从某种意义上讲,这是由资本主义商务的利己主义本质所决定的。以对"欺诈"行为的裁定为例,依美国合同法的精神,"沉默或秘而不宣本身并不是错误的陈述",也就是说,不能将"沉默或秘而不宣"作为"欺骗"一样对待。按美国律师的说法：在没有义务讲话的情况下，一个人不需要袒露他的高级情报。如一方要向另一方购买某个商品时，买主可以不告诉对方该商品的价值。若是古董买卖，买主不可能也无义务告诉对方该古董的连城价值；若是土地买卖，买主也无义务告诉对方该土地的资源情报，这些都可以说是高级情报，不需要披露。只是在两种情况下不允许沉默，一是一方已知某种陈述不真实，而另一方相信该陈述是真实的，已知真情的一方不能保持沉默，而有说明的义务；二是某方无意中错误地陈述了一个事实，后来知道该陈述有误，应通知对方真实情况并声明前述有误。又如关于对"错误仅涉及合同标的物的本质时，始构成无效的合同"，这是著名的《法国民法典》的第1110条规定，等于说并不是所有的错误陈述都可以列入欺诈的范围。按法律的规定，陈述是实质性的还是非实质性的，其区别不在于所制定的合同是不是实质性的，而在于欺骗对促成制定一个合同的诱惑是不是实质性的。也就是说，在谈判中有许多条件需要陈述，而这些陈述决定着交涉的结果。有的条件为次，有的条件为主，只有错误陈述在带根本性的条件（可促使对方成交的条件）上发生，方视为实质性的陈述，上述民法典第1110条才适用，换言之，如不是发生在带根本性条件上的陈述，即使错误，也无追究的必要了。因此，我国谈判手在涉外谈判中，虽然自己不用欺诈手段来谋取合同作为自律的商务谈判伦理原则，但作为自己一方，也不可粗心大意，在"签约地的注明"、"仲裁地的明确"以及"问题与纠纷的处理方式"等实质性的条款谈判上，都应有适当防卫。

参 考 文 献

[1] 夏中义. 大学人文教育. 广西：广西师范大学出版社. 2003

[2] 鄂孟迪. 人类思想. 沈阳：东北大学出版社. 2009

[3] 夏建国. 技术本科教育概论. 上海：东方出版中心. 2007

[4] 刘金同,史云谋等. 大学文化修养. 北京：北京航天航空大学出版社. 2008

[5] 车辉. 大学人文素质修养. 北京：化工工业出版社. 2009

[6] 赵存生,吴潜涛. 社会发展与民族精神. 北京：北京大学出版社. 2007

[7] 胡玻,肖长富,王进. 重庆人文精神研究. 重庆：西南师范大学出版社. 2007

[8] 王松,王邦佐. 政治学. 北京：高等教育出版社. 2001

[9] 谭伟平. 大学人文教育与人文课程[D]. 武汉华中科技大学. 2005

[10] 肖祥. 论大学生人文精神的培养[J]. 玉林师范学院学报. 2004(4)

[11] 沈文钦. "自由"人与"自由"知识. 西方 liberal education 概念史研究. 教育学术月刊. 2008(3)

[12] 卢晓中. 现代素质教育：理念的更新. 江西教育科研. 2000(6)

[13] 李萍,钟明华. 教育的迷茫在哪里：教育理念的反省. 上海高教研究. 1998(5)

[14] 蔡克勇. 以学生的全面发展为本. 高等教育研究. 2000(5)

[15] 王毅华,苟毅萍. 柔性管理在现代大学的模式建构分析[J]. 重庆工商大学学报（社会科学版）. 2008(2)

[16] 雷树祥. 柔性管理：大学教学管理的新视角[J]. 浙江工业大学学报（社会科学版）. 2007(3)

[17] 朱连建. 高校"以人为本"柔性管理探索[J]. 理论界. 2005(8)

[18] 王德峰. 哲学导论. 上海：上海人民出版社. 2002

[19] 美国·詹姆斯·R. 汤森,布兰特利·沃马克. 中国政治. 南京：江苏人民出版社. 2005

[20] 李戎. 美学概论. 济南：齐鲁书出版社. 2000

[21] 周中之,高惠珠. 经济伦理学. 上海：华东师范大学出版社. 2005

[22] 冯先知. 中国近代历史大事祥解(1969—1976). 吉林：吉林文史出版社. 2006